150 Jahre
Kohlhammer

Barbara Ortland

Sexuelle Selbstbestimmung von Menschen mit Behinderung

Grundlagen und Konzepte für die Eingliederungshilfe

Verlag W. Kohlhammer

Dieses Werk einschließlich aller seiner Teile ist urheberrechtlich geschützt. Jede Verwendung außerhalb der engen Grenzen des Urheberrechts ist ohne Zustimmung des Verlags unzulässig und strafbar. Das gilt insbesondere für Vervielfältigungen, Übersetzungen, Mikroverfilmungen und für die Einspeicherung und Verarbeitung in elektronischen Systemen.

Die Wiedergabe von Warenbezeichnungen, Handelsnamen und sonstigen Kennzeichen in diesem Buch berechtigt nicht zu der Annahme, dass diese von jedermann frei benutzt werden dürfen. Vielmehr kann es sich auch dann um eingetragene Warenzeichen oder sonstige geschützte Kennzeichen handeln, wenn sie nicht eigens als solche gekennzeichnet sind.

1. Auflage 2016

Alle Rechte vorbehalten
© W. Kohlhammer GmbH, Stuttgart
Gesamtherstellung: W. Kohlhammer GmbH, Stuttgart

Print:
ISBN 978-3-17-029314-4

E-Book-Formate:
pdf: ISBN 978-3-17-029315-1
epub: ISBN 978-3-17-029316-8
mobi: ISBN 978-3-17-029317-5

Für den Inhalt abgedruckter oder verlinkter Websites ist ausschließlich der jeweilige Betreiber verantwortlich. Die W. Kohlhammer GmbH hat keinen Einfluss auf die verknüpften Seiten und übernimmt hierfür keinerlei Haftung.

Inhalt

1	Einleitung		9
2	Sexuelle Selbstbestimmung für erwachsene Menschen mit Behinderung		13
	2.1	Sexuelle Selbstbestimmung	13
	2.2	Einschränkungen sexueller Selbstbestimmung	16
		2.2.1 Beeinträchtigungsbedingte Einschränkungen	17
		2.2.2 Einschränkungen durch äußere Faktoren in Verbindung mit der Beeinträchtigung	17
		2.2.3 Einschränkungen durch Mitarbeitende	18
		2.2.4 Einschränkungen durch strukturelle sowie bauliche Rahmenbedingungen	19
	2.3	Die Forderungen der UN-Konvention	20
	2.4	Konsequenzen für die Erhebung	21
3	Befragung von Mitarbeitenden in Wohneinrichtungen der Eingliederungshilfe		23
	3.1	Ziel der Erhebung	23
	3.2	Forschungsmethodisches Vorgehen	23
	3.3	Die Stichprobe	24
	3.4	Fragebogen und Auswertung	24
4	Ergebnisse der Befragung		32
	4.1	Die Befragten	32
	4.2	Informationen zur Darstellung der Ergebnisse	36
	4.3	Erfahrungen der Mitarbeitenden mit sexuellen Verhaltensweisen	36
		4.3.1 Beobachtete sexuelle Verhaltensweisen bei den Männern	53
		4.3.2 Beobachtete sexuelle Verhaltensweisen bei den Frauen	55
		4.3.3 Sexuelle Verhaltensweisen im Vergleich der Geschlechter	58
		4.3.4 Sexuelle Verhaltensweisen der Paare	60
		4.3.5 Als störend wahrgenommene Verhaltensweisen	62
	4.4	Belastung der Mitarbeitenden durch sexuelle Verhaltensweisen	82

	4.5	Erklärungsideen der Mitarbeitenden für sexuelle Verhaltensweisen	83
	4.6	Veränderungswünsche und Unterstützungsbedarfe der Mitarbeitenden	95
		4.6.1 Wünsche für die Bewohner/innen	102
		4.6.2 Wünsche für die Mitarbeitenden	103
		4.6.3 Wünsche für die Einrichtung	105
		4.6.4 Betrachtung der Wünsche insgesamt	106
	4.7	Gesamtzufriedenheit in den Einrichtungen	109
5	**Diskussion der Ergebnisse**		**112**
	5.1	Erfahrungen mit sexuellen Verhaltensweisen der Frauen und Männer	112
		5.1.1 Vielfalt der sexuellen Verhaltensweisen	112
		5.1.2 Privat- und Intimsphäre der Frauen und Männer	114
		5.1.3 Das Recht auf Schutz der Intim- und Privatsphäre ...	117
		5.1.4 Wunsch nach Freund oder Freundin	120
		5.1.5 Homoerotisches/-sexuelles Verhalten	121
		5.1.6 Sexuelles Verhalten im Vergleich der Geschlechter ...	124
		5.1.7 Anforderungen an die Mitarbeitenden	128
	5.2	Bewertung der sexuellen Verhaltensweisen	132
	5.3	Angenommene Gründe für sexuelles Verhalten	135
	5.4	Wünsche nach Veränderung und Unterstützung	138
		5.4.1 Gewünschte Veränderungen in der Einrichtung	139
		5.4.2 Gewünschte Veränderungen für die Bewohner/innen	141
		5.4.3 Gewünschte Veränderungen für die Mitarbeitenden	144
	5.5	Themenbereich Sexuelle Gewalt	146
	5.6	Zusammenfassung zentraler Erkenntnisse	147
6	**Konsequenzen für sexualpädagogische/-andragogische Gesamtkonzeptionen**		**150**
	6.1	Einleitende Überlegungen	150
	6.2	Das Konzept »Sexuell selbstbestimmt leben in Wohneinrichtungen«	151
		6.2.1 Zielperspektive: Gelingende sexuelle Selbstbestimmung	152
		6.2.2 Leitlinien gelingender sexueller Selbstbestimmung	152
		6.2.3 Konzeptstruktur	155
		6.2.4 Schaffen einer verbindlichen Grundorientierung	158
	6.3	Prozessbegleitende Maßnahmen	159
	6.4	Maßnahmen für Mitarbeitende	161
		6.4.1 Ein einleitender Blick auf die Mitarbeitenden	161
		6.4.2 Grundstruktur der Angebote für Mitarbeitende	162
		6.4.3 Maßnahmen im Bereich Reflexion	164

		6.4.4 Maßnahmen im Bereich Wissen	172
		6.4.5 Maßnahmen im Bereich Können	175
	6.5	Maßnahmen für Bewohner/innen	179
		6.5.1 Ein einleitender Blick auf die Frauen und Männer	179
		6.5.2 Grundstruktur der Angebote für Bewohner/innen	183
		6.5.3 Maßnahmen im Bereich Reflexion	185
		6.5.4 Maßnahmen im Bereich Wissen	188
		6.5.5 Maßnahmen im Bereich Können	193
7		**Konzepte sexueller Selbstbestimmung in Organisationen**	**195**
	7.1	Grundlagen zur Analyse von Organisationen	195
		7.1.1 Drei Stufen des Vorgehens	196
		7.1.2 Organisationsprofile	197
		7.1.3 Organisationsdynamik	203
		7.1.4 Organisationsmethodik	203
	7.2	Exemplarische Konkretisierung der Organisationsanalyse	204
		7.2.1 Dimensionierung: Technostruktur vs. Soziostruktur	205
		7.2.2 Dimensionierung: Paläste vs. Zelte	210
		7.2.3 Dimensionierung: Hierarchien vs. Netze	214
		7.2.4 Dimensionierung: Fremdorganisation vs. Selbstorganisation	217
	7.3	Grundlagen zur Analyse einer Organisationskultur	221
		7.3.1 Kennzeichen einer Organisationskultur	221
		7.3.2 Aufbau einer Organisationskultur	223
		7.3.3 Effekte einer Organisationskultur	229
		7.3.4 Lernende Organisationen	230
8	Fazit		235
9	Literaturverzeichnis		238
Anhang			245

1 Einleitung

2012 erschreckten die Ergebnisse der repräsentativen Studie zur »Lebenssituation und Belastungen von Frauen mit Behinderung und Beeinträchtigung in Deutschland«, die von Schröttle im Auftrag des Bundesministeriums für Familie, Senioren, Frauen und Jugend durchgeführt wurde. So ein immenses Ausmaß von Gewalterfahrungen im Leben der Frauen hatte die Fachwelt nicht vermutet, obwohl schon die Studien von Zemp und Pircher (1996) sowie Zemp et al. (1997) diesbezüglich sehr deutliche Hinweise zur Betroffenheit von sexueller Gewalt bei Frauen und Männern mit geistiger Behinderung in Einrichtungen gaben.

Die Zahlen sprachen für sich: Menschen mit Behinderung sind deutlich häufiger Opfer sexueller Gewalt als Menschen ohne Behinderung. Dabei sind Menschen mit Behinderung, die in Einrichtungen leben, besonderen Gefährdungen ausgesetzt. Tschan (2012, 36) bezeichnet die Institutionen sogar als »Hochrisikobereiche für sexualisierte Gewaltdelikte«.

Die Ergebnisse haben verstärkte Bemühungen im Bereich der Prävention und Intervention sexueller Gewalt in ihrer Notwendigkeit und Dringlichkeit deutlich gemacht. Gelingende und umfassende Maßnahmen in den Bereichen der Sexualpädagogik und Sexualandragogik sind unumstrittene Anteile von Präventionsarbeit (vgl. Mattke 2015). Sie sind sowohl in diesbezüglichen Präventionskonzepten zu finden (vgl. Limita 2011) als auch bei den Hinweisen von Enders (2012, 149 ff) zu den erforderlichen »täterunfreundlichen Strukturen« von Institutionen.

Konzeptansätze und einzelne Ideen zur Schaffung sexualfreundlicher Strukturen in Institutionen finden sich immer wieder in der entsprechenden Fachliteratur (vgl. Walter 2005, Clausen/Herrath 2013). Forderungen werden vor allem an die Mitarbeitenden gestellt. Sie sollen sich in der Regel fortbilden, um angemessen auf die Bedarfe der Bewohner/innen reagieren zu können.

Überprüfte man jedoch, was in Fachkreisen über die Arbeitssituation der Mitarbeitenden in Wohneinrichtungen der Eingliederungshilfe wissenschaftlich gesichert bekannt war, so wurde recht schnell deutlich, dass deren Situation umfassend zuletzt 1980 von Walter beschrieben wurde. In den darauf folgenden Jahrzehnten hatte sich aber vieles verändert – sowohl in den Einrichtungen als auch gesamtgesellschaftlich im Bereich der sexuellen Selbstbestimmung sowie den Forderungen nach umfassender gesellschaftlicher Teilhabe für Menschen mit Behinderung z. B. durch die UN-Behindertenrechtskonvention.

Die Zielperspektive war somit klar: Zur Minimierung der Gefahr sexueller Gewalt durch gelingende sexualpädagogische und -andragogische Maßnahmen mussten die Mitarbeitenden mit ihrer Arbeitssituation, ihrer Belastung und ihren Veränderungsmöglichkeiten in den Blick genommen werden.

Dies war 2013 Anlass für eine von mir initiierte Mitarbeitendenbefragung, welche nachfolgende Fragen in den Blick genommen und das Ziel verfolgt hat, auf die Ergebnisse aufbauend ein Konzept zur Realisierung gelingender sexueller Selbstbestimmung in Wohneinrichtungen der Eingliederungshilfe zu entwickeln:

- Was erleben die Mitarbeitenden mit den Bewohner/innen im Alltag im Bereich Sexualität?
- Was stört sie in dem Bereich?
- Was belastet sie?
- Wie erklären sie sich das Verhalten der Bewohner/innen?
- Was wollen sie für Veränderungen?
- Und womit haben sie schon positive Erfahrungen gemacht?

An meiner Befragung nahmen 640 Mitarbeitende aus sechs Wohneinrichtungen der Eingliederungshilfe teil. Der Aufbau der Befragung sowie die sehr aufschlussreichen Ergebnisse werden im ersten Teil des Buches vorgestellt und diskutiert. Sie zeigen deutlich die Komplexität und die enormen Herausforderungen, vor die alle Beteiligten bei der Realisierung sexueller Selbstbestimmung gestellt sind. Hiermit liegt eine aktuelle und umfassende Beschreibung des Arbeitsalltags der Mitarbeitenden in Wohneinrichtungen der Eingliederungshilfe unter der Perspektive der sexuellen Selbstbestimmung der Bewohner/innen vor.

Die Ergebnisse und deren Diskussion sind Grundlage für das in Kapitel sechs vorgestellte Gesamtkonzept »Sexuell selbstbestimmt leben in Wohneinrichtungen«, das vor allem Wohneinrichtungen in den Blick nimmt, in denen erwachsene Menschen mit geistiger Behinderung leben. Aufgrund des Lebensalters der Bewohner/innen wäre es sicherlich angemessen, von einem sexualandragogischen Konzept zu schreiben. Trotzdem werden in dem Buch die Begriffe Sexualandragogik und Sexualpädagogik entweder nebeneinander oder synonym verwendet. Die jetzigen Erwachsenen, die in den Wohneinrichtungen leben, haben oft keine oder eine nur lückenhafte Sexualerziehung in ihrer Kindheit und/oder Jugend erlebt. Insofern besteht bei ihnen oft noch (Nachhol-)Bedarf für sexualpädagogische Inhalte. Die Nutzung beider Termini soll dies deutlich machen.

In die Konzeptvorstellung fließen auch erste aktuelle Ergebnisse aus einem Forschungsprojekt ein, das aufgrund der Ergebnisse der Mitarbeitendenbefragung entstanden ist. In dem Forschungsprojekt »Reflexion, Wissen, Können – Qualifizierung von Mitarbeitenden und Bewohner/innen zur Erweiterung der sexuellen Selbstbestimmung für erwachsene Menschen mit Behinderung in Wohneinrichtungen (ReWiKs)« werden gemeinsam mit den Kollegen/innen Prof. Dr. Kathrin Römisch von der Evangelischen Fachhochschule Bochum sowie Prof. Dr. Sven Jennessen von der Universität Koblenz-Landau drei inhaltliche Schwerpunkte in enger Kooperation mit Bewohner/innen und Mitarbeitenden aus Einrichtungen erarbeitet:

- *Reflexion*: Auf der Grundlage von »Leitlinien gelingender sexueller Selbstbestimmung« (▶ Kap. 6.2.1), die es in Ausführungen sowohl in schwerer Sprache für Mitarbeitende als auch in leichter Sprache für Bewohner/innen gibt, werden

für beide Gruppen Reflexionsmanuale entwickelt. Diese dienen dazu, die aktuelle Arbeits- und Lebenssituation komplex zu reflektieren und Ansatzpunkte für Veränderungsnotwendigkeiten zu finden.
- *Wissen:* Aufbauend auf neu entwickelten und mit der Praxis diskutierten Fortbildungsmodulen (▶ Kap. 6.3.4.2) werden exemplarisch Fortbildungsbausteine entworfen, die in der Praxis erprobt, evaluiert und weiter entwickelt werden.
- *Können:* Basierend auf einer umfassenden Recherche gelingender Praxisprojekte zur Realisierung (sexueller) Selbstbestimmung werden für ausgewählte Projekte Handlungsanweisungen für deren Umsetzung in der Praxis erarbeitet, erprobt, evaluiert und weiter entwickelt.

Das Projekt wird von der Bundeszentrale für gesundheitliche Aufklärung (BzgA) gefördert. Sowohl die Kollegen/innen aus dem Projekt als auch die Kollegen/innen der BzgA haben freundlicherweise der Veröffentlichung der aktuellen Versionen (Stand Juni 2015) der »Leitlinien gelingender sexueller Selbstbestimmung« in schwerer Sprache sowie der »Fortbildungsmodule« zugestimmt. An der Entwicklung der Fortbildungsmodule war maßgeblich Dorothea Kusber-Merkens beteiligt, die mit ihren Erfahrungen und ihren Kompetenzen als wissenschaftliche Mitarbeiterin in Münster das Projekt voran bringt.

Durch die Diskussion der Befragungsergebnisse mit den Kollegen/innen des Forschungsschwerpunktes »Teilhabeforschung« der Katholischen Hochschule NRW, Abteilung Münster wurde der bis Ende 2013 auf die Mitarbeitenden und die inhaltlichen Aspekte der Konzeptentwicklung fokussierte Blick noch einmal erweitert. Die Organisationen, und hier vor allem die Organisationskulturen, wurden als relevante Einflussgröße deutlich. Die Frage nach der inhaltlichen Stimmigkeit oder Widersprüchlichkeit der Basisannahmen einer Organisationskultur mit den Grundannahmen eines Konzeptes sexueller Selbstbestimmung wurden als äußerst bedeutsam für den Prozess der Konzeptimplementierung erkannt. So konnte es nicht mehr reichen, in diesem Buch ein auf Forschungsergebnissen basierendes, in sich kongruentes Konzept sexueller Selbstbestimmung vorzulegen. Vielmehr wurde durch die Diskussion vor allem mit dem Kollegen Prof. Dr. Heinrich Greving deutlich, dass die Analyse von Organisationen unverzichtbar mit den Konzeptideen verbunden ist. Dies wird im siebten Kapitel differenzierter erläutert.

Das mit diesem Buch vorgelegte Konzept »Sexuell selbstbestimmt leben in Wohneinrichtungen« ist kein ›Rezeptbuch‹ oder eine 1:1 umsetzbare ›Handlungsanweisung‹. Stattdessen wird in strukturierter Form weitestgehend umfassend dargelegt, welche Bereiche in einer Organisation von den verschiedenen Beteiligten für Veränderungsmaßnahmen in den Blick genommen werden können und sollten. Verschiedene Ideen zur konkreten Umsetzung werden angeboten.

Es werden somit Hinweiszeichen und Wegmarken für einen Weg zu mehr sexueller Selbstbestimmung der Frauen und Männer mit Behinderung gesetzt, den jede Organisation mit den in ihr und um sie herum beteiligten Akteuren/innen gemeinsam suchen und umsetzen muss. Die Herausforderung wird sein, diesen zu beginnen, ihn partizipativ zu gestalten, eigene kreative Ideen (weiter) zu entwickeln sowie alle Beteiligten mit auf den Weg zu nehmen und motiviert auf dem Weg zu behalten.

1 Einleitung

Sexualität und sexuelle Selbstbestimmung, Sexualpädagogik und Sexualandragogik sind komplexe Themen. Die mit ihnen verbundene Vielfältigkeit, die Schwierigkeit, sie zu erfassen und für den Austausch eine gemeinsame, für alle angemessene Kommunikationsform zu finden, die enorme Heterogenität sexueller Biografien und Lebensentwürfe, die beeinflussenden Normen und Werte – all das macht es oft zu einer Herausforderung, diesen Lebensbereich der Menschen mit Behinderung als professionellen Auftrag für die Mitarbeitenden und die Gesamtorganisation zu bestimmen und zu realisieren.

Alleine ist durch den ›Dschungel der Sexualitäten‹ kaum ein gangbarer und überschaubarer Weg zu finden. Auch mich haben in dem Entstehungsprozess der Befragung, der Diskussion der Ergebnisse, der Konzeptentwicklung und der Realisierung des Buches viele Menschen begleitet, indem sie mit mir immer wieder diskutiert haben. Einigen möchte an dieser Stelle ausdrücklich und namentlich danken möchte.

Zunächst gilt mein Dank den Mitarbeitenden der sechs Einrichtungen: Den Leitungskräften, die der Erhebung nicht nur zugestimmt, sondern sie auch unterstützt haben, sowie den Mitarbeitenden, die sich die Zeit zum Ausfüllen des Fragebogens genommen haben. Meine Kollegin Antonia Thimm hat mich sehr fachkompetent und geduldig bei der statistischen Auswertung der Ergebnisse unterstützt. Danken möchte ich den Fachkollegen/innen der KatHO, ihrer Diskussionsbereitschaft und kritischen Rückmeldung. Hier vor allem möchte ich Heinrich Greving für das gemeinsame Schreiben des siebten Kapitels danken und Michael Katzer für die vielen konstruktiven und kontroversen Diskussionen über verschiedene Buchinhalte.

Den Kollegen/innen des Projektes ReWiKs und der BzgA nochmals herzlichen Dank für die Möglichkeit der Veröffentlichung bisheriger Arbeitsergebnisse sowie die gute Projektarbeit!

Und schließlich möchte ich mit noch bei Sigrid Stegemann bedanken für die kritische Durchsicht des Manuskriptes aus der Perspektive der Praktikerin sowie bei meinem Bruder Dr. Christoph Ortland, der sowohl die Befragung durch seine hohe Forschungskompetenz als auch das Buch durch seine konstruktiv kritische Korrektur, die wertvollen Rückmeldungen und die Diskussion verschiedener inhaltlicher Aspekte sehr bereichert hat.

Schließen möchte ich die Einleitung mit den Worten eines Mannes, der als Bewohner einen Praxis-Austausch-Tag im Forschungsprojekt ReWiKs bereichert hat. Im Fokus stand an dem Tag die Diskussion des Entwurfs der Fortbildungsmodule mit Bewohner/innen und Mitarbeitenden. Die Vorstellung der Diskussionsergebnisse aus den homogen angelegten Arbeitsgruppen beendete er, gewandt an die Mitarbeitenden, mit dem Satz: »Ihr müsst keine Angst haben, mit uns über Sexualität zu reden.«

In diesem Sinne hoffe ich, dass die Inhalte des Buches Sie und Ihre Kollegen/innen dazu ermutigen.

Münster, im Juli 2016   Barbara Ortland

2 Sexuelle Selbstbestimmung für erwachsene Menschen mit Behinderung

Menschen mit (geistiger) Behinderung sind im Erleben und Ausleben ihrer Sexualität oft auf die Unterstützung von anderen Menschen angewiesen. Dabei sind verschiedene Aspekte auf beiden Seiten bedeutsam. Von Seiten der Menschen ohne Behinderung können als relevant benannt werden:

- Das Wissen über mögliche Veränderungen der sexuellen Entwicklung durch das Leben mit einer Behinderung, aber auch das Wissen über sexuelle Entwicklung und Sexualität allgemein,
- die Bereitschaft, sich auf das Gegenüber in vielen Facetten seines/ihres Lebens offen einzulassen,
- die eigenen diesbezüglichen Kompetenzen, die durch berufliche Kompetenzen, aber auch die eigene (sexuelle) Lerngeschichte bestimmt sind,
- sowie die individuellen Normen und Werte im Lebensbereich der Sexualität, die durch einen gesamtgesellschaftlichen Rahmen geprägt sind.

Leben Menschen mit Behinderung in Wohneinrichtungen, so können sie bei der Realisierung sexueller Selbstbestimmung auf die Mitarbeitenden angewiesen bzw. von ihnen abhängig sein. Die persönlichen und professionellen Begegnungen sind neben den beiderseitigen individuellen Voraussetzungen noch durch weitere strukturelle Rahmenbedingungen beeinflusst. Hier lassen sich z. B. die baulichen Gegebenheiten nennen (Einzelzimmer, eigenes Bad etc.) sowie die Teamstruktur in einer Wohngruppe, Vorgaben und Unterstützungsleistungen durch die Leitungskräfte, die inhaltliche Ausrichtung des Trägers sowie die Organisationskultur.

Im Folgenden soll dieses Handlungsfeld anhand aktueller Forschungsergebnisse skizziert werden, um daraus die leitende Fragestellung für die Befragung abzuleiten. Dazu wird zunächst dargestellt, was unter sexueller Selbstbestimmung verstanden wird und wie diese oft für Erwachsene mit Behinderung eingeschränkt wird. Vor dem Hintergrund der Forderungen der UN-Konvention über die Rechte von Menschen mit Behinderung werden Konsequenzen für die Erhebung abgeleitet.

2.1 Sexuelle Selbstbestimmung

Grundlegend ist sexuelle Selbstbestimmung mit der Frage verbunden, wie Sexualität inhaltlich gefüllt wird.

Das hier vertretene Verständnis von Sexualität setzt bei der für alle Menschen angenommenen Möglichkeit der individuellen Realisierung von Sexualität an. Jedem Menschen wird die Ausbildung einer subjektiv befriedigenden Sexualität zugetraut und demgemäß auch zugemutet. Sexuelle Selbstbestimmung ist somit eine Entwicklungsoption und -ressource, die jeder Mensch hat, egal wie seine Lebensvoraussetzungen sind. Das grundgelegte weite Verständnis von Sexualität ist durch folgende Aspekte, die bereits an anderer Stelle ausführlicher dargelegt sind (vgl. Ortland 2008, 16 ff.), gekennzeichnet:

- Sexualität ist mehr als Geschlechtsverkehr.
- Sexualität umfasst immer den ganzen Menschen mit seinen Gedanken, Gefühlen und dem Körper. Eine subjektiv befriedigende Sexualität ist nicht an die Intaktheit des Körpers gebunden.
- Sexualität ist eine unverzichtbare Lebensenergie, deren Ausleben weitere Energien freisetzen und deren Fehlen zu Bedrückung oder auch (Auto-)Aggression führen kann.
- Sexualität gehört ein Leben lang zu einem Menschen.
- Sexualität hat viele Schattierungen, die als positiv oder negativ erlebt und bewertet werden können.
- Der Weg zu einer individuellen, subjektiv befriedigenden Sexualität ist ein Lernprozess, der Erfahrungen braucht und jedem möglich ist.

Dies wird in folgender Definition zusammengefasst:

> »Sexualität kann begriffen werden als allgemeine, jeden Menschen und die gesamte menschliche Biografie einschließende Lebensenergie, die den gesamten Menschen umfasst und aus vielfältigen Quellen – soziogenen und biogenen Ursprungs – gespeist wird. Sie beinhaltet eine geschlechtsspezifische Ausprägung, kennt ganz unterschiedliche – positiv oder negativ erfahrbare – Ausdrucksformen und ist in verschiedenster Weise sinnvoll« (Ortland, 2005, 38).

Sexuelle Selbstbestimmung hat in ihrer Realisierung als subjektiv befriedigende Sexualität keine äußere Norm, an der sie erkennbar wäre. So kann sich sexuelle Selbstbestimmung in vielen Facetten bewusst oder unbewusst durch das Individuum herstellen lassen. Sexuell selbstbestimmt zu leben kann eine (zeitweise) Entscheidung gegen oder für Genitalsexualität bedeuten, eine Entscheidung gegen oder für partnerschaftliche Sexualität, eine Entscheidung gegen oder für vermehrte Masturbation, gegen oder für bestimmte Formen der Gestaltung der eigenen Geschlechtsidentität in den Polen zwischen Mann und Frau und vieles andere mehr. Diese oft unbewussten Gestaltungsprozesse subjektiver sexueller Selbstbestimmung sind nicht für jeden Menschen in gleicher Weise reflektierbar und kommunizierbar.

Sexuelle Selbstbestimmung beinhaltet, dass (bewusste oder unbewusste) individuelle Entscheidungen für oder gegen verschiedenste Formen sexuellen Lebens durch das Individuum in der jeweils aktuellen Lebenssituation selbst getroffen werden. Dies geschieht auf der Grundlage unterschiedlicher emotionaler, körperlicher und kognitiver Lebensvoraussetzungen und kann bei Menschen mit schwerer und mehrfacher Behinderung in der Ausdrucksform sehr basal sein. Diese Entscheidungen verändern sich im Laufe des Lebens z. B. durch die eigenen körperlichen, emotionalen, psychischen, sozialen, kommunikativen, perzeptiven etc. Veränderungen und die sexuelle Biografie bzw. Lerngeschichte.

Die Annahme der Realisierung sexueller Selbstbestimmung für jeden Menschen schließt aufgrund deren hoher Individualität die Benennung eines definierbaren ›richtigen‹ oder ›erwachsenen‹ Sexualverhaltens aus. Subjektiv befriedigendes Sexualverhalten ist in allen individuellen Variationen denk- und lebbar und findet seine klare Grenze immer in der Persönlichkeit und den Rechten des anderen.

Sexualität braucht also Lernerfahrungen und diese wiederum Lernmöglichkeiten mit sich selbst und anderen. Individuelle sexuelle Entwicklung braucht demzufolge ein Umfeld, das aufgrund des Anerkennens der Sexualität eines jeden Menschen, egal wie schwer dessen Beeinträchtigungen sind, passende Lernmöglichkeiten in der Lebenswelt bereit hält. Sexualität als Lebensenergie und Entwicklungsressource kann vielfältig erfahren werden. Sie kann idealerweise von leichten, spielerischen Aspekten und Momenten getragen sein, die z. B. in der Erkundung des eigenen Körpers und dessen lustvollen Möglichkeiten liegen können. Eine vergleichbare spielerische Leichtigkeit können die Erfahrungen mit anderen haben, die sich in der Erprobung des Flirtens, des sich Annäherns, des sich gegenseitig Kennenlernens in allen Facetten und auch Grenzen ereignet. Gleichzeitig gibt es Erfahrungen von eigenen Unmöglichkeiten, eigenen (körperlichen) Grenzen oder auch Ablehnungserfahrungen durch erwünschte Partner/innen. Offenheit für und Bereitschaft zu neuen, immer auch leichten und spielerischen Lernerfahrungen, denen Grenzerfahrungen immanent sind, sind tragend für die lebenslange Weiterentwicklung der individuellen Sexualität. Auf diesem Weg können auch die körperlichen Veränderungen, die sich z. B. in der pubertären Entwicklung als auch im Klimakterium sehr offensichtlich zeigen, in das eigene sexuelle Leben integriert werden.

Die Offenheit für die Notwendigkeit und Möglichkeit sexuellen Lernens sowie deren individuelle Nutzung zu subjektivem Lernen gehen in dem Spannungsfeld von Bedürftigkeit und Fähigkeit, das Gröschke (2008, 248) beschreibt, auf. In diesem Spannungsfeld leben alle Menschen. »Jeder Mensch ist immer zugleich *bedürftig* und *fähig*« (ebd., Hervorhebung im Original). Für Menschen mit Behinderung beschreibt Gröschke, dass hier »diese anthropologische Bedürftigkeit allenfalls existentiell zugespitzt und mehr auf äußere Ressourcen und Unterstützung der Bedürfnisbefriedigung angewiesen« (ebd.) ist.

In Bezug auf die Fähigkeiten eines jeden Menschen benennt er im Rahmen seiner heilpädagogischen Anthropologie drei »allgemeingültige menschliche Grundbefähigungen«: Entwicklungsfähigkeit, Lernfähigkeit und Handlungsfähigkeit. Entwicklungsfähigkeit beschreibt Gröschke (2008, 236) folgendermaßen:

> »Jeder Mensch, unabhängig vom Ausmaß eventuell vorliegender psychophysischer Beeinträchtigungen oder Schädigungen, ist und bleibt entwicklungsfähig zu einer individuell einzigartigen Persönlichkeit«.

Die Grundbefähigung der Lernfähigkeit benennt Folgendes:

> »Die individuelle psychosoziale Entwicklung vollzieht sich, neben Wachstums- und Reifungsprozessen, über Lernprozesse, die man von einfachen bis komplexen Lernformen stufen kann, und über die das Individuum Informationen aus seiner Umwelt aufnimmt,

verarbeitet, speichert und als Wissen, Können sowie Selbst-, Welt- und Lebenserfahrung sich aneignet und nutzt« (ebd. 237).

Die Handlungsfähigkeit bildet dann nach Gröschke

> »das Integral aus Entwicklungs- und Lernfähigkeit. Der Mensch als praktisches Wesen lernt und lebt, um zu handeln, und handelt um zu leben und im Lernprozess sich selbst hervorzubringen, zu verwirklichen und seine sozio-kulturelle Umwelt zusammen mit anderen zur gemeinsamen Lebenswelt zu machen« (ebd. 237).

Die mit diesem Menschenbild verbundene Haltung trägt und gestaltet (im günstigen Fall) die individuelle Begegnungen mit den Mitmenschen sowie die strukturellen Lebensbedingungen. In Bezug auf das Handlungsfeld der Eingliederungshilfe sind es die Mitarbeitenden, die in und mit den jeweiligen Rahmenbedingungen der Institution das Lern- und Entwicklungsfeld sowie die Handlungsmöglichkeiten im Bereich der sexuellen Selbstbestimmung eröffnen können bzw. wollen – oder auch nicht. So können die Bewohner/innen gemäß ihrer subjektiven Entwicklungs-, Lern- und Handlungsfähigkeiten im Rahmen förderlicher Bedingungen zu einer befriedigenden Sexualität gelangen und so ihre Sexualität selbstbestimmt leben. Allerdings sollte bei diesen Begegnungen zwischen Mitarbeitenden und Bewohner/innen dialogische Offenheit von Seiten der Mitarbeitenden für alle Entwicklungswege der Menschen mit Behinderung vorhanden sein. Jantzen (1999) beschreibt diese Haltung der Offenheit im Rahmen der Ausführungen zur rehistorisierenden Diagnostik folgendermaßen und auch zum Thema der sexuellen Selbstbestimmung passend:

> »Nicht immer sind wir einfallsreich genug, klug genug, und manchmal ist die Situation auch gar nicht so, daß wir es sein könnten, um einen Dialog mit einem anderen Menschen zu realisieren. Denn immer gehört zu einer Situation das unverfügbare Recht des Anderen, ›Nein‹ zu unseren Deutungen zu sagen. Erst dieses Recht schafft Freiheit und nur die Garantie von Freiheit schafft die Möglichkeit der Entwicklung« (Jantzen 1999, 6).

Diese Offenheit für Entwicklung bedeutet nicht, dass einzelne Beteiligte Eingriffe in ihre Privat- oder Intimsphäre durch andere hinnehmen müssen. Individuelle sexuelle Selbstbestimmung aller Akteure/innen hat bei den Rechten der anderen – wie überall geltend – ihre Grenzen.

Die Begegnungen der Beteiligten und ihre Handlungsmöglichkeiten werden durch die Rahmenbedingungen der Organisation sowie deren Kultur beeinflusst. Diese wiederum bewegen sich in einer Gesellschaft und deren Kultur, die die Normen und Werte im Bereich der Sexualität gestalten.

2.2 Einschränkungen sexueller Selbstbestimmung

Menschen mit Behinderung erleben oft andere Möglichkeiten im Ausleben ihrer Sexualität als Menschen ohne Behinderung. Häufig sind dies Einschränkungen und Erschwernisse, die zum einen in der eigenen Beeinträchtigung begründet oder zum anderen, und das deutlich häufiger, strukturell bedingt sein können (vgl. u. a.

Clausen und Herrath 2013, Hennies und Sasse 2004, Mattke 2004, Ortland 2011, Specht 2008). Diese beiden Bereiche sind eng miteinander verwoben, wie die folgende Darstellung des aktuellen Forschungsstandes zeigt.

In der Auflistung wird nach Einschränkungen bzw. Veränderungen der sexuellen Selbstbestimmungsmöglichkeiten unterschieden, die auf der einen Seite schwerpunktmäßig in der Beeinträchtigung der Bewohner/innen und auf der anderen Seite in den institutionellen Rahmenbedingungen liegen. Die starke Verwobenheit und teilweise gegenseitige Bedingtheit der Aspekte sind der Autorin bewusst und werden zugunsten einer Prägnanz der Darstellung außer Acht gelassen. So muss natürlich bei allen als beeinträchtigungsbedingt bezeichneten Einschränkungen kritisch hinterfragt werden, inwieweit diese strukturell (mit-)bedingt sind.

2.2.1 Beeinträchtigungsbedingte Einschränkungen

- Mobilitätseinschränkungen, die das Aufsuchen geeigneter Treffpunkte und Orte zum Kennenlernen potentieller Partner/innen verhindern sowie Möglichkeiten selbstbestimmter und unbeobachtet gestalteter Zeit in der Partnerschaft erschweren (vgl. Ortland 2012, 117).
- Kommunikationseinschränkungen bis hin zu nicht verständlicher Lautsprache und dem Angewiesensein auf Unterstützte Kommunikation, die Kontaktaufnahme zu anderen und Kontaktgestaltung in Beziehungen erschweren (vgl. Hennies/Sasse 2004, 67 ff, Ortland 2008) und wiederum die Abhängigkeit von Menschen verstärken, die Kommunikationsförderung als notwendig erkennen und angemessen anbieten.
- Leichtere Beeinflussbarkeit und Manipulierbarkeit von Menschen mit geistiger Behinderung (vgl. Seifert 2006, 378) durch andere Menschen und durch Medien (Bosch weist hier insbesondere auf die Schwierigkeit von pornografischem Material hin, dessen Darstellungsformen häufig nicht entsprechend von Menschen mit geistiger Behinderung reflektiert und bewertet werden können (Bosch 2004, 140 ff)).
- »Mangelndes Körperbewusstsein, fehlendes Wissen über eigene Bedürfnisse und Wünsche« (Specht 2008, 300, vgl. Zemp 2011, 164 f).
- Mangelnde Ausbildung von Schamgefühl und des Bewusstseins über eine eigene Intimsphäre bei Angewiesensein auf Pflege bzw. Unterstützung im urogenitalen Bereich (vgl. Ortland 2007, 183).

2.2.2 Einschränkungen durch äußere Faktoren in Verbindung mit der Beeinträchtigung

- Erschwerende Biografien durch Institutionalisierung, Erleben von Fremdbestimmung und Abhängigkeit sowie negativen Körpererfahrungen (Knorr 2011, Ortland 2011).
- Sexualität stellt »trotz voranschreitender Normalisierung ihrer Lebensverhältnisse weiterhin keinen selbstverständlichen Bestandteil« (Specht 2008, 295) des Lebens von Menschen mit geistiger Behinderung dar.

- (Negative) Beeinflussung des Selbstbildes und Selbstkonzeptes durch Stigmatisierungsprozesse und behindernde Erfahrungen (Stöppler und Albeke 2006, 55 f); fehlende Angebote zur Unterstützung dieses Auseinandersetzungsprozesses mit der eigenen Beeinträchtigung und behinderungsbedingter Lebenssituation.
- Mehrdimensionale Diskriminierung von Frauen mit Behinderung (Hüner 2012, 105).
- Vermissen von engen und vertrauensvollen Beziehungen vor allem bei Frauen mit Behinderung, die in Einrichtungen leben (BMFSFJ 2012, 48).
- Multiple Gewalterfahrungen bei Frauen mit Behinderung:

    »So haben je nach Untersuchungsgruppe ca. 30-40 % der Frauen mit Behinderungen und Beeinträchtigungen mehrere Formen von Gewalt in Kindheit/Jugend und Erwachsenenleben erlebt, was nur auf 7 % der Frauen im Bevölkerungsdurchschnitt zutrifft. Frauen mit sogenannten geistigen Behinderungen gaben hier zu geringeren Anteilen multiple Gewalterfahrungen an (16 %), was allerdings vor allem darauf zurückzuführen sein dürfte, dass sie sich häufiger nicht an entsprechende Situationen in Kindheit und Jugend erinnern konnten. Zudem haben sie häufiger als andere Befragte keine Angaben zu erlebter Gewalt, insbesondere zu Fragen nach sexueller Gewalt gemacht. Deshalb ist hier ein hohes Dunkelfeld zu vermuten« (BMFSFJ 2012, 32).

- Hohe Gefährdung im Bereich sexuelle Gewalt für Männer und Frauen mit Behinderung (Zemp 2011, 163 f).
- Mangelnde Sexualerziehung in Schule und Elternhaus, daraus resultierend häufig nur mangelndes Wissen im Bereich Sexualität (vgl. Leue-Käding 2004, Ortland 2005, Mattke 2004, 48, 2005, 34).
- Weniger sexuelle Erfahrungen vor allem bei jungen Frauen (Leue-Käding 2004), weniger (unbeaufsichtigte) Erfahrungsräume zur Ausbildung einer subjektiv befriedigenden Sexualität (Specht 2008, 299).

2.2.3 Einschränkungen durch Mitarbeitende

- (Negative) Bewertung des sexuellen Verhaltens der Bewohner/innen auf der Grundlage eigener Werte und Moralvorstellungen (Mattke 2004, 49 f).
- Implizite, unhinterfragte Vorstellungen ›richtiger‹ und ›falscher‹ Sexualität, wie z. B. die notwendige Langfristigkeit von Partnerschaften als ›richtige‹ Sexualität:

    »Aber auch die unhinterfragte Annahme, dass Schwangerschaften zu vermeiden seien oder dass es einen ›richtigen‹ Zeitpunkt für Sexualaufklärung gibt, bilden, wenn auch nicht so elaborierte, implizite Konzepte, die dringend reflektiert werden sollten.« (Jeschke et al. 2006, 284)

- Einschränkende Bedingungen für das Ausleben der Sexualität für die Bewohner/innen (Jeschke et al. 2006, 285).
- Mangelnde Reflexion der eigenen Einstellungen und der eigenen sexuellen Biografie der Mitarbeitenden (Ortland 2008).
- Mangelnde gemeinsame selbstkritische Reflexion der Mitarbeitenden, »so dass kein professioneller Konsens zu diversen sexualpädagogischen Themen im Team

und in der Einrichtung erarbeitet werden kann, der für eine kompetente Sexualerziehung erforderlich ist« (Jeschke et al. 2006, 287).
- Mangelnde Fähigkeiten, in einer für alle Beteiligten angemessenen und verständlichen Form über Sexualität zu reden (Ortland 2011).
- Wenig Privat- und Intimsphäre im Gruppenleben der Wohneinrichtungen (Römisch 2011, 63, BMFSFJ 2012, 39): Die strukturellen Bedingungen in Wohnheimen »lassen wenig Intimsphäre zu, und die Themen rund um Partnerschaft und Sexualität werden im öffentlichen Raum der Wohngruppe verhandelt« (Römisch 2011, 63).
- Abhängigkeit in der Ausgestaltung der eigenen Sexualität (sowohl alleine als auch mit Partner/in) von den Mitarbeitenden, die diesbezügliche Regeln z. B. für Übernachtungen aufstellen (Thomas et al. 2006, 185 ff).
- Prophylaktische hormonelle Verhütung in Verbindung mit mangelnder Aufklärung sowie zu geringem Einbezug in diesbezügliche Entscheidungsprozesse (Römisch 2011, 63) und in Bezug zum Umfang der Verhütung eher geringer sexueller Aktivität (BMFSFJ 2012, 41):

> »Das Ergebnis zeigt, dass bei diesen Frauen (mit geistiger Behinderung, B.O.) häufig auch dann schwangerschaftsverhütende Maßnahmen zum Einsatz kommen, wenn sie nach eigenen Angaben sexuell nicht aktiv sind und waren« (BMFSFJ 2012, 41).

- Sexualpädagogische Angebote werden selten kontinuierlich angeboten, sondern es wird eher auf Bedarfe/Fragen der Bewohner/innen reagiert; mögliche Zuständigkeiten für sexualpädagogische Angebote scheinen nicht geklärt (Jeschke et al. 2006, 258 ff).
- Mitarbeitende beanstanden den Mangel an sexualpädagogischem Arbeitsmaterial für Menschen mit geistiger Behinderung (Jeschke et al. 2006, 262).
- Sekundäre soziale Behinderung:

> »Das Personal schreibt den eigenen meidenden Umgang mit Sexualität der mangelnden Präsenz des Themas zu und realisiert keine umgekehrte Wirkrichtung« (Jeschke et al. 2006, 285).

2.2.4 Einschränkungen durch strukturelle sowie bauliche Rahmenbedingungen

- Mangelnde Wahrung der Privat- und Intimsphäre in Einrichtungen (BMFSFJ 2012, 39, Jeschke et al. 2006, 419 f).
- Zwei Fünftel der befragten Frauen mit geistiger Behinderung in der repräsentativen Studie des BMFSFJ (2012, 38) gaben an, keine abschließbaren Wasch- und Toilettenräume zur Verfügung zu haben.
- Mangelnde Mitbestimmungs- und Gestaltungsmöglichkeiten der Bewohner/innen (BMFSFJ 2012, 39):

> »Einem Fünftel der in Einrichtungen lebenden Frauen (20 %) stand kein eigenes Zimmer zur Verfügung. Viele Frauen konnten darüber hinaus nicht mitbestimmen, mit wem sie zusammenwohnen und äußerten den Wunsch nach mehr Alleinsein« (ebd. 38).

- Mangelnder Schutz vor psychischer, physischer und sexueller Gewalt (BMFSFJ 2012, 39).
- Zu geringe Beachtung genderbezogener Aspekte in Bezug auf die Begleitung und Pflege der Bewohner/innen (Jeschke et al. 2006, 334 ff, Römisch 2011, 62, Hüner 2012, 107).
- Ungleichverteilung der Geschlechter in den Wohneinrichtungen: a) Einrichtungen, die historisch als Männer- bzw. Fraueneinrichtungen gewachsen sind und erst seit einigen Jahren Bewohner/innen des anderen Geschlechts aufnehmen, haben in der Regel ein deutliches Ungleichgewicht der Geschlechter; b) Überrepräsentation der Männer in Wohneinrichtungen, sowohl ambulant als auch stationär (Römisch 2011, 61).
- Mangelnde Außenkontakte erhöhen das Risiko, Opfer sexueller Gewalt zu werden und erschweren den Bewohner/innen, eine/n Partner/in zu finden (Jeschke et al. 2006, 421; Zemp 2011, 164).

Es wird deutlich, dass sich die Einschränkungen sexueller Selbstbestimmung bei Erwachsenen mit geistiger Behinderung vorrangig strukturell und deutlich weniger beeinträchtigungsbedingt darstellen. Der folgende Blick auf die Forderungen der UN-Konvention zeigt Handlungsbedarf für Wohneinrichtungen für Menschen mit Behinderung.

2.3 Die Forderungen der UN-Konvention

Durch die 2009 erfolgte Ratifizierung des »Übereinkommens der Vereinten Nationen vom 13. Dezember 2006 über die Rechte von Menschen mit Behinderungen« (UN-Konvention) durch Deutschland besteht die Notwendigkeit, dass Institutionen der Eingliederungshilfe die Realisierung der Rechte von Menschen mit Behinderung genau prüfen. Für den Kontext der sexuellen Selbstbestimmung sind vor allem die Artikel 22 und 23 von Relevanz. Darin heißt es:

Artikel 22 Achtung der Privatsphäre

(1) Menschen mit Behinderungen dürfen unabhängig von ihrem Aufenthaltsort oder der Wohnform, in der sie leben, keinen willkürlichen oder rechtswidrigen Eingriffen in ihr Privatleben, ihre Familie, ihre Wohnung oder ihren Schriftverkehr oder andere Arten der Kommunikation oder rechtswidrigen Beeinträchtigungen ihrer Ehre oder ihres Rufes ausgesetzt werden. Menschen mit Behinderung haben Anspruch auf rechtlichen Schutz gegen solche Eingriffe oder Beeinträchtigungen.
(2) Die Vertragsstaaten schützen auf der Grundlage der Gleichberechtigung mit anderen die Vertraulichkeit von Informationen über die Person, die Gesundheit und die Rehabilitation von Menschen mit Behinderungen.

Artikel 23 Achtung der Wohnung und der Familie

(1) Die Vertragsstaaten treffen wirksame und geeignete Maßnahmen zur Beseitigung der Diskriminierung von Menschen mit Behinderung auf der Grundlage der Gleichberechtigung mit anderen in allen Fragen, die Ehe, Familie, Elternschaft und Partnerschaft betreffen, um zu gewährleisten, dass

    a) das Recht aller Menschen mit Behinderungen im heiratsfähigen Alter, auf der Grundlage des freien und vollen Einverständnisses der künftigen Ehegatten eine Ehe zu schließen und eine Familie zu gründen, anerkannt wird;

    b) das Recht von Menschen mit Behinderungen auf freie und verantwortungsbewusste Entscheidung über die Anzahl ihrer Kindern und die Geburtenabstände sowie auf Zugang zu altersgemäßer Information sowie Aufklärung über Fortpflanzung und Familienplanung anerkannt wird und ihnen die notwendigen Mittel zur Ausübung dieser Rechte zur Verfügung gestellt werden;

    c) Menschen mit Behinderungen, einschließlich Kindern, gleichberechtigt mit anderen ihre Fruchtbarkeit behalten.

2.4 Konsequenzen für die Erhebung

Aus den bisherigen Ausführungen ist deutlich geworden, dass die aktuellen Aufträge in der Umsetzung der UN-Konvention im Bereich der sexuellen Selbstbestimmung den Erkenntnissen aus den aufgeführten Forschungsergebnissen an etlichen Stellen entgegen stehen. So muss z. B. kritisch geprüft werden, ob Bewohner/innen vor Eingriffen in ihr Privatleben ausreichend geschützt sind, sie Partnerschaft oder Elternschaft selbstbestimmt und ohne Diskriminierung leben können oder ihnen ausreichende und altersgemäße Informationen über Fortpflanzung und Familienplanung zugänglich sind.

Die Lebenssituation von Menschen mit geistiger Behinderung in Wohneinrichtungen in den Bereichen Sexualität und Partnerschaft und darauf folgend auch Ehe, Familie und Elternschaft muss so verändert werden, dass die UN-Behindertenrechtskonvention realisiert werden kann. Da damit die Zielperspektive gesetzt ist, entsteht die Frage nach dem geeigneten Weg dorthin. Der aktuelle Forschungsstand zeigt, dass Mitarbeitende eine zentrale Position in Bezug auf mögliche Veränderungsprozesse einnehmen. Allerdings wird aus den zusammengestellten Studien auch deutlich, dass die organisationalen Bedingungen hohe Relevanz durch Bereitstellung entsprechender Strukturen haben. Weiterhin sind perspektivisch Erwachsene mit Behinderung durch partizipative Veränderungsprozesse einer Einrichtung einzubinden. Ein gemeinsamer Weg braucht die Menschen mit Behinderung, die Mitarbeitenden und diese wiederum in ihrer konkreten Arbeit in den Wohngruppen eine institutionelle Ausrichtung in Richtung ›sexuelle Selbstbestimmung der Bewohner/innen‹, die durch die Leitungsebene initiiert in die vorhandene Organisationskultur eingebunden werden kann sowie unterstützt und mitgetragen wird.

Mit einem Veränderungsweg über die Mitarbeitenden als einem zentralen Ansatzpunkt braucht es Kenntnisse über deren Berufsalltag in Bezug auf sexuelle Selbstbestimmung der Bewohner/innen und vor allem über die Veränderungs- und Unterstützungswünsche, die sich aus dem konkreten Alltag ergeben.

Eine aktuelle Befragung von Mitarbeitenden zu ihren Erfahrungen, ihrem Erleben und dem Bewerten sexueller Verhaltensweisen der Bewohner/innen, ihrer daraus möglicherweise resultierenden Belastung sowie ihrer Perspektive auf Veränderungsnotwendigkeiten und ihr Bedarf an Unterstützung liegt derzeit nicht vor. Dies ist umso bedauerlicher, da in ihrer Arbeit viel Potential für Veränderungsprozesse liegt. So schreibt auch Wüllenweber (2008) den Fachkräften in der Behindertenhilfe eine zentrale Position bei der Umsetzung der Entwicklung in Richtung Empowerment, Selbstbestimmung und Teilhabe zu. »Dennoch benötigen sie in vielen Einrichtungen mehr Unterstützung und Anleitung und – was vielleicht verwundern mag – auch mehr Kontrolle« (ebd. 15).

Um diese Lücke zu schließen, soll daher im Folgenden eine von der Autorin initiierte und ausgewertete Befragung vorgestellt werden, die einen differenzierten Blick auf den Alltag der Mitarbeitenden in Wohneinrichtungen der Eingliederungshilfe ermöglicht. Grundlage ist ein ausführlicher Forschungsbericht, der in Bezug auf die methodische Vorgehensweise und deren Begründung sowie in Bezug auf die vielen Einzelergebnisse der Befragung stark gekürzt wurde.

3 Befragung von Mitarbeitenden in Wohneinrichtungen der Eingliederungshilfe

3.1 Ziel der Erhebung

Aus den dargestellten Begründungszusammenhängen ergaben sich folgende Forschungsfragen in Bezug auf die sexuelle Selbstbestimmung in Wohneinrichtungen aus der Perspektive der Mitarbeitenden im Wohngruppenkontext:

- Welche *Erfahrungen* machen die Mitarbeitenden im Bereich »sexuelle Selbstbestimmung« mit den Bewohner/innen? Wie *bewerten* sie diese Erfahrungen?
- Welche *Veränderungsnotwendigkeiten und -möglichkeiten* sehen die Mitarbeitenden in diesem Bereich?
- Welche *Unterstützung* benötigen Sie zur Realisierung von Veränderungen?

Die Befragung war nicht als Erfassung einer ›objektiv‹ abbildbaren Wirklichkeit in Wohneinrichtungen in Bezug auf sexuelle Selbstbestimmung der Bewohner/innen geplant und ausgelegt. Zentral waren vielmehr die subjektiven Wahrnehmungen der Mitarbeitenden, ihre Bewertungen, Deutungen und Unterstützungsbedarfe, da diese für sie in der Alltagsarbeit handlungsleitend sind. Die Ergebnisse als eine umfassende Beschreibung ihrer Arbeitssituation sollten Grundlage für eine sexualpädagogische/-andragogische Konzeptentwicklung sein.

3.2 Forschungsmethodisches Vorgehen

Die Befragung wurde als quantitative Erhebung in Form eines Fragebogens durchgeführt. Die Entscheidung für eine schriftliche Befragung hatte folgende Begründung: Bei dem tabuisierten und möglicherweise mit Sprechhemmungen versehenen Thema der Sexualität/sexuellen Selbstbestimmung ist bei einer schriftlichen anonymen Befragung eher davon auszugehen, dass sich Antworten im Sinne der sozialen Erwünschtheit vermeiden lassen. Der Einfluss von Merkmalen und Verhalten der interviewenden Personen lässt sich ebenso ausschalten (vgl. Diekmann 2002). Weiter ist es den Befragten eher möglich, über die Fragen nachzudenken und den Fragebogen zu verschiedenen Zeitpunkten auszufüllen.

Die Datenauswertung erfolgte über SPSS 21 mit Schwerpunkt auf Werten der deskriptiven Statistik in Form von Häufigkeitsverteilungen sowie ergänzenden interferenzstatistischen Berechnungen.

3.3 Die Stichprobe

Die Stichprobe setzte sich zusammen aus Mitarbeitenden aus sechs Wohneinrichtungen für Menschen mit vorrangig geistiger Behinderung in Nordrhein-Westfalen und Niedersachsen.

Da sich aus der bisherigen Literaturlage keine Zusammenhänge zwischen Größe einer Einrichtung, innerer Ausdifferenzierung verschiedener Wohnangebote, Zusammensetzung der Gruppe der Bewohner/innen nach Alter, Geschlecht oder Form der Behinderung herstellen lassen, würde für die Auswahl der Einrichtungen deren Bereitschaft zur Mitarbeit ausschlaggebend sein. Damit ist die Stichprobe nicht repräsentativ. Die Ergebnisse können jedoch wertvolle Hinweise auf Veränderungsnotwendigkeiten und Unterstützungsbedarfe zur Realisierung sexueller Selbstbestimmung der Bewohner/innen geben.

Durch die Verteilung der Fragebögen über Mitarbeitende der mittleren Leitungsebene an die Mitarbeitenden der Wohngruppen liegt keine gesicherte Angabe darüber vor, wie viele Fragebögen die Mitarbeitenden konkret erreicht haben. Durch die vorherige Abfrage der Anzahl der Mitarbeitenden im Bereich »Wohnen« in den einzelnen Einrichtungen kann von 1292 verteilten Fragebögen ausgegangen werden.

Der Rücklauf betrug 652 Fragebögen, von denen 640 auswertbar waren (ca. 50 % Rücklauf). Dies ist für die gewählte Form der schriftlichen Befragung mit einer Ausfülldauer von ca. 30 Minuten ein unerwartet hoher Rücklauf.

Es hat an der Befragung jeweils ungefähr die Hälfte der Mitarbeitenden aus sechs Einrichtungen teilgenommen. Dabei machen die Antworten aus den beteiligten drei großen Einrichtungen zusammen über vier Fünftel der abgegebenen Fragebögen aus.

3.4 Fragebogen und Auswertung

An dieser Stelle sollen kurz einige Aspekte des Fragebogens erläutert werden.

Analog zu den drei leitenden Forschungsfragen erhält der verwendete Fragebogen drei inhaltliche Bereiche, die auf dem Deckblatt des Fragebogens für die Auszufüllenden folgendermaßen dargestellt waren:

> Abschnitt I: *Ihre Wahrnehmung*: Sexuelle Verhaltensweisen der Bewohner/innen
> Abschnitt II: *Ihre Wahrnehmung*: Störende/hinderliche sexuelle Verhaltensweisen der Bewohner/innen im Gruppenalltag
> Abschnitt III: *Ihre persönliche Herausforderung*: Sexuelle Verhaltensweisen der Bewohner/innen
> Abschnitt IV: *Ihre Vermutungen*: Gründe für das sexuelle Verhalten der Bewohner/innen
> Abschnitt V: *Ihr Bedürfnis*: Unterstützungs- und Veränderungsbedarf
> Abschnitt VI: Angaben zu *Ihrer Person*

In Bezug auf die beobachteten sexuellen Verhaltensweisen der Bewohner/innen aus dem eigenen Arbeitsbereich handelt es sich bewusst um eine subjektive Einschätzung der Mitarbeitenden zur Häufigkeit des beobachteten Verhaltens der Bewohner/innen. Dem liegt die Annahme zugrunde, dass die subjektiven Wahrnehmungen der Mitarbeitenden deren Arbeitsalltag bestimmen. Die erhobenen Werte sind in ihrer Auftretenshäufigkeit Aussagen über die sexuellen Verhaltensweisen, die die Mitarbeitenden im Alltag *wahrnehmen*! Es sind damit nur bedingt Aussagen über die Häufigkeit der Verhaltensweisen, die die Bewohner/innen zeigen, möglich.

Aufgrund der Geschlechtsspezifität sexueller Entwicklung sowie der Berücksichtigung einer notwendigen gendersensiblen Perspektive, die bei Menschen mit Behinderung oft vernachlässigt wird, wurden die beobachteten Verhaltensweisen getrennt sowohl für männliche als auch weibliche Bewohner/innen erfragt (Abschnitt 1). Dabei unterscheiden sich die jeweils geschlechtsbezogen angebotenen Items nur um einige wenige spezifische Items (z. B. »Die weibliche Bewohnerin schmiert mit Menstruationsblut« oder »Die weibliche Bewohnerin reibt sich die Brüste/kneift sich in die Brüste«) bzw. sind geschlechtsbezogen formuliert (z. B. »der männliche Bewohner hat die Hand von außen (über der Hose) am Penis« bzw. »die weibliche Bewohnerin hat die Hand von außen (über der Hose) an der Scheide«). Damit sollte bewusst eine inhaltliche Einengung geschlechtsspezifischer Aspekte vermieden werden. Selbstkritisch muss hier allerdings angemerkt werden, dass die Autorin selbst bei dem Item »Die Bewohnerin äußert starken Wunsch/fragt nach eigenen Kindern« nicht gendersensibel genug war, um dieses Item auch bei den männlichen Bewohnern aufzuführen. Analog ist dies bei dem Item »Mann fragt MA nach Vermittlung einer Prostituierten für ihn« passiert. Allerdings bestand immer die Möglichkeit, dies bei »Sonstiges« zu ergänzen.

Weiterhin wurden auch sexuelle Verhaltensweisen von Bewohner-Paaren erfasst. Hier wurde offen gelassen, ob es sich um hetero- oder homosexuelle Paare handelt. Dementsprechend wurden z. B. die Items, die sich auf genitale Sexualität bezogen, sowohl zu Geschlechtsverkehr, Oralverkehr als auch Analverkehr formuliert. Allerdings lassen sich bei den Ergebnissen die verschiedenen Formen der gelebten Sexualität nicht homo- oder heterosexuellen Paaren zuordnen, da dies nicht ausdrücklich erfragt wurde. Ebenso wurde in der Erhebung nicht vorgegeben, was unter einem »Paar« zu verstehen ist. Somit sind die Bewohner-Paare erfasst, die von den Mitarbeitenden als solche gesehen und bewertet wurden.

Neben dieser geschlechtsspezifischen Differenzierung wurden die Items situationsspezifisch differenziert in die drei Situationen

a) »Bewohner/in oder Paare in Situation allein/fühlt sich unbeobachtet«,
b) »Bewohner/in oder Paare in Situation mit anderen Bewohner/innen« sowie
c) »Bewohner/in oder Paare mit Mitarbeitenden«.

Sexuelles Verhalten wird als ein situationsspezifisches Verhalten verstanden, das mit Umgebungsbedingungen und weiteren anwesenden Personen verbunden ist. So wird bei den Items häufig das gleiche sexuelle Verhalten in verschiedenen Situationen abgefragt wie das nachfolgende Beispiel zeigt:

a) »Mann befriedigt sich erfolgreich selbst«,
b) »Mann befriedigt sich selbst im Beisein der Mitbewohner/innen«,
c) »Mann befriedigt sich selbst im Beisein des Mitarbeitenden«.

Zusammenfassend wird der Aufbau der Frage eins an folgendem Auszug aus dem Fragebogen deutlich:

I Sexuelle Verhaltensweisen der Bewohner/innen
Frage 1: Welche der folgenden *sexuellen Verhaltensweisen* der Bewohner/innen begegnen Ihnen bei Ihrer Arbeit in der Wohneinrichtung?
Bitte schätzen Sie deren *Häufigkeit des Auftretens bei den Bewohner/innen Ihrer Wohngruppe* bzw. Ihres *Arbeitsbereiches* ein. Es geht dabei um Ihre *subjektive Wahrnehmung*, wie häufig die genannten Verhaltensweisen auftreten.

Situation	häufig	manchmal	nie
Bewohner/in in Situation alleine/fühlt sich unbeobachtet:			
Der männliche Bewohner…..			
• befriedigt sich (erfolgreich) selbst	☐	☐	☐
• versucht sich mit der Hand erfolglos selbst zu befriedigen	☐	☐	☐
• reibt seinen Penis z. B. an Möbeln	☐	☐	☐
• hat die Hand in der Hose	☐	☐	☐
• hat Hand von außen (über der Hose) am Penis	☐	☐	☐
• wäscht sich übermäßig lange im Intimbereich	☐	☐	☐
• beschmiert sich mit Kot	☐	☐	☐
• läuft nackt im eigenen Zimmer und stellt sich ans Fenster	☐	☐	☐

3.4 Fragebogen und Auswertung

Situation	häufig	manch-mal	nie
• sieht sich als Frau/möchte lieber eine Frau sein und zieht sich Frauenkleider an	☐	☐	☐
• schaut sich Porno-/Erotikfilme in seinem Zimmer an	☐	☐	☐
• Sonstige, nämlich: _____	☐	☐	☐

Die weibliche Bewohnerin ...

• befriedigt sich (erfolgreich) selbst	☐	☐	☐
• versucht sich mit der Hand erfolglos selbst zu befriedigen	☐	☐	☐
• reibt ihre Scheide z. B. an Möbeln	☐	☐	☐
• steckt sich Gegenstände in die Scheide	☐	☐	☐
• hat die Hand in der Hose	☐	☐	☐
• hat Hand von außen (über der Hose) an der Scheide	☐	☐	☐
• wäscht sich übermäßig lange im Intimbereich	☐	☐	☐
• reibt sich die Brüste/kneift sich in die Brüste	☐	☐	☐
• beschmiert sich mit Kot	☐	☐	☐
• schmiert mit Menstruationsblut	☐	☐	☐
• läuft nackt im eigenen Zimmer und stellt sich ans Fenster	☐	☐	☐
• sieht sich als Mann/möchte lieber ein Mann sein	☐	☐	☐
• schaut sich Porno-/Erotikfilme in ihrem Zimmer an	☐	☐	☐
• Sonstige, nämlich: _____	☐	☐	☐

Bewohner-Paare für sich alleine/fühlen sich unbeobachtet

• schmusen in ihrem Zimmer miteinander	☐	☐	☐
• heftiges küssen/knutschen bis hin zu Petting in Zimmer	☐	☐	☐
• haben in ihrem Zimmer Geschlechtsverkehr miteinander	☐	☐	☐
• haben Analverkehr im eigenen Zimmer	☐	☐	☐
• haben Oralverkehr in eigenem Zimmer	☐	☐	☐
• baden gemeinsam	☐	☐	☐
• schauen sich Erotik- oder Pornofilme im Zimmer an	☐	☐	☐
• Sonstiges: _____	☐	☐	☐

Für die Frage zwei sollten die Befragten noch einmal die Liste der Items von Frage eins durchsehen und die Verhaltensweisen markieren, die sie (in der entsprechend beschriebenen Weise) als besonders störend erleben. Dahinter steht die Annahme, dass die Verhaltensweisen, die als besonders störend oder hinderlich im Gruppenalltag erlebt werden, bei den Mitarbeitenden eher den Wunsch auslösen, etwas zu verändern und ggf. auch den Grad an subjektiver Belastung bestimmen.

Dazu wurde folgende Frage gestellt (Auszug aus dem Fragebogen):

II *Störende/hinderliche* sexuelle Verhaltensweisen der Bewohner/innen *im Gruppenalltag*:
Frage 2: Betrachten Sie bitte noch einmal die *Seiten 2-5*. *Kreisen* Sie bitte in dieser Auflistung die Verhaltensweisen *ein* (oder markieren diese farblich), die Sie *im Gruppenalltag für Einzelne oder alle Beteiligten als besonders störend bzw. hinderlich* erleben.
Als störende Verhaltensweisen sollen hier verstanden werden:

- Verhaltensweisen der Bew., durch die Sie sich subjektiv gestört fühlen und die Sie als hinderlich im Gruppenalltag erleben
- Verhaltensweisen der Bew., durch die andere Bewohner/innen sich gestört fühlen
- Verhaltensweisen der Bew., durch die diese selbst z. B. in ihren sozialen Kontakten behindert/gestört werden (weil z. B. andere sich abgestoßen fühlen)

Inhaltlich logisch folgte dann die Frage drei nach vorhandener subjektiver Belastung durch sexuelle Verhaltensweisen der Bewohner/innen. Die persönliche Belastung wurde dafür versucht, möglichst klar zu benennen, und zwar als »an die eigenen Grenzen kommen«. Dazu hier der entsprechende Auszug aus dem Fragebogen:

III Sexuelle Verhaltensweisen der Bewohner/innen als *persönliche Herausforderung an die Mitarbeitenden*
Neben den Verhaltensweisen, die man im Gruppenalltag als störend/hinderlich erlebt, gibt es Verhaltensweisen, durch die man persönlich an seine Grenzen kommt, weil sie einen z. B. sehr verunsichern, die eigene Schamgrenze verletzen, man sich ekelt oder die Situation als persönliche Zumutung erlebt.

Frage 3: Gibt es in Ihrem Arbeitsalltag sexuelle Verhaltensweisen der Bewohner/innen, durch die Sie *persönlich an Ihre Grenzen kommen*?
  ☐ ja   ☐ nein

Frage 3 a: Wenn »ja«, schätzen Sie bitte den *Grad Ihrer aktuellen persönlichen Belastung* durch die sexuellen Verhaltensweisen der Bewohner/innen ein, indem Sie ihr subjektives Empfinden durch einen *Strich auf der Linie* markieren:

  nicht   I---I   sehr
  belastet   belastet

3.4 Fragebogen und Auswertung

Weiterhin war es für die Erhebung und für das Ziel der anschließenden Formulierung konzeptioneller Konsequenzen bedeutsam zu erfahren, welche möglichen Gründe die Mitarbeitenden für die sexuellen Verhaltensweisen der Bewohner/innen ihres Arbeitsbereiches annehmen. Dies wurde im Fragebogen über die Frage vier (im Folgenden ein Auszug) erbeten:

> IV *Vermutungen* zum sexuellen Verhalten der Bewohner/innen
> Frage 4: Welche *möglichen Gründe* nehmen Sie für die beschriebenen *sexuellen Verhaltensweisen* der Bewohner/innen *allgemein* an? Geben Sie Gründe auch dann an, wenn es Ihres Erachtens nur auf eine Bewohnerin zutrifft.

Angenommene mögliche Gründe	trifft häufig zu	trifft manchmal zu	trifft nie zu
Bew. provozieren MA bewusst durch ihr sexuelles Verhalten.	☐	☐	☐
Menschen mit geistiger Behinderung haben andere sexuelle Bedürfnisse als Menschen ohne Behinderung.	☐	☐	☐
Aufwertung der eigenen Person durch sexuelles Erleben mit anderen.	☐	☐	☐
Sexuelle Erregung bei Pflegehandlungen ist für Bew. nicht steuerbar.	☐	☐	☐
Sexuelles Verhalten ist Ausdruck von Wunsch nach Nähe und Zuwendung.	☐	☐	☐
Viele MA wollen nicht wahrhaben, dass Bew. Sexualität haben und leben wollen.	☐	☐	☐
Schwere der Behinderung lässt das Erlernen von anderem (sexuellem) Verhalten kaum zu.	☐	☐	☐
MA beachten die Intims- und Privatsphäre in der Wohneinrichtung *nicht* (z. B. ins Bad kommen, ohne anzuklopfen).	☐	☐	☐
Bew. haben zu wenig Wissen im Bereich Sexualität wegen fehlender Aufklärung.	☐	☐	☐
Jahrelange Pflege erschwert Erlernen von angemessener Nähe und Distanz für Bew..	☐	☐	☐
Bew. haben durch Behinderung kein Verständnis von eigener Sexualität und angemessenen Verhaltensweisen.	☐	☐	☐

Es wurden bei Frage vier Items zu verschiedenen möglichen Gründen angeboten. Es wurden zum einen wissenschaftlich mittlerweile nicht mehr haltbare Items angeboten, die aber laut Mattke (2004) als so genannte »Mythen« immer noch in vielen Köpfen vorhanden sind (z. B. »Sexuelles Verhalten ist aufgrund der Behinderung triebgesteuert und deshalb nicht änderbar«). Zum anderen wurden Items angeboten, die deutlich die strukturelle Bedingtheit sexueller Verhaltensweisen in den Vordergrund stellen und die die aktuelle wissenschaftliche Diskussion bestimmen (z. B. »Bewohner/innen haben in Einrichtung kaum Möglichkeit, Partner/in zu finden«). Schließlich wurden noch Items angeboten, die eine positive Bewertung von Sexualität beschreiben und damit die Sexualität deutlich aus einem möglichen ›Problemfeld‹ holen, ihre positive Lebensenergie benennen und eine Perspektive auf diese Entwicklungsressource stärken (z. B. »Sexuelles Verhalten ist Ausdruck von Freude/Lust an Gefühlen/körperlichem Erleben«). Die diesbezüglichen Ergebnisse können Hinweise liefern, inwiefern der aktuelle Stand der Fachdiskussion bei den Mitarbeitenden präsent ist und ggf. Wahrnehmungen als störende Verhaltensweisen erklären.

In Bezug auf die von den befragten Mitarbeitenden gewünschten Veränderungen wurden in Frage sechs drei Bereiche angeboten:

a) Veränderungen in Bezug auf die Bewohner/innen,
b) Veränderungen in Bezug auf die Mitarbeitenden sowie
c) Veränderungen in Bezug auf die Einrichtung insgesamt.

Um einen Zusammenhang zwischen gewünschten Veränderungen und bereits vorhandenen Maßnahmen herstellen zu können, dient für die Fragen sechs (gewünschte Veränderungen) und sieben (vorhandene Unterstützung) die gleiche Itemliste wie der nachfolgende Auszug aus dem Fragebogen zeigt.

V. *Unterstützungs- und Veränderungsbedarfe* aus Sicht der Mitarbeitenden
Frage 5: Wünschen Sie sich *Unterstützung* für Ihre Arbeit bzw. *Veränderungen* in der Einrichtung, um mehr zur »sexuellen Selbstbestimmung« der Bewohner/innen beizutragen?
 ☐ ja ☐ nein
Frage 6: Wenn »ja«, welche *Unterstützung* bzw. *Veränderungen* wünschen Sie sich (in *linker* Spalte ankreuzen)?
Frage 7: Was ist von den genannten Angeboten *bereits* in Ihrer Einrichtung *vorhanden* (in *rechter* Spalte ankreuzen)?

Wünsche ich mir:	Mögliche Unterstützungen bzw. Veränderungen	Ist bereits vorhanden:
für die Bewohner/innen selber:		
☐	• mehr Einsehen/Veränderungsbereitschaft von den Bewohner/innen selbst	☐
☐	• Bew. beraten sich gegenseitig/tauschen Erfahrungen in geschlechtergemischten Gruppen aus	☐

3.4 Fragebogen und Auswertung

Wünsche ich mir:	Mögliche Unterstützungen bzw. Veränderungen	Ist bereits vorhanden:
☐	• Bew. tauschen Erfahrungen in Männer- bzw. Frauengruppen aus	☐
☐	• mehr MA im Gruppendienst, um mehr Zeit für individuelle Begleitung der Bew. zu haben	☐
☐	• Beratung für die Bew. durch Fachpersonal (z. B. Sexualpädagogen/innen) *innerhalb* der Einrichtung	☐
☐	• Beratung durch Sexualpädagogen/innen für Bewohner/innen von *außerhalb* (neutrale Ansprechperson für Bew.)	☐
☐	• Kontakt zu Sexualassistenten/Prostituierten, die bei Bedarf der Bew. »bestellt« werden können	☐
☐	• Leichte Zugänglichkeit zu sexuellen Hilfsmitteln (z. B. Vibrator, künstliche Vagina) auf Wunsch der Bew.	☐
☐	• Fortbildungsangebote für die Bewohner/innen, um deren Wissen im Bereich Sexualität zu erweitern (Aufklärung)	☐
☐	• Angemessenes Aufklärungsmaterial für Erwachsene mit Behinderung zur Arbeit mit Bew.	☐
☐	• Sonstiges:_____	☐

Der inhaltliche Teil des Fragebogens schließt in Frage acht mit einer Einschätzung zur Zufriedenheit der befragten Mitarbeitenden mit der Gesamtsituation in Bezug auf »sexuelle Selbstbestimmung der Bewohner/innen«.

Frage 8. Wie *zufrieden* sind Sie mit der *Gesamtsituation in Ihrer Einrichtung* in Bezug auf die »sexuelle Selbstbestimmung der Bewohner/innen«?
☐ sehr zufrieden ☐ zufrieden ☐ teils/teils ☐ unzufrieden ☐ sehr unzufrieden

---

Es folgen Angaben zur Person, Ausbildung, Funktion in der Einrichtung, Arbeitsumfang sowie Angaben zur Wohngruppe, in der die befragten Mitarbeitenden arbeiten. Anhand dieser Daten konnten interferenzstatistische Überprüfungen durchgeführt werden, die dann ggf. Hinweise auf besondere Maßnahmen für bestimmte Zielgruppen eröffnen.

4 Ergebnisse der Befragung

4.1 Die Befragten

Erwartungsgemäß nahmen mehr Frauen als Männer an der Erhebung teil, da der Anteil der männlichen Mitarbeitenden in den teilnehmenden Einrichtungen zwischen 7 % und 37 % Anteil an den gesamten pädagogischen Mitarbeitenden im Bereich »Wohnen« liegt. So ist die Geschlechterverteilung bei der Befragung mit 21,7 % Männern (gültiger Wert ohne fehlende Angaben) ein Abbild der Arbeitsrealität sowohl in diesen Einrichtungen als auch annähernd in allen Einrichtungen der Behindertenhilfe, die nach Römisch (2011, 61) einen Frauenanteil von fast 70 % beim Personal haben. Erstaunlich ist, dass trotz der Zusicherung von Anonymität sowohl im Anschreiben als auch bei den Vorstellungsterminen für die Erhebungen in den Einrichtungen dann bei der Befragung immerhin 6,3 % der Befragten kein Geschlecht angaben.

Neben dem Geschlecht wurde weiterhin das Alter der Beschäftigten erfragt. Es haben Mitarbeitende zwischen 17 und 62 Jahren an der Erhebung teilgenommen (▶ Abb. 1). Das Durchschnittsalter betrug 38 Jahre. Aber auch hier waren nur auf 575 der 640 auswertbaren Fragebögen Angaben zum Alter der Personen erfolgt.

Aus der nachfolgenden Abbildung 2 kann man erkennen, dass die meisten der Befragten durch eine Ausbildung ihre berufliche Qualifikation für das Handlungsfeld erlangt haben. Unter »Mitarbeiter/in mit Ausbildung« wurden arbeitsfeldbezogene oder arbeitsfeldnahe Ausbildungen mit sowohl 2-jähriger als auch 3-jähriger Ausbildungszeit erfasst. Knapp zwei Drittel der Befragten sind Heilerziehungspfleger/innen bzw. Erzieher/innen. Ungefähr jeder 10. Befragte arbeitet als angelernte Kraft, knapp 10 % hat ein Studium absolviert. Dies entspricht nicht der Verteilung der Berufsqualifikationen in den teilnehmenden Einrichtungen im Bereich Wohnen. Tendenziell haben bei der Befragung weniger der angelernten und mehr der studierten Mitarbeitenden aus den Institutionen teilgenommen.

Der Anteil der angelernten Mitarbeitenden variiert bei den teilnehmenden Institutionen (hier lagen aus vier Einrichtungen entsprechende Angaben vor) zwischen 9 % und fast 30 %, bei den Mitarbeitenden mit Studienabschluss sind es zwischen 3 % und 9 %.

Abbildung 3 präsentiert die Funktionen, die die Befragten in ihrer Einrichtung übernehmen. Erwartungsgemäß liegt der Schwerpunkt bei der anzahlmäßig auch größten Gruppe, nämlich den Mitarbeitenden im Tagdienst auf den Wohngruppen.

4.1 Die Befragten

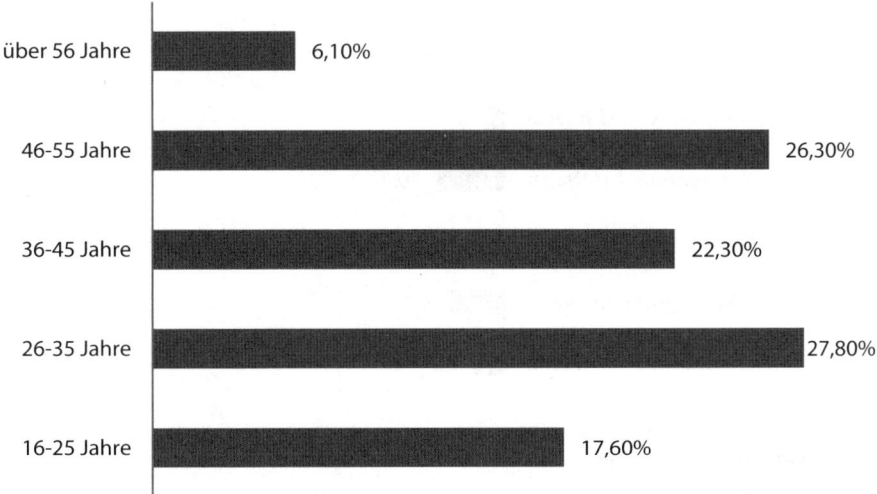

Abb. 1: Prozentuale Anteile der gültigen Nennungen der Altersverteilung der befragten Mitarbeitenden in 10-Jahres-Clustern (N = 575)

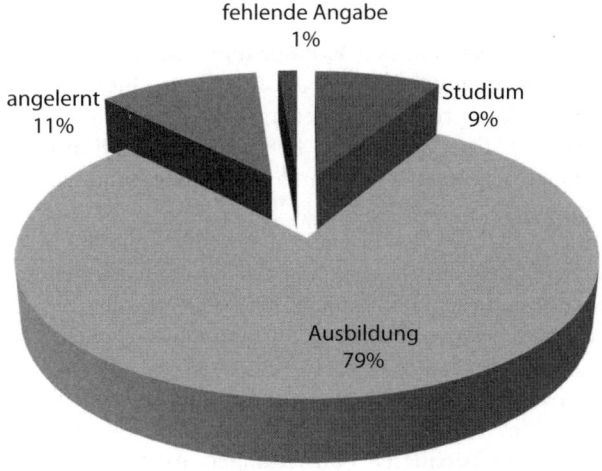

Abb. 2: Prozentualer Anteil der beruflichen Qualifikationen an der Gesamtstichprobe (N = 640)

4 Ergebnisse der Befragung

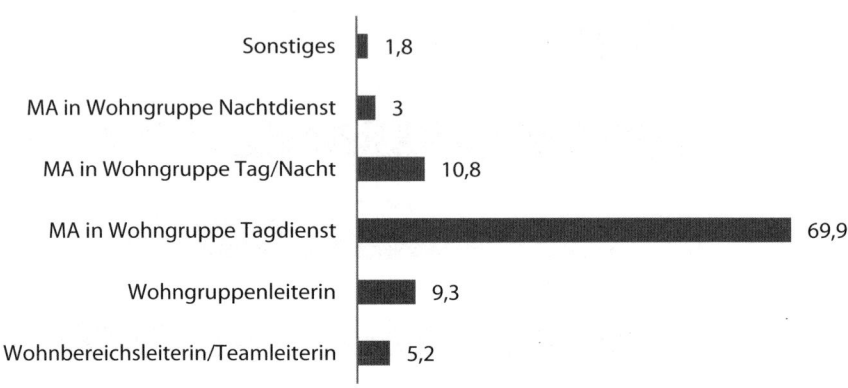

Abb. 3 Prozentualer Anteil der gültigen Nennungen in Bezug auf die Funktion in der Einrichtung (N = 589)

Ebenso liegen bei der Frage nach dem Stundenumfang Schwerpunkte bei den Mitarbeitenden mit halber bzw. voller Stelle. Es arbeiten 76,8 % der befragten Mitarbeitenden mit 20 und mehr Stunden in den Einrichtungen.

Die Mitarbeitenden aus den Wohngruppen wurden weiterhin gebeten, Angaben zu Geschlecht, Altersverteilung und vorwiegender Behinderungsform der Bewohner/innen in den Wohngruppen, in denen sie arbeiten bzw. die in ihren Aufgabenbereich fallen, zu machen.

Abbildung 4 zeigt, dass es in den Wohngruppen der Stichprobe ca. doppelt so viele Frauen-Wohngruppen wie Männer-Wohngruppen gibt. Ebenso gibt es mehr als doppelt so viele Wohngruppen, in denen mehr Frauen als Männer sind. Dies lässt sich historisch erklären, da zwei der befragten großen Einrichtungen als reine Fraueneinrichtungen begonnen haben und erst in der jüngeren Geschichte auch Männer aufnehmen.

Insgesamt sind in 72,2 %, also in mehr als zwei Dritteln der Wohngruppen der befragten Mitarbeitenden die Geschlechter der Bewohner/innen gemischt. Damit bildet die Stichprobe in diesem Punkt nicht den von Römisch (2011, 61) benannten höheren Männeranteil in sowohl ambulanten als auch stationären Wohnangeboten ab.

Es wurde überprüft, ob die Verteilung der Geschlechter der Bewohner/innen in den Wohngruppen der Befragten ein Abbild der Geschlechterverteilung in den Wohngruppen der sechs beteiligten Einrichtungen insgesamt ist. Dies ist der Fall. Insofern ist dieser Aspekt der Geschlechterverteilung in den Wohngruppen der Befragten für die beteiligten Institutionen gut abgebildet.

Bezüglich der Altersverteilung der Bewohner/innen in den Wohngruppen lässt sich sagen, dass Mitarbeitende aus Wohngruppen mit Bewohner/innen aus allen

4.1 Die Befragten

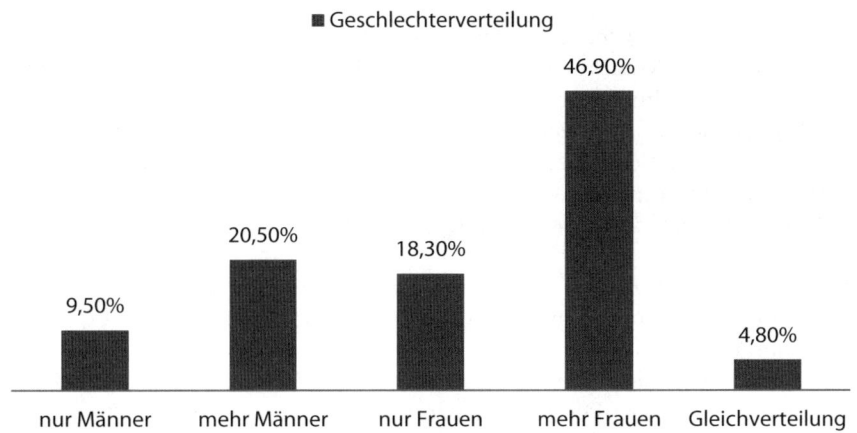

Abb. 4: Prozentualer Anteil der gültigen Nennungen in Bezug auf die Geschlechterverteilung in den Wohngruppen der Befragten (N = 589)

Altersgruppen von 18 Jahren bis über 70 Jahren an der Erhebung teilgenommen haben. Hier sind keine differenzierten Angaben möglich gewesen, da in den meisten Wohngruppen die Altersspanne bei den Bewohner/innen sehr groß war.

In allen an der Befragung teilnehmenden sechs Einrichtungen werden Erwachsene mit vorrangig geistiger Behinderung aufgenommen, die sich auch komplexer als mehrfache Behinderung darstellen kann.

Dieses schwerpunktmäßige Kriterium der geistigen Behinderung bildet sich auch in den Wohngruppen der befragten Mitarbeitenden ab: Die überwiegende Behinderungsform der Bewohner/innen der Wohngruppen der befragten Mitarbeitenden verteilt sich wie folgt:

- 73,3 % geistige Behinderung
- 4,9 % psychische Behinderung
- 12,3 % mehrfache Behinderung
- 9,5 % Sonstiges (z. B. Doppeldiagnosen)

Es ist gelungen, die Gesamtmitarbeiterschaft der beteiligten sechs Einrichtungen abzubilden und damit Aussagen zur »sexuellen Selbstbestimmung der Bewohner/innen aus Perspektive der Mitarbeitenden« für diese sechs Einrichtungen zu machen.

Die Stichprobe ist damit nicht repräsentativ für alle Einrichtungen der Eingliederungshilfe. Es lassen sich jedoch aus den Ergebnissen entsprechende Hinweise für andere Einrichtungen ableiten.

4.2 Informationen zur Darstellung der Ergebnisse

Mit der vorliegenden Erhebung wurde versucht, einen Teil der Komplexität des Arbeitsalltages der Mitarbeitenden unter der Perspektive der sexuellen Selbstbestimmung der Bewohner/innen zu erfassen und beschreibbar zu machen.

Die Ergebnisse weisen eine hohe Komplexität und viele Detailergebnisse auf, die vermutlich in den vielen Einzelergebnissen für die Leser/innen weniger von Interesse bzw. dann mühsam zu lesen sind.

Folgendes Vorgehen wurde gewählt:

- Die Ergebnisse werden in der Reihenfolge der Fragen aus dem Fragebogen präsentiert. Hierbei wird zunächst die entsprechende Frage aus dem Fragebogen aufgenommen.
- Die Gesamtergebnisse der Häufigkeitsverteilungen werden in Form von Diagrammen visualisiert. Die Angaben zu »Sonstiges« sind aus den Diagrammen herausgenommen worden und auch nicht im Einzelnen aufgeführt. Diesbezüglich bedeutsame Aspekte werden im erläuternden Text aufgegriffen.
- Es erfolgt eine Darlegung der zentralen Ergebnisse mit dem Schwerpunkt auf den Häufigkeitsverteilungen in Textform. Zur besseren inhaltlichen Orientierung sind zentrale Begriffe jeweils *fett* gedruckt. In diesem Teil werden auch interessant erscheinende statistisch relevante Ergebnisse erwähnt (Signifikanzprüfungen). Leser/innen, die diesbezüglich gewählte statistische Vorgehen wissen wollen, können sich gerne an mich wenden und den Forschungsbericht erhalten.

Um den Text sprachlich abwechslungsreich zu gestalten, werden die folgenden Synonyme für die Personengruppen gewählt:

- Bewohnerinnen oder Frauen
- Bewohner oder Männer
- Befragte, Mitarbeitende oder Probanden.

Sofern das Geschlecht der Mitarbeitenden für die Ergebnisdarstellung relevant erscheint, wird dies durch die jeweils weibliche oder männliche Form kenntlich gemacht.

4.3 Erfahrungen der Mitarbeitenden mit sexuellen Verhaltensweisen

Über die Darstellung der erfragten sexuellen Verhaltensweisen der Bewohner/innen entsteht ein Eindruck dessen, was die Mitarbeitenden in den beteiligten Wohn-

4.3 Erfahrungen der Mitarbeitenden mit sexuellen Verhaltensweisen

einrichtungen in ihrer täglichen Arbeit an sexuellen Verhaltensweisen wahrnehmen und erleben. Dies ist die Grundlage für die weiteren Fragen nach Belastungen und Wünschen nach Veränderung und Unterstützung.

Der nachfolgende Ausschnitt aus dem Fragebogen (Frage 1) gibt einen Eindruck davon, wie differenziert diese Verhaltensweisen abgefragt worden sind:

> Welche der folgenden *sexuellen Verhaltensweisen* der Bewohner/innen begegnen Ihnen bei Ihrer Arbeit in der Wohneinrichtung?
> Bitte schätzen Sie deren *Häufigkeit des Auftretens bei den Bewohner/innen Ihrer Wohngruppe* bzw. Ihres *Arbeitsbereiches* ein. Es geht dabei um Ihre *subjektive Wahrnehmung*, wie häufig die genannten Verhaltensweisen auftreten.

Situation	häufig	manchmal	nie
Bewohner/in in Situation alleine/fühlt sich unbeobachtet:			
Der männliche Bewohner...			
• befriedigt sich (erfolgreich) selbst	☐	☐	☐
• versucht sich mit der Hand erfolglos selbst zu befriedigen	☐	☐	☐
• reibt seinen Penis z. B. an Möbeln	☐	☐	☐
• hat die Hand in der Hose	☐	☐	☐
• hat Hand von außen (über der Hose) am Penis	☐	☐	☐
• wäscht sich übermäßig lange im Intimbereich	☐	☐	☐
• beschmiert sich mit Kot	☐	☐	☐
• läuft nackt im eigenen Zimmer und stellt sich ans Fenster	☐	☐	☐
• sieht sich als Frau/möchte lieber eine Frau sein und zieht sich Frauenkleider an	☐	☐	☐
• schaut sich Porno-/Erotikfilme in seinem Zimmer an	☐	☐	☐
• Sonstige, nämlich:	☐	☐	☐
Die weibliche Bewohnerin...			
• befriedigt sich (erfolgreich) selbst	☐	☐	☐
• versucht sich mit der Hand erfolglos selbst zu befriedigen	☐	☐	☐
• reibt ihre Scheide z. B. an Möbeln	☐	☐	☐
• steckt sich Gegenstände in die Scheide	☐	☐	☐

4 Ergebnisse der Befragung

Situation	häufig	manchmal	nie
• hat die Hand in der Hose	☐	☐	☐
• hat Hand von außen (über der Hose) an der Scheide	☐	☐	☐
• wäscht sich übermäßig lange im Intimbereich	☐	☐	☐
• reibt sich die Brüste/kneift sich in die Brüste	☐	☐	☐
• beschmiert sich mit Kot	☐	☐	☐
• schmiert mit Menstruationsblut	☐	☐	☐
• läuft nackt im eigenen Zimmer und stellt sich ans Fenster	☐	☐	☐
• sieht sich als Mann/möchte lieber ein Mann sein	☐	☐	☐
• schaut sich Porno-/Erotikfilme in ihrem Zimmer an	☐	☐	☐
• Sonstige, nämlich:	☐	☐	☐

Bewohner-Paare für sich alleine /fühlen sich unbeobachtet...

	häufig	manchmal	nie
• schmusen in ihrem Zimmer miteinander	☐	☐	☐
• heftiges küssen/knutschen bis hin zu Petting in Zimmer	☐	☐	☐
• haben in ihrem Zimmer Geschlechtsverkehr miteinander	☐	☐	☐
• haben Analverkehr im eigenen Zimmer	☐	☐	☐
• haben Oralverkehr in eigenem Zimmer	☐	☐	☐
• baden gemeinsam	☐	☐	☐
• schauen sich Erotik- oder Pornofilme im Zimmer an	☐	☐	☐
• Sonstiges:	☐	☐	☐

Bewohner/in in Situation mit anderen Bewohner/innen

Der männliche Bewohner...

	häufig	manchmal	nie
• befriedigt sich selbst im Beisein der Mitbew.	☐	☐	☐
• fragt Mitbew. direkt nach gemeinsamem Geschlechtsverkehr	☐	☐	☐
• versucht, männliche Mitbew. an Penis oder Po zu fassen	☐	☐	☐
• versucht, männliche Mitbew. zu umarmen/zu küssen	☐	☐	☐
• hat mit wechselnden Männern intimen Kontakt	☐	☐	☐
• versucht, weibliche Mitbew. an Scheide oder Po zu fassen	☐	☐	☐
• versucht, weibliche Mitbew. an die Brust zu fassen	☐	☐	☐

4.3 Erfahrungen der Mitarbeitenden mit sexuellen Verhaltensweisen

Situation	häufig	manch-mal	nie
• versucht, weibliche Mitbew. zu umarmen/zu küssen	☐	☐	☐
• hat mit wechselnden Frauen Geschlechtsverkehr	☐	☐	☐
• versucht, in die Badezimmer/Toiletten von Mitbew. zu schauen, wenn diese drin sind	☐	☐	☐
• zieht sich vor den Mitbew. aus	☐	☐	☐
• läuft nackt durch die Wohngruppe	☐	☐	☐
• versucht nackt, andere Bew. zu umarmen	☐	☐	☐
• lässt die Toiletten- oder Badezimmertür offen stehen	☐	☐	☐
• schaut Pornohefte bzw. Porno-/Erotikfilme mit anderen an	☐	☐	☐
• Sonstige, nämlich: _____	☐	☐	☐

Die weibliche Bewohnerin...			
• befriedigt sich selbst im Beisein der Mitbew.	☐	☐	☐
• fragt Mitbew. direkt nach gemeinsamem Geschlechtsverkehr	☐	☐	☐
• versucht, männliche Mitbew. an Penis oder Po zu fassen	☐	☐	☐
• versucht, männliche Mitbew. zu umarmen/zu küssen	☐	☐	☐
• hat mit wechselnden Männern Geschlechtsverkehr	☐	☐	☐
• versucht, weibliche Mitbew. an Scheide oder Po zu fassen	☐	☐	☐
• versucht, weibliche Mitbew. an die Brust zu fassen	☐	☐	☐
• versucht, weibliche Mitbew. zu umarmen/zu küssen	☐	☐	☐
• hat mit wechselnden Frauen intimen Kontakt	☐	☐	☐
• versucht, in die Badezimmer/Toiletten von Mitbew. zu schauen, wenn diese drin sind	☐	☐	☐
• zieht sich vor den Mitbew. aus	☐	☐	☐
• läuft nackt durch die Wohngruppe	☐	☐	☐
• versucht nackt andere Bew. zu umarmen	☐	☐	☐
• lässt die Toiletten- oder Badezimmertür offen stehen	☐	☐	☐
• schaut Pornohefte oder Porno-/Erotikfilme mit anderen an	☐	☐	☐
• Sonstige, nämlich: _____	☐	☐	☐

4 Ergebnisse der Befragung

Situation	häufig	manchmal	nie
Bewohner-Paare...			
• schmusen/gegenseitiges streicheln im Wohnbereich der Gruppe	☐	☐	☐
• sitzen bei Mahlzeiten sehr dicht beieinander/fast aufeinander/auf dem Schoß des anderen	☐	☐	☐
• küssen/knutschen heftig im Wohnbereich der Gruppe	☐	☐	☐
• schmusen heftig bis hin zu Pettingversuchen im Wohnbereich der Gruppe	☐	☐	☐
• haben Geschlechtsverkehr, so dass die Mitbew. es hören oder sehen	☐	☐	☐
• haben Oralverkehr, so dass Mitbew. es hören/sehen	☐	☐	☐
• haben Analverkehr, so dass Mitbew. es hören/sehen	☐	☐	☐
• Sonstige, nämlich:	☐	☐	☐
Bewohner/in in Situation mit Mitarbeiter/in (MA)			
Der männliche Bewohner...			
• fragt MA nach Hilfsmitteln zur Selbstbefriedigung	☐	☐	☐
• bittet MA um Hilfe bei Selbstbefriedigung (»Hand anlegen«)	☐	☐	☐
• nimmt Hand von MA und führt diese in den eigenen Schritt	☐	☐	☐
• befriedigt sich selbst im Beisein von MA	☐	☐	☐
• scheint durch Anwesenheit von MA sexuell erregt zu sein (z. B. »spielen« am Penis/steifer Penis)	☐	☐	☐
• hat eine morgendliche Erektion bei der Pflege	☐	☐	☐
• hat »feuchte Träume«	☐	☐	☐
• nutzt Pflege, um am Penis zu »spielen« (ohne »Windeln«)	☐	☐	☐
• versucht, MA an Scheide/Penis/Po zu fassen	☐	☐	☐
• versucht, MA zu umarmen, sich auf den Schoß zu setzen und/oder zu küssen	☐	☐	☐
• versucht, den (steifen) Penis an MA zu pressen	☐	☐	☐
• macht MA »anzügliche« Komplimente (z. B. »geile Titten«) bzw. versucht, MA »anzumachen« durch Sprüche (»Du Süße...«) oder Blicke (z. B. in Ausschnitt)	☐	☐	☐

4.3 Erfahrungen der Mitarbeitenden mit sexuellen Verhaltensweisen

Situation	häufig	manchmal	nie
• benutzt stark sexualisierte Sprache gegenüber MA (ficken, poppen, bumsen, Titten, Prengel…)	☐	☐	☐
• äußert Wunsch, endlich eine Freundin zu haben	☐	☐	☐
• wünscht sich eine Liebesbeziehung zu MA (schreibt z. B. Liebesbriefe, macht Liebeserklärungen)	☐	☐	☐
• stellt Fragen zu sexuellen Themen (z. B. »Wie geht Liebe machen?«/«Wie fickt man?«)	☐	☐	☐
• macht das Thema »Liebe/Partnerschaft/Sexualität« in der Wohngruppe lächerlich	☐	☐	☐
• fragt MA nach Pornoheften/Porno-/Erotikfilmen	☐	☐	☐
• fragt MA nach gemeinsamen Besuch eines Sex-Shops	☐	☐	☐
• fragt MA nach Vermittlung einer Prostituierten für ihn	☐	☐	☐
• Sonstige, nämlich:	☐	☐	☐

Die weibliche Bewohnerin…

Situation	häufig	manchmal	nie
• fragt MA nach Hilfsmitteln zur Selbstbefriedigung (z. B. Vibrator)	☐	☐	☐
• bittet MA um Hilfe bei Selbstbefriedigung (»Hand anlegen«)	☐	☐	☐
• nimmt Hand von MA und führt diese in den eigenen Schritt	☐	☐	☐
• befriedigt sich selbst im Beisein der MA	☐	☐	☐
• scheint durch Anwesenheit des MA sexuell erregt zu sein	☐	☐	☐
• nutzt Pflege, um an Scheide zu »spielen« (ohne »Windeln«)	☐	☐	☐
• versucht, MA an Penis/Scheide/Po zu fassen	☐	☐	☐
• versucht, MA zu umarmen, sich auf den Schoß zu setzen und/oder zu küssen	☐	☐	☐
• versucht, die eigenen Genitalien an MA zu pressen	☐	☐	☐
• macht MA »anzügliche« Komplimente (z. B. »geiler Hintern«) bzw. versucht, MA »anzumachen« durch Sprüche (»Du Süßer…«) oder Blicke	☐	☐	☐
• benutzt stark sexualisierte Sprache (ficken, poppen, bumsen, Titten, Prengel…)	☐	☐	☐
• fragt MA nach Pornoheften/Porno-/Erotikfilmen	☐	☐	☐
• äußert Wunsch, endlich einen Freund zu haben	☐	☐	☐

4 Ergebnisse der Befragung

Situation	häufig	manchmal	nie
• wünscht sich eine Liebesbeziehung zu MA (schreibt z. B. Liebesbriefe, macht Liebeserklärungen)	☐	☐	☐
• stellt Fragen zu sexuellen Themen (z. B. »Wie geht Liebe machen?«/«Wie fickt man?«)	☐	☐	☐
• äußerst starken Wunsch / fragt nach eigenen Kindern	☐	☐	☐
• macht das Thema »Liebe/Partnerschaft/Sexualität« in der Wohngruppe lächerlich	☐	☐	☐
• Sonstige, nämlich:	☐	☐	☐
Bewohner-Paare... (Die Verhaltensweisen werden ebenfalls angekreuzt, auch wenn nur einer der beiden dieses Verhalten zeigt.)			
• fragen MA um Erlaubnis, dass Partner/in in Wohngruppe/im Zimmer übernachten darf	☐	☐	☐
• fragen MA nach dessen/deren sexuellen Erfahrungen aufgrund der eigenen Unsicherheit der Bew.	☐	☐	☐
• fragen MA nach »Normalität« ihres Sexualverhaltens (»Ist das normal, wenn wir das so machen?«)	☐	☐	☐
• berichten MA über sexuelle Praktiken, die MA übergriffig bzw. gewalttätig erscheinen	☐	☐	☐
• fragen MA nach konkreter Hilfe beim Geschlechtsverkehr	☐	☐	☐
• fragen MA nach sexuellen Hilfsmitteln	☐	☐	☐
• wollen mit MA über ihren Kinderwunsch sprechen	☐	☐	☐
• fragen MA nach Möglichkeiten der Verhütung	☐	☐	☐
• wirken sehr unsicher und trauen sich nicht, Fragen zu stellen/MA hat Gefühl, sie bräuchten Ermutigung/Unterstützung für Partnerschaft/Sexualität	☐	☐	☐
• Sonstige, nämlich:	☐	☐	☐

Die Ergebnisse stellen das dar, was die Mitarbeitenden bei *allen* Bewohner/innen ihrer Gruppe wahrnehmen, d. h., dass sich keine konkreten Rückschlüsse auf das sexuelle Verhalten einzelner Bewohner/innen ziehen lassen. Dies war auch nicht intendiert, um hier den Schutz der Intimsphäre der Bewohner/innen zu gewährleisten und somit den Forderungen der UN-Konvention zu entsprechen.

Da Menschen mit Behinderung selten als Männer oder Frauen in den Blick genommen werden, sondern eher als ›geschlechtsneutrale Behinderte‹, wurden die

Verhaltensweisen geschlechtsspezifisch erfragt und werden auch nach Geschlecht der Bewohner/innen getrennt vorgestellt und anschließend miteinander verglichen. Es folgt dann ein Blick auf die Bewohner/innen-Paare.

Hier kann als ein bedeutsames Ergebnis vorweggenommen werden, dass das Geschlecht der Mitarbeitenden bei der Wahrnehmung der sexuellen Verhaltensweisen der Bewohner/innen keine statistisch relevante Rolle gespielt hat.

Diagrammübersicht

Abbildungs-nummer	Abbildungstitel
Abb. 5	Verhaltensweisen der Männer alleine bzw. wenn sie sich unbeobachtet fühlen
Abb. 6	Verhaltensweisen der Männer in Situation mit anderen Frauen oder Männern
Abb. 7	Verhaltensweisen der Männer in Situation mit Mitarbeitenden
Abb. 8	Verhaltensweisen der Frauen alleine bzw. wenn sie sich unbeobachtet fühlen
Abb. 9	Verhaltensweisen der Frauen in Situation mit anderen Frauen oder Männern
Abb. 10	Verhaltensweisen der Frauen in Situation mit Mitarbeitenden
Abb. 11	Verhaltensweisen der Bewohner-Paare alleine bzw., wenn sie sich unbeobachtet fühlen
Abb. 12	Verhaltensweisen der Paare in Situation mit anderen Frauen oder Männern
Abb. 13	Verhaltensweisen der Paare in Situation mit Mitarbeitenden
Abb. 14	Die 10 meist beobachteten Verhaltensweisen der Männer
Abb. 15	Die 10 meist beobachteten Verhaltensweisen der Frauen
Abb. 16	Geschlechtsbezogener Vergleich der Verhaltensweisen
Abb. 17	Die 10 meist beobachteten Verhaltensweisen der Paare, thematisch sortiert nach Situationen

4 Ergebnisse der Befragung

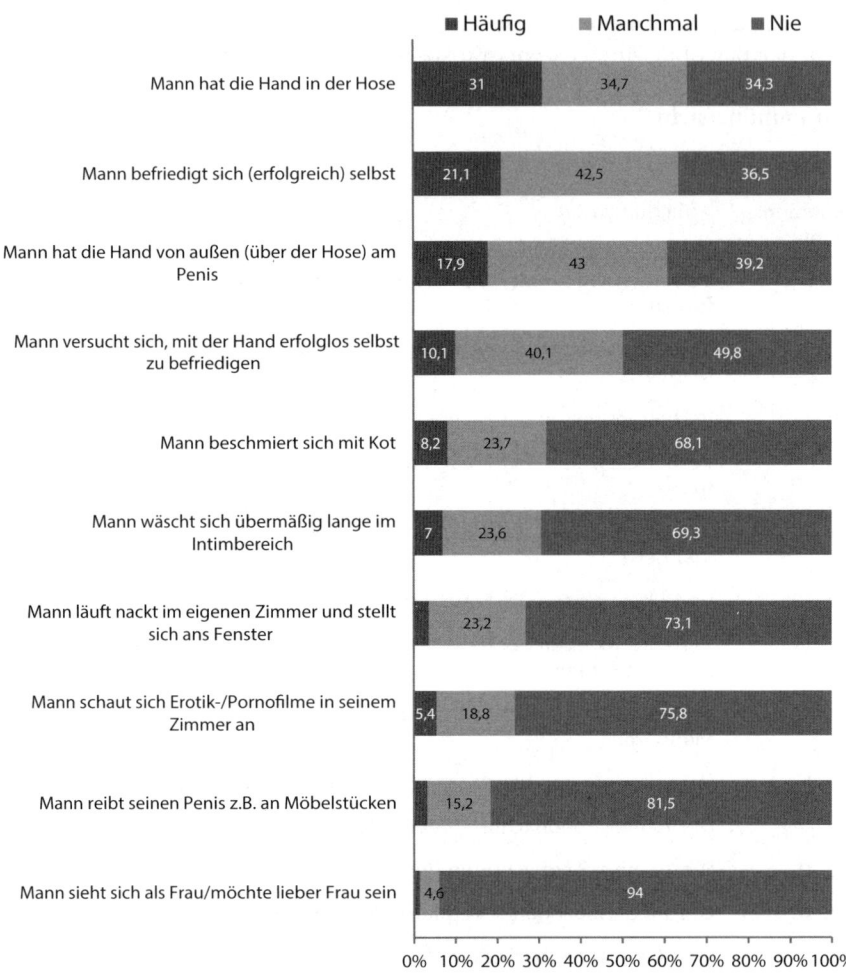

Abb. 5: Prozentualer Anteil der gültigen Nennungen aufsteigend sortiert nach »nie« auf die Frage 1: »Welche der folgenden sexuellen Verhaltensweisen der Bewohner/innen begegnen Ihnen bei Ihrer Arbeit in der Wohneinrichtung?« Items zu »Der männliche Bewohner alleine/fühlt sich unbeobachtet« schwankendes N von 486 bis 513

4.3 Erfahrungen der Mitarbeitenden mit sexuellen Verhaltensweisen

Abb. 6: Prozentualer Anteil der gültigen Nennungen aufsteigend sortiert nach »nie« auf die Frage 1: »Welche der folgenden sexuellen Verhaltensweisen der Bewohner/innen begegnen Ihnen bei Ihrer Arbeit in der Wohneinrichtung?« Items zu »Der männliche Bewohner in Situation mit anderen Bewohner/innen«, schwankendes N von 492 bis 514

4 Ergebnisse der Befragung

Abb. 7: Prozentualer Anteil der gültigen Nennungen aufsteigend sortiert nach »nie« auf die Frage 1: »Welche der folgenden sexuellen Verhaltensweisen der Bewohner/innen begegnen Ihnen bei Ihrer Arbeit in der Wohneinrichtung?« Items zu »Der männliche Bewohner mit Mitarbeitendem« schwankendes N von 475 bis 521

4.3 Erfahrungen der Mitarbeitenden mit sexuellen Verhaltensweisen

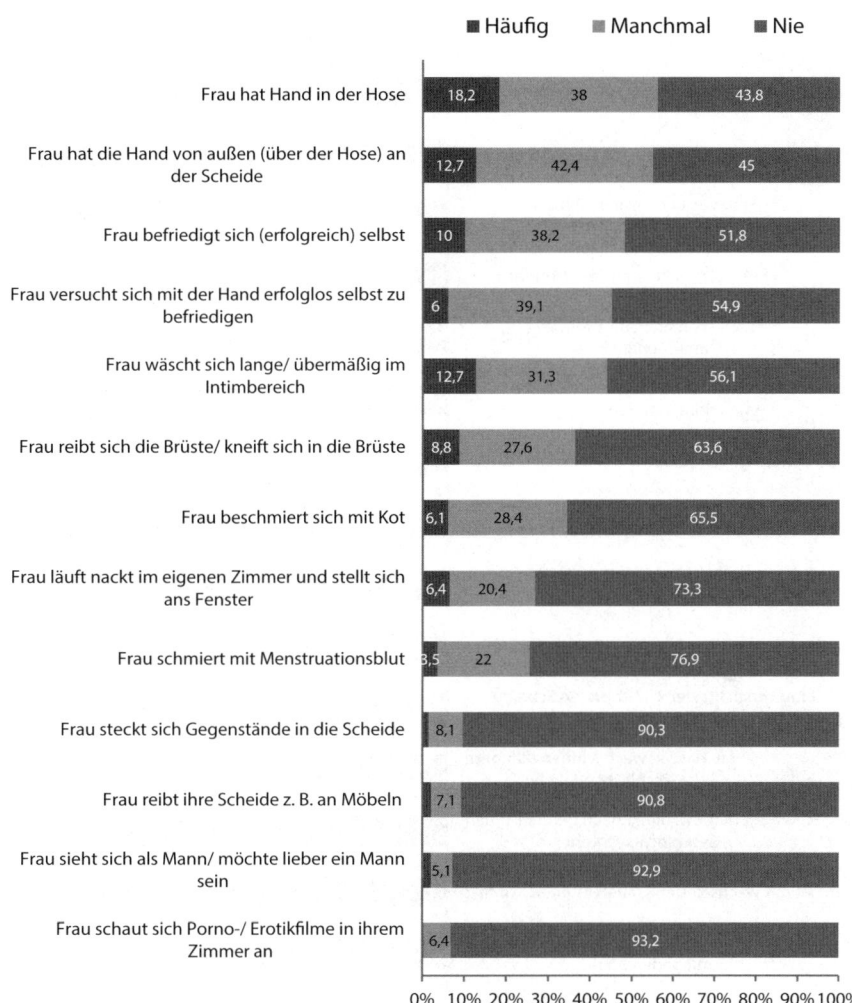

Abb. 8: Prozentualer Anteil der gültigen Nennungen aufsteigend sortiert nach »nie« auf die Frage 1: »Welche der folgenden sexuellen Verhaltensweisen der Bewohner/innen begegnen Ihnen bei Ihrer Arbeit in der Wohneinrichtung?« Items zu »Die weibliche Bewohnerin alleine/fühlt sich unbeobachtet« schwankendes N von 499 bis 543

4 Ergebnisse der Befragung

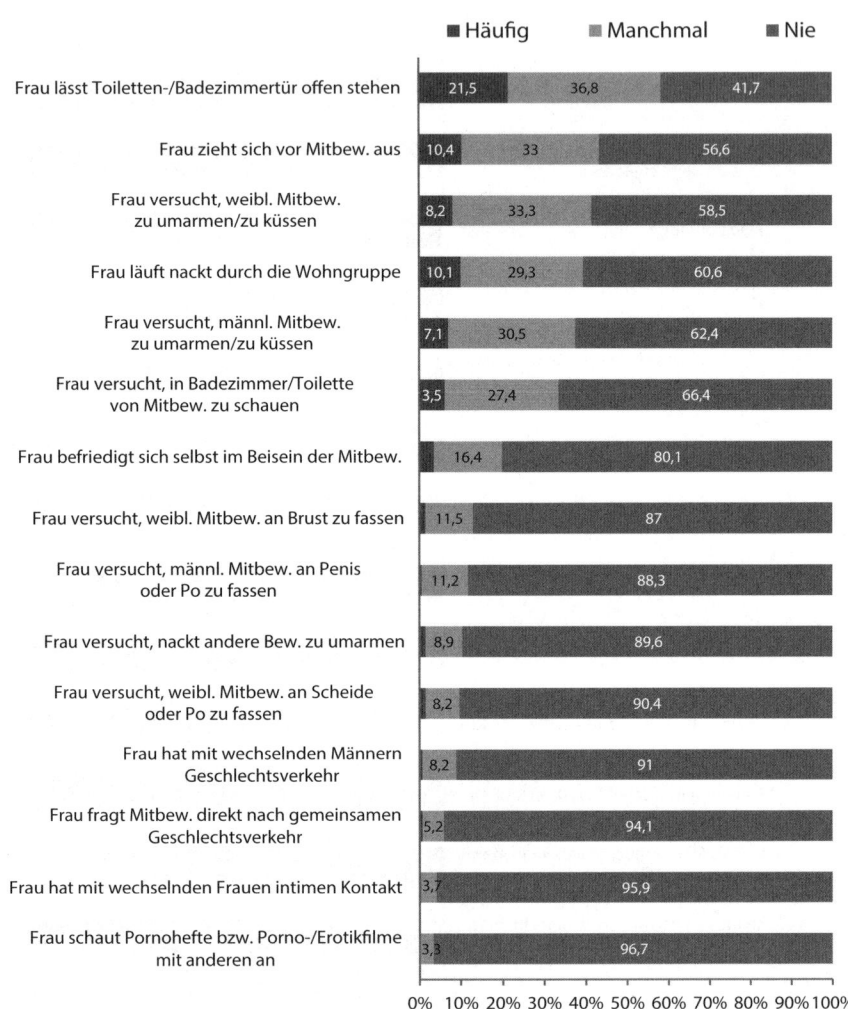

Abb. 9: Prozentualer Anteil der gültigen Nennungen aufsteigend sortiert nach »nie« auf die Frage 1: »Welche der folgenden sexuellen Verhaltensweisen der Bewohner/innen begegnen Ihnen bei Ihrer Arbeit in der Wohneinrichtung?« Items zu »Die weibliche Bewohnerin in Situation mit anderen Bewohner/innen schwankendes N von 535 bis 548

4.3 Erfahrungen der Mitarbeitenden mit sexuellen Verhaltensweisen

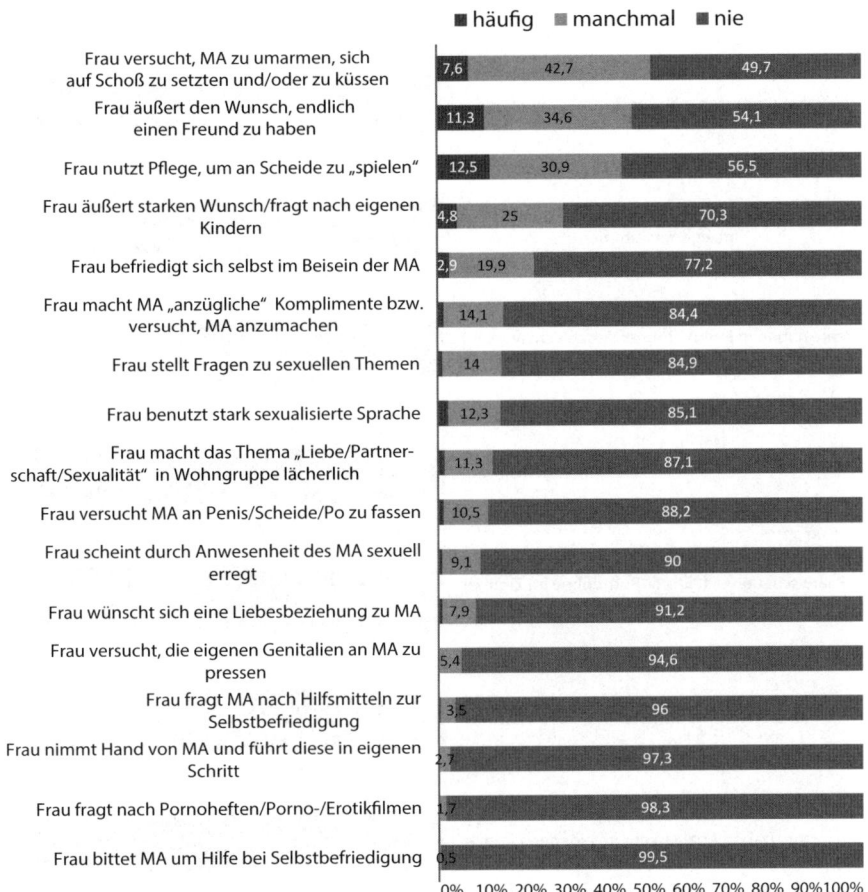

Abb. 10: Prozentualer Anteil der gültigen Nennungen aufsteigend sortiert nach »nie« auf die Frage 1: »Welche der folgenden sexuellen Verhaltensweisen der Bewohner/innen begegnen Ihnen bei Ihrer Arbeit in der Wohneinrichtung?« Items zu »Die weibliche Bewohnerin in Situation mit Mitarbeiterden (MA)« schwankendes N von 540 bis 553

4 Ergebnisse der Befragung

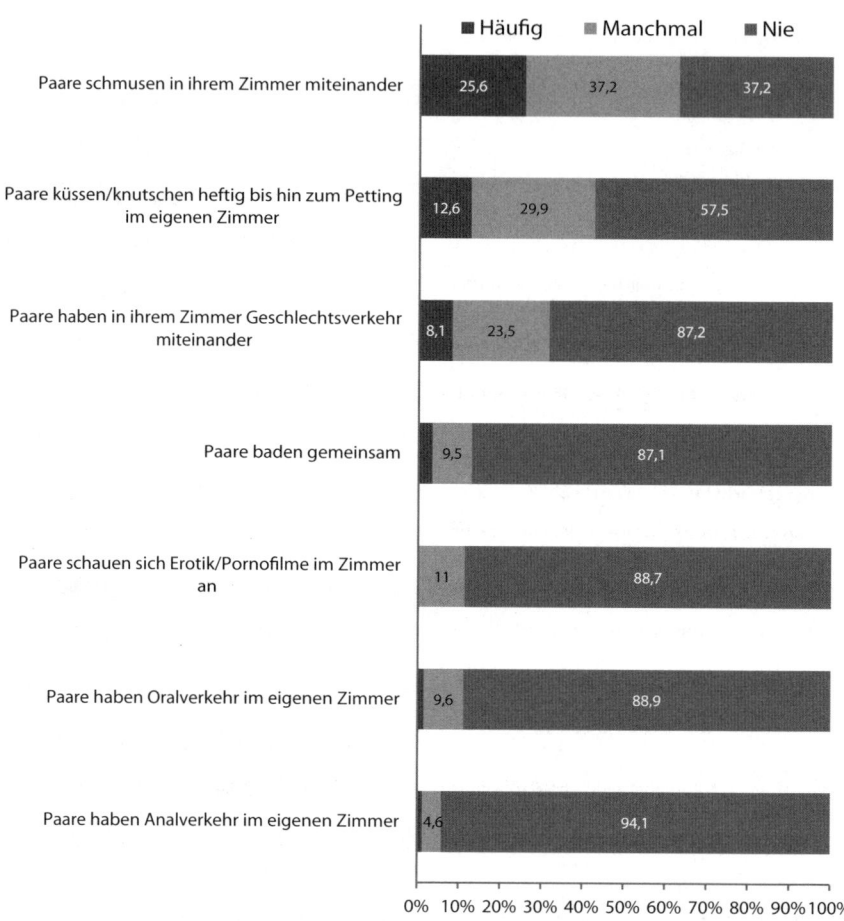

Abb. 11: Prozentualer Anteil der gültigen Nennungen aufsteigend sortiert nach »nie« auf die Frage 1: »Welche der folgenden sexuellen Verhaltensweisen der Bewohner/innen begegnen Ihnen bei Ihrer Arbeit in der Wohneinrichtung?« Items zu »Bewohner-Paare für sich alleine/fühlt sich unbeobachtet« schwankendes N von 327 bis 382

4.3 Erfahrungen der Mitarbeitenden mit sexuellen Verhaltensweisen

Abb. 12: Prozentualer Anteil der gültigen Nennungen aufsteigend sortiert nach »nie« auf die Frage 1: »Welche der folgenden sexuellen Verhaltensweisen der Bewohner/innen begegnen Ihnen bei Ihrer Arbeit in der Wohneinrichtung? Items zu »Bewohner-Paare in Situation mit anderen Bewohner/innen« schwankendes N von 386 bis 401

4 Ergebnisse der Befragung

Abb. 13: Prozentualer Anteil der gültigen Nennungen aufsteigend sortiert nach »nie« auf die Frage 1: »Welche der folgenden sexuellen Verhaltensweisen der Bewohner/innen begegnen Ihnen bei Ihrer Arbeit in der Wohneinrichtung?« Items zu »Bewohner-Paare in Situation mit Mitarbeiter/in (MA)« schwankendes N von 386 bis 390

4.3.1 Beobachtete sexuelle Verhaltensweisen bei den Männern

In dem Fragebogen wurden den Befragten insgesamt 45 sexuelle Verhaltensweisen der Männer zur Auswahl angeboten. Alle diese Verhaltensweisen werden von Mitarbeitenden im Arbeitsalltag erlebt. Es erfolgten sogar noch weitere Ergänzungen bei »Sonstiges«, wie z. B. das Betrachten von (pornografischen) erregenden Bildern zur eigenen Stimulation sowie die sexuelle Stimulation/Befriedigung durch andere sehr individuelle Vorgehensweisen (z. B. Nutzen von Gummimatten oder Stofftieren). Die Befragten erleben in ihrem Alltag also eine Vielzahl sexueller Verhaltensweisen der männlichen Bewohner in den drei abgefragten verschiedenen Situationen (alleine bzw. unbeobachtet/mit Mitbewohner/innen/mit Mitarbeitendem).

Wenn die Männer alleine sind bzw. sich unbeobachtet fühlen, so erleben über die Hälfte der Mitarbeitenden, dass die Bewohner diese Zeit zur *Selbststimulation oder Selbstbefriedigung* nutzen. Häufig ist diese Selbststimulation erfolglos, führt also nicht zum Orgasmus in Form des Samenergusses. Wenn man davon ausgeht, dass dies für die betroffenen Männer eine eher unbefriedigende Situation ist, so könnte man annehmen, dass z. B. sexuelle Hilfsmittel hier als hilfreich erlebt würden. Dem scheint nicht so zu sein, da die Mitarbeitenden von den Männern nur selten nach z. B. sexuellen Hilfsmitteln (z. B. künstliche Vagina), dem gemeinsamen Besuch eines Sex-Shops oder nach der Vermittlung einer Prostituierten gefragt werden.

Auf der Suche nach einer Erklärung dieser Diskrepanz könnten folgende Überlegungen dienen: Vielleicht wissen die Bewohner gar nicht um diese Möglichkeit, weil sie nie jemand darauf aufmerksam gemacht hat. Vielleicht verfügen sie nicht über die kommunikativen und/oder kognitiven Möglichkeiten, nach den Hilfsmitteln o. Ä. zu bitten. Oder es könnte sein, dass sie sich nicht trauen, danach zu fragen. Von Seiten der befragten Mitarbeitenden scheint hier aber durchaus eine Unterstützungsmöglichkeit für die Bewohner gesehen zu werden, denn fast die Hälfte der Befragten wünscht sich sowohl für die Männer (als auch die Frauen) eine leichtere Zugänglichkeit zu sexuellen Hilfsmitteln (▶ Kap. 4.6.1). Eine Voraussetzung dafür wird in dem für die Befragten erkennbaren Wunsch der Bewohner gesehen.

Die *Nutzung pornografischen Materials* beobachtet jeder vierte Mitarbeitende bei den Männern. Die Männer betrachten das Porno- oder Erotikmaterial sowohl alleine als auch mit Mitbewohner/innen. Jeder 10. Befragte erlebt, dass er oder sie von den Männern auch nach Pornoheften oder -filmen gefragt wird. Die Gründe für die Nutzung des pornografischen Materials durch die Männer können vielfältig sein: sexuelle Erregung oder Befriedigung können im Vordergrund stehen, vielleicht auch die dadurch erhoffte Vermittlung von Wissen über sexuelle Praktiken oder die Idee, dass ›richtige Männer‹ Pornos etc. anschauen und damit versucht wird, die eigene Männlichkeit aufzuwerten.

Im Kontakt zu den Mitbewohner/innen fällt auf, dass die Männer einen sehr offenen Umgang mit Intim- bzw. Privatsphäre leben. Ungefähr die Hälfte der Befragten erlebt bei den Männern der Wohngruppe, dass die Toiletten- oder Badezimmertür offen bleibt, sie sich vor den Mitbewohner/innen ausziehen oder nackt durch die Wohngruppe laufen. Ebenso wird beobachtet, dass die Männer in das Badezimmer der Mitbewohner/innen schauen oder sich vor diesen selbst befriedigen.

Ebenso wird häufig *Körperkontakt zu Mitbewohner/innen* aufgenommen. Sowohl andere Männer als auch Frauen mit Behinderung werden geküsst oder umarmt. Ob dies im gegenseitigen Einverständnis geschieht oder nicht, kann auf der Grundlage der Ergebnisse nicht gesagt werden. Interessant ist an dieser Stelle jedoch der Zusammenhang dieses Verhaltens mit der Geschlechterverteilung in der Wohngruppe der Männer. Leben diese Männer in reinen Männergruppen, zeigen sie deutlich häufiger homoerotisches, also auf andere Männer gerichtetes sexuelles Verhalten. Leben sie dagegen in geschlechtergemischten Gruppen, zeigen sie weniger homoerotisches Verhalten.

Die *Mitarbeitenden* scheinen für die Männer bedeutsame Ansprechpartner/innen zu allen Themen rund um Sexualität zu sein. Ihnen wird der Wunsch nach einer Freundin mitgeteilt und sie werden zu allgemeinen Fragen rund um das Thema Sexualität befragt. Sehr konkret, wenn auch in eher geringerem Umfang, wird auch deren Unterstützung erbeten, um pornografisches Material oder Hilfsmittel zur Selbstbefriedigung zu besorgen, einen Sex-Shop zu besuchen oder eine Prostituierte vermittelt zu bekommen.

Ebenso sind die Mitarbeitenden *Projektionsfläche* für sexuelle Wünsche und Phantasien und ›Objekt‹ konkreter sexueller Handlungen. So erleben Befragte, dass sie von den Männern im Genitalbereich angefasst werden, die Männer versuchen, sie zu umarmen oder zu küssen oder sich eine Liebesbeziehung zu ihnen wünschen. Dabei scheinen diesbezüglich das Geschlecht und Alter der Mitarbeitenden für die Bewohner keine Rolle zu spielen wie entsprechende Signifikanzprüfungen ergaben.

Abschließend soll noch ein Blick auf die Verhaltensweisen der Männer geworfen werden, die von den meisten Mitarbeitenden beobachtet werden, d. h. den Alltag am stärksten bestimmen. Das nachfolgende Diagramm zeigt die zehn meist wahrgenommenen Verhaltensweisen bei den männlichen Bewohnern über alle drei Situationen (erkennbar an folgenden Abkürzungen: Situation alleine/fühlt sich unbeobachtet: alleine/ Situation mit anderen Bewohner/innen: Bew./Situation im Beisein mit Mitarbeitenden: MA).

Dabei wird deutlich, dass die meist beobachteten Verhaltensweisen bei den Männern Verhaltensweisen sind, die der Bewohner alleine bzw. in unbeobachteten Situationen zeigt und die selbststimulierende Verhaltensweisen sind. Ebenso ist das Thema eines sehr offenen Umgangs mit Intim- und Privatsphäre mit drei Items vertreten. Die Versuche der Umarmung/des Küssens von weiblichen Mitbewohnerinnen sowie von Mitarbeitenden werden ebenso sehr stark beobachtet. Und schließlich wird auch fast die Hälfte der Mitarbeitenden mit dem Wunsch der Bewohner nach einer Freundin konfrontiert.

4.3 Erfahrungen der Mitarbeitenden mit sexuellen Verhaltensweisen

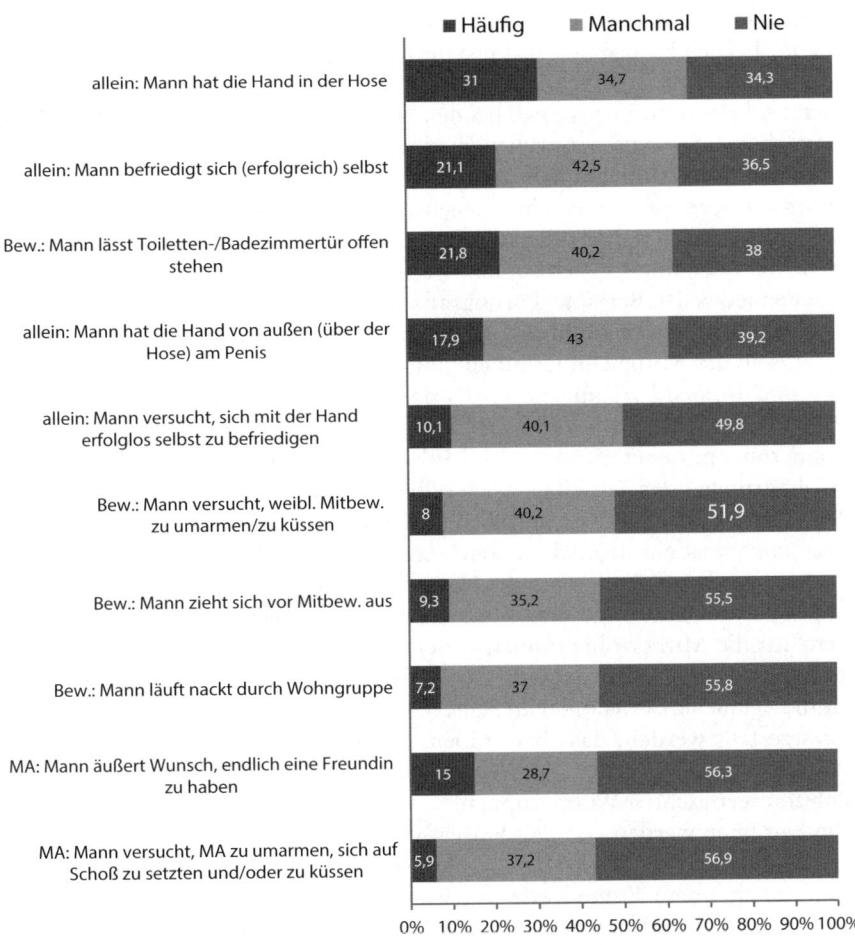

Abb. 14: Prozentualer Anteil der 10 meist genannten gültigen Nennungen aufsteigend sortiert nach »nie« auf die Frage 1: »Welche der folgenden sexuellen Verhaltensweisen der Bewohner/innen begegnen Ihnen bei Ihrer Arbeit in der Wohneinrichtung?« Berücksichtigung aller Items zu »Der männliche Bewohner«.

4.3.2 Beobachtete sexuelle Verhaltensweisen bei den Frauen

Den Befragten wurden 45 sexuelle Verhaltensweisen für die Frauen angeboten, von denen alle und noch einige weitere (ergänzt bei »Sonstiges«) im Arbeitsalltag erlebt werden. So werden auch mit den Bewohnerinnen viele sexuelle Situationen erlebt, sowohl im Wohngruppenalltag als auch in der Pflege.

Wenn die Frauen alleine sind oder sich unbeobachtet fühlen, so nutzen sie diese Zeit zur *Selbststimulation oder Selbstbefriedigung*. Hier erleben die Befragten sehr unterschiedliche Formen, die von »der Hand über der Hose im Genitalbereich« über »die Hand in der Hose« bis hin zu »erfolgreicher Selbstbefriedigung« gehen. Aber auch bei den Frauen bemerkt fast die Hälfte der Befragten Selbstbefriedigung, die sie für die Frauen als erfolglos, also ohne einen erkennbaren abschließenden Orgasmus, bewerten. Ebenso wie bei den Männern fragen nur wenige der Frauen die Mitarbeitenden um entsprechende sexuelle Hilfsmittel (z. B. Vibrator). Erklärungen sind hier wohl ähnlich gelagert wie im vorherigen Kapitel dargestellt. Allerdings nutzen die Frauen eher Gegenstände (z. B. Möbelstücke), an denen sie ihren Genitalbereich reiben oder sie führen sich Gegenstände in die Vagina ein, um die Selbstbefriedigung für sich subjektiv erfolgreicher zu gestalten. Dies Verhalten beobachtet jede/r 10. Befragte. Pornografisches Material wird durchaus auch, aber eher seltener als bei den Männern zur eigenen Erregung genutzt.

Im Beisein der Mitbewohner/innen fällt auch hier ein sehr offener Umgang mit *Privat- und Intimsphäre* auf. So lassen die Frauen die Badezimmer- oder Toilettentür offen stehen oder schauen in die Badezimmer bzw. Toiletten der anderen Bewohner/innen, ziehen sich vor den Mitbewohner/innen aus, laufen nackt durch die Wohngruppe oder befriedigen sich selbst im Beisein der anderen.

Auch der Versuch, andere Mitbewohner oder Mitbewohnerinnen zu *umarmen oder zu küssen* ist ein deutlich beobachtetes Verhalten. Diesbezüglich wird sogar etwas häufiger beobachtet, dass die Frauen mehr andere Frauen als Männer umarmen. Hier scheint insgesamt homoerotisches Verhalten zu überwiegen. Als weitere auf die Mitbewohner/innen gerichtete sexuelle Verhaltensweisen werden seltener das Anfassen an Brüsten, Vagina oder Gesäß anderer Frauen genannt sowie die Versuche, die Männer an Penis oder Gesäß anzufassen. Wiederum konnte hier festgestellt werden, dass bei Frauen, die in reinen Frauengruppen wohnen, deutlich mehr das Umarmen oder Küssen anderer Frauen beobachtet wird als in geschlechtergemischten Wohngruppen.

Die Befragten werden von den Frauen vielfältig zum *Thema Sexualität befragt bzw. das Gespräch gesucht*. Die Frauen äußern bei den Mitarbeitenden den Wunsch nach einem Freund oder auch eigenen Kindern, sie stellen allgemeine Fragen zu sexuellen Themen sowie (allerdings sehr selten erlebt) die Frage nach Hilfsmitteln zur Selbstbefriedigung oder pornografischem Material.

Die Mitarbeitenden scheinen für die Bewohnerinnen häufig *Projektionsfläche* oder auch ›Objekt‹ für das Ausleben sexueller Wünsche zu sein. Bei über der Hälfte der Befragten unternehmen die Bewohnerinnen Versuche der Umarmung, des Küssens oder sich auf den Schoß zu setzen. Etwa jede/r 10. Befragte erlebt, dass er/sie von den Frauen im Genitalbereich angefasst wird, die eigene Anwesenheit zur sexuellen Erregung der Frauen führt oder die Frauen sich eine Liebesbeziehung zur/m Mitarbeitenden wünschen. Nur wenige Befragte erleben noch fordernde Formen wie z.B. das Pressen der eigenen Genitalien der Frau an die/den Mitarbeitende/n oder das Führen der Hand der/des Mitarbeitenden in den eigenen Schritt.

Bei all diesen auf die Befragten bezogenen Verhaltensweisen spielt das Geschlecht der Mitarbeitenden keine signifikant nachweisbare Rolle.

4.3 Erfahrungen der Mitarbeitenden mit sexuellen Verhaltensweisen

Abschließend erfolgt der Blick auf die zehn meisten beobachteten Verhaltensweisen bei den Bewohnerinnen über alle drei Situationen (alleine/mit anderen Bewohner/innen/im Beisein der Mitarbeitenden). Dabei zeigt sich, dass es sich bei der Hälfte der meist beobachteten Verhaltensweisen um solche handelt, die die Bewohnerin alleine bzw. in ihrer Wahrnehmung unbeobachteten Situationen zeigt und die selbststimulierende Verhaltensweisen sind. Ebenso selbst stimulierend ist das »Spielen« an der Vagina in Pflegesituationen.

Weiterhin ist das Thema eines sehr offenen Umgangs mit Intim- und Privatsphäre vertreten. Die Versuche der Umarmung/des Küssens von Mitarbeitenden werden ebenfalls oft erlebt. Und schließlich wird auch fast die Hälfte der Befragten mit dem Wunsch der Bewohnerin nach einem Freund konfrontiert.

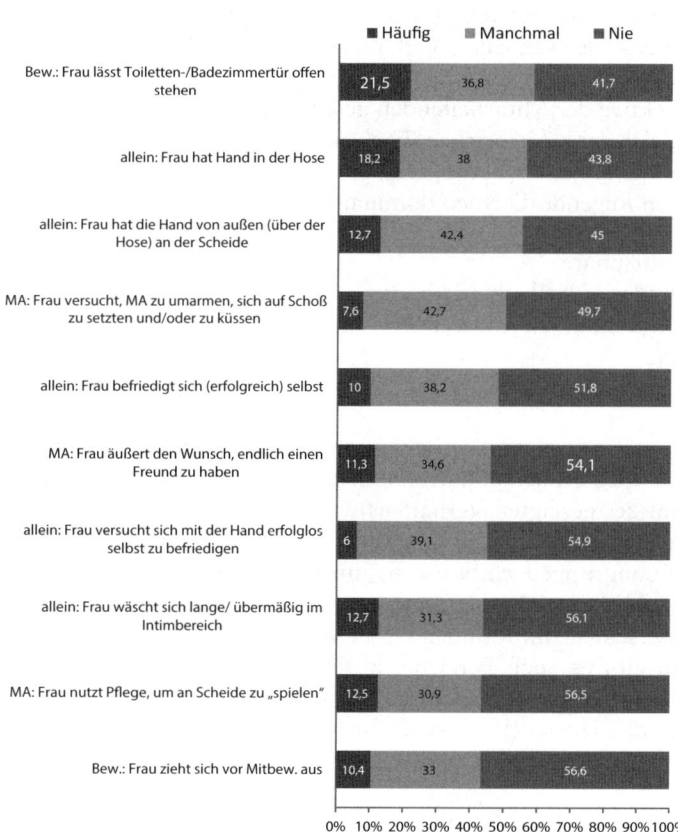

Abb. 15: Prozentualer Anteil der 10 meist genannten gültigen Nennungen aufsteigend sortiert nach »nie« auf die Frage 1: »Welche der folgenden sexuellen Verhaltensweisen der Bewohner/innen begegnen Ihnen bei Ihrer Arbeit in der Wohneinrichtung?« Berücksichtigung aller Items zu »Die weibliche Bewohnerin«.

4.3.3 Sexuelle Verhaltensweisen im Vergleich der Geschlechter

Im Folgenden soll betrachtet werden, ob es durch die vorliegenden Ergebnisse ggf. Hinweise auf geschlechtsspezifische Unterschiede im Verhalten der Männer und Frauen mit Behinderung gibt. Dazu muss zunächst die Frage beantwortet werden, ob mögliche Unterschiede nicht durch das Geschlecht der Befragten ausgelöst wurden: Antworteten weibliche Mitarbeitende anders als männliche Mitarbeitende?

Die Antwort: Bei den Angaben zu den beobachteten Verhaltensweisen spielt das Geschlecht der Befragten keine statistisch signifikante Rolle. Eine ggf. erhöhte Sensibilität der eigenen Wahrnehmung der Probanden, die durch das Geschlecht der Frauen und Männer mit Behinderung ausgelöst wird, kann somit für diese Befragung ausgeschlossen werden.

Das bedeutet für den weiteren Vergleich der Unterschiede zwischen den beobachteten Verhaltensweisen der Männer und Frauen mit Behinderung, dass diese geschlechtsspezifische Hinweise für die Menschen mit Behinderung geben.

Der Vergleich der sexuellen Verhaltensweisen der Männer und Frauen muss trotzdem angemessen vorsichtig geschehen, da dies auf der Grundlage der Außenperspektive der Mitarbeitenden geschieht.

Der Vergleich der *zehn meist beobachteten Verhaltensweisen* bei den Frauen und Männern (► Abb. 14 und Abb. 15) zeigt nur geringe Unterschiede. So sind bei beiden Geschlechtern folgende Themen dominant:

- Intim/Privatsphäre
- Selbststimulation/Selbstbefriedigung
- Nähe und Distanz zu anderen Bewohner/innen/Mitarbeitenden bzw. Wunsch nach Nähe
- Wunsch nach Freund/in.

Die aus den meist gezeigten Verhaltensweisen abzuleitenden dominierenden Themen sind zwischen Frauen und Männern vergleichbar. Es gibt kaum Differenzen in der Intensität des gezeigten Verhaltens wie das nachfolgende Diagramm zeigt. In diesen Vergleich sind nur die Angaben der Befragten aus den geschlechtergemischten Wohngruppen einbezogen, um inhaltliche Verschiebungen durch die höhere Anzahl reiner Frauengruppen auszuschließen. Insofern sind die Geschlechtsunterschiede im Rahmen der deskriptiven Auswertung hier eher gering.

Trotzdem gibt es auch Bereiche, in denen Geschlechtsunterschiede über den Vergleich der Prozentwerte beschreibbar sind.

So scheint das Thema *Pornografie* für die Männer mehr Stellenwert in allen drei abgefragten Situationen zu haben:

- Männer schauen sich 3,5 mal häufiger alleine Porno-/Erotikfilme an als Frauen.
- Männer schauen sich 3 mal häufiger mit Mitbewohner/innen Pornohefte oder Erotik-/Pornofilme an.
- Männer fragen fast 7 mal häufiger als Frauen die Mitarbeitenden nach Pornoheften oder -filmen.

4.3 Erfahrungen der Mitarbeitenden mit sexuellen Verhaltensweisen

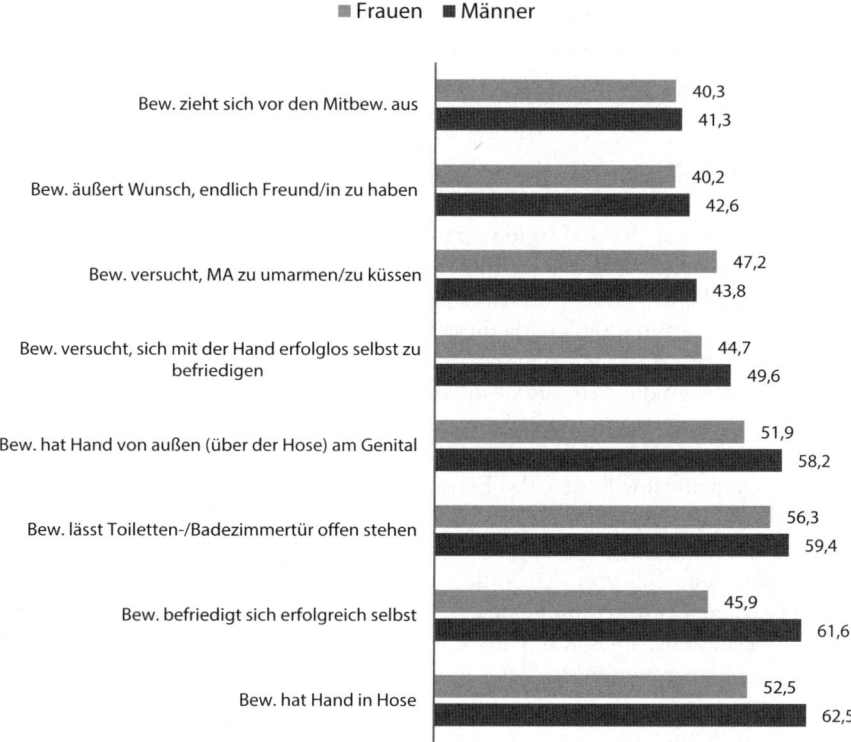

Abb. 16: Prozentualer Anteil der für beide Geschlechter gleichen 10 meist genannten gültigen Nennungen der Mitarbeitenden aus geschlechtergemischten Wohngruppen (N = 424) absteigend sortiert nach »nie« auf die Frage 1: »Welche der folgenden sexuellen Verhaltensweisen der Bewohner/innen begegnen Ihnen bei Ihrer Arbeit in der Wohneinrichtung?« Berücksichtigung aller Items zu »Die weibliche Bewohnerin« sowie »Der männliche Bewohner«

Weitere Unterschiede werden z. B. im Bereich des *Reibens des Genitalbereichs an Möbelstücken* benannt. Doppelt so viele Befragte beobachten Männer, die ihr Genital zur eigenen Stimulation an Möbelstücken reiben, als dies bei den Frauen beobachtet wird. Dafür beobachtet jede/r 10. Befragte, dass Frauen zur Stimulation Gegenstände in die Vagina einführen.

Mitarbeitende *fühlen* sich von den Männern fast doppelt so oft wie von den Frauen *»angemacht«*. Ebenso wünschen sich die Männer doppelt so häufig eine Liebesbeziehung zu Mitarbeitenden. Ein ähnlicher Unterschied zeigt sich auch bei der Einschätzung der Befragten, ob die Bewohner/innen durch ihre Anwesenheit *sexuell erregt* zu sein scheinen: Jede/r 4. Mitarbeitende nimmt das bei den Männern an, nur jede/r 10. Befragte bei den Frauen. Auch in Bezug auf diese Verhaltensweisen spielt das Geschlecht der befragten Mitarbeitenden keine statistisch signifikante Rolle.

Der Vergleich der Verhaltensweisen der Männer und Frauen ergibt somit ein uneindeutiges Bild. Zum einen ähneln sich die meist gezeigten Verhaltensweisen sehr deutlich, so dass es hier kaum Geschlechtsunterschiede gibt. Zum anderen gibt es Bereiche wie den Pornografiekonsum oder den sexualisierten Kontakt zu den Mitarbeitenden, die bei den Männern deutlich häufiger beobachtet werden als bei den Frauen.

4.3.4 Sexuelle Verhaltensweisen der Paare

Knapp zwei Drittel der Befragten hat im Arbeitsalltag Kontakt zu Bewohner-Paaren. Die sexuelle Ausrichtung dieser Paare (homo- oder heterosexuell) wurde nicht erfragt. Ebenso sind keine Aussagen über die Langfristigkeit oder Intensität dieser Partnerschaften möglich, da diese zur Wahrung der Intimsphäre der Männer und Frauen nicht erfasst wurden.

Die Paare nutzen die Zeit, die sie *alleine bzw. unbeobachtet* sind, vorrangig zum Küssen, Schmusen und gegenseitigem Streicheln. In ihrem Zimmer werden auch Petting und Geschlechtsverkehr in verschiedenen Variationen ausgelebt. Dabei spielen das gemeinsame Baden, das Betrachten von Porno- oder Erotikfilmen, Analoder Oralverkehr kaum eine Rolle.

Die entsprechenden genitalen, oralen und analen Formen von Geschlechtsverkehr werden zum Teil von den anderen Frauen und Männern der Wohngruppe gesehen bzw. gehört und damit eine ggf. unbeabsichtigte Öffentlichkeit der eigenen Intimität hergestellt. Dies kann als ein Hinweis auf strukturell ungünstige Lebensbedingungen gewertet werden.

Ansonsten erleben die *Mitbewohner/innen*, dass die Paare den Wohnbereich der Gruppe zum Schmusen oder Streicheln nutzen, bei den Mahlzeiten dicht beieinander sitzen, heftig im Wohnbereich küssen oder Petting betreiben. Dies kann sowohl für einen sehr offenen Umgang der Paare mit Privat- und Intimsphäre sprechen als auch dafür, dass der Wohnbereich in ihrer Wahrnehmung zum Privatbereich gezählt wird, in dem das erlaubt ist. Wahrscheinlich haben die Paare aber auch kaum Alternativen, ihre Beziehung und ihren Wunsch nach körperlicher Nähe ohne die Anwesenheit anderer zu leben.

Knapp die Hälfte der Befragten wird von den Paaren gefragt, ob der Partner bzw. die Partnerin in der Wohngruppe übernachten darf. Das heißt, dass es entsprechende Absprachen und Regelungen in vielen Wohngruppen gibt.

Ebenso sind die Mitarbeitenden *Ansprechpersonen* in vielen Fragen, die die Sexualität der Paare betreffen. So gaben ca. ein Viertel der Befragten an, dass sie von den Paaren nach Möglichkeiten der Verhütung gefragt wurden und die Paare mit ihnen über ihren Kinderwunsch sprechen wollten. Für eine Verunsicherung der Bewohner/innen-Paare spricht, dass jeder 5. Befragte von den Paaren um eine Einschätzung der Normalität ihres Sexualverhaltens gebeten wird. Fast die Hälfte der Mitarbeitenden hat den Eindruck, dass die Paare Unterstützungsbedarf bei der Realisierung ihrer (sexuellen) Beziehung haben. Die Meinung der Mitarbeitenden scheint für die Paare ein wichtiger Bezugspunkt zu sein, so dass die Befragten zum Teil auch erleben, dass ihnen von sexuellen Praktiken berichtet wird, die ihnen übergriffig oder gewalttätig erscheinen.

4.3 Erfahrungen der Mitarbeitenden mit sexuellen Verhaltensweisen

Abschließend sollen auch hier die zehn meist beobachteten Verhaltensweisen aufgeführt werden. Die Sortierung nach den drei verschiedenen Situationen (▶ Abb. 17) zeigt, dass die Paare in Situationen alleine oder mit den anderen Bewohner/innen am meisten Wert auf engen Körperkontakt legen. Die Kontakte zu den Mitarbeitenden sind deutlich geprägt durch Unsicherheiten und ein klares Abhängigkeitsverhältnis durch das Fragen um Erlaubnis, ob der/die Partner/in in der Wohngruppe übernachten darf.

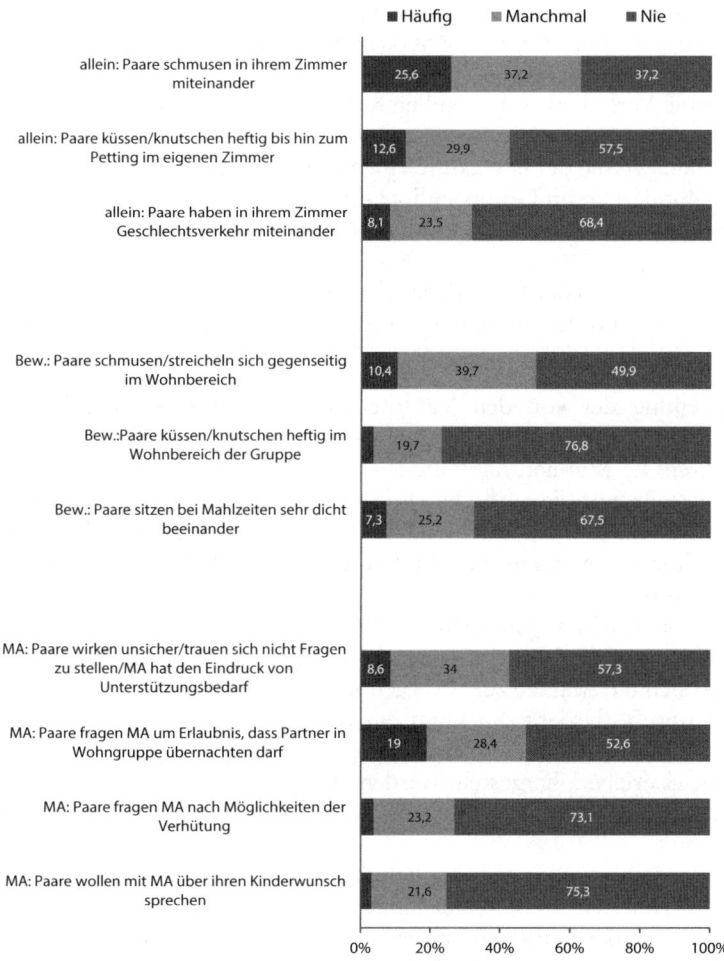

Abb. 17: Prozentualer Anteil der 10 meist genannten gültigen Nennungen sortiert nach Situationen (alleine/mit Mitbew./mit MA) auf die Frage 1: »Welche der folgenden sexuellen Verhaltensweisen der Bewohner/innen begegnen Ihnen bei Ihrer Arbeit in der Wohneinrichtung?« Berücksichtigung aller Items zu »Bewohner-Paare«

4.3.5 Als störend wahrgenommene Verhaltensweisen

Verhaltensweisen anderer, die man subjektiv als störend bewertet, veranlassen in der Regel eher zum Handeln als Verhaltensweisen, die nicht stören. Die Gründe für diese Bewertung als störend können im Wohnalltag verschiedene Ursachen haben. Wie die nachfolgende Frage 2 zeigt, wurden den Befragten verschiedene Ursachen für die empfundene Störung angeboten. Sie sollten die gesamten Verhaltensweisen der Bewohner/innen, die sie im Alltag erleben, vor diesem Hintergrund bewerten.

> Frage 2: Betrachten Sie bitte noch einmal die *Seiten 2-5. Kreisen* Sie bitte in dieser Auflistung die Verhaltensweisen *ein* (oder markieren diese farblich), die Sie *im Gruppenalltag für Einzelne oder alle Beteiligten als besonders störend bzw. hinderlich* erleben.
> Als störende Verhaltensweisen sollen hier verstanden werden:
>
> - Verhaltensweisen der Bew., durch die Sie sich subjektiv gestört fühlen und die Sie als hinderlich im Gruppenalltag erleben
> - Verhaltensweisen der Bew., durch die andere Bewohner/innen sich gestört fühlen
> - Verhaltensweisen der Bew., durch die diese selbst z. B. in ihren sozialen Kontakten behindert/gestört werden (weil z. B. andere sich abgestoßen fühlen)

Zur Darstellung der von den Mitarbeitenden als störend oder hinderlich im Gruppenalltag empfundenen Verhaltensweisen werden zunächst wieder die Verhaltensweisen der Männer, dann die der Frauen und abschließend der Bewohner-Paare dargestellt. Für die grafische Darstellung werden die Werte der Angaben zu »häufig« und »manchmal« erlebten Verhaltensweisen addiert und zusammen mit dem empfundenen Störungsgrad durch die Mitarbeitenden in jeweils einem Diagramm dargestellt.

Dabei ist zu beachten, dass sich die Häufigkeitsangabe zum Störungsgrad eines Verhaltens nur auf die Mitarbeitenden bezieht, die dieses Verhalten erleben, währenddessen sich die Angabe zur wahrgenommen Häufigkeit des Verhaltens auf die Gesamtstichprobe bezieht. So kann ein direkter Zusammenhang zwischen der Häufigkeit eines beobachteten Verhaltens und dessen Störungsintensität bei denjenigen, die es erleben, hergestellt werden.

An einem Beispiel aus Abbildung 18 (Verhalten der Männer) soll dies verdeutlicht werden:

62 % aller Befragten, die an der Befragung teilgenommen haben, erleben, dass Männer die Toiletten- bzw. Badezimmertür offen stehen lassen. Von dieser Teilgruppe der 62 % der Befragten bewerten 14,8 % dies als störend.

Um den Zusammenhang deutlich zu machen, werden die Befragten, die ein Verhalten im Alltag erleben, im folgenden Text als ›betroffene Befragte‹ bezeichnet.

Die Darstellung erfolgt zum einen in der Unterscheidung der Situationen alleine, mit Mitbewohner/innen bzw. Mitarbeitenden. Zum anderen werden die Stö-

4.3 Erfahrungen der Mitarbeitenden mit sexuellen Verhaltensweisen

rungsgrade für die jeweils zehn meist beobachteten Verhaltensweisen der Männer, Frauen und Bewohner/innen-Paare aufgeführt. Ebenso erfolgt in Kap. 4.3.5.3 ein geschlechtsbezogener Vergleich der als störend bewerteten Verhaltensweisen.

Diagrammübersicht

Abbildungs-nummer	Abbildungstitel
Abb. 18:	Verhaltensweisen der Männer alleine bzw. wenn sie sich unbeobachtet fühlen + empfundener Störungsgrad durch Mitarbeitende
Abb. 19:	Verhaltensweisen der Männer in Situation mit anderen Frauen und Männern + empfundener Störungsgrad durch Mitarbeitende
Abb. 20:	Verhaltensweisen der Männer in Situation mit Mitarbeitenden + empfundener Störungsgrad durch Mitarbeitende
Abb. 21:	10 meist gezeigte Verhaltensweisen der Männer + empfundener Störungsgrad durch Mitarbeitende
Abb. 22:	Verhaltensweisen der Frauen alleine bzw. wenn sie sich unbeobachtet fühlen + empfundener Störungsgrad durch Mitarbeitende
Abb. 23:	Verhaltensweisen der Frauen in Situation mit anderen Frauen und Männern + empfundener Störungsgrad durch Mitarbeitende
Abb. 24:	Verhaltensweisen der Frauen in Situation mit Mitarbeitenden + empfundener Störungsgrad durch Mitarbeitende
Abb. 25:	10 meist gezeigte Verhaltensweisen der Frauen + empfundener Störungsgrad durch Mitarbeitende
Abb. 26:	Verhaltensweisen der Paare alleine bzw. wenn sie sich unbeobachtet fühlen + empfundener Störungsgrad durch Mitarbeitende
Abb. 27:	Verhaltensweisen der Paare in Situation mit anderen Frauen und Männern + empfundener Störungsgrad durch Mitarbeitende
Abb. 28:	Verhaltensweisen der Paare in Situation mit Mitarbeitenden + empfundener Störungsgrad durch Mitarbeitende
Abb. 29:	Geschlechterbezogener Vergleich des Störungsgrades I
Abb. 30:	Geschlechterbezogener Vergleich des Störungsgrades II
Abb. 31:	Geschlechterbezogener Vergleich des Störungsgrades III

4 Ergebnisse der Befragung

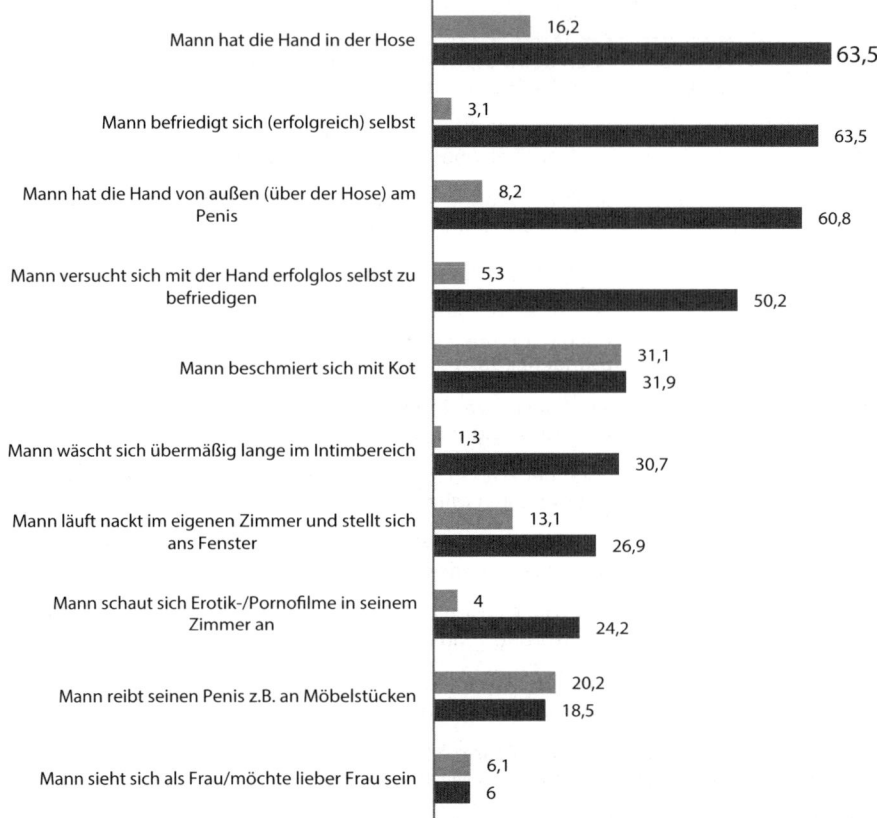

Abb. 18: Prozentualer Anteil der gültigen Nennungen aufsteigend sortiert nach »nie« auf die Frage 1: »Welche der folgenden sexuellen Verhaltensweisen der Bewohner/innen begegnen Ihnen bei Ihrer Arbeit in der Wohneinrichtung?« Items zu «Der männliche Bewohner alleine/ fühlt sich unbeobachtet« + Prozentualer Anteil der gültigen Nennungen der MA, die bei Frage 1 angegeben haben, dass sie das Verhalten erleben, auf Frage 2 »Kreisen Sie bitte die Verhaltensweisen ein, die Sie im Gruppenalltag für Einzelne oder alle Beteiligten als besonders störend bzw. hinderlich erleben.«

4.3 Erfahrungen der Mitarbeitenden mit sexuellen Verhaltensweisen

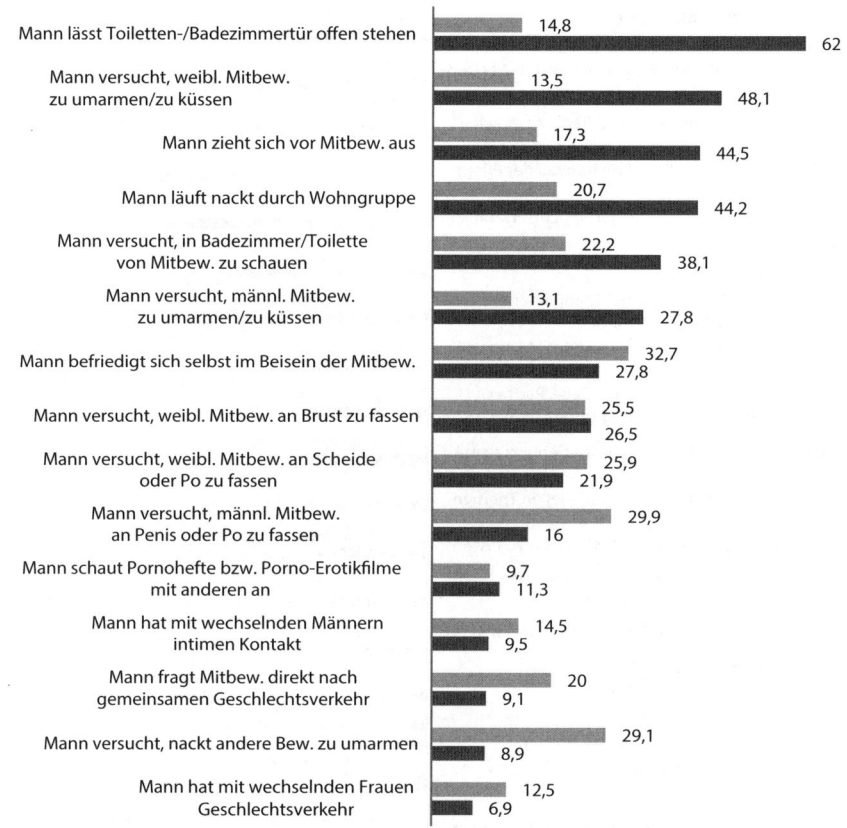

Abb. 19: Prozentualer Anteil der gültigen Nennungen aufsteigend sortiert nach »nie« auf die Frage 1: »Welche der folgenden sexuellen Verhaltensweisen der Bewohner/innen begegnen Ihnen bei Ihrer Arbeit in der Wohneinrichtung?« Items zu »Der männliche Bewohner alleine/ fühlt sich unbeobachtet« + Prozentualer Anteil der gültigen Nennungen der MA, die bei Frage 1 angegeben haben, dass sie das Verhalten erleben, auf Frage 2 »Kreisen Sie bitte die Verhaltensweisen ein, die Sie im Gruppenalltag für Einzelne oder alle Beteiligten als besonders störend bzw. hinderlich erleben.«

4 Ergebnisse der Befragung

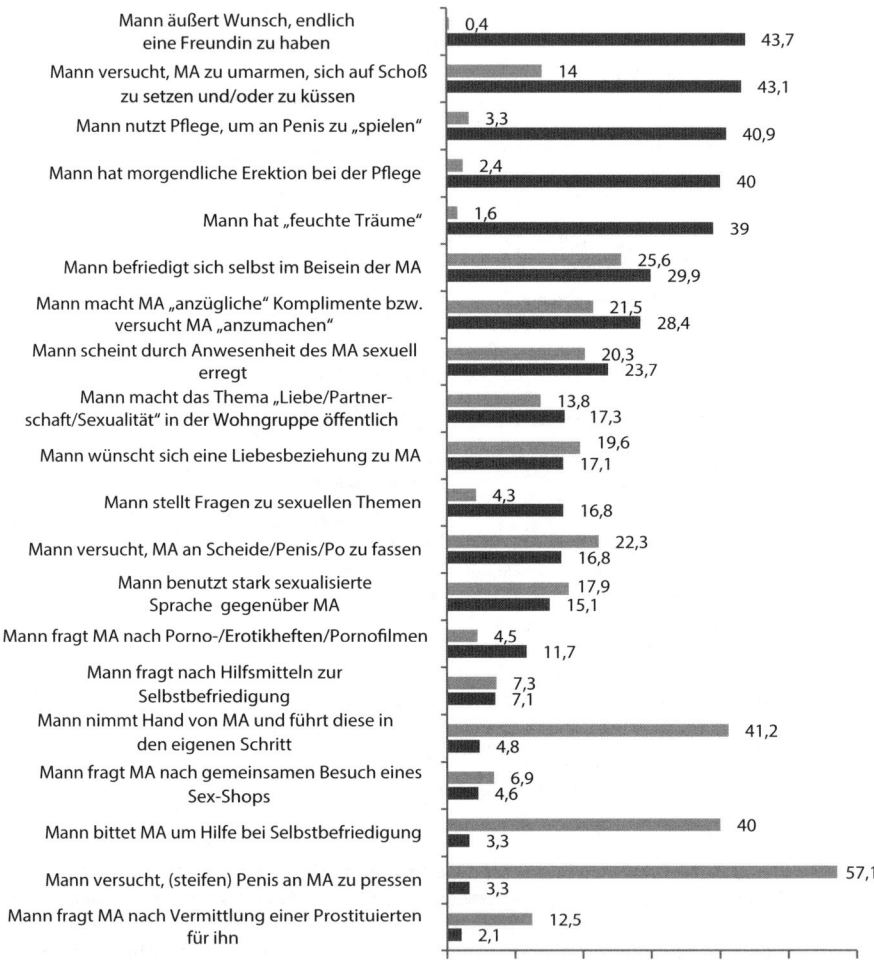

Abb. 20: Prozentualer Anteil der gültigen Nennungen aufsteigend sortiert nach »nie« auf die Frage 1: »Welche der folgenden sexuellen Verhaltensweisen der Bewohner/innen begegnen Ihnen bei Ihrer Arbeit in der Wohneinrichtung?« Items zu »Der männliche Bewohner in Situation mit Mitarbeiter/in (MA)« + Prozentualer Anteil der gültigen Nennungen der MA, die bei Frage 1 angegeben haben, dass sie das Verhalten erleben, auf Frage 2 »Kreisen Sie bitte die Verhaltensweisen ein, die Sie im Gruppenalltag für Einzelne oder alle Beteiligten als besonders störend bzw. hinderlich erleben.«

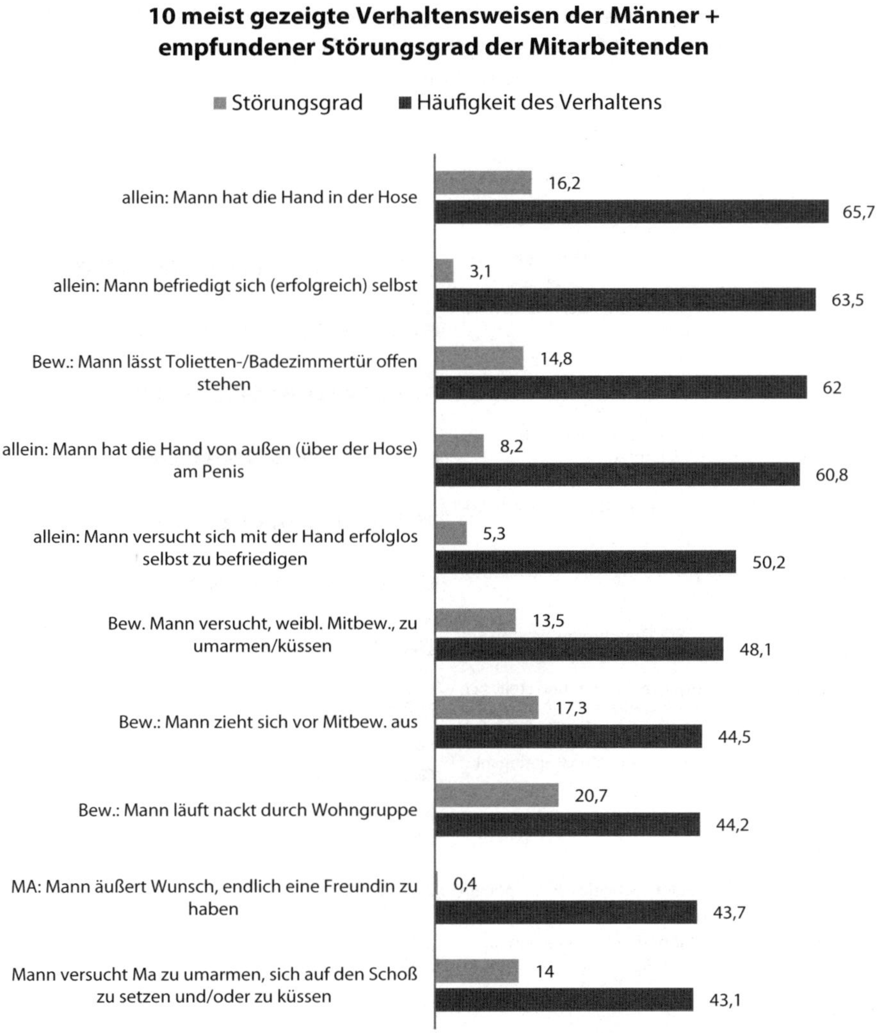

4.3 Erfahrungen der Mitarbeitenden mit sexuellen Verhaltensweisen

10 meist gezeigte Verhaltensweisen der Männer + empfundener Störungsgrad der Mitarbeitenden

■ Störungsgrad   ■ Häufigkeit des Verhaltens

Verhalten	Störungsgrad	Häufigkeit
allein: Mann hat die Hand in der Hose	16,2	65,7
allein: Mann befriedigt sich (erfolgreich) selbst	3,1	63,5
Bew.: Mann lässt Tolietten-/Badezimmertür offen stehen	14,8	62
allein: Mann hat die Hand von außen (über der Hose) am Penis	8,2	60,8
allein: Mann versucht sich mit der Hand erfolglos selbst zu befriedigen	5,3	50,2
Bew. Mann versucht, weibl. Mitbew., zu umarmen/küssen	13,5	48,1
Bew.: Mann zieht sich vor Mitbew. aus	17,3	44,5
Bew.: Mann läuft nackt durch Wohngruppe	20,7	44,2
MA: Mann äußert Wunsch, endlich eine Freundin zu haben	0,4	43,7
Mann versucht Ma zu umarmen, sich auf den Schoß zu setzen und/oder zu küssen	14	43,1

Abb. 21: Prozentualer Anteil der 10 meist genannten gültigen Nennungen aufsteigend sortiert nach »nie« auf die Frage 1: »Welche der folgenden sexuellen Verhaltensweisen der Bewohner/innen begegnen Ihnen bei Ihrer Arbeit in der Wohneinrichtung?« Berücksichtigung aller Items zu »Der männliche Bewohner«+ Prozentualer Anteil der gültigen Nennungen der MA, die bei Frage 1 angegeben haben, dass sie das Verhalten erleben, auf Frage 2 »Kreisen Sie bitte die Verhaltensweisen ein, die Sie im Gruppenalltag für Einzelne oder alle Beteiligten als besonders störend bzw. hinderlich erleben.«

4 Ergebnisse der Befragung

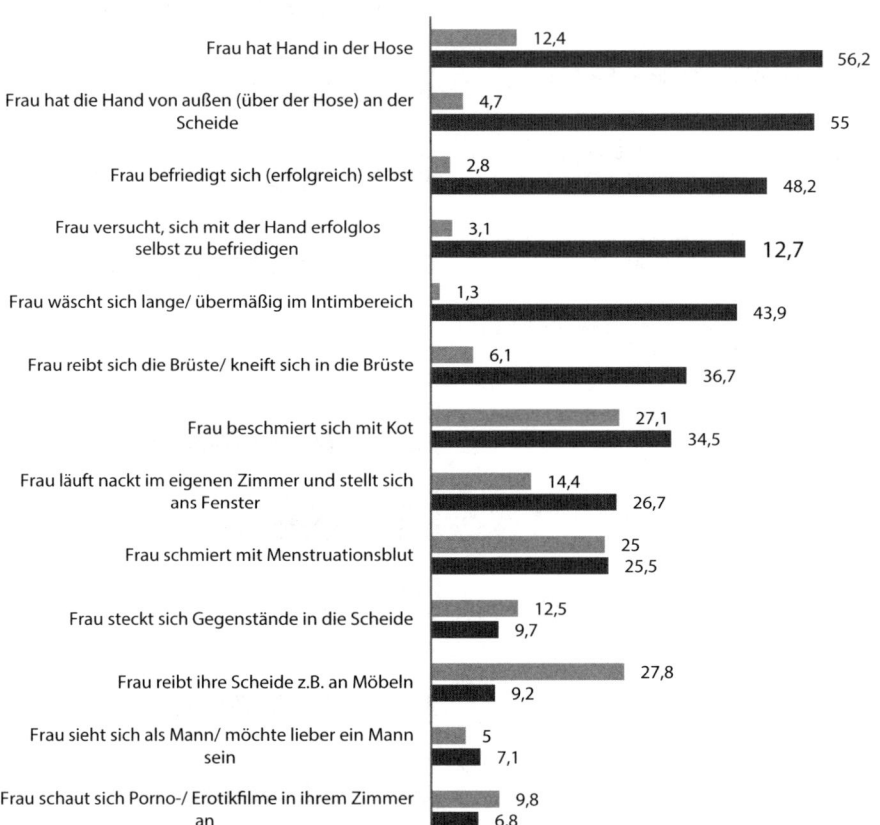

Abb. 22: Prozentualer Anteil der gültigen Nennungen aufsteigend sortiert nach »nie« auf die Frage 1: »Welche der folgenden sexuellen Verhaltensweisen der Bewohner/innen begegnen Ihnen bei Ihrer Arbeit in der Wohneinrichtung?« Items zu »Die weibliche Bewohnerin alleine/fühlt sich unbeobachtet«+ Prozentualer Anteil der gültigen Nennungen der MA, die bei Frage 1 angegeben haben, dass sie das Verhalten erleben, auf Frage 2 »Kreisen Sie bitte die Verhaltensweisen ein, die Sie im Gruppenalltag für Einzelne oder alle Beteiligten als besonders störend bzw. hinderlich erleben.«

4.3 Erfahrungen der Mitarbeitenden mit sexuellen Verhaltensweisen

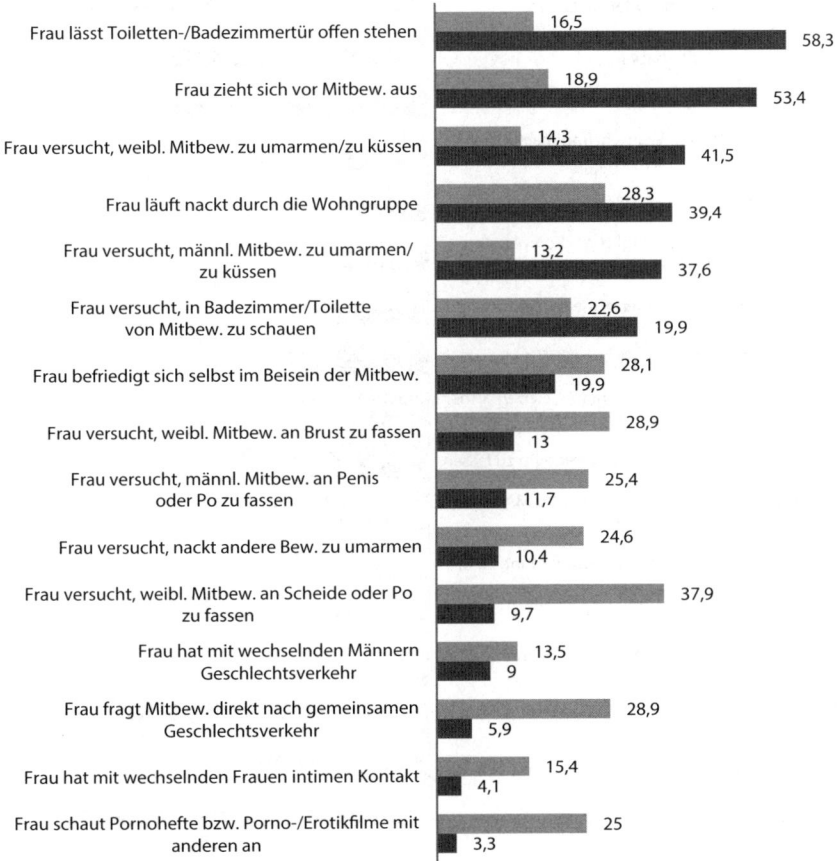

Abb. 23: Prozentualer Anteil der gültigen Nennungen aufsteigend sortiert nach »nie« auf die Frage 1: »Welche der folgenden sexuellen Verhaltensweisen der Bewohner/innen begegnen Ihnen bei Ihrer Arbeit in der Wohneinrichtung?« Items zu »Die weibliche Bewohnerin in Situation mit anderen Bewohner/innen« + Prozentualer Anteil der gültigen Nennungen der MA, die bei Frage 1 angegeben haben, dass sie das Verhalten erleben, auf Frage 2 »Kreisen Sie bitte die Verhaltensweisen ein, die Sie im Gruppenalltag für Einzelne oder alle Beteiligten als besonders störend bzw. hinderlich erleben.«

4 Ergebnisse der Befragung

Verhaltensweisen der Frauen in Situation mit Mitarbeitenden + empfundener Störungsgrad der Mitarbeitenden

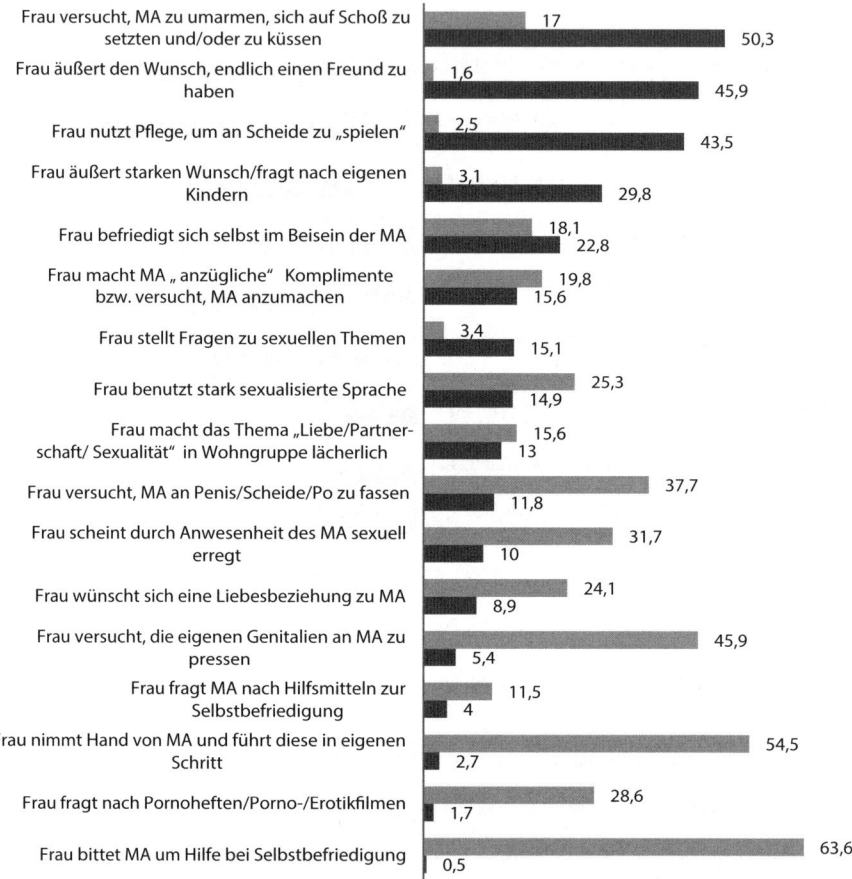

Abb. 24: Prozentualer Anteil der gültigen Nennungen aufsteigend sortiert nach »nie« auf die Frage 1: »Welche der folgenden sexuellen Verhaltensweisen der Bewohner/innen begegnen Ihnen bei Ihrer Arbeit in der Wohneinrichtung?« Items zu »Die weibliche Bewohnerin in Situation mit Mitarbeiter/in (MA)« + Prozentualer Anteil der gültigen Nennungen der MA, die bei Frage 1 angegeben haben, dass sie das Verhalten erleben, auf Frage 2 »Kreisen Sie bitte die Verhaltensweisen ein, die Sie im Gruppenalltag für Einzelne oder alle Beteiligten als besonders störend bzw. hinderlich erleben.«

4.3 Erfahrungen der Mitarbeitenden mit sexuellen Verhaltensweisen

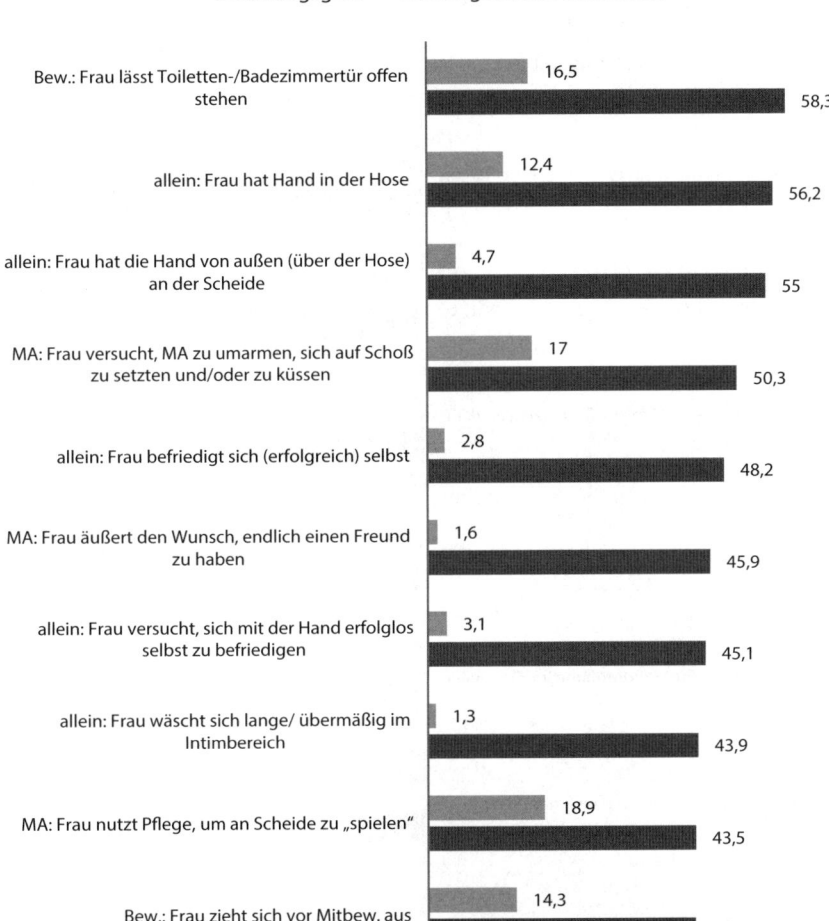

Abb. 25: Prozentualer Anteil der 10 meist genannten gültigen Nennungen aufsteigend sortiert nach »nie« auf die Frage 1: »Welche der folgenden sexuellen Verhaltensweisen der Bewohner/innen begegnen Ihnen bei Ihrer Arbeit in der Wohneinrichtung?« Berücksichtigung aller Items zu »Die weibliche Bewohnerin« + Prozentualer Anteil der gültigen Nennungen der MA, die bei Frage 1 angegeben haben, dass sie das Verhalten erleben, auf Frage 2 »Kreisen Sie bitte die Verhaltensweisen ein, die Sie im Gruppenalltag für Einzelne oder alle Beteiligten als besonders störend bzw. hinderlich erleben.«

4 Ergebnisse der Befragung

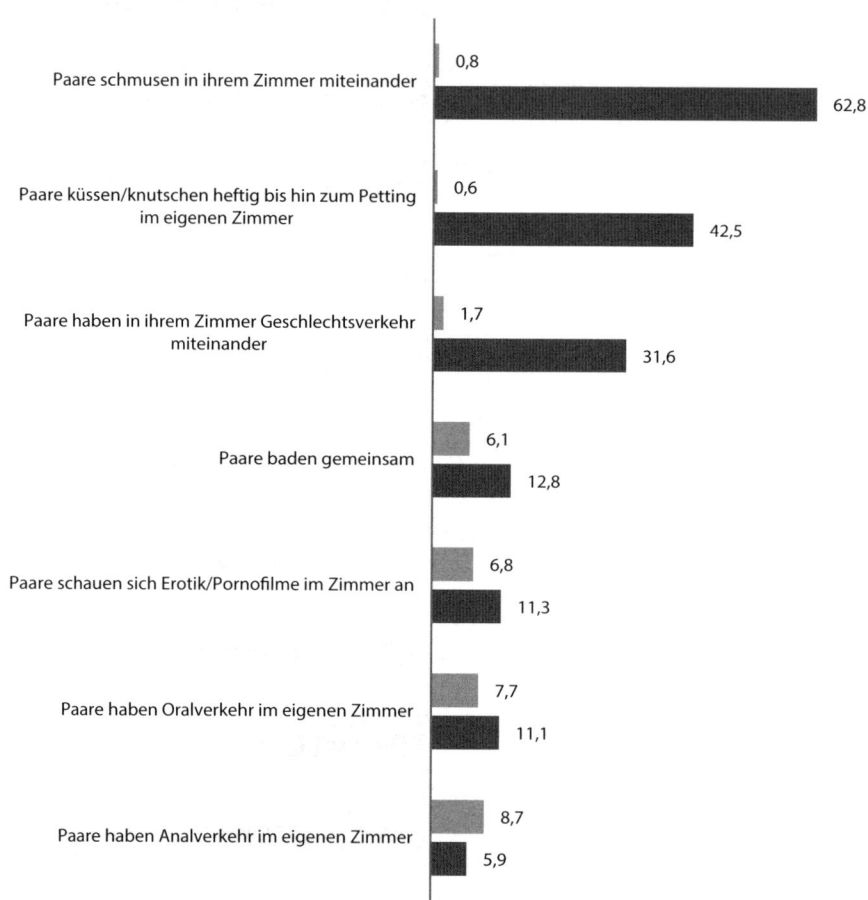

Abb. 26: Prozentualer Anteil der gültigen Nennungen aufsteigend sortiert nach »nie« auf die Frage 1: »Welche der folgenden sexuellen Verhaltensweisen der Bewohner/innen begegnen Ihnen bei Ihrer Arbeit in der Wohneinrichtung?« Items zu »Bewohner-Paare für sich alleine/fühlt sich unbeobachtet«+ Frage 2 »Kreisen Sie bitte die Verhaltensweisen ein, die Sie im Gruppenalltag für Einzelne oder alle Beteiligten als besonders störend bzw. hinderlich erleben.«

4.3 Erfahrungen der Mitarbeitenden mit sexuellen Verhaltensweisen

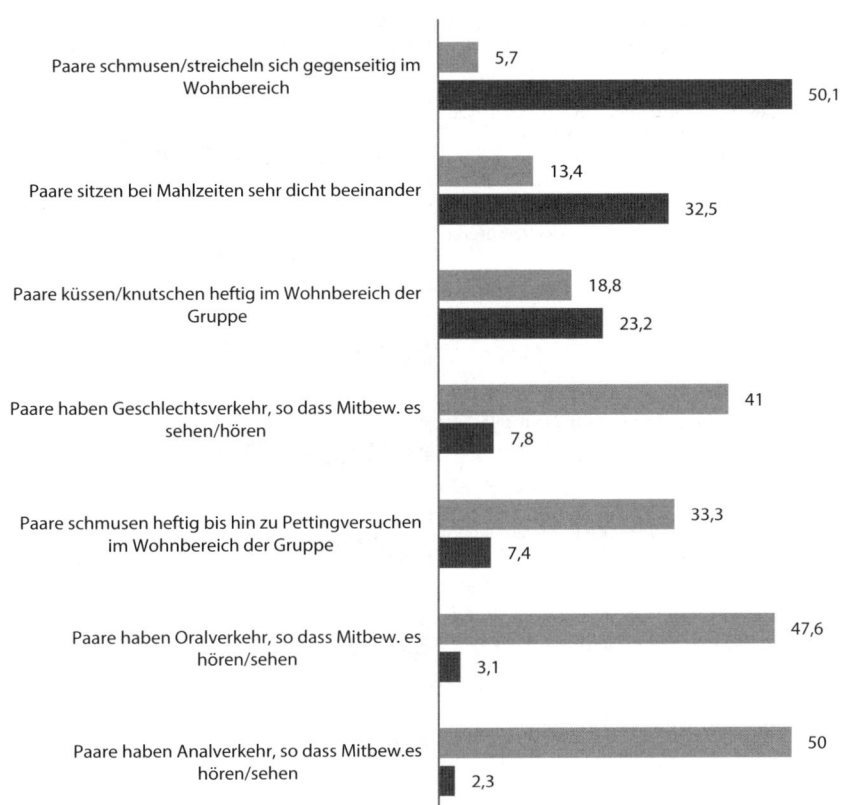

Abb. 27: Prozentualer Anteil der gültigen Nennungen aufsteigend sortiert nach »nie« auf die Frage 1: »Welche der folgenden sexuellen Verhaltensweisen der Bewohner/innen begegnen Ihnen bei Ihrer Arbeit in der Wohneinrichtung?« Items zu »Bewohner-Paare für sich alleine/fühlt sich unbeobachtet«+ Frage 2 »Kreisen Sie bitte die Verhaltensweisen ein, die Sie im Gruppenalltag für Einzelne oder alle Beteiligten als besonders störend bzw. hinderlich erleben.«

4 Ergebnisse der Befragung

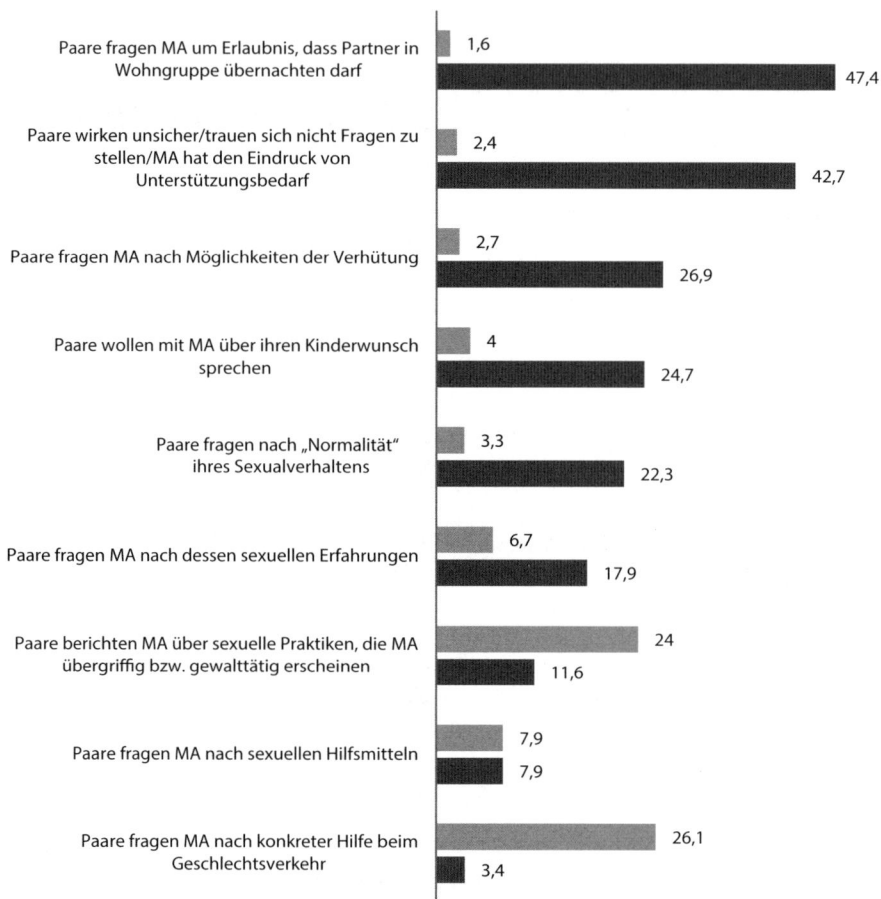

Abb. 28: Prozentualer Anteil der gültigen Nennungen aufsteigend sortiert nach »nie« auf die Frage 1: »Welche der folgenden sexuellen Verhaltensweisen der Bewohner/innen begegnen Ihnen bei Ihrer Arbeit in der Wohneinrichtung? Items zu »Bewohner-Paare in Situation mit Mitarbeiter/in (MA)« + Frage 2 »Kreisen Sie bitte die Verhaltensweisen ein, die Sie im Gruppenalltag für Einzelne oder alle Beteiligten als besonders störend bzw. hinderlich erleben.«

4.3.5.1 Als störend wahrgenommene Verhaltensweisen bei den Männern

Zunächst soll der Blick auf die Verhaltensweisen gerichtet werden, die die Männer in Situationen alleine zeigen bzw. wenn sie sich unbeobachtet fühlen. Das Schmieren mit Kot wird hier von jedem Dritten der betroffenen Befragten als störend bewertet. Keine andere erlebte Verhaltensweise in Situationen, in denen die *Männer alleine* sind, erhält einen vergleichbar hohen Störungswert. Dies mag an den Folgen für die Mitarbeitenden liegen, die dem Bewohner entsprechend helfen müssen, den Kot zu entfernen. Jeder Fünfte betroffene Befragte erlebt es noch als störend, wenn die Männer ihr Genital an Möbelstücken reiben bzw. jeder Sechste, wenn der Mann die Hand in der Hose hat.

Es wurde bei der Auswertung der Befragung angenommen, dass Verhaltensweisen, die die Männer im *Beisein der Mitbewohner/innen* zeigen, als deutlich störender bewertet werden als das Verhalten alleine. Diese Annahme trifft zu. Die Verhaltensweisen im Beisein der Mitbewohner/innen werden durchweg als störender bewertet. Selbstbefriedigung vor den anderen wird dabei mit dem höchsten Störungswert von knapp einem Drittel der betroffenen Mitarbeitenden versehen.

Es lässt sich weiterhin insgesamt als Tendenz feststellen, dass Verhalten, das auf direkten Körperkontakt mit den anderen Frauen und Männern abzielt (umarmen, küssen, anfassen etc.), als störender bewertet wird als z. B. ein offener Umgang mit Privatheit/Intimsphäre (Toilettentür offen stehen lassen, nackt durch die Wohngruppe laufen etc.).

Ein durchgehender Zusammenhang zwischen der Häufigkeit eines Verhaltens und dessen Bewertung als störend ist allerdings in Bezug auf die Mitbewohner/innen nicht festzustellen. Es kann weder eine Art ›Gewöhnungseffekt‹ abgeleitet werden in dem Sinne, dass häufig auftretendes Verhalten weniger stört, da man sich im Alltag daran gewöhnt hat. Noch kann als ein gegenteiliger Effekt festgestellt werden, dass ein häufiges Verhalten im Beisein der Mitbewohner/innen von den Mitarbeitenden als besonders störend erlebt wird.

Ein inhaltlicher Zusammenhang zwischen der Häufigkeit eines gezeigten Verhaltens und dessen Störungsintensität bildet sich deutlicher in Situationen ab, die die *Mitarbeitenden* selbst mit den Männern erleben. Es zeigt sich eine leichte, wenn auch nicht durchgängige Tendenz, dass sehr häufig gezeigte Verhaltensweisen eher wenige betroffene Mitarbeitende stören. Umgekehrt werden selten gezeigte Verhaltensweisen dann von vielen der betroffenen Befragten als störend bewertet. Die empfundene Störung scheint hier eher in der Art des gezeigten Verhaltens und der direkten eigenen körperlichen Involviertheit der betroffenen Befragten zu liegen. Wenn die Männer ihren erigierten Penis an die Mitarbeitenden pressen, deren Hand in den eigenen Schritt führen oder um Hilfe bei der Selbstbefriedigung bitten, so stört das fast die Hälfte der betroffenen Befragten.

Hier handelt es sich um fordernde Verhaltensweisen, von denen anzunehmen ist, dass diese von den Mitarbeitenden als Eingriff in ihre Intimsphäre bewertet werden. Die Verhaltensweisen werden von eher wenigen Mitarbeitenden erlebt, dann aber deutlich als störend bewertet.

Am wenigsten fühlen sich die betroffenen Befragten von sexuellen Verhaltensweisen der Männer in der Pflege gestört (z. B. am Penis ›spielen‹) bzw. von Fragen nach sexuellen Informationen.

Insgesamt lässt die Betrachtung der von den betroffenen Mitarbeitenden als störend bewerteten Verhaltensweisen bei den Männern folgenden Schluss zu: Je invasiver ein Verhalten ist und je mehr es in die Intimsphäre von Mitarbeitenden oder Mitbewohner/innen eingreift, umso mehr Mitarbeitende bewerten dieses Verhalten als störend.

4.3.5.2 Als störend wahrgenommene Verhaltensweisen bei den Frauen

Bei den Verhaltensweisen, die bei den Frauen in *Situation alleine* beobachtet werden, bewertet jede/r Vierte der betroffenen Befragten das Schmieren mit Kot oder Menstruationsblut als störend. Als ebenso störend wird das Reiben des Genitalbereichs an Möbelstücken bewertet.

Auch hier liegt die Vermutung nahe, dass vor allem Verhaltensweisen als störend bewertet werden, die Folgen für die Mitarbeitenden nach sich ziehen. Beim Schmieren mit Kot oder Menstruationsblut ist dies offensichtlich, da die Folgen beseitigt werden müssen und dies Gefühle von Ekel hervorrufen kann. Beim Reiben des Genitalbereiches an Möbelstücken kann es, je nach Intensität des Verhaltens, zu Reizungen, Entzündungen oder Verletzungen kommen, so dass ggf. Arztbesuche die Folge sind. Allerdings spricht gegen letzteren Erklärungsversuch, dass das Einführen von Gegenständen in die Vagina nur halb so viele betroffene Befragte als störend bewerten. Ggf. wird auch hier eher das Gefühl von Ekel hervorgerufen.

Sehr häufig gezeigte Verhaltensweisen der Selbststimulation bzw. Selbstbefriedigung werden eher selten von den betroffenen Befragten als störend bewertet.

Die Verhaltensweisen, die Frauen im Beisein der *Mitbewohner/innen* zeigen, erhalten durchweg höhere Störungswerte als die Verhaltensweisen in Situationen alleine. Die als störend bewerteten Verhaltensweisen sind vielfältig. Interessant erscheint dabei z. B., dass das Fragen anderer Frauen oder Männer nach gemeinsamem Geschlechtsverkehr als deutlich störender erlebt wird als der Geschlechtsverkehr mit wechselnden Partner/innen. Ebenso fällt auf, dass das Anfassen anderer Frauen der Wohngruppe im Genitalbereich von mehr Befragten als störend bewertet wird, als wenn die Frauen die Männer im Genitalbereich anfassen.

Die wenigsten Mitarbeitenden stört der direkte Körperkontakt in Form von Umarmungen oder Küssen anderer Männer bzw. Frauen mit Behinderung, was im Alltag von jeweils über einem Drittel der Befragten erlebt wird. Wechselnde intime Kontakte sowohl zu Männern als auch Frauen werden seltener erlebt und stören im Vergleich zu anderen Verhaltensweisen auch nur jeden 10. betroffenen Befragten.

Im direkten Kontakt der Frauen mit *Mitarbeitenden* stört betroffene Befragte am meisten, wenn die Frauen sie um Hilfe bei der Selbstbefriedigung bitten, die Hand von Mitarbeitenden in den eigenen Schritt führen, die Genitalien an Mitarbeitende pressen, diese an Vagina, Penis oder Gesäß anfassen oder die Frauen ihre sexuelle Erregung zeigen.

Es handelt sich in allen Fällen um Verhaltensweisen, bei denen Mitarbeitende entweder sehr konkret in sexuelle Handlungen involviert werden sollen oder ›Objekt‹ sexueller Wünsche sind. So wird auch der Wunsch nach einer Liebesbeziehung zum Mitarbeitenden von jedem Vierten der betroffenen Befragten als störend bewertet.

Geringe Störungswerte erhalten die Verhaltensweisen, die in der Pflege erlebt werden oder die sachbezogene Fragen oder Gesprächswünsche beinhalten.

4.3.5.3 Störende Verhaltensweisen im Vergleich der Geschlechter

Im geschlechterbezogenen Vergleich der Bewertung der Verhaltensweisen der Bewohner/innen durch die betroffenen Befragten fällt auf, dass *sexuelle Verhaltensweisen der Frauen tendenziell als störender bewertet werden* als die der Männer. Dieser Unterschied in der Bewertung zeigt sich bei Verhaltensweisen, die von den Frauen im Beisein der Mitbewohner/innen und insbesondere im Beisein der Mitarbeitenden gezeigt werden.

Eine exemplarische Prüfung der Bewertung der sexuellen Verhaltensweisen auf Geschlechtsunterschiede von Seiten der Befragten ergab keine signifikanten Hinweise auf Unterschiede in der Bewertung durch männliche oder weibliche Mitarbeitende. Dies bedeutet, dass es für die Bewertung der sexuellen Verhaltensweisen der Bewohner/innen keine Rolle spielt, ob z. B. ein männlicher Mitarbeitender oder eine weibliche Mitarbeitende erlebt, dass die Frauen oder Männer ihr Genital an sie pressen oder sie um Hilfe bei der Selbstbefriedigung bitten.

Sehr deutlich wird der geschlechtsspezifische Bewertungsunterschied bei einer Gegenüberstellung der Störungsintensität der jeweils gleich formulierten Verhaltensweisen der Männer und Frauen, die in den nachfolgenden Diagrammen gezeigt. Die Ergebnisse werden jeweils vorab zusammengefasst.

Deskriptiver Vergleich des Störungsgrades bei Verhaltensweisen in Situationen alleine:

- Sieben Verhaltensweisen der Männer werden als störender bewertet als bei den Frauen.
- Bei einer Verhaltensweise ist der empfundene Störungsgrad gleich.
- Zwei Verhaltensweisen der Frauen werden als störender bewertet als bei den Männern.

Deskriptiver Vergleich des Störungsgrades bei Verhaltensweisen in Situationen mit Mitbewohner/innen:

- Vier Verhaltensweisen der Männer werden als störender bewertet als bei den Frauen.
- Elf Verhaltensweisen der Frauen werden als störender bewertet als bei den Männern.

4 Ergebnisse der Befragung

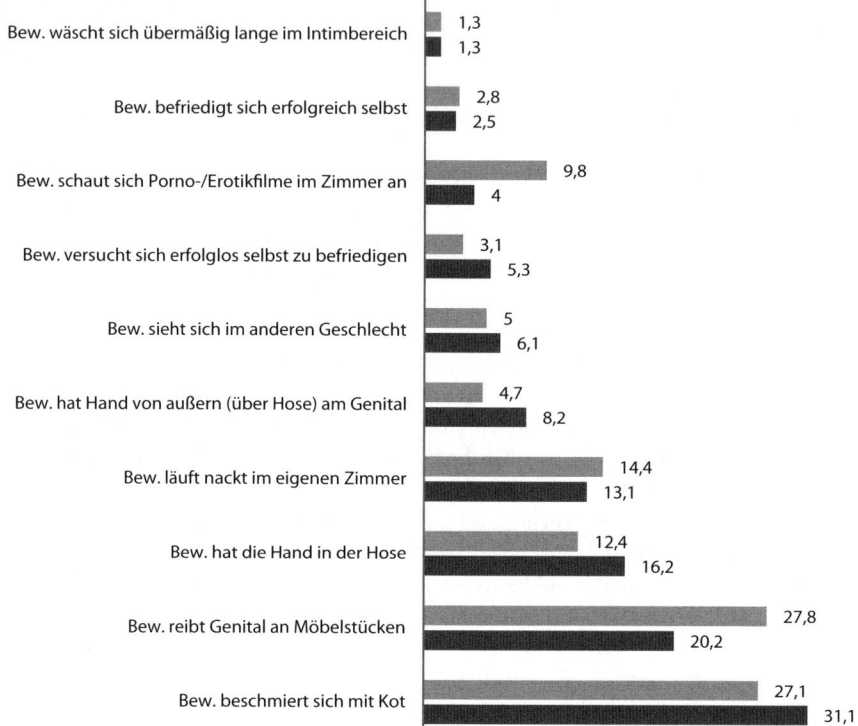

Abb. 29: Vergleich der Störungsgrade der Mitarbeitenden gegenüber den sexuellen Verhaltensweisen der Bewohner und Bewohnerinnen in Situation allein/fühlt sich unbeobachtet.

Deskriptiver Vergleich des Störungsgrades bei Verhaltensweisen in Situationen mit den Mitarbeitenden:

- Fünf Verhaltensweisen der Männer werden als störender bewertet als bei den Frauen.
- Elf Verhaltensweisen der Frauen werden als störender bewertet als bei den Männern.

Der größte Unterschied liegt mit einer Differenz von 24,1 % beim Item »Bew. fragt nach Pornoheften/Porno-/Erotikfilmen« (Störungsgrad bei Bewohnerinnen: 28,6 %, bei Bewohnern 4,5 %). Dieses Verhalten wird von sechs Mal so viel Mitarbeitenden bei den Frauen als störend bewertet als bei den Männern.

4.3 Erfahrungen der Mitarbeitenden mit sexuellen Verhaltensweisen

Abb. 30: Vergleich der Störungsgrade der Mitarbeitenden gegenüber den sexuellen Verhaltensweisen der Bewohner und Bewohnerinnen in Situation mit Mitbewohner/innen.

4 Ergebnisse der Befragung

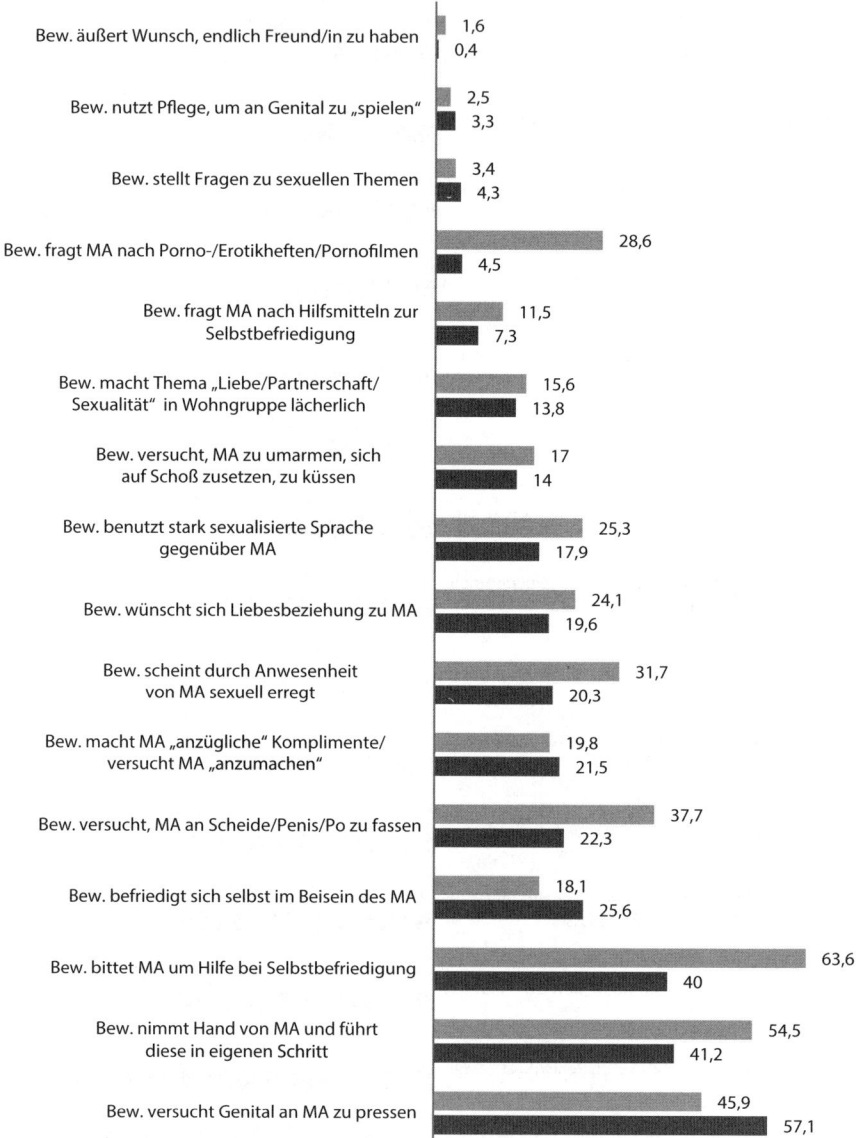

Abb. 31: Vergleich der Störungsgrade der Mitarbeitenden gegenüber den sexuellen Verhaltensweisen der Bewohner und Bewohnerinnen in Situation mit Mitarbeitenden

4.3.5.4 Als störend wahrgenommene Verhaltensweisen bei den Paaren

Das sexuelle Verhalten der Bewohner/innen-Paare wird von den betroffenen Befragten im Vergleich zu dem Verhalten der Männer und Frauen insgesamt als weniger störend bewertet. Von dem Verhalten, das die Bewohner/innen-Paare zeigen, wenn sie *alleine* sind/sich unbeobachtet fühlen, fühlt sich maximal jede/r 10. Befragte gestört.

Dies ändert sich für die Befragten in den Situationen, in denen die *Mitbewohner/innen* anwesend sind, gravierend. Das Ausleben der eigenen Sexualität durch ein Bewohner/innen-Paar bekommt einen hohen Störungsgrad, wenn andere Bewohner/innen dies miterleben. Sowohl Analverkehr als auch Oralverkehr, Geschlechtsverkehr oder Petting werden von mindestens einem Drittel der betroffenen Mitarbeitenden als störend bewertet, wenn die anderen Bewohner/innen diese Aktivitäten mit ansehen oder anhören müssen. Den geringsten Störungswert erhält das Schmusen/Streicheln im Wohnbereich der Gruppe. Diese Verhaltensweisen scheinen im Wohnbereich der Gruppe von den betroffenen Befragten akzeptiert zu sein.

Im Kontakt mit den betroffenen *Mitarbeitenden* werden Gespräche, die die Bewohner/innen-Paare mit ihnen suchen bzw. Fragen, die sie zu Verhütung oder Kinderwunsch stellen, von wenigen als störend bewertet. Als störend bewerten deutlich mehr der betroffenen Mitarbeitenden (ca. ¼) zum einen Aussagen der Bewohner/innen-Paare über sexuelle Praktiken, die den Befragten als gewalttätig oder übergriffig erscheinen und zum anderen die (seltene) Frage nach konkreter Hilfe beim Geschlechtsverkehr.

Vergleicht man die Bewertung der Störungsintensität von sexuellen Verhaltensweisen bei den betroffenen Befragten zwischen Bewohner/innen-Paaren und alleinstehenden Männern oder Frauen, so wird Folgendes deutlich:

- Bei den Bewohner/innen-Paaren wird sexuelles Verhalten im Beisein der Mitbewohner/innen,
- bei den alleinstehenden Männern und Frauen sexuelles Verhalten im Beisein der Mitarbeitenden jeweils als am meisten störend bewertet wird.

Vergleichbar ist, dass Verhaltensweisen, die in Situationen alleine wahrgenommen werden, tendenziell als weniger störend bewertet werden. Hier sind die Werte bei den Bewohner/innen-Paaren allerdings insgesamt deutlich geringer als bei den alleinstehenden Bewohner/innen.

Die Anfragen bzgl. Informationen oder Gesprächen zu sexuellen Themen werden durch die betroffenen Befragten bei allen Männern und Frauen und den Bewohner/innen-Paaren als wenig störend bewertet.

4.4 Belastung der Mitarbeitenden durch sexuelle Verhaltensweisen

Neben der Erfassung der sexuellen Verhaltensweisen, die die Mitarbeitenden im Alltag wahrnehmen, sowie der empfundenen Störungsintensität war bei der Erhebung die subjektiv empfundene Belastung der Befragten von Bedeutung.

Das tägliche sehr nahe Erleben der Sexualität anderer Menschen in körpernahen Situationen kann für Mitarbeitende eine große Herausforderung und/oder Belastung darstellen. Gerade Verhaltensweisen, die das eigene Schamgefühl berühren oder Ekelempfindungen hervorrufen (z. B. Schmieren mit Kot oder Menstruationsblut), können Abwehr auslösen und zu einer dauerhaften Belastung werden. In Frage 3 wurde die subjektive Belastung folgendermaßen erfragt:

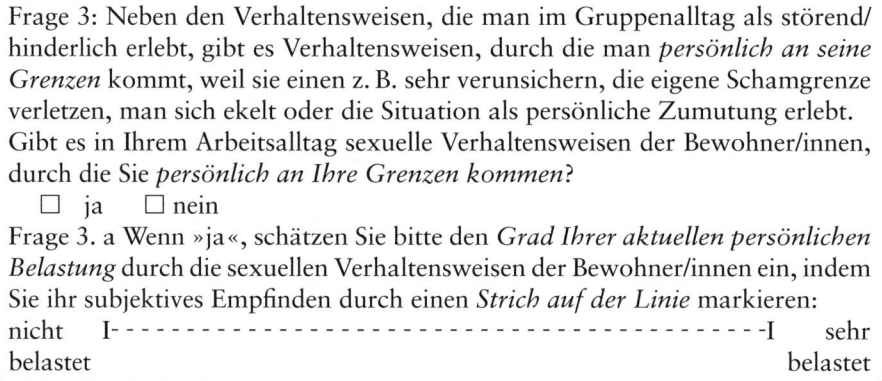

Frage 3: Neben den Verhaltensweisen, die man im Gruppenalltag als störend/hinderlich erlebt, gibt es Verhaltensweisen, durch die man *persönlich an seine Grenzen* kommt, weil sie einen z. B. sehr verunsichern, die eigene Schamgrenze verletzen, man sich ekelt oder die Situation als persönliche Zumutung erlebt.
Gibt es in Ihrem Arbeitsalltag sexuelle Verhaltensweisen der Bewohner/innen, durch die Sie *persönlich an Ihre Grenzen kommen*?
 ☐ ja ☐ nein
Frage 3. a Wenn »ja«, schätzen Sie bitte den *Grad Ihrer aktuellen persönlichen Belastung* durch die sexuellen Verhaltensweisen der Bewohner/innen ein, indem Sie ihr subjektives Empfinden durch einen *Strich auf der Linie* markieren:
nicht I- -I sehr
belastet   belastet

Die Frage an die Probanden, ob es in ihrem Arbeitsalltag sexuelle Verhaltensweisen der Bewohner/innen gibt, durch die sie persönlich an ihre Grenzen kommen, wurde von 16,2 % der Befragten bejaht. Geantwortet haben auf diese Frage 604 Mitarbeitende. Nun war weiterhin von Interesse, ob es bei dieser Frage einrichtungsspezifische Unterschiede zwischen den Mitarbeitenden gibt. Würden ggf. Mitarbeitende aus Einrichtungen mit einem sexualpädagogischen Konzept weniger Belastungen empfinden? Oder spielen andere erfasste Faktoren wie z. B. die kirchliche oder nicht-kirchliche Trägerschaft eine Rolle?

Da sehr unterschiedliche Einrichtungen in Bezug auf deren Größe, Träger, aber auch konzeptionelle Arbeit an der Erhebung teilgenommen haben, wurden diese Unterschiede statistisch geprüft. Diese Prüfung ergab keine signifikanten Ergebnisse. Dies ist erstaunlich, da es zwischen den Einrichtungen klare Unterschiede z. B. bzgl. unterstützender Angebote für die Mitarbeitenden im Bereich der Sexualität der Bewohner/innen gibt. Für das Belastungsempfinden der Mitarbeitenden scheint dies ohne Relevanz zu sein.

Ebenso ergaben sich keine signifikanten Unterschiede in Bezug auf das Geschlecht, das Alter, die berufliche Qualifikation der Befragten, die Dauer ihrer

Berufstätigkeit, ihren Stellenumfang oder Merkmale der Wohngruppe, in der sie arbeiten (Geschlecht bzw. Behinderungsform).

In Bezug auf die Funktion der Mitarbeitenden in den Einrichtungen zeigte sich, dass die befragten Wohngruppenleiter/innen sich gar nicht belastet fühlen. Sowohl die Wohnbereichsleiter/innen bzw. Teamleiter/innen und die Mitarbeitenden im Tag- und Nachtdienst hatten bei dieser Frage die höchsten Belastungswerte.

Die Bitte im Fragebogen, den aktuellen Grad der persönlichen Belastung auf einer visuellen Analogskala (10 cm) von »nicht belastet« bis »sehr belastet« anzugeben, ergab ein differenzierteres Bild der empfundenen Belastung fast aller Befragten (N = 606). Der Mittelwert bei den Antworten liegt bei 0,41, der Median bei 0,00. Der Grad der Belastung der Befragten ist also insgesamt gering wie die nachfolgende Abbildung zeigt.

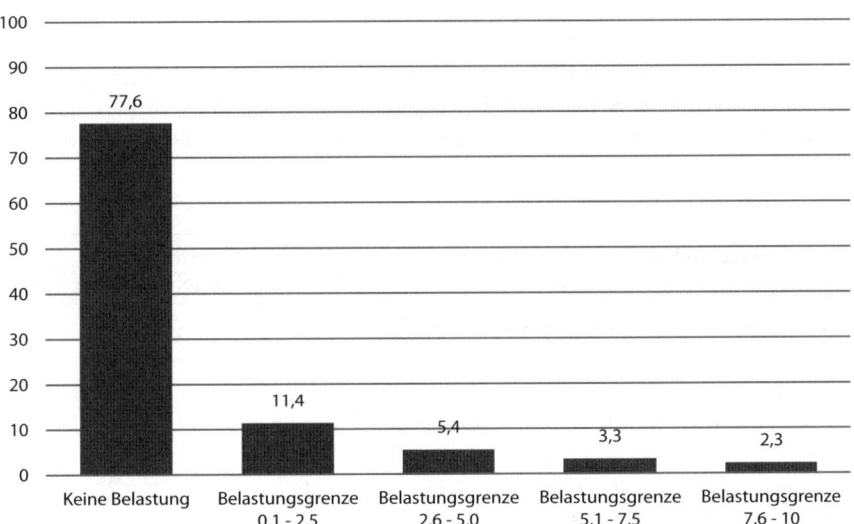

Abb. 32: Prozentualer Anteil der gültigen Nennungen (N = 606) auf Frage 3a: »Wenn »ja«, schätzen Sie bitte den Grad Ihrer aktuellen persönlichen Belastung durch die sexuellen Verhaltensweisen der Bewohner/innen ein, indem Sie ihr subjektives Empfinden durch einen Strich auf der Linie markieren.«

4.5 Erklärungsideen der Mitarbeitenden für sexuelle Verhaltensweisen

Die von Menschen vermuteten Gründe bzw. Erklärungsideen für das Verhalten anderer bestimmen in einem gewissen Grad dessen konkrete Handlungen sowie angenommene Handlungsspielräume und -möglichkeiten. Dies können aktuelle situationsbedingte Gründe sein: Z.B. kann ein Mitarbeitender annehmen, dass ein Bewohner sich durch die Lautstärke bei der Geburtstagfeier in der Wohngruppe so gestresst fühlt, dass er aggressives Verhalten zeigt. Ebenso haben Menschen oft grundlegende Annahmen zum Verhalten einer anderen Person: So kann ein anderer Mitarbeitender annehmen, dass der Bewohner aufgrund seiner Behinderung aggressives Verhalten zeigt und dies nichts mit der aktuellen Situation zu tun hat. Ein dritter Mitarbeitender kann beide möglichen Erklärungsideen miteinander verbinden: Der Bewohner hat aufgrund seiner Behinderung die Tendenz zu aggressivem Verhalten und Stress wirkt hier stark auslösend.

Allen Erklärungsideen ist gemeinsam: Sie haben (wenn auch unterschiedlich starken) Einfluss auf das Handeln des Interpretierenden.

Insofern war für die Erhebung bedeutsam, welche Gründe die Mitarbeitenden für das sexuelle Verhalten der Frauen und Männer ihrer Wohngruppe vermuten. Diese Angaben wurden bei Frage 4 erbeten.

Frage 4: Welche *möglichen Gründe* nehmen Sie für die beschriebenen *sexuellen Verhaltensweisen* der Bewohner/innen *allgemein* an? Geben Sie Gründe auch dann an, wenn es Ihres Erachtens nur auf eine Bewohnerin/einen Bewohner zutrifft.

Angenommene mögliche Gründe	trifft häufig zu	trifft manchmal zu	trifft nie zu
• Bew. provozieren MA bewusst durch ihr sexuelles Verhalten.	☐	☐	☐
• Menschen mit geistiger Behinderung haben andere sexuelle Bedürfnisse als Menschen ohne Behinderung.	☐	☐	☐
• Aufwertung der eigenen Person durch sexuelles Erleben mit anderen.	☐	☐	☐
• Sexuelle Erregung bei Pflegehandlungen ist für Bew. nicht steuerbar.	☐	☐	☐
• Sexuelles Verhalten ist Ausdruck von Wunsch nach Nähe und Zuwendung.	☐	☐	☐
• Viele MA wollen nicht wahrhaben, dass Bew. Sexualität haben und leben wollen.	☐	☐	☐
• Schwere der Behinderung lässt das Erlernen von anderem (sexuellem) Verhalten kaum zu.	☐	☐	☐
• MA beachten die Intims- und Privatsphäre in der Wohneinrichtung *nicht* (z. B. ins Bad kommen, ohne anzuklopfen).	☐	☐	☐
• Bew. haben zu wenig Wissen im Bereich Sexualität wegen fehlender Aufklärung.	☐	☐	☐

4.5 Erklärungsideen der Mitarbeitenden für sexuelle Verhaltensweisen

Angenommene mögliche Gründe	trifft häufig zu	trifft manchmal zu	trifft nie zu
• Jahrelange Pflege erschwert Erlernen von angemessener Nähe und Distanz für Bew.	☐	☐	☐
• Bew. haben durch Behinderung kein Verständnis von eigener Sexualität und angemessenen Verhaltensweisen.	☐	☐	☐
• Bew. haben in Einrichtung kaum Möglichkeit, Partner/in zu finden.	☐	☐	☐
• Sexuelles Verhalten ist aufgrund der Behinderung triebgesteuert und deshalb nicht änderbar.	☐	☐	☐
• Überforderung oder Stress sind Auslöser für z. B. Selbstbefriedigung (»Ventilfunktion«).	☐	☐	☐
• Bew. hatten zu wenige Erfahrungsmöglichkeiten in der Jugend z. B. durch überbehütende Eltern.	☐	☐	☐
• Bew. erleben sich durch die eigene Sexualität als gleichwertiger Erwachsener.	☐	☐	☐
• Bew. sind durch jahrelange Pflege »gewohnt«, dass viele Menschen sie nackt sehen.	☐	☐	☐
• Tragen von »Windeln« verhindert Sexualität.	☐	☐	☐
• Bew. werden von MA als »große Kinder« angesehen (Infantilisierung).	☐	☐	☐
• Sexuelles Verhalten ist Ausdruck von Freude/ Lust an Gefühlen/ körperlichem Erleben	☐	☐	☐
• Bew. haben in Einrichtung keine Möglichkeit, ihre sexuellen Wünsche zu leben.	☐	☐	☐
• Bew. haben durch Behinderung kein Verständnis von Intim- oder Privatsphäre.	☐	☐	☐
• MA werden zu gewünschten »Ersatz-Partner/innen« beim Wunsch nach Nähe und Sexualität.	☐	☐	☐
• Sonstige, nämlich: _____ _____	☐	☐	☐

Bei den Items, die zu diesem Bereich angeboten wurden, wurden verschiedene inhaltliche Begründungszusammenhänge überprüft (▶ Kap. 3.4). In den nachfolgenden Diagrammen wird zum einen eine Gesamtübersicht über die Ergebnisse zu dieser Frage gegeben (▶ Abb. 32 und 33) und zum anderen werden Items mit verschiedenen Erklärungsmodellen (behinderungsbedingt (▶ Abb. 34), strukturell

4 Ergebnisse der Befragung

(▶ Abb. 35) oder positiv konnotierter Sexualität (▶ Abb. 36)) noch einmal hervorgehoben und miteinander verglichen.

Diagrammübersicht

Diagramm-nummer	Diagrammtitel
Abb. 33	Angenommene Gründe für sexuelle Verhaltensweisen der Männer und Frauen (Teil 1)
Abb. 34	Angenommene Gründe für sexuelle Verhaltensweisen der Männer und Frauen (Teil 2)
Abb. 35	Angenommene Gründe für sexuelle Verhaltensweisen der Männer und Frauen – Items mit behinderungsbedingten Gründen
Abb. 36	Angenommene Gründe für sexuelle Verhaltensweisen der Männer und Frauen – Items mit positiver Konnotation von Sexualität
Abb. 37	Angenommene Gründe für sexuelle Verhaltensweisen der Männer und Frauen – Items mit strukturellen Gründen

4.5 Erklärungsideen der Mitarbeitenden für sexuelle Verhaltensweisen

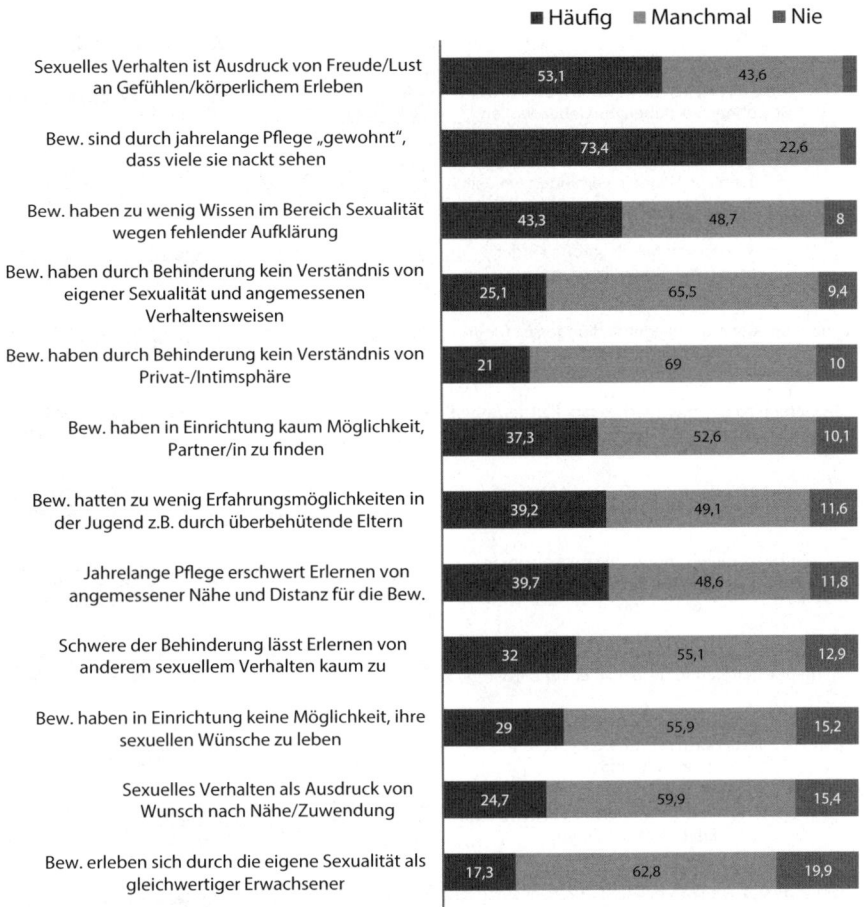

Abb. 33: Prozentualer Anteil der gültigen Nennungen auf die Frage 4, sortiert nach Häufigkeit bei »nie«: »Welche möglichen Gründe nehmen Sie für die beschriebenen sexuellen Verhaltensweisen der Bewohner/innen allgemein an? Geben Sie Gründe auch dann an, wenn sie Ihres Erachtens nur auf eine Bewohner/in zutreffen.« Schwankendes N zwischen 566 und 606

4 Ergebnisse der Befragung

Abb. 34: Prozentualer Anteil der gültigen Nennungen auf die Frage 4, sortiert nach Häufigkeit bei »nie«: »Welche möglichen Gründe nehmen Sie für die beschriebenen sexuellen Verhaltensweisen der Bewohner/innen allgemein an? Geben Sie Gründe auch dann an, wenn sie Ihres Erachtens nur auf eine Bewohner/in zutreffen.« Schwankendes N zwischen 566 und 606

4.5 Erklärungsideen der Mitarbeitenden für sexuelle Verhaltensweisen

Angenommene Gründe für sexuelle Verhaltensweisen der Männer und Frauen: Items mit behinderungsbedingten Gründen

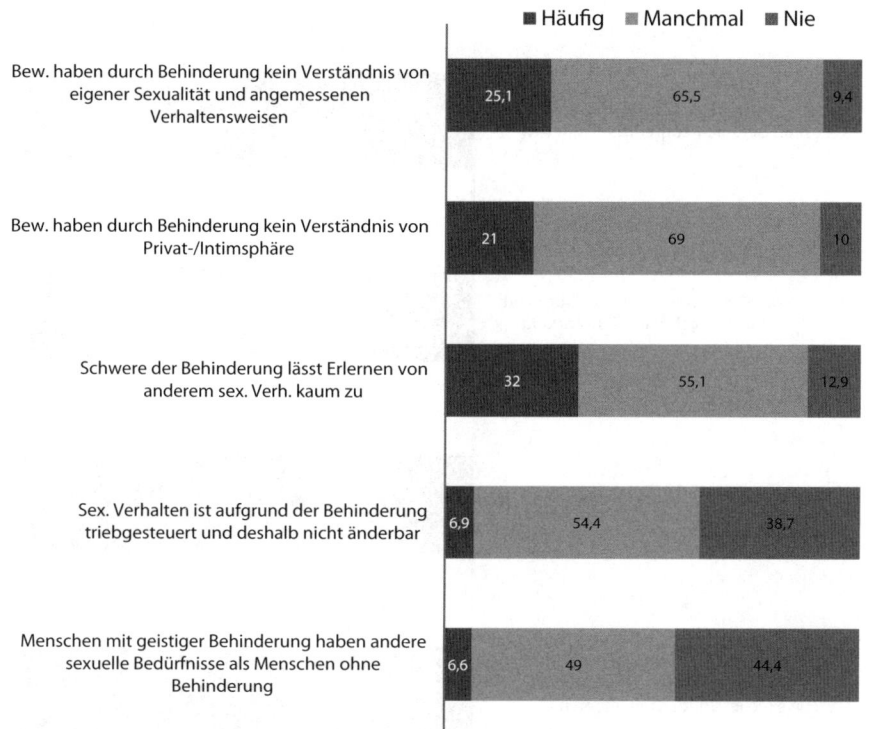

Abb. 35: Prozentualer Anteil der gültigen Nennungen auf die Frage 4, sortiert nach Häufigkeit bei »nie«: »Welche möglichen Gründe nehmen Sie für die beschriebenen sexuellen Verhaltensweisen der Bewohner/innen allgemein an? Geben Sie Gründe auch dann an, wenn sie Ihres Erachtens nur auf eine Bewohner/in zutreffen.« – Auswahl von behinderungsbedingten Gründen

4 Ergebnisse der Befragung

Angenommene Gründe für sexuelle Verhaltensweisen der Männer und Frauen: Items mit positiver Konnotation von Sexualität

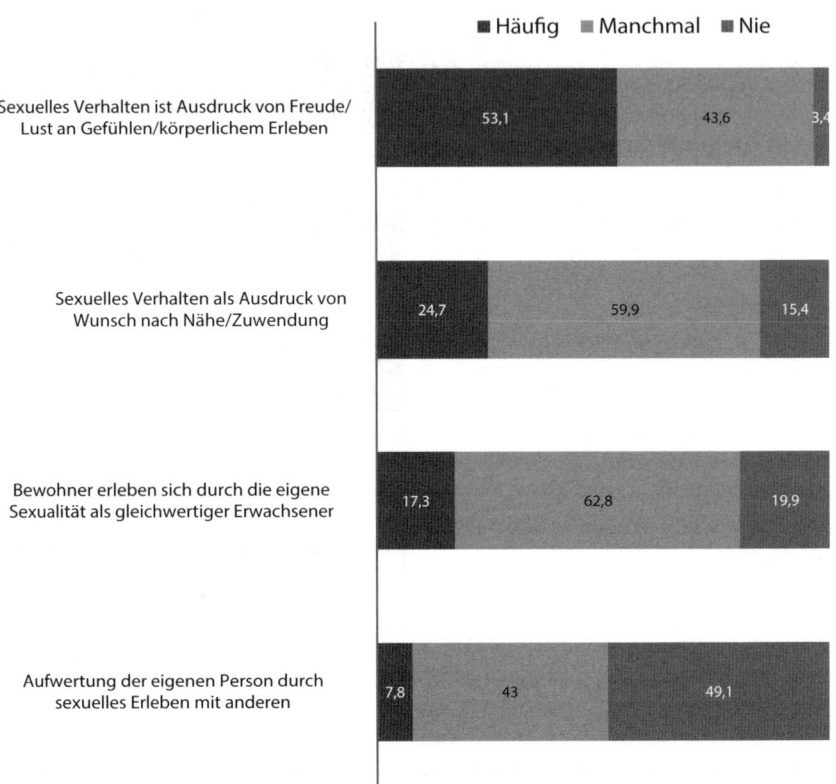

Abb. 36: Prozentualer Anteil der gültigen Nennungen auf die Frage 4, sortiert nach Häufigkeit bei »nie«: »Welche möglichen Gründe nehmen Sie für die beschriebenen sexuellen Verhaltensweisen der Bewohner/innen allgemein an? Geben Sie Gründe auch dann an, wenn sie Ihres Erachtens nur auf eine Bewohner/in zutreffen.« – Auswahl von Items mit positiv konnotierter Sexualität

4.5 Erklärungsideen der Mitarbeitenden für sexuelle Verhaltensweisen

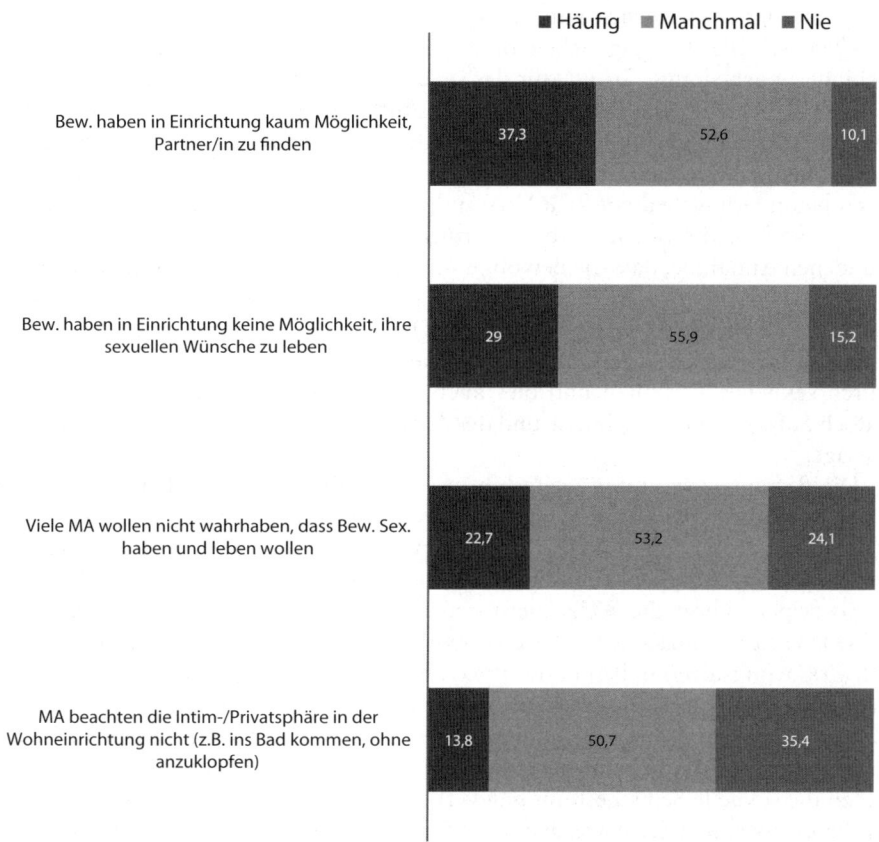

Abb. 37: Prozentualer Anteil der gültigen Nennungen auf die Frage 4, sortiert nach Häufigkeit bei »nie«: »Welche möglichen Gründe nehmen Sie für die beschriebenen sexuellen Verhaltensweisen der Bewohner/innen allgemein an? Geben Sie Gründe auch dann an, wenn sie Ihres Erachtens nur auf eine Bewohner/in zutreffen.« – Auswahl von Items mit strukturellen Gründen.

An erster Stelle der angenommenen Gründe steht für die Mitarbeitenden eine positive Konnotation des sexuellen Verhaltens der Frauen und Männer in ihren Wohngruppen. Fast alle der Befragten nehmen an, dass das sexuelle Verhalten der Bewohner/innen Ausdruck von Freude und Lust an Gefühlen und körperlichem Erleben ist. Gleichrangig neben dieser positiven Bewertung werden vor allem behinderungsbedingte Gründe für das sexuelle Verhalten der Frauen und Männer gesehen. Über 90 % der Befragten sind der Auffassung, dass Bewohner/innen ihrer Wohngruppen durch die Behinderung weder ein Verständnis von der eigenen Sexualität haben noch in der Lage sind, ein angemessenes Verhalten zu erlernen und auch behinderungsbedingt kein Verständnis von Privat- oder Intimsphäre haben. Durch diese starke Betonung behinderungsbedingter Gründe und der damit verbundenen Annahme, dass die Bewohner/innen keine Verhaltensalternativen haben, könnte das positiv bewertete sexuelle Verhalten als Ausdruck von Freude und Lust auch eine negative Bedeutung bekommen: Die Bewohner/innen können ihre Freude und ihre Lust an Gefühlen und körperlichem Erleben gar nicht anders zeigen als durch sexuelles Verhalten und dies auch nicht steuern bzw. regulieren. Dies ist jedoch aufgrund der Ergebnisse und der Art der Frageformulierung nicht eindeutig zu sagen.

Die Befragten vermuten weiterhin in vergleichbarer Intensität den deutlichen Einfluss struktureller Gründe. Hier wird zu wenig Wissen der Männer und Frauen aufgrund mangelnder Aufklärung angenommen und dass das Leben in einer Einrichtung kaum Möglichkeiten bietet, Partner/innen zu finden.

So zeigen schon die sechs meist genannten Gründe der Befragten sehr verschiedene Erklärungsansätze für das sexuelle Verhalten der Männer und Frauen. Die Erklärungsideen haben in der Praxis nebeneinander Bestand, obwohl sie sich zum Teil inhaltlich widersprechen: Mit der Annahme, dass die Bewohner/innen zu wenig Wissen im Bereich Sexualität wegen fehlender Aufklärung haben, ist die grundsätzliche Möglichkeit verbunden, dass mit entsprechenden Bildungsangeboten die sexuelle Selbstbestimmung verbessert werden kann und andere sexuelle Verhaltensweisen erlernt werden können. Solche Bildungsangebote werden z. B. auch von den Befragten für die Bewohner/innen gefordert (▶ Kap. 4.6.1). Die Annahme fehlender Aufklärung und die Forderung nach Bildungsangeboten stehen inhaltlich im Widerspruch zu der vertretenden Auffassung, dass behinderungsbedingt bei Bewohner/innen ein Verständnis von der eigenen Sexualität und angemessenen Verhaltensweisen sowie von Privat- und Intimsphäre fehlen. Behinderungsbedingte Einschränkungen sind durch die geforderte Wissensvermittlung nur bedingt veränderbar.

Möglicherweise sind diese Widersprüche auch durch die Art der Fragestellung bei Frage 4 ausgelöst worden: die Befragten sollten entsprechenden Gründe auch dann angeben, wenn diese ggf. auf nur einzelne Bewohner/innen zutreffen. Damit kann es sein, dass von Befragten unterschiedliche Erklärungsansätze für sexuelle Verhaltensweisen für jeweils verschiedene Bewohner/innen angenommen werden. So können verschiedene, in sich z.T. widersprüchliche Erklärungsmodelle trotzdem nebeneinander Bestand haben. Es müsste eher der Schluss gezogen werden, dass die Befragten bei den Männern und Frauen mit Behinderung jeweils höchst individuelle Vorstellungen bezüglich der Gründe für sexuelle Verhaltensweisen haben. Hier bleibt kritisch zu hinterfragen, wie stark allgemeine Gesetzmäßigkeiten menschlicher Entwicklung dabei noch im Blick sind.

Bei weiterer Betrachtung der verschiedenen Erklärungsmodelle, die die Befragten ausgewählt haben, ist hervorzuheben, dass strukturelle Gründe, die in der aktuellen fachwissenschaftlichen Diskussion als relevant für die Erschwernisse sexueller Selbstbestimmung der Menschen mit Behinderung v.a. in Wohneinrichtungen angesehen werden, ebenfalls deutlich vertreten sind.

Von geringerer Bedeutung für die Befragten sind die Gründe, die eine Beteiligung der Mitarbeitenden an den hinderlichen strukturellen Bedingungen zum Thema machen. Hier geht es um Annahmen, dass Mitarbeitende die Frauen und Männer noch als »große Kinder« ansehen und nicht wahrhaben wollen, dass diese eine Sexualität haben und leben wollen. Zwei Drittel der Probanden stimmt zu, dass Mitarbeitende die Intim-/Privatsphäre in der Wohneinrichtung nicht wahren.

Mittlerweile in der wissenschaftlichen Diskussion überkommene Erklärungsmodelle, von Mattke (2004) als Mythen bezeichnet, die das sexuelle Verhalten als triebgesteuert und nicht änderbar bewerten, nehmen immerhin noch knapp zwei Drittel der Befragten für Bewohner/innen ihrer Wohngruppe an.

Gründe für sexuelles Verhalten, die als ›erwachsenengemäß‹ oder ›altersangemessen‹ bezeichnet werden können, da die Integration der eigenen bzw. partnerschaftlichen Sexualität als Teil der Entwicklungsaufgaben im Jugend- und Erwachsenenalter zu bewerten ist, finden sich nur bei der Hälfte der Mitarbeitenden.

Für die weitere Auswertung der Erklärungsideen der Mitarbeitenden sollte überprüft werden, ob sich hier Gruppen von Mitarbeitenden unterscheiden. Spielt z. B. das Alter der Befragten eine Rolle? Sind z. B. bei älteren Mitarbeitenden eher wissenschaftlich überholte Gründe leitend? Wirken sich hier verschiedene Qualifikationen der Mitarbeitenden aus? Wenn dem so wäre, hätte dies z. B. Auswirkungen auf spezifische Fortbildungsangebote für einzelne Personengruppen.

Die Items, die in den Abbildungen 34, 35 und 36 zu den drei verschiedenen Begründungszusammenhängen (behinderungsbedingte Gründe, strukturelle Gründe, positive Konnotation von Sexualität) zusammengefasst sind, dienen als Grundlage für die Überprüfung statistisch signifikanter Unterschiede zwischen den Befragten.

Es wurden folgende Merkmale geprüft: Alter und Geschlecht der Mitarbeitenden sowie Qualifikation, Dauer der Berufstätigkeit, Beschäftigungsumfang und Funktion im Arbeitsfeld. Ebenso wurden Unterschiede bzgl. der Einrichtungen sowie Geschlecht der Bewohner/innen und vorwiegende Behinderungsform in den Wohngruppen durch eine Varianzanalyse überprüft. Die Ergebnisse ergeben ein komplexes Bild.

Im Folgenden sollen signifikante Unterschiede stichpunktartig benannt werden:

- Geschlecht der Mitarbeitenden:

Behinderungsbedingte Gründe: Weibliche Mitarbeitende nehmen signifikant häufiger behinderungsbedingte Gründe für die sexuellen Verhaltensweisen der Bewohner/innen an (p = 0,022, Signifikanzniveau: $p < 0,05$).

- Alter der Mitarbeitenden:

Positive Konnotation von Sexualität: Mit zunehmenden Alter der Mitarbeitenden steigt die Annahme der Gründe mit positiver Konnotation von Sexualität ($p = 0{,}044$, Signifikanzniveau $p < 0{,}05$).

- Dauer der Berufstätigkeit:

Behinderungsbedingte Gründe: Die Gruppe der »4-9 Jahre berufstätig« nimmt signifikant häufiger, sowie auch häufiger als die anderen Gruppen, behinderungsbedingte Gründe an ($p = 0{,}01$, Signifikanzniveau $p < 0{,}01$).
Positive Konnotation von Sexualität: Die Gruppe »10-21 Jahre berufstätig« nimmt signifikant häufiger Gründe im Bereich »positive Konnotation von Sexualität« an ($p = 0{,}012$, Signifikanzniveau $p < 0{,}05$). Insgesamt zeigt der Mittelwertvergleich, dass mit zunehmender Berufstätigkeit die Annahme dieser Gründe steigt.

- Qualifikation:

Positive Konnotation von Sexualität: Die Gruppe der angelernten Mitarbeitenden unterscheidet sich hier signifikant von den Befragten mit Ausbildung. Die Gruppe der angelernten Mitarbeitenden nimmt signifikant seltener Gründe mit positiver Konnotation von Sexualität an ($p = 0{,}01$, Signifikanzniveau $p < 0{,}01$).

- Beschäftigungsumfang:

Behinderungsbedingte Gründe: Die Gruppe der Mitarbeitenden mit 11-20 Stunden unterscheidet sich signifikant von der Gruppe mit Vollzeitstelle. Die Mitarbeitenden mit Vollzeitstelle nehmen signifikant weniger behinderungsbedingte Gründe an ($p = 0{,}015$, Signifikanzniveau $p < 0{,}05$). Einen durchgehenden Zusammenhang zwischen Stellenumfang und der Annahme behinderungsbedingter Gründe gibt es nicht.

- Vorwiegende Behinderungsform der Bewohner/innen in den Wohngruppen der Mitarbeitenden:

Behinderungsbedingte Gründe: Die Gruppe der Mitarbeitenden, die vorrangig mit Menschen mit mehrfacher Behinderung arbeitet, unterscheidet sich hoch signifikant von den Befragten, die mit Menschen mit psychischer bzw. geistiger Behinderung arbeiten. Die behinderungsbedingten Gründe werden für die Bewohner/innen mit mehrfacher Behinderung signifikant häufiger angenommen ($p = 0{,}000$, Signifikanzniveau $p < 0{,}001$).
Strukturelle Gründe: Die Gruppe der Mitarbeitenden, die mit Bewohner/innen mit psychischer Behinderung arbeitet, unterscheidet sich signifikant von den anderen Gruppen. Diese Befragten nehmen signifikant seltener strukturelle Gründe für die Bewohner/innen an ($p = 0{,}011$, Signifikanzniveau $p < 0{,}01$).

Positive Konnotation von Sexualität: Die Gruppe der Mitarbeitenden, die vorrangig mit Menschen mit mehrfacher Behinderung arbeitet, unterscheidet sich signifikant von den Befragten, die mit Menschen mit geistiger Behinderung arbeiten. Für Menschen mit mehrfacher Behinderung wird signifikant seltener eine positive Konnotation von Sexualität angenommen ($p = 0{,}027$, Signifikanzniveau $p < 0{,}05$).

- Einrichtungen der Stichprobe:

Behinderungsbedingte Gründe: Mitarbeitende aus der einen Einrichtung, in der deutlich mehr Menschen mit mehrfacher Behinderung leben als in den anderen, geben hoch signifikant häufiger behinderungsbedingte Gründe an ($p = 0{,}000$, Signifikanzniveau $p < 0{,}001$).

Strukturelle Gründe: Es bestehen hoch signifikante Unterschiede zwischen den Mitarbeitenden aus drei Einrichtungen in Bezug auf strukturelle Gründe. Diese sind aus dem, was über die Einrichtungen bekannt ist, nicht erklärbar ($p = 0{,}000$, Signifikanzniveau $p < 0{,}001$).

Diese Einzelergebnisse ergeben ein komplexes und differenziertes Bild. Es kann hervorgehoben werden, dass mit zunehmendem Alter und Dauer der Berufstätigkeit der Befragten die Annahme der positiven Bedeutung des Lebensbereiches der Sexualität für die Frauen und Männer mit Behinderung steigt. Ebenso sollte nachdenklich stimmen, dass angelernte Mitarbeitende deutlich seltener diese positive Bedeutung von Sexualität für die Bewohner/innen annehmen.

Weiterhin wird deutlich, dass die Schwere der Behinderung der Bewohner/innen eher zu der Annahme behinderungsbedingter Gründe für sexuelle Verhaltensweisen und wenig positiver Bewertung der Sexualität durch die Mitarbeitenden führen kann.

4.6 Veränderungswünsche und Unterstützungsbedarfe der Mitarbeitenden

Mit Frage fünf beginnt im Fragebogen die Erhebung der Veränderungs- und Unterstützungswünsche der Mitarbeitenden.

> Frage 5: Wünschen Sie sich *Unterstützung* für Ihre Arbeit bzw. *Veränderungen* in der Einrichtung, um mehr zur »sexuellen Selbstbestimmung« der Bewohner/innen beizutragen?
> ☐ ja   ☐ nein

Diese Frage wird von 67,4 % der Befragten mit »ja« beantwortet. Sie sind der Auffassung, dass die aktuelle Situation auf jeden Fall noch verbessert werden kann und sie sich dafür Unterstützung bzw. Veränderungen in der Einrichtung wünschen. Ein Drittel der Befragten sehen keine Veränderungsbedarfe.

Die Prüfung dieser Antwort auf signifikante Unterschiede zwischen den beteiligten Einrichtungen, die sehr unterschiedlich weit in ihren Konzeptionen zur Realisierung sexueller Selbstbestimmung der Bewohner/innen sind, ergab keine signifikanten Unterschiede.

Ebenso wurden Unterschiede bei den Befragten in Bezug auf folgende Aspekte ihrer Person bzw. ihrer Berufstätigkeit geprüft:

- das Alter der Befragten
- das Geschlecht der Befragten,
- die Dauer deren Berufstätigkeit in diesem Arbeitsfeld,
- ihr Beschäftigungsverhältnis,
- die Funktion in der Einrichtung sowie
- Geschlecht und Behinderungsform der Bewohner/innen in der Wohngruppe.

Alle diese Einflussgrößen spielten keine Rolle bei dem Wunsch nach Unterstützung oder Veränderung.

Leichte signifikante Unterschiede ergaben sich bzgl. der Qualifikation der Befragten ($p = 0{,}013$, Signifikanzniveau $p < 0{,}01$). Die studierten Mitarbeitenden hatten signifikant häufiger den Wunsch nach Veränderung bzw. Unterstützung als die angelernten Befragten.

In den Fragen sechs und sieben wurden konkrete Veränderungswünsche sowie schon vorhandene Unterstützung in den einzelnen Einrichtungen erfragt.

Es wurden den Befragten Items zu Maßnahmen in drei Bereichen angeboten:

- Maßnahmen für die Bewohner/innen
- Maßnahmen für die Mitarbeitenden
- Maßnahmen für die gesamte Einrichtung

> Frage 6 (bezieht sich auf Frage 5): Wenn »ja«, welche *Unterstützung bzw. Veränderungen* wünschen Sie sich (in *linker* Spalte ankreuzen)?
> Frage 7: Was ist von den genannten Angeboten *bereits* in Ihrer Einrichtung *vorhanden* (in *rechter* Spalte ankreuzen)?

Wünsche ich mir:	Mögliche Unterstützungen bzw. Veränderungen	Ist bereits vorhanden:
	für die Bewohner/innen selber:	
☐	mehr Einsehen/Veränderungsbereitschaft von den Bewohner/innen selbst	☐
☐	Bew. beraten sich gegenseitig/tauschen Erfahrungen in geschlechtergemischten Gruppen aus	☐
☐	Bew. tauschen Erfahrungen in Männer- bzw. Frauengruppen aus	☐

4.6 Veränderungswünsche und Unterstützungsbedarfe der Mitarbeitenden

Wünsche ich mir:	Mögliche Unterstützungen bzw. Veränderungen	Ist bereits vorhanden:
☐	mehr MA im Gruppendienst, um mehr Zeit für individuelle Begleitung der Bew. zu haben	☐
☐	Beratung für die Bew. durch Fachpersonal (z. B. Sexualpädagogen/innen) *innerhalb* der Einrichtung	☐
☐	Beratung durch Sexualpädagogen/innen für Bewohner/innen von *außerhalb* (neutrale Ansprechperson für Bew.)	☐
☐	Kontakt zu Sexualassistenten/Prostituierten, die bei Bedarf der Bew. »bestellt« werden können	☐
☐	Leichte Zugänglichkeit zu sexuellen Hilfsmitteln (z. B. Vibrator, künstliche Vagina) auf Wunsch der Bew.	☐
☐	Fortbildungsangebote für die Bewohner/innen, um deren Wissen im Bereich Sexualität zu erweitern (Aufklärung)	☐
☐	Angemessenes Aufklärungsmaterial für Erwachsene mit Behinderung zur Arbeit mit Bew.	☐
☐	Sonstiges:_____	☐
	Für die Mitarbeitenden:	
☐	Mehr Austausch im Team über gemeinsame Vorgehensweise	☐
☐	Beratung durch erfahrene Mitarbeitende aus der Einrichtung	☐
☐	Supervision für *mich*	☐
☐	Supervision für *unser Team*	☐
☐	Beratung durch Sexualpädagogen/innen von außerhalb *für mich*	☐
☐	Beratung durch Sexualpädagogen/innen von außerhalb *für unser Team*	☐
☐	Kontakt zu Beratungsstellen zum Thema »sexuelle Gewalt«	☐
☐	Fortbildungsangebote *für mich* zu folgenden Themen: _____ _____	☐
☐	Fortbildungsangebote für *unser Team* zu folgenden Themen: _____ _____	☐
☐	Fachliteratur/Informationsmaterial für Mitarbeitende	☐
☐	Arbeitskreis für MA zu dem Thema in der Wohneinrichtung	☐
☐	Arbeitskreis zu dem Thema außerhalb der Wohneinrichtung (z. B. Interessierte aus mehreren Wohneinrichtungen)	☐

4 Ergebnisse der Befragung

Wünsche ich mir:	Mögliche Unterstützungen bzw. Veränderungen	Ist bereits vorhanden:
	In gesamter Einrichtung:	
☐	Mehr Austausch über Thema »Sexualität« in allen Bereichen	☐
☐	Einzelzimmer für alle Bew.	☐
☐	Eigene Badezimmer für alle Bew.	☐
☐	Abschließbare Badezimmer	☐
☐	Mehr Möglichkeiten zum Paarwohnen	☐
☐	Gesamtkonzept für »sexuelle Selbstbestimmung der Bew.«	☐
☐	Gesamtkonzept »sexuelle Selbstbestimmung« in leichter Sprache	☐
☐	Handlungsleitfaden »Verhalten bei Verdacht auf sexuelle Gewalt«	☐
☐	Handlungsleitfaden »Verhalten bei Verdacht auf sexuelle Gewalt« in leichter Sprache	☐
☐	Klare Handlungsvorgaben der Leitung für die MA der Einrichtung zur sexuellen Selbstbestimmung der Bew.	☐
☐	Mehr Unterstützung durch Leitung der Einrichtung	☐
☐	Sonstiges:_____	☐

Die Ergebnisse der Fragen sechs und sieben werden zunächst getrennt nach den drei Bereichen dargestellt (▶ Abb. 38, 39 und 40), um dann im nächsten Schritt die am häufigsten (▶ Abb. 41) und am wenigsten genannten Wünsche (▶ Abb. 42) darzustellen. Die Wünsche werden in direkten Bezug zu den schon vorhandenen Maßnahmen in den Einrichtungen gesetzt, da sich hieraus Erklärungen ableiten lassen.

Diagrammübersicht

Diagramm-nummer	Diagrammtitel
Abb. 38	Gewünschte und vorhandene Unterstützung: Bereich Bewohner/innen
Abb. 39	Gewünschte und vorhandene Unterstützung: Bereich Mitarbeitende
Abb. 40	Gewünschte und vorhandene Unterstützung: Bereich Einrichtung
Abb. 41	Höchste Angaben zu Wünschen nach Unterstützung/Veränderung in allen Bereichen
Abb. 42	Geringste Angaben zu Wünschen nach Unterstützung/Veränderung in allen Bereichen

4.6 Veränderungswünsche und Unterstützungsbedarfe der Mitarbeitenden

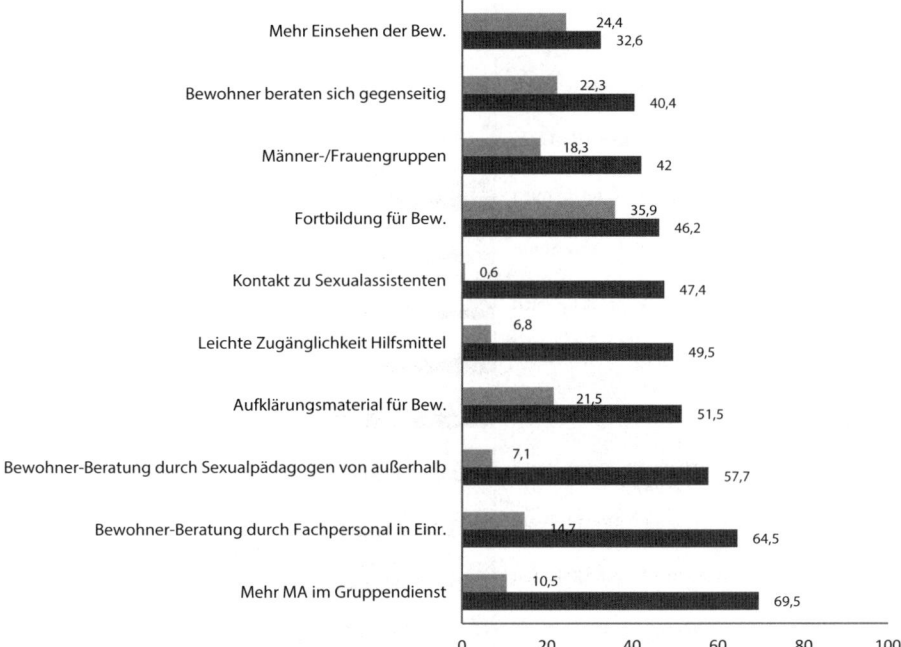

Abb. 38: Prozentualer Anteil der gültigen Nennungen auf die Frage 6: »Wenn »ja«, welche Unterstützung bzw. Veränderungen wünschen Sie sich?« (N = 586) und Frage 7: »Was ist von den genannten Angeboten bereits in ihrer Einrichtung vorhanden?« (N = 619) absteigend sortiert nach den Antworten auf Frage 6

4 Ergebnisse der Befragung

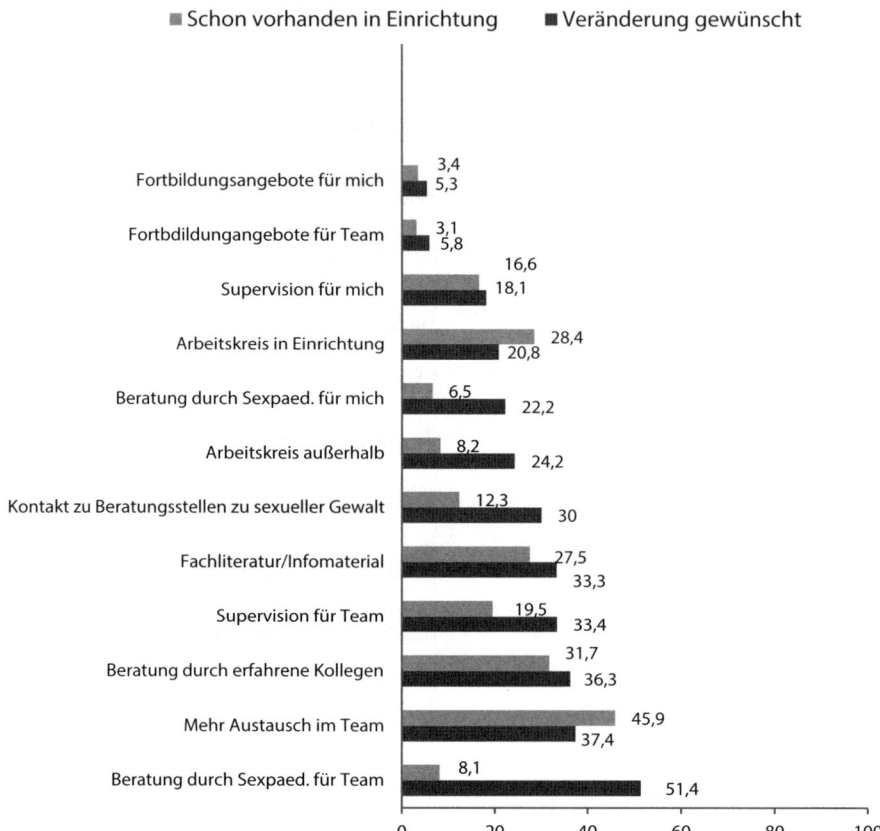

Abb. 39: Prozentualer Anteil der gültigen Nennungen auf die Frage 6: »Wenn »ja«, welche Unterstützung bzw. Veränderungen wünschen Sie sich?« (N = 586) und Frage 7: »Was ist von den genannten Angeboten bereits in ihrer Einrichtung vorhanden?« (N619) absteigend sortiert nach den Antworten auf Frage 6

4.6 Veränderungswünsche und Unterstützungsbedarfe der Mitarbeitenden

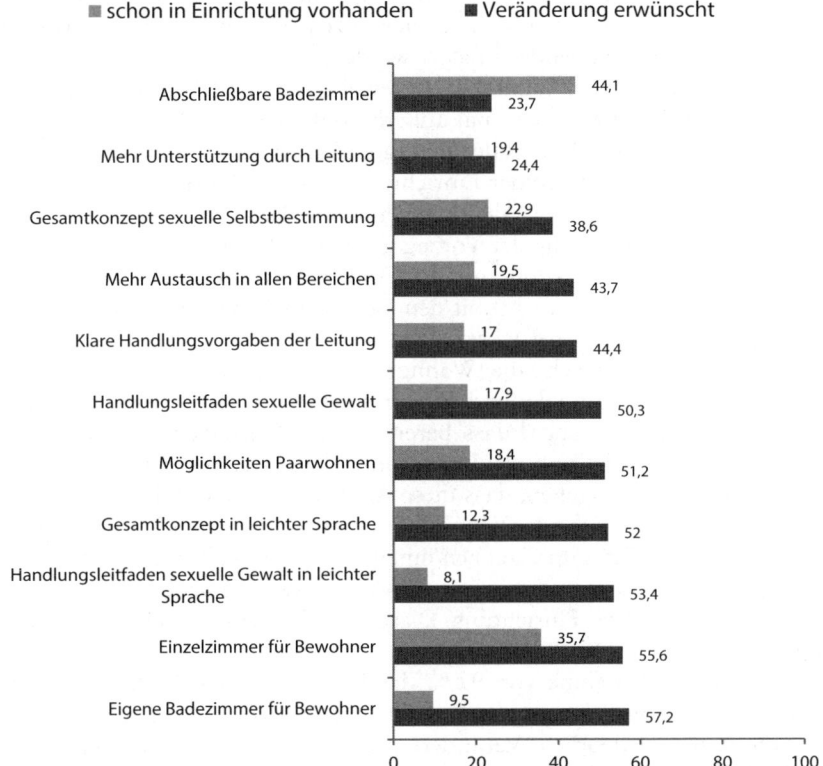

Abb. 40: Prozentualer Anteil der gültigen Nennungen auf die Frage 6: »Wenn »ja«, welche Unterstützung bzw. Veränderungen wünschen Sie sich?«(N = 586) und Frage 7: »Was ist von den genannten Angeboten bereits in ihrer Einrichtung vorhanden?« (N = 619) absteigend sortiert nach den Antworten auf Frage 6

4.6.1 Wünsche für die Bewohner/innen

Die Liste der Wünsche, die sich auf die Bewohner/innen bezieht, wird von dem Wunsch nach *mehr Mitarbeitenden* im Gruppendienst angeführt. Durch mehr Personal kann mehr Zeit für die Belange der einzelnen Bewohner/innen ermöglicht und der einzelne Mitarbeitende entlastet werden.

Im Ranking folgen zwei Wünsche, die jeweils den Fokus auf die *Beratung* der Bewohner/innen durch Fachpersonal außerhalb des eigenen Teams setzen. Dabei wünschen sich etwa zwei Drittel der Befragten Beratung der Frauen und Männer durch Fachpersonal innerhalb der Einrichtung, gut die Hälfte wünscht sich Beratung von außerhalb durch Sexualpädagogen/innen. Dass beratenden Kollegen/innen innerhalb der Einrichtung der Vorzug gegenüber Sexualpädagogen/innen von außerhalb gegeben wird, kann mit der Annahme verbunden sein, dass diese internen Berater/innen sich mehr mit den Gegebenheiten in der Einrichtung auskennen und diese jeweils berücksichtigen können. Ebenso kann angenommen werden, dass diese vielleicht die Wohngruppensituation oder die Frauen und Männer bereits kennen und dadurch zielgerichteter arbeiten können. Ein weiterer Grund könnte darin bestehen, dass bereits gute Erfahrungen mit dieser Vorgehensweise gemacht oder von Kollegen/innen berichtet wurden, da immerhin 14,7 % der Befragten angeben, dass diese Angebote bereits in den Einrichtungen existieren. Dies bezieht sich allerdings nur auf drei der befragten Einrichtungen. Bei der Beratung durch Sexualpädagogen/innen von außerhalb, die von 57,7 % der Befragten gewünscht wird, wissen nur 7,1 % der Mitarbeitenden von diesbezüglichen Angeboten in ihrer Einrichtung. Diese Mitarbeitenden kommen aus vier der befragten Institutionen.

Passend zu der Annahme von 92 % der Befragten, dass die Bewohner/innen sexuelle Verhaltensweisen aufgrund mangelnden Wissens zeigen (▶ Kap. 4.5), werden diesbezüglich deutliche Veränderungen für die Bewohner/innen gewünscht. Über die Hälfte der Befragten wünscht sich angemessenes *Aufklärungsmaterial* für Erwachsene mit Behinderung zur Arbeit mit den Frauen und Männern (51,5 %). Fast die Hälfte (46,2 %) sieht in *Fortbildungsangeboten* für die Bewohner/innen eine Unterstützung. Diese sollen zur Erweiterung deren Wissens im Bereich Sexualität dienen.

In diesen beiden Bereichen werden anscheinend auch förderliche Erfahrungen gemacht, da jeder fünfte Mitarbeitende (21,5 %) angibt, dass es Aufklärungsmaterial für die Bewohner/innen in der Einrichtung gibt und etwa ein Drittel der Befragten (35,9 %) von Fortbildungsangeboten in der Einrichtung weiß. Aufklärungsmaterialien und Fortbildungsangebote sind in allen Institutionen der Stichprobe vorhanden.

Auch mit *Erfahrungsaustausch* in Männer- bzw. Frauengruppen gibt es bei 18,3 % der Mitarbeitenden aller teilnehmenden Einrichtungen Erfahrungen und sie werden von fast der Hälfte der Befragten gewünscht (42 %). Ähnlich verhält es sich mit der gegenseitigen Beratung der Bewohner/innen bzw. dem Erfahrungsaustausch in geschlechtergemischten Gruppen: 40,4 % der Befragten wünschen sich dies, bei 22,3 % ist es in der Einrichtung vorhanden bzw. sie wissen darum.

So hat fast die Hälfte der befragten Mitarbeitenden das Zutrauen in die Bewohner/innen, dass diese durch Fortbildungen, Aufklärungsmaterial und gegenseitigen Erfahrungsaustausch mit zu Veränderungen beitragen können.

Analog zu dem hohen Anteil der Frauen und Männer, die selbst stimulierendes und zum Teil erfolgloses Selbstbefriedigungsverhalten zeigen und die durch das Reiben an Möbelstücken oder Nutzen von Gegenständen in gesundheitsgefährdende Situationen kommen können (▶ Kap. 4.3), wünschen sich die Hälfte der Befragten (49,5 %) die leichte Zugänglichkeit zu *sexuellen Hilfsmitteln* (z. B. Vibrator, künstliche Vagina) auf Wunsch der Bewohner/innen. Nur 6,8 % der Mitarbeitenden geben an, dass diese Möglichkeit in ihrer Einrichtung besteht. Diese Mitarbeitenden kommen aus vier der befragten Institutionen.

Ähnlich verhält es sich mit dem Kontakt zu *Sexualassistenten/Prostituierten*, die bei Bedarf der Bewohner/innen »bestellt« werden können. Auch dies wird von fast der Hälfte der Befragten gewünscht (47,4 %). Nur 0,6 % geben an, dass dies in ihrer Einrichtung bereits vorhanden ist. Diese vier Mitarbeitenden kommen aus zwei Institutionen (aus allen Institutionen haben jeweils mindestens 44 % der Mitarbeitenden an der Befragung teilgenommen). Diesbezüglich stellt sich die Frage, warum in den betreffenden Institutionen nur jeweils zwei der Befragten um diese Unterstützungsoption wissen. Dabei kann durchaus positiv gewertet werden, dass durch »Geheimhaltung« dieser realisierten Unterstützung die Intimsphäre des/der betreffenden Bewohners/in gewahrt wird. Problematisch erscheint, dass dann eine konzeptionelle Absicherung der Kontakte zu Sexualassistenten/innen bzw. Prostituierten nicht institutionell gegeben zu sein scheint.

So lassen sich abschließend die auf die Frauen und Männer bezogenen Veränderungswünsche auf folgende Schwerpunkte fokussieren:

- Mehr Mitarbeitende im Gruppendienst
- Mehr interne und externe Beratung für die Bewohner/innen
- Mehr Aufklärungsmaterial und Fortbildungsangebote für die Bewohner/innen
- Leichtere Zugänglichkeit zu sexuellen Hilfsmitteln und Sexualassistenz
- Mehr Austauschmöglichkeiten der Bewohner/innen untereinander in verschiedenen Gruppen sowie deren gegenseitige Beratung

4.6.2 Wünsche für die Mitarbeitenden

Bei den Wünschen nach Veränderung und Unterstützung für die Mitarbeitenden beziehen sich die meist genannten Wünsche der Befragten vorrangig auf das Team und weniger auf sie alleine. Die Hälfte erhofft sich positive Veränderungen durch die *Beratung* von Sexualpädagogen/innen für das Team (51,4 %) und gut ein Drittel durch einen vermehrten *Austausch im Team* (37,4 %). Mit vermehrtem Teamaustausch hat schon fast die Hälfte der Befragten Erfahrungen gemacht (45,9 %). Ähnlich stark wie der vermehrte Austausch im Team werden die Beratung durch erfahrene Kollegen/innen aus der eigenen Institution (36,3 %) sowie *Supervision* für das Team (33,4 %) gewünscht. Erstaunlich ist, dass die Supervision für das Team und die Einzelsupervision für die Mitarbeitenden im Arbeitsalltag eher weniger zu finden sind. Nur etwa jede/r fünfte Befragte (19,5 %) gibt an, dass es Teamsupervision gibt bzw. jede/r sechste Befragte (16,6 %) gibt an, dass es Einzelsupervision in der Einrichtung gibt. Alle Einrichtungen der Stichprobe bieten allerdings Supervision an. Die Beratung durch Sexualpädagogen/innen von außerhalb gibt es in fünf der befragten Institutionen.

Ebenfalls erstaunlich ist, dass bei allen Wünschen für das Team die *Fortbildungsangebote* für das Team mit 5,8 % am wenigsten gewünscht werden. Analog werden auch Fortbildungsangebote für die Mitarbeitenden selbst mit 5,3 % sehr wenig gewünscht. Fortbildungsangebote sind in den Einrichtungen laut Angabe der Befragten kaum vorhanden. In zwei Einrichtungen gibt es keine (den Befragten bekannten) Fortbildungen zum Thema.

Die Fortbildungswünsche der Mitarbeitenden sind vielfältig und fokussieren neben dem allgemeinen Thema »Sexualität und Behinderung« in vielen verschiedenen Facetten konkrete Themenwünsche, die sich z. B. auf »Sexualität und Alter«, »Sexualität bei Menschen mit schwerer und mehrfacher Behinderung«, »Bildungsarbeit« und auch »Folgen sexueller Gewalt« beziehen. Eigene Unterstützungsmöglichkeiten der Frauen und Männer mit Behinderung und Grenzen dieser Arbeit sollen ebenfalls Fortbildungsthema sein. Aus den insgesamt auf diese Frage (hier nur exemplarisch) aufgeführten Wünschen wird deutlich, dass eine Klärung des eigenen *professionellen Auftrags* im Bereich der Begleitung sexueller Selbstbestimmung der Bewohner/innen dringend angezeigt ist.

Jeder Vierte bzw. Fünfte der Befragten wünscht sich *Arbeitskreise* innerhalb (20,8 %) bzw. außerhalb (24,2 %) der Einrichtung. Auch wenn nur 8,2 % der Mitarbeitenden von Arbeitskreisen außerhalb der Einrichtung Kenntnis haben, so sind diese Kreise immerhin Mitarbeitenden aus allen beteiligten Einrichtungen bekannt. Arbeitskreise innerhalb der Einrichtung gibt gut ein Viertel der Befragten (28,4 %), die aus fünf Institutionen kommen, als vorhanden an.

Bezüglich des Themas Prävention von und Intervention bei sexueller Gewalt, dessen Relevanz durch die hohe Gefährdung bei Menschen mit Behinderung wieder aktuell durch die Studie des BMFSFJ (2012) nachgewiesen wurde, ist erstaunlich, dass nur 30 % der Mitarbeitenden sich Kontakte zu einschlägigen *Beratungsstellen* wünschen. Jeder/m 10. Befragten (12,3 %) sind in der eigenen Einrichtung diese Kontakte bekannt. Es ist möglich, dass diese Verbindungen dann aufgrund vorhandener Vorfälle und weniger präventiv entstanden sind.

So lässt sich abschließend bzgl. der Veränderungswünsche bezogen auf die Mitarbeitenden festhalten, dass außer der

- externen bzw. internen Beratung für das Team,
- dem vermehrten Austausch im Team
- sowie der Supervision für das Team

die anderen Veränderungswünsche eher nachrangig sind.

4.6.3 Wünsche für die Einrichtung

Die Wünsche nach Veränderungen in den Institutionen werden durch die Hinweise auf *strukturelle und bauliche Veränderungen* dominiert. Über die Hälfte der Befragten wünscht sich eigene Badezimmer (57,2 %) sowie Einzelzimmer (55,6 %) für alle Bewohner/innen und mehr Möglichkeiten zum Paarwohnen (51,2 %). Dabei spielen abschließbare Badezimmer (23,7 %) eine untergeordnete Rolle, sind aber auch bei 44,1 % der Befragten in den Institutionen vorhanden.

Ein institutionelles *Gesamtkonzept* »sexueller Selbstbestimmung«, welches in fünf der befragten Einrichtungen nach Angabe von 22,9 % vorhanden bzw. jedem 5. Mitarbeitenden bekannt ist, wird nur von einem Drittel der Befragten (38,6 %) als notwendige Veränderung angesehen. Allerdings wird ein solches Gesamtkonzept von der Hälfte (52 %) als bedeutsame Veränderung bewertet, wenn es in leichter Sprache, also für die Bewohner/innen verstehbar, formuliert ist. Dies könnte mit dem Zutrauen verbunden sein, den Bewohner/innen einen größeren Anteil der gemeinsamen Verantwortung für die Realisierung sexueller Selbstbestimmung zu geben.

Analoges gilt für den von der Hälfte der Befragten (50,3 %) gewünschten *Handlungsleitfaden* »Verhalten bei Verdacht auf sexuelle Gewalt« in leichter Sprache. Dieser ist in fünf Einrichtungen bekannt, aber nur 8,1 % aller befragten Mitarbeitenden. Jeder Sechste der Befragten (17,9 %) gibt an, dass ein diesbezüglicher Handlungsleitfaden in »schwerer Sprache«, d.h. vorrangig für die Mitarbeitenden, vorhanden ist. Diese Ergebnisse lassen eher vermuten, dass entsprechende Konzepte bzw. Handlungsleitfäden nicht durchgängig den Mitarbeitenden und damit auch nicht den Bewohner/innen bekannt sind. Hier liegen Hinweise auf eine Veränderung und Optimierung der Information der Mitarbeitenden.

In Bezug auf die Leitung werden von fast der Hälfte der Befragten (44,4 %) *klare Handlungsvorgaben* gewünscht. Dies spricht für eine Verunsicherung der Mitarbeitenden, die sich durch das Eingreifen der Leitung *Sicherheit* wünschen. Eine Signifikanzprüfung in Bezug auf Einrichtungsunterschiede zeigt hier leicht signifikante Unterschiede zwischen den Einrichtungen (p = 0,009, Signifikanzniveau p < 0,01). Diese Unterschiede liegen bei differenzierter Betrachtung der Ergebnisse nicht in Bezug auf den Einrichtungsträger. Eher ergibt sich hier der Hinweis auf Einrichtungen, die durch langjährige konzeptionelle Arbeit im Bereich sexuelle Selbstbestimmung Sicherheit vermitteln.

Interessant ist schließlich, dass sich fast die Hälfte der Befragten (43,7 %) insgesamt *mehr Austausch* in allen Bereichen ihrer Institution wünschen. Diesen Austausch erfahren bereits Mitarbeitende aus fünf Einrichtungen. Dieses Ergebnis kann man als korrespondierend zu dem gewünschten vermehrten Austausch im Team sehen. Arbeitskreise innerhalb oder außerhalb der Einrichtung sind dafür aber anscheinend nicht der gewünschte Weg, ebenso wenig entsprechende Fortbildungen.

Abschließend lassen sich die einrichtungsbezogenen Veränderungswünsche auf Folgende fokussieren:

- Bauliche Optimierungen durch Einzelzimmer, eigene Badezimmer und der Möglichkeit zum Paarwohnen
- Handlungsleitfaden bei Verdacht auf sexuelle Gewalt in »schwerer Sprache« (für die Mitarbeitenden) und »leichter Sprache« (für die Bewohner/innen)
- Klare Handlungsvorgaben durch die Leitung
- Mehr Austausch über Sexualität in allen Bereichen der Einrichtung
- Gesamtkonzept »sexuelle Selbstbestimmung« in »schwerer Sprache« (für die Mitarbeitenden) und »leichter Sprache« (für die Bewohner/innen).

4.6.4 Betrachtung der Wünsche insgesamt

Nachfolgend soll durch eine Auflistung der jeweils von über der Hälfte der Befragten gewünschten Veränderungen in allen drei Bereichen ein Blick auf Veränderungsschwerpunkte gegeben werden (▶ Abb. 41).

Es fällt auf, dass sich die favorisierten Veränderungswünsche vorrangig auf die Bewohner/innen und auf strukturelle/bauliche Veränderungen beziehen.

Hier kann eine Verbindung zu den Ergebnissen auf die Frage vier nach den möglichen Gründen für sexuelle Verhaltensweisen der Bewohner/innen hergestellt werden. Die dort u. a. von vielen Befragten angenommene strukturelle Bedingtheit sexueller Verhaltensweisen (▶ Kap. 4.5) korrespondiert mit den hier gewünschten Veränderungen. Durch eigene Badezimmer, mehr Einzelzimmer und mehr Möglichkeiten zum Paarwohnen sollen förderliche, sexualfreundliche Wohnbedingungen geschaffen werden.

Weiterhin kann positiv bewertet werden, dass die sexuelle Selbstbestimmung durch Beratungsangebote und entsprechendes Aufklärungsmaterial für die Bewohner/innen sowie Gesamtkonzepte »sexueller Selbstbestimmung« und »Handlungsleitfäden bei Verdacht auf sexuelle Gewalt« jeweils in leichter Sprache für die Bewohner/innen optimiert werden soll. Das spricht bei den Befragten auf der einen Seite für den Wunsch nach einer Stärkung der Bewohner/innen. Auf der anderen Seite sind die eigenen Anteile, die die befragten Mitarbeitenden bereit sind einzubringen, eher weniger im Blick. Dies erstaunt, da die eigene »Mitverursachung« an sexuellen Verhaltensweisen der Bewohner/innen (Bewohner/innen werden z. B. als »große Kinder« angesehen, ihnen wird Sexualität abgesprochen oder ihre Privatsphäre wird nicht genügend gewahrt – ▶ Kap. 4.5) deutlich gesehen wird.

Die eher wenig, d. h. von maximal einem Viertel der Befragten, gewünschten Veränderungen beziehen sich vorrangig auf die Mitarbeitenden, wie die nachfolgende Abbildung (▶ Abb. 42) eindrücklich zeigt. Diese geringen Werte sind nicht aus bereits vorhandenen Angeboten in den Einrichtungen erklärbar.

Gerade in Bezug auf die *Veränderungswünsche* in den drei abgefragten Bereichen schien es von hoher Bedeutung, statistisch zu überprüfen, ob es Unterschiede zwischen den befragten Einrichtungen oder den Mitarbeitenden gibt, um ggf. hier mit Maßnahmen konkret anzusetzen. Einige zentrale Ergebnisse sollen im Folgenden benannt werden.

4.6 Veränderungswünsche und Unterstützungsbedarfe der Mitarbeitenden

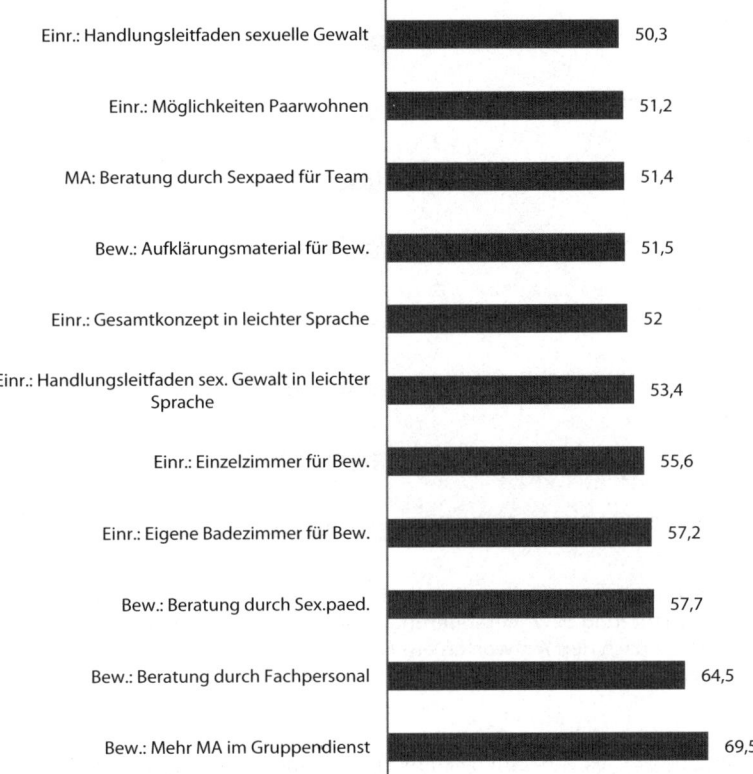

Abb. 41: Prozentualer Anteil der gültigen Nennungen auf die Frage 6: »Wenn »ja«, welche Unterstützung bzw. Veränderungen wünschen Sie sich?« (N = 586) aufsteigend sortiert über alle drei Bereiche (Bewohner/innen (Bew.), Mitarbeitende (MA), Einrichtung (Einr.)), Werte uber 50 %

Bei der Prüfung von Unterschieden zwischen den sechs beteiligten *Einrichtungen* ergaben sich Unterschiede sowohl bei den Veränderungswünschen, die sich auf die Bewohner/innen als auch auf die Einrichtung bezogen (in beiden Varianzanalysen: p = 0,000, Signifikanzniveau p < 0,001). In Bezug auf die Wünsche, die die Mitarbeitenden betrafen, gab es zwischen den Einrichtungen keine signifikanten Unterschiede. Das heißt, dass es bzgl. der Veränderungen in den Bereichen der Bewohner/innen und der Einrichtung selbst *einrichtungsspezifische Entwicklungen* geben sollte.

Bei der Überprüfung, ob es bestimmte *Mitarbeitendengruppen* gibt, die sich bei den Veränderungswünschen für die Bewohner/innen signifikant voneinander

4 Ergebnisse der Befragung

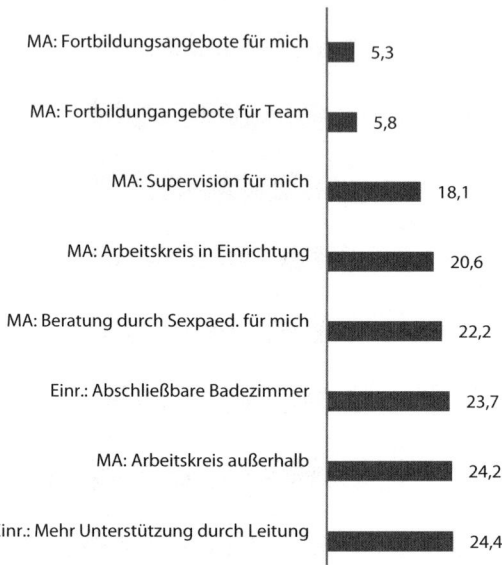

Abb. 42: Prozentualer Anteil der gültigen Nennungen auf die Frage 6: »Wenn ›ja‹, welche Unterstützung bzw. Veränderungen wünschen Sie sich?« (N = 586) aufsteigend sortiert nach den Antworten auf Frage 6, die geringsten prozentualen Anteile über alle Bereiche

unterscheiden, gibt es nur einen leicht signifikanten Unterschied bzgl. der Behinderungsform der Bewohner/innen (p = 0,031, Signifikanzniveau p < 0,05). Die Mitarbeitenden, die mit Menschen mit psychischer Behinderung arbeiten, haben hier die meisten Veränderungswünsche. Mitarbeitende, die mit Menschen mit mehrfacher Behinderung arbeiten, haben signifikant weniger Veränderungswünsche. Hier lässt sich eine Verbindung zu dem von diesen Mitarbeitenden am stärksten favorisierten behinderungsbedingten Erklärungsmodell sexueller Verhaltensweisen und der am wenigsten angenommenen positiven Konnotation von Sexualität bei Menschen mit mehrfacher Behinderung vermuten (▶ Kap. 4.5): Da die sexuellen Verhaltensweisen bei Menschen mit mehrfacher Behinderung von diesen Mitarbeitenden als behinderungsbedingt und nur selten positiv bewertet werden, wird anscheinend kein oder nur wenig Nutzen für die Bewohner/innen in den angegebenen Veränderungsvorschlägen gesehen.

Die Mitarbeitenden, die vorrangig mit Menschen mit psychischer Behinderung arbeiten und deren sexuelle Verhaltensweisen signifikant häufiger als strukturell bedingt erklären, sehen ggf. in den Wünschen für die Bewohner/innen viele Möglichkeiten, die Frauen und Männer durch entsprechende Angebote zu stärken.

Hoch signifikant unterscheiden sich die einrichtungsbezogenen Veränderungswünsche der Mitarbeitenden in Bezug auf die *Geschlechterverteilung* der Wohngruppen, in denen sie arbeiten (p = 0,000, Signifikanzniveau p < 0,001). Die meisten einrichtungsbezogenen Veränderungswünsche haben die Befragten aus reinen Frauengruppen. Hier könnte man einen Zusammenhang mit dem Ergebnis vermuten, dass die sexuellen Verhaltensweisen der Frauen tendenziell als störender bewertet werden als die der Männer (▶ Kap. 4.3.5.3).

Analog zu der statistischen Prüfung der Unterschiede in Bezug auf die Wünsche der Mitarbeitenden wurden diese Unterschiede auch bzgl. der Angaben zu den vorhandenen Unterstützungen durchgeführt. Es wurde also geprüft, ob es besonders informierte Mitarbeitendengruppen in den Einrichtungen gibt. Zu den geprüften Merkmalen zählten die berufliche Qualifikation der Befragten, die Dauer der Berufstätigkeit, der Stellenumfang sowie die Funktion in der Institution.

Als erstes interessantes Ergebnis gilt, dass trotz unterschiedlicher Qualifikation, beruflicher Erfahrung, Stellenumfang oder Funktion in der Einrichtung die Befragten vergleichbare Kenntnisstände über die Angebote für sich selbst als Mitarbeitende haben.

Ein hoch signifikanter Unterschied besteht allerdings in Bezug auf die einrichtungsbezogenen Angebote zwischen den Mitarbeitenden mit verschiedenen *Funktionen* (p = 0,003, Signifikanzniveau p < 0,005). Die Wohngruppenleiter/innen sind hier am besten informiert.

In Bezug auf die Unterstützung für die Bewohner/innen gab es bei wiederum anderen Merkmalen signifikante Unterschiede zwischen den Gruppen. Von hoher Signifikanz war hier die *Qualifikation* der Mitarbeitenden (p = 0,001, Signifikanzniveau p < 0,001). Die Mitarbeitenden mit Ausbildung unterscheiden sich signifikant von beiden anderen Gruppen durch ihren wesentlich höheren Grad an Informiertheit. Am schlechtesten informiert in Bezug auf Angebote für die Bewohner/innen sind die Befragten mit Studium.

Insgesamt lässt sich festhalten, dass es in Bezug auf den Vergleich der verschiedenen erfassten Merkmale der befragten Mitarbeitenden keine Gruppe gibt, die in allen drei abgefragten Bereichen (Einrichtung, Mitarbeitende, Bewohner/innen) durchgängig durch besonders hohe oder niedrige Informiertheit hervorsticht.

4.7 Gesamtzufriedenheit in den Einrichtungen

Zum Abschluss der Befragung wurden die Mitarbeitenden nach ihrer Gesamtzufriedenheit in ihrer Einrichtung in Bezug auf die »sexuelle Selbstbestimmung« der Bewohner/innen befragt.

4 Ergebnisse der Befragung

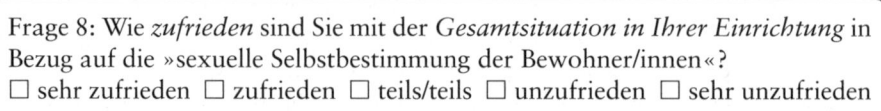

Frage 8: Wie *zufrieden* sind Sie mit der *Gesamtsituation in Ihrer Einrichtung* in Bezug auf die »sexuelle Selbstbestimmung der Bewohner/innen«?
☐ sehr zufrieden ☐ zufrieden ☐ teils/teils ☐ unzufrieden ☐ sehr unzufrieden

573 der Befragten haben diese Frage beantwortet:

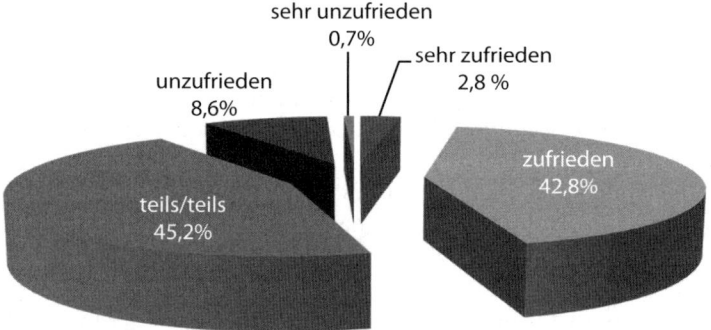

Abb. 43: Prozentualer Anteil der gültigen Nennungen auf Frage 8: »Wie zufrieden sind Sie mit der Gesamtsituation in Ihrer Einrichtung in Bezug auf die »sexuelle Selbstbestimmung der Bewohner/innen«?« (N = 573).

Nicht einmal die Hälfte der Mitarbeitenden ist zufrieden mit der Situation in ihrer Einrichtung. Das geht konform mit dem *Wunsch nach Veränderung/Unterstützung*, den zwei Drittel (67,4 %) der Mitarbeitenden haben. So gibt es auch zwischen den Antworten auf diese beiden Fragen (5 und 8) einen hoch signifikanten Unterschied ($p = 0{,}000$, Signifikanzniveau $p < 0{,}001$). Die Befragten, die Veränderungen/Unterstützung in ihrer Einrichtung wünschen, sind hoch signifikant unzufriedener mit der Gesamtsituation als diejenigen, die keine Veränderung/Unterstützung wünschen.

Ein leicht signifikanter Unterschied besteht auch bei den Befragten in Bezug auf ihre *Belastung* (Frage 3) und ihre Gesamtzufriedenheit ($p = 0{,}036$, Signifikanzniveau $p < 0{,}05$). Diejenigen Mitarbeitenden, die sich belastet fühlen, unterscheiden sich durch höhere Unzufriedenheit leicht signifikant von den nicht belasteten Befragten.

Im Weiteren wurde geprüft, ob es hinsichtlich der Gesamtzufriedenheit Unterschiede zwischen den Befragten der sechs verschiedenen *Einrichtungen* gibt. Hier beschreibt die Varianzanalyse einen hoch signifikanten Unterschied zwischen den befragten Mitarbeitenden ($p = 0{,}000$, Signifikanzniveau $p < 0{,}001$). Die differenzierte Analyse der signifikanten Unterschiede zwischen den Einrichtungen lässt allerdings keine eindeutigen Rückschlüsse auf die konzeptionelle Arbeit im Bereich sexuelle Selbstbestimmung, die Einrichtungsgröße oder den Einrichtungsträger zu.

In Bezug auf die Personenmerkmale und beruflichen Kriterien der Befragten ergaben die Signifikanzprüfungen keine Unterschiede bei dem Geschlecht der Mitarbeitenden, der beruflichen Qualifikation, der Berufserfahrung oder dem Beschäftigungsverhältnis. Auch die Geschlechterverteilung in den Wohngruppen oder die Behinderungsform der Bewohner/innen haben keine Relevanz für die Gesamtzufriedenheit.

Ein leicht signifikanter Unterschied zwischen den Gruppen kann für das *Alter* der Befragten benannt werden (p = 0,040, Signifikanzniveau p < 0,05). Die jüngeren Mitarbeitenden (Altersgruppen 16-25 Jahre und 26-35 Jahre) sind unzufriedener als die älteren Befragten. Die zufriedenste Gruppe sind die 36-45-Jährigen.

Ebenso ergab sich ein leicht signifikanter Unterschied bzgl. der *Funktion* der Befragten (p = 0,040, Signifikanzniveau p < 0,05). Die Mitarbeitenden im Tag- und Nachtdienst und die Mitarbeitenden im Nachtdienst sind signifikant unzufriedener als die anderen Befragten. Die Wohngruppenleiter/innen haben den höchsten Zufriedenheitswert im Vergleich zu den anderen Gruppen.

5 Diskussion der Ergebnisse

Im Folgenden werden Resultate der vorliegenden Erhebung im Vergleich zu Ergebnissen anderer Studien erörtert, um anschließend auf dieser Grundlage die vielfältigen Anforderungen des Arbeitsfeldes zu diskutieren.

5.1 Erfahrungen mit sexuellen Verhaltensweisen der Frauen und Männer

Einer Betrachtung der Vielfalt sexueller Verhaltensweisen vor dem Hintergrund der aktuellen fachwissenschaftlichen Diskurse folgt zum einen die Diskussion von Themen, für die vergleichbare Studien aus dem Bereich der Eingliederungshilfe bzw. Sonderpädagogik vorliegen. Zum anderen werden Teilergebnisse über die sexuellen Verhaltensweisen von Menschen *mit* Behinderung vor dem Hintergrund von Befragungen von Erwachsenen *ohne* Behinderung diskutiert.

5.1.1 Vielfalt der sexuellen Verhaltensweisen

Die im Rahmen der vorliegenden Arbeit Befragten erleben vielfältige sexuelle Verhaltensweisen in der Zusammenarbeit mit den Bewohnerinnen und Bewohnern. Dies sind bspw. homo- bzw. heteroerotische oder -sexuelle Verhaltensweisen, verschiedenste Formen genitaler oder analer Sexualität, Selbststimulation oder Selbstbefriedigung in unterschiedlichen Varianten, manchmal mit Fetischen, Schmieren mit Kot oder Menstruationsblut (Extremtophilie), Umarmen, Küssen oder Streicheln von Mitbewohner/innen oder Mitarbeitenden, Wünsche der Bewohner/innen nach Bewertungen der eigenen sexuellen Verhaltensweisen, sexualisierte Sprache, Wünsche nach Freund/in oder eigenen Kindern, nach Hilfe beim Ausleben von Sexualität oder entsprechenden Hilfsmitteln usw.

Die Vielfalt der sexuellen Verhaltensweisen, die die Frauen und Männer der in die Befragung einbezogenen Institutionen zeigen, ist trotz dieser zunächst groß erscheinenden Vielfältigkeit vergleichbar mit den breit gestreuten Themen der Sexualität bei allen Erwachsenen (ob mit oder ohne Behinderung). Darin finden sich zum einen Widerspiegelungen gesellschaftlicher Normvorstellungen (z. B. die ›erlaubten‹ Partnerschaftsmodelle) oder auch Trends im Ausleben der Sexualität (vgl.

Hornung et al. 2004) und zum anderen individuelle Ausprägungen sexueller Biografien. Manche der benannten Verhaltensweisen, die alle ausnahmslos ebenso bei Menschen ohne Behinderung zu finden sind, werden in der Sexualmedizin als Störungen z. B. der Sexualpräferenz (z. B. Fetischismus, Transvestitismus, Exkrementophilie) oder der Geschlechtsidentität (z. B. Transsexualität) bewertet (vgl. Vetter 2007).

Für die Mitarbeitenden in den Institutionen bedeutet dies die Konfrontation mit einer Vielzahl an sexuellen Themen oder Verhaltensweisen, für die sie zum Teil in der eigenen sexuellen Biografie vergleichbare Erfahrungen finden (Schmusen, Küssen, Umarmen, Geschlechtsverkehr usw.) oder die für etliche von ihnen ›unvergleichbar‹ sind (z. B. Transvestitismus, Extrementophilie oder Transsexualität). Die Erfahrungen können unvergleichbar sein, weil sie entweder bis zu dem Zeitpunkt noch keine Bekanntschaft mit betroffenen Menschen gemacht haben oder, was z. B. bei Störungen der Sexualpräferenz wahrscheinlicher erscheint, nichts von deren sexuellen Verhaltensweisen wissen, da diese verheimlicht und im Verborgenen gelebt werden. Durch die Arbeit in den Wohngruppen und das somit nahe Erleben der Frauen und Männer mit Behinderung werden die Mitarbeitenden mit sexuellen Verhaltensweisen konfrontiert, von denen sie bei Menschen ohne Behinderung oft keine Kenntnis haben bzw. diese, z. B. zum Schutz der eigenen Intimsphäre und einem hohen Grad an Tabuierung, nicht zum Thema gemacht werden.

Diese ungewollte ›Konfrontation‹ mit der Vielfältigkeit und dadurch ggf. empfundenen Überforderung kann dazu führen, ungewöhnliches Verhalten der Bewohner/innen als behinderungsbedingt zu bewerten.

Diese Bewertungstendenzen finden sich auch in etlichen Publikationen. Menschen mit Behinderung, vor allem mit geistiger Behinderung wird oft unterstellt, dass Verhaltensweisen, die aus der Außenperspektive als ungewöhnlich bewertet werden, zu behinderungsbedingten Besonderheiten erklärt werden.

Achilles (2013) beschreibt aus der Perspektive der Eltern: »Für sexuelles Verhalten, das den Eltern unerklärlich ist, wird immer die Behinderung als Ursache gesehen« (ebd. 118). Vor dem Hintergrund der Auswirkungen »totaler Institutionen« (vgl. Goffman 1973) formuliert Walter (2005):

> »Die Konsequenzen eines länger andauernden Anstaltsaufenthaltes unter den Bedingungen sozialer Isolierung in einer solchen totalen Institution werden in der Literatur als psychischer Hospitalismus, soziale Verkrüppelung oder als Anstaltssyndrom beschrieben. Das Zustandsbild wird übereinstimmend gekennzeichnet durch Antriebsverlust, Unterwürfigkeit, Interessenverlust, durch Vernachlässigung der persönlichen Gewohnheiten, der Körper- und Kleiderpflege, Verlust der Individualität sowie einer allgemeinen Resignation. Und prompt diagnostizieren wieder die Fachleute, das sei jeweils behindertenspezifisch« (ebd. 31).

Diese Bewertungsprozesse von Verhalten als »behindertenspezifisch« können, so wie Walter das beschreibt, strukturelle Missstände verschleiern und den Blick auf notwendige und mögliche Handlungsalternativen verstellen. Dies wird an späterer Stelle noch diskutiert werden, wenn es um die Erklärungsmodelle der Befragten geht (▶ Kap. 5.3).

An dieser Stelle sei noch mit Herrath (2013) darauf verwiesen, dass es grundsätzlich im Bereich der Sexualität aller Menschen, egal ob mit oder ohne Behinderung, noch viel Nicht-Wissen gibt:

> »Bei aller Klärungsanstrengung: Was die sexuellen Interaktionen, die sexuellen Verhaltensweisen und Ansichten bedingt und prägt, bleibt uns häufig verschlossen, bleibt unentdeckt – bei Menschen mit oder ohne sichtbare Behinderung. Oft gerät uns die Begrenzung unseres Vermögens aus dem Blick – beim Helfen, beim Besser-Machen und Gestalten-Wollen, beim Erkennen können« (ebd. 21).

So entsteht möglicherweise auf der Grundlage von

a) allgemein noch viel Nicht-Wissen im Bereich Sexualität bei allen Menschen,
b) der ungewollten Konfrontation der Mitarbeitenden mit vielfältigen sexuellen Verhaltensweisen der Bewohner/innen,
c) dem professionellen (aber inhaltlich und in der Konkretisierung oft unklaren) Auftrag, Bedingungen zur Realisierung individueller sexueller Selbstbestimmung für die Bewohner/innen zu schaffen,
d) der als zu gering empfundenen Unterstützung durch die Einrichtungen (▶ Kap. 4.6.4) sowie
e) dem bei Menschen vorhandenen Wunsch, Verhaltensweisen zu verstehen, um mehr Sicherheit im Handeln zu erleben,

ein subjektiv empfundener, ggf. beruflich vermittelter ›Druck‹, die Verhaltensweisen erklären zu müssen. Da liegt es fast nahe, diese (vorschnell) als behinderungsbedingt zu bewerten, um sich zunächst zu entlasten. Diesbezüglich ist aufgrund der Befragung nicht zu unterscheiden, welchen Ursprung diese Erklärungsmodelle haben. Werden diese in Ausbildung, Studium, Fort- oder Weiterbildung angeeignet oder sind sie Ergebnisse von ›Einsteuerungsprozessen‹ im Rahmen der vorhandenen Organisationskultur (▶ Kap. 7.3)?

Es muss kritisch hinterfragt werden, welche Erklärungsmodelle für sexuelle Verhaltensweisen der Bewohner/innen sich aus den Basisannahmen der verschiedenen Organisationskulturen der Einrichtungen ableiten lassen. Aus den Ergebnissen heraus ist anzunehmen, dass es auch hier inkonsistente Annahmen gibt.

Die nachfolgenden Diskussionen zeigen vielfältige Handlungsbedarfe auf. Es werden Modelle angeboten, die Reaktionen der Mitarbeitenden, d. h. die Ergebnisse der Befragung zu verstehen.

5.1.2 Privat- und Intimsphäre der Frauen und Männer

Die Befragten beobachten bei den Bewohner/innen einen sehr offenen Umgang mit Privat- und Intimsphäre (z. B. Badezimmer-/Toilettentür offen stehen lassen, nackt durch die Wohngruppe laufen, in die Toiletten der anderen Bewohner/innen schauen usw., ▶ Kap. 4.3). Der sehr offene Umgang mit Privatheit und Intimität von Seiten der Bewohner/innen ist in der Häufigkeit des Auftretens ein Aspekt, den die vorliegende Untersuchung (im Vergleich zu bisherigen Befragungen) neu hervorgebracht hat.

Weiterhin bestätigen die Ergebnisse den mangelnden Schutz der Privat- und Intimsphäre durch die Mitarbeitenden (zwei Drittel der Befragten stimmen folgendem Item zu: »Mitarbeitende beachten die Intim- und Privatsphäre in der Wohneinrichtung nicht (z. B. ins Bad kommen, ohne anzuklopfen«, ▶ Kap. 4.5). Dieses Verhalten der Mitarbeitenden wird als Problembereich für Wohneinrichtungen durch weitere Studien bestätigt, die nachfolgend kurz vorgestellt werden.

Für den Bereich der Privat-/Intimsphäre der Bewohner/innen bringt die repräsentative Studie des BMFSFJ (2012) folgende, mit der hier vorgestellten Untersuchung vergleichbare, Ergebnisse: Es wird von den befragten Frauen mit Beeinträchtigungen und Behinderungen der »unzureichende Schutz der Privat- und Intimsphäre« (ebd. 39) in den Institutionen bemängelt. Die ungünstigen strukturellen Bedingungen sind ein relevanter Faktor im Bedingungsgefüge: »(…) zwei Fünftel der Frauen mit sogenannten geistigen Behinderungen in Einrichtungen gaben an, dort keine abschließbaren Wasch- und Toilettenräume zur Verfügung zu haben« (ebd.38). Die Ergebnisse bestätigen weiterhin das Macht- und Abhängigkeitsverhältnis, das Frauen in den Einrichtungen erleben und das die Eingriffe in Privat- und Intimsphäre begünstigt:

> »Viele Frauen in Einrichtungen fühlen sich durch die Reglementierung des Alltags und Bevormundungen in ihrer Freiheit eingeschränkt und beschrieben die Lebenssituation in der Einrichtung als belastend« (ebd.39).

Eine Befragung von 98 Bewohner/innen mit Körperbehinderung (Damm 1999), die zu den ihres Erachtens wichtigen Bedingungen für die Wahrung von Privatsphäre befragt wurden, zeigt aus Bewohner/innen-Perspektive die hohe Bedeutung des Anklopfens an ihre Zimmertür, bevor dieses betreten wird.

> »Das Anklopfen seitens der Mitbewohner und Mitarbeiter wurde mit 52 % am zweithäufigsten angeführt. Zu diesem Aspekt machten die Befragten viele weiterführende Anmerkungen. Sie bemängelten, dass das Anklopfen zum Teil nur ›pro forma‹ und der Eintritt direkt darauf erfolgt, ohne eine Einladung abzuwarten, oder dass es ›öfters ganz vergessen wird‹ und ›jeder plötzlich in der Tür stehen könnte‹. Während also für die Mehrzahl der Befragten das Anklopfen einen wichtigen Schutz ihres Privatbereiches darstellt, berichten gerade zu diesem Aspekt viele von Einschränkungen« (ebd. 256).

Bei dieser Befragung wurden ebenfalls die Gruppenleitungen interviewt, von denen über die Hälfte die Bedeutsamkeit des Anklopfens im Blick hatte und trotzdem dessen Realisierung zur Zufriedenheit der Bewohner/innen nicht gelang. Bei diesem Ergebnis ist zu beachten, dass die befragten Bewohner/innen mit Körperbehinderung auch die mangelnde Wahrung der Intim-/Privatsphäre durch die Mitbewohner/innen kritisierten.

Die Ergebnisse der vorliegenden Studie bestätigen dies durch die vielen sexuellen Verhaltensweisen, die im Beisein der Mitbewohner/innen geschehen und damit den mangelnden Schutz der Intimsphäre der Mitbewohner/innen belegen.

Auf einen weiteren relevanten Aspekt in Bezug auf das Erleben von Privatsphäre verweist Wacker (BMfG 1998) in ihrer bundesweiten Untersuchung zu »Möglichkeiten und Grenzen selbständiger Lebensführung in Einrichtungen«. Die Zusammensetzung der Wohngruppen, in denen die Bewohner/innen leben, ist für die befragten Menschen mit Behinderung ein relevanter Aspekt für soziale Zufriedenheit. Die Gruppengröße war für die Zufriedenheit der Bewohner/innen von geringerer Bedeutung.

> »Ausschlaggebender als quantitative Aspekte sind einerseits offensichtlich die persönlichen Beziehungen zu den Mitbewohnern. Andererseits spielt hier die Frage der Privatheit eine zentrale Rolle. Unzufriedenheit entsteht vor allem, wenn die Chancen gering sind, sich zurückzuziehen und einen persönlichen Raum individuell zu nutzen.« (ebd. 304).

Dieses Ergebnis betont die Bedeutung struktureller Bedingungen für das Erleben von Privatheit.

Ein für alle Beteiligten gelingender Umgang mit Intimität und Privatheit der Bewohner/innen scheint somit ein allgemeiner und schon länger bekannter Problem- und Entwicklungsbereich im Kontext von Wohneinrichtungen zu sein.

Die auf der einen Seite mangelnde Wahrung der Intimsphäre durch die Mitarbeitenden und der auf der anderen Seite offene Umgang mit Intimität auf Seiten der Bewohner/innen können als ein sich gegenseitig verstärkender Prozess verstanden werden. Dieser sollte von Seiten der Mitarbeitenden als den Beteiligten, die über mehr Macht und Möglichkeiten der Reflexion verfügen, durchbrochen werden. Neben der größeren Machtfülle kann für etliche Mitarbeitende angenommen werden, dass sie über eine stabilere Intimsphäre und ein klareres Verständnis von Privatheit verfügen. Damit haben sie die Möglichkeit, Lernprozesse in den Bereichen Scham und Intimität zu initiieren.

Menschen müssen in ihrer Entwicklung Scham erlernen. Die ist ein zentrales Gefühl, um die eigene Intimität zu schützen. »Die individuelle (Körper-)Schamentwicklung wird maßgeblich durch die Erziehung und Umwelt geprägt« (Schlüter 2012, 144). Dieser Lernprozess ist u. a. durch das Angewiesensein auf Pflege erschwert und braucht intimitätswahrende Bedingungen, um Scham und Intimität zu entwickeln (ebd. 146).

Das Empfinden von Scham, das Erleben beschämender Situationen ist allerdings inhaltlich noch weiter zu fassen als nur für den Bereich der Pflege. Scham kann sich in verschiedenen Formen zeigen: als Körperscham, Identitätsscham, Statusscham und Fremdscham (vgl. Bohn 2015, 20-29). Im Wohngruppenalltag haben Mitarbeitende die Macht, durch ihr Verhalten die Frauen und Männer vielfältig zu beschämen: Sie können die Pflege ohne ausreichenden Schutz der Intimität durchführen (Körperscham), die Bewohner/innen durch abwertende Spitznamen oder spöttische Bemerkungen beschämen (Identitätsscham) oder ihnen deutlich machen, dass sie als ›Behinderte‹ keinen gesellschaftlich anerkannten Status haben (Statusscham). Mitarbeitende sind in Institutionen grundlegend in der machtvolleren Position. Menschen mit Behinderung leben in einem vielfältigen Macht- und Abhängigkeitsverhältnis (vgl. Zemp 2002, 613): Sie haben weniger Ressourcenmacht, Artikulations- und Wissensmacht, Positionsmacht oder Organisationsmacht. Mitarbeitende haben also multifaktoriell bedingt mehr Macht, die Bewohner/innen bewusst oder unbewusst zu beschämen.

Um diese beschämenden Situationen zu minimieren, gilt es Schamkompetenz auszubilden:

> »Schamkompetenz ist die Fähigkeit, die individuellen Schamgrenzen kranker und pflegebedürftiger Menschen zu erkennen, sich diesen sensibel und respektvoll unterzuordnen und das eigene Handeln umgehend darauf auszurichten« (Bohn 2015, 30).

Doch nicht nur die Mitarbeitenden haben die Macht, die Bewohner/innen in verschiedenen Situationen (nicht nur der Pflege) zu beschämen, sondern auch Frauen und Männer mit Behinderung beschämen durchaus die Mitarbeitenden. Die sexuellen Verhaltensweisen, bei denen die Frauen oder Männer mit Behinderung in die Intimsphäre der Mitarbeitenden eingreifen (▶ Kap. 4.3.5), können Schamgefühle auslösen. Bohn (ebd. 68) fordert exemplarisch für den Bereich der Pflege:

> »Grenzen müssen in der Pflege zwingend gewahrt und eingehalten werden, und zwar von beiden Seiten. Auch den Pflegenden muss Respekt und Würde entgegen gebracht werden. Abwertende Äußerungen ihnen gegenüber dürfen nicht toleriert werden. Pflegende benötigen daher die volle Unterstützung und Rückendeckung ihrer Vorgesetzten, Übergriffe zu unterbinden. Außerdem brauchen sie Raum für Reflexion und entlastenden Austausch mit Kollegen, um solche Erlebnisse bewältigen zu können.«

Zusammenfassend kann für den Bereich der Privat- und Intimsphäre festgestellt werden, dass sowohl hinderliche Verhaltensweisen der Mitarbeitenden als auch hinderliches Verhalten der Bewohner/innen in insgesamt ungünstigen strukturellen Bedingungen der Organisation das Thema zu einem für alle Beteiligten dringend zu bearbeitenden Problembereich macht. Im folgenden Kapitel wird es deshalb unter dem Fokus des Lebens in der Wohngruppe diskutiert.

5.1.3 Das Recht auf Schutz der Intim- und Privatsphäre

Die Verhaltensweisen, die einen sehr offenen Umgang der Bewohner/innen mit Intimität und Privatheit zeigen, können noch unter einer weiteren Perspektive diskutiert werden – dem Recht auf sexuelle Selbstbestimmung und dem Recht auf Schutz der eigenen Intim- und Privatsphäre. Wird auf der einen Seite das Recht aller Bewohner/innen auf individuelle sexuelle Selbstbestimmung in den Blick genommen und auf der anderen Seite das Recht der Mitarbeitenden und der Mitbewohner/innen auf den Schutz der eigenen Intim- und Privatsphäre berücksichtigt, dann entstehen in der Arbeit in den Wohneinrichtungen weitere Spannungsfelder für alle Beteiligten.

Die Forderungen aus der UN-Konvention über die Rechte von Menschen mit Behinderung sind diesbezüglich klar formuliert. In Artikel 22 der UN-Konvention heißt es, dass folgende Eingriffe zu vermeiden sind: »...in ihre Privatsphäre, ihre Familie, ihre Wohnung oder ihren Schriftverkehr oder andere Arten der Kommunikation oder rechtwidrigen Beeinträchtigungen ihrer Ehre oder ihres Rufes ausgesetzt werden.« Die Ergebnisse der Befragung zeigen aber, dass die Intim- und Privatsphäre der Frauen und Männer mit Behinderung sowohl durch die Mitbewohner/innen als auch durch die Mitarbeitenden nicht durchgängig gewahrt wird.

Grundlegend lässt sich m.E. hier eine Unklarheit in Bezug auf die Privatsphäre aller Bewohner/innen einer Wohngruppe feststellen. Es scheint Diskussionsbedarf zu bestehen, welcher Bereich für die Frauen und Männer in der Wohngruppe als Privatsphäre gilt.

Dass ein Einzelzimmer für den Bewohner oder die Bewohnerin dessen/deren Privatsphäre bedeutet, scheint dabei aus der Außenperspektive unumstritten, wenngleich diese im Alltag von dem Bewohner/der Bewohnerin nicht immer geschützt werden kann bzw. von den Mitarbeitenden nicht geschützt wird. Aber wie sieht es dann schon mit einem Doppelzimmer aus, das mit jemandem geteilt werden muss, der nicht selbst ausgesucht wurde – ein sozusagen unfreiwilliger Zimmergenosse? Wer hat seine Privatsphäre – wann und wo? – und wie kann diese angemessen geschützt werden? Wie schaut es mit dem Wohnbereich der Wohngruppe aus? Ist das noch Privatsphäre? Oder ist das halböffentlicher Raum? Wer bestimmt, was da geschieht oder nicht geschieht? Wer hat die diesbezügliche Macht in der Wohngruppe? Die Mitarbeitenden, die dort arbeiten? Oder die Menschen, die dort wohnen? Oder beide zusammen? Wie geschehen Aushandlungsprozesse? Oder haben die gesetzlichen Betreuer/innen da auch noch mit zu reden?

Laut Zinsmeister (2013) bedeutet aus rechtlicher Perspektive der Schutz der Privat- und Intimsphäre einen Schutz jenes autonomen Bereiches »privater Lebensgestaltung, in dem Menschen ihre Individualität entwickeln und wahren können« (ebd. 48). Gleichzeitig gilt: »Das Recht der Einzelnen auf sexuelle Selbstbestimmung endet da, wo diese auf Kosten der geschützten Selbstbestimmung anderer gelebt werden soll« (ebd. 48). Damit kommt es im Alltag der Wohngruppe zu Situationen, in denen Rechte einzelner Bewohner/innen im Widerspruch zueinander stehen. Realisiert ein Bewohner sein Recht auf Privatsphäre, wenn er sich im Wohnbereich der Gruppe, als Teil seiner Wohnung, selbst befriedigt? Oder muss das unterbunden werden, damit die anderen Mitbewohner/innen nicht in ihrem Recht auf geschützte Selbstbestimmung beeinträchtigt sind? Zinsmeister (2013) weist bei der Diskussion der Besuchsregelungen in den Wohngruppen auf Folgendes hin:

> »Die BewohnerInnen eines Gemeinschaftszimmers oder einer Wohngruppe müssen sich bei Bedarf intern auf den Umgang mit Besuch und dem Schutz der Privatsphäre verständigen. Gelingt ihnen dies alleine nicht, kann der Einrichtungsträger eine moderierende oder vermittelnde Rolle einnehmen« (ebd. 67 f).

Es gibt demnach keine rechtliche Klarheit über die konkrete Privatsphäre des Einzelnen in einer Wohngruppe. Ein gemeinsamer Verständigungsprozess muss in den Wohngruppen, ggf. mit Unterstützung durch die Einrichtung, erfolgen. Für Mitarbeitende und Bewohner/innen bedeutet dies einen gemeinsamen Auftrag, dessen Notwendigkeit und auch Gewinn von allen Beteiligten gesehen werden sollte.

Die Ergebnisse der vorliegenden Befragung weisen darauf hin, dass es vielfältige Bedarfe an Regelungen in den Wohngruppen gibt, die den Schutz der Intimsphäre und Privatheit aller Bewohner/innen und der Mitarbeitenden beinhalten sowie auf die Reduktion von Abhängigkeiten, Macht und Kontrolle ausgerichtet sein sollten.

Daraus ergibt sich vor allem für die Mitarbeitenden ein komplexes Spannungsfeld, das aus folgenden Aspekten bestehen kann und in heterogenen Wohngruppen eine besondere Herausforderung darstellt:

- Unterstützung der Entwicklung eines (individuell möglichen) Problembewusstseins bei den Bewohner/innen für die Notwendigkeit von Privatheit/Intimität aller Beteiligten
- Entwicklung eines Problembewusstseins bei allen Mitarbeitenden im Team für die Notwendigkeit von Privatheit/Intimität aller Beteiligten
- Bewusstheit über eigene Wünsche an Privatheit/Intimität aller Beteiligten
- Kommunizieren der Wünsche auf verschiedenen, den Bewohner/innen möglichen Ebenen und gemeinsames Finden eines Konsenses
- Entwicklung von gemeinsamen Handlungsideen zum Schutz der Privatheit und Intimsphäre aller Beteiligten
- Gemeinsame Aufrechterhaltung und Durchsetzung des Konsenses und der Handlungsideen
- Evaluation und ggf. Veränderung der Maßnahmen.

Die gemeinsame Bearbeitung des Spannungsfeldes zum Schutz der Privatheit aller Beteiligten fordert ein hohes Maß an Reflexionsfähigkeit, um verschiedene Machteinflüsse zu erkennen und aufzulösen sowie ein hohes Maß an Kommunikationskompetenz zur Moderation eines Aushandlungsprozesses, der die unterschiedlichen Fähigkeiten der verschiedenen Akteure/innen berücksichtigt.

Dieses Spannungsfeld zu sehen und in Teilen aufzulösen bzw. bearbeitbar zu machen, scheint vor dem Hintergrund der Ergebnisse von Jeschke et al. (2006) eine Herausforderung zu sein. Diese kommen in der Analyse von qualitativen Interviews mit Mitarbeitenden in Wohneinrichtungen zur Beschreibung des Phänomens der »Verschleierung der Dominanz des Personals« und benennen die »hieraus bewirkte verklärende Legitimierung der Praxis« als für die Mitarbeitenden »funktional und notwendig« (ebd. 290). Sie erklären dazu:

> »Um den an sie durch Leitung, Eltern etc. gestellten Anforderungen gerecht werden zu können, müssen sie – ob sie nun wollen oder nicht – eine gewisse Kontrolle aufrecht erhalten. Auf der anderen Seite ist die Förderung der Selbstbestimmung der Betroffenen Teil ihres Arbeitsauftrages« (ebd. 290).

Die Autoren kommen zu dem Schluss, dass diese Strategien der Mitarbeitenden letztlich auch dazu dienen, »eine den eigenen Ansprüchen eventuell nicht genügende Praxis mittragen zu können« (ebd. 291). Dieses immer wieder zu reflektieren und damit für alle Beteiligten bewusst und sichtbar zu machen ist eine Herausforderung, die sicherlich durch externe supervisorische Begleitung leichter zu realisieren ist.

Das Spannungsfeld zwischen

- dem Recht auf sexuelle Selbstbestimmung sowie dem Recht auf Schutz der Privatsphäre des Einzelnen und
- dem Recht auf geschützte Selbstbestimmung und sexuelle Selbstbestimmung aller Bewohner/innen

gilt es,

- unter Wahrung der Rechte der Mitarbeitenden auf Vermeidung der Eingriffe in ihre Intimsphäre (z. B. angefasst werden durch Bewohner/innen im Genitalbereich)

zu sehen sowie in den einzelnen Wohngruppen als auch der Einrichtung insgesamt zu lösen.

5.1.4 Wunsch nach Freund oder Freundin

Fast die Hälfte der Befragten wird von den Frauen und Männern ihrer Wohngruppe mit deren Wunsch nach einer Freundin oder einem Freund konfrontiert. Zunächst wird nun unter Rückgriff auf andere Erhebungen überlegt, wie dieser Wunsch konkret verstanden werden kann, um dann zu prüfen, welche strukturellen Bedingungen in Institutionen die Realisierung dieses Wunsches erschweren.

Der häufige Wunsch der Bewohner/innen nach Freund oder Freundin kann als Wunsch nach einem vertrauten Menschen verstanden werden, mit dem sie Zeit und Aktivitäten teilen können. Dieser Wunsch spiegelt sich in den repräsentativen Ergebnissen der Befragung von Frauen mit Beeinträchtigung und Behinderung des BMFSFJ (2012) wieder:

> »Im Vergleich zum Bevölkerungsdurchschnitt gaben alle in der Studie befragten Frauen mit Behinderungen und Beeinträchtigungen deutlich häufiger an, enge und vertrauensvolle Beziehungen, die Wärme, Geborgenheit und Wohlgefühl vermitteln, zu vermissen. Während die in Haushalten lebenden Frauen der vorliegenden Studie Aussagen wie ›Ich vermisse Leute, bei denen ich mich wohlfühle‹, ›Mir fehlt eine richtig gute Freundin/ein richtig guter Freund‹, ›Ich vermisse Geborgenheit und Wärme‹ oder ›Ich fühle mich häufig im Stich gelassen‹ etwa doppelt so häufig zustimmten wie Frauen im Bevölkerungsdurchschnitt, waren es bei den in Einrichtungen lebenden Frauen anteilsmäßig etwa drei- bis viermal so viele Frauen« (ebd. 48).

Auch wenn der in der vorliegenden Erhebung identifizierte Wunsch nach Freund oder Freundin offener formuliert wurde, kann dahinter auch dieses Gefühl des Vermissens von Wärme und Geborgenheit liegen. Es muss damit nicht der Wunsch nach einer (sexuellen) Partnerschaft verbunden sein.

In der Erhebung von Thomas et al. (2006, 204) findet sich eben dieser klare Wunsch von Bewohner/innen nach Partnerschaften. Die Autoren haben Menschen mit geistiger Behinderung in Form von qualitativen Interviews und Gruppendiskussion zu ihrer Sicht auf sexuelle Selbstbestimmung befragt und kommen in der Auswertung unter anderem zu folgendem Ergebnis:

> »Unabhängig von der Art der Beziehung (z. B. ob nun mit oder ohne Körperkontakt) sind Partnerschaften für alle wichtig. Anhaltende monogame Beziehungen sind als Ideal zu erkennen« (ebd. 204).

Die Lebensbedingungen in Einrichtungen scheinen in Bezug auf den Wunsch nach Freunden/innen eher hemmend zu wirken, da Bewohner/innen selten Einfluss auf die Zusammensetzung der Menschen in ihrer Wohngruppe haben und es so erschwert sein kann, dort Freund/in oder Partner/in zu finden. Die Untersuchung von Wacker (BMfG 1998) erbrachte, dass die Gruppenzusammensetzung in den Wohngruppen vorrangig durch die Struktur der Einrichtung und deren Konzeption determiniert ist. Die individuellen Präferenzen der Frauen und Männer blieben in diesen Fragen vielfach unberücksichtigt (ebd. 302), so dass gegenseitige Sympathie oder Antipathie der Bewohner/innen untereinander nicht beachtet werden können.

Neben der Zusammensetzung der Wohngruppen, die sich viele Menschen mit Behinderung in Einrichtungen anders wünschen und damit mehr soziale Zufriedenheit erlangen würden, sind die Lebensbedingungen in Wohneinrichtungen oft isolierend:

»Das Leben von Frauen mit Behinderungen in Einrichtungen ist darüber hinaus weitaus stärker von Teilhabeeinschränkungen und sozialer Ausgrenzung (etwa in Hinblick auf den Besuch kultureller Veranstaltungen, Freundschaftspflege oder die Mitarbeit in Organisationen) geprägt als das der Frauen mit Behinderung und Beeinträchtigungen in Privathaushalten« (BMFSFJ 2012, 39).

So können Veranstaltungen zum Kennenlernen eines/r potentiellen Partner/in nur eingeschränkt aufgesucht werden. Individuelle Mobilitätseinschränkungen wirken hier noch verstärkend auf diese Problemlage.

Eine sehr grundlegende und damit verbundene Problematik, nämlich die Auswirkungen ungewollter Partnerlosigkeit auf die Gesundheit, sollte für den gesamten Bereich der sozialen Einbindung der Bewohner/innen im Blick sein. In der Studie des BMFSFJ (2012) wird auf Folgendes hingewiesen:

»Die Befragung verweist darauf, dass ein erheblicher Anteil der in Haushalten und in Einrichtungen lebenden Frauen mit Behinderungen und Beeinträchtigungen Defizite in diesem Bereich (der sozialen Einbindung und Integration, Anm. B.O.) wahrnimmt. Diese wirken sich auf die Lebenssituation, das psychische Wohlbefinden und die Gesundheit der Frauen aus und können mit eine Ursache für gesundheitliche Beschwerden und psychische Probleme sein« (ebd. 48).

Vor diesem gesundheitlichen Hintergrund sollte die soziale Einbindung von Bewohner/innen ein besonderes Gewicht im Rahmen konzeptioneller Überlegungen bekommen.

5.1.5 Homoerotisches/-sexuelles Verhalten

Die befragten Mitarbeitenden beobachten häufig homoerotisches bzw. -sexuelles Verhalten bei den Bewohnerinnen und Bewohnern. Da etwa 10 % der deutschen Bevölkerung in ihrer sexuellen Orientierung homosexuell ausgerichtet sind (vgl. Hopf 2002, 82), scheint dies nicht weiter verwunderlich.

Das homoerotische bzw. -sexuelle Verhalten wird allerdings signifikant häufiger in geschlechtshomogenen Wohngruppen beobachtet. Dies ist ein deutlicher Hinweis auf strukturell bedingtes homoerotisches bzw. -sexuelles Verhalten, d.h. ein Verhalten, das keinen eindeutigen Hinweis auf eine entsprechende homosexuelle Orientierung gibt, sondern aus den Besonderheiten der Lebenssituation heraus entstanden ist (vgl. Friske 1995, 141 f). Wiedemann (1995) schreibt diesbezüglich von »Ersatzbefriedigung« bzw. »Zwangshomosexualität«, da dem praktizierten homosexuellen Verhalten eine heterosexuelle Orientierung zugrunde liegt.

Rückblickend ist für die Befragung kritisch anzumerken, dass die aufgenommene Dichotomie von homo- und heterosexuell nicht der sexuellen Realität von Menschen entspricht, dafür jedoch vorherrschenden gesellschaftlichen und damit den Befragten bekannten Sprach- und Denkmustern (und diese damit reproduziert). Rauchfleich (2011) postuliert als sexuelle Realität eine »Vielfalt von ›Mischungsverhältnissen‹« (ebd. 71), die zwischen auf der einen Seite ausschließlich heterosexuell und auf der anderen Seite ausschließlich homosexuell empfindenden Menschen liegen.

Homoerotisches bzw. -sexuelles Verhalten unter den Bewohner/innen hat auch schon Walter vor fast vier Jahrzehnten bei seiner Mitarbeitendenbefragung erhoben und auch auf den Zusammenhang zwischen dem Leben in Institutionen und dem sexuellen Verhalten hingewiesen. Er befragte 1977 anhand eines Fragebogens Mitarbeitende aus Wohneinrichtungen (N = 265) unter anderem zu 13 sexuellen Verhaltensweisen der Erwachsenen mit geistiger Behinderung (publiziert 1980). Diese Fragen zu erlebten sexuellen Verhaltensweisen sind ansatzweise mit der vorliegenden Studie vergleichbar. Im Bereich des beobachteten homoerotischen Verhaltens der Männer und Frauen mit Behinderung stellt Walter (1980) folgende Frage analog für männliche bzw. weibliche Bewohner/innen: »Haben Sie schon einmal beobachtet, wie zwei männliche (bzw. weibliche) Geistigbehinderte Zärtlichkeiten austauschen?« Diese Frage kann mit den Items »Frau versucht, weibliche Mitbewohnerin zu umarmen/zu küssen« bzw. »Mann versucht, männliche Mitbewohner zu umarmen/zu küssen«, verglichen werden. Da bei Walter den Befragten eine 4er-Skalierung (nie, einmal, selten, häufig) und in der vorliegenden Untersuchung einer 3-Skalierung (nie, manchmal, häufig) angeboten wurde, werden nur die Werte von »nie« und »häufig« verglichen.

Homoerotisches Verhalten	bei Männern	bei Frauen
Walter (erhoben 1977)	Nie beobachtet: 40% Häufig beobachtet: 20%	Nie beobachtet: 45% Häufig beobachtet: 15%
Vorliegende Erhebung	Nie beobachtet: 64,8% Häufig beobachtet: 5,7%	Nie beobachtet: 58,5% Häufig beobachtet: 8,2%

Abb. 44: Vergleich Auftretenshäufigkeit homoerotischen Verhaltens

Der Vergleich homosexuellen Geschlechtsverkehrs wurde bei Walter durch folgende Frage (mit entsprechend geänderter Formulierung auch für die Frauen) erfasst: »Haben Sie schon einmal beobachtet, wie zwei männliche (bzw. weibliche) Geistigbehinderte homosexuellen Verkehr hatten?«. Dazu werden die Werte folgender Items verglichen: »Frau hat mit wechselnden Frauen intimen Kontakt« bzw.

5.1 Erfahrungen mit sexuellen Verhaltensweisen der Frauen und Männer

»Mann hat mit wechselnden Männern intimen Kontakt«. Die Zusammenschau erbringt folgende Unterschiede:

Homosexueller Geschlechtsverkehr	bei Männern	bei Frauen
Walter (erhoben 1977)	Nie beobachtet: 87% Häufig beobachtet: 0,4%	Nie beobachtet: 88% Häufig beobachtet: 1%
Vorliegende Erhebung	Nie beobachtet: 90,5% Häufig beobachtet: 2,2%	Nie beobachtet: 95,6% Häufig beobachtet: 0,4%

Abb. 45: Vergleich Auftretenshäufigkeit homosexuellen Geschlechtsverkehrs

In beiden Vergleichen zeigt sich ein Rückgang des beobachteten homoerotischen bzw. homosexuellen Verhaltens bei den Bewohnerinnen und Bewohnern über den Zeitraum, der zwischen den beiden Untersuchungen lag. Insofern kann der angemessen vorsichtige Vergleich aufgrund der Unterschiedlichkeit in den Formulierungen der Fragen bzw. Items und der Likert-Skala einen Hinweis darauf geben, dass strukturell bedingtes homoerotisches bzw. -sexuelles Verhalten in der Tendenz in den Wohneinrichtungen abnimmt.

Dies scheint jedoch nur bedingt für Bewohner und Bewohnerinnen in gleichgeschlechtlichen Wohngruppen zu gelten. Die vorliegende Studie zeigt, dass die Befragten sowohl bei den Frauen als auch bei den Männern in gleichgeschlechtlichen Wohngruppen signifikant mehr homoerotisches/-sexuelles Verhalten beobachten. Auf diesen Zusammenhang von Wohnsituation und homosexuellem Verhalten weist auch Walter (1980, 44) in seinen Überlegungen zu der Studie hin. Leider liegen aus seiner Studie diesbezüglich keine Vergleichsdaten vor.

So kann sehr deutlich angenommen werden, dass das Leben in gleichgeschlechtlichen Wohngruppen und dem damit verbundenen Fehlen andersgeschlechtlicher Mitbewohner/innen als strukturelle Bedingung Anlass für mehr homoerotisches/-sexuelles Verhalten ist. Dies ist insofern erstaunlich, da die Bewohner/innen tagsüber durch die Arbeit z. B. in den Werkstätten die Möglichkeit hätten, auch Kontakte zu Menschen des anderen Geschlechts zu gestalten. Dies scheint aber nicht ausreichend zu sein.

Bestätigt wird die hohe Notwendigkeit konzeptioneller Arbeit in diesem Bereich durch die Ergebnisse von Jeschke und Lehmkuhl (2006). Sie weisen darauf hin, dass es sich insgesamt bei dem Thema ›Homosexualität‹ konzeptionell in den Einrichtungen um einen Bereich mit hohem Entwicklungsbedarf handelt. Sie greifen in der Auswertung qualitativer Interviews mit Mitarbeitenden in Wohneinrichtungen für Menschen mit geistiger Behinderung gezielt das Thema Homosexualität aus der Sicht des Fachpersonals auf und kommen zu folgendem Schluss:

»Von einem vernachlässigten Thema zu sprechen, scheint sogar noch Euphemismus zu sein. Wenn das Thema zur Sprache kommt, handelt es sich meist um eine Wiedergabe von Alltagswissen oder veralteten Vorurteilen« (ebd. 311).

5.1.6 Sexuelles Verhalten im Vergleich der Geschlechter

Da Menschen mit Behinderung oft als sexuelle Neutren und selten in ihrer Geschlechtlichkeit als Mann oder Frau mit Behinderung gesehen werden, sind geschlechtsspezifische Betrachtungen des Verhaltens der Bewohner/innen in der Diskussion der Ergebnisse von besonderem Interesse.

Es ist erstaunlich, dass der deskriptive Vergleich (▶ Kap. 4.3.3) der meist gezeigten Verhaltensweisen der Frauen und Männern kaum Unterschiede erbrachte.

Die Bereiche, in denen sich Unterschiede zeigten, sollen nun im Vergleich zu Menschen ohne Behinderung diskutiert werden. Die Vergleiche sind allerdings mit einer gewissen Vorsicht zu betrachten, da es sich bei den Menschen ohne Behinderung um Selbstaussagen handelt und bei den Bewohner/innen um Aussagen der Mitarbeitenden über das Verhalten, das sie in den Wohngruppen insgesamt und nicht bei einzelnen Bewohner/innen erleben.

5.1.6.1 Masturbationsverhalten

Über die Hälfte der Befragten erlebt sowohl bei den Frauen als auch bei den Männern vielfältiges Masturbationsverhalten, das in der Auftretenshäufigkeit sehr geringe Unterschiede zwischen den Geschlechtern zeigt. Dies ist erstaunlich, da gerade für den Bereich der Masturbation sowohl bei Jugendlichen als auch Erwachsenen ohne Behinderung große Geschlechtsunterschiede bei entsprechenden Studien benannt werden:

Die repräsentative Wiederholungsbefragung der Bundeszentrale für gesundheitliche Aufklärung für Jugendliche ohne Behinderung im Alter von 14 bis 17 Jahren zeigt bei der Frage nach Erfahrungen mit Masturbation in den letzten 12 Monaten einen signifikanten Unterschied zwischen den Geschlechtern. 29 % der deutschen Mädchen und 76 % der deutschen Jungen hatten in den letzten 12 Monaten Erfahrungen mit Masturbation (BZgA 2010, 117). »Masturbation ist unter Jungen eine weit verbreitete Praxis, während Mädchen nur zu einer Minderheit Erfahrungen mit dieser Form von Auto-Erotik haben« (BZgA 2010, 117). Die ebenfalls repräsentative und schon ältere Befragung von Schnabl (1973) zum praktizierten Sexualverhalten Erwachsener ergab ebenfalls einen Unterschied zwischen den Geschlechtern. In seiner Befragung von 2000 Erwachsenen gaben ca. 50 % der Frauen und 90 % der Männer Masturbation als praktiziertes Sexualverhalten an (Schnabl 1973, nach Vetter 2007, 56). In der »Hamburg-Leipziger Drei-Generationen-Studie« (Schmidt u. a. 2006) wird dieser Geschlechtsunterschied sowohl für Erwachsene, die als Single leben als auch für solche, die in einer festen Partnerschaft leben, durch signifikante Unterschiede bei den Befragungsergebnissen bestätigt (ebd. 75).

Es können also sichere Geschlechtsunterschiede in der Masturbationshäufigkeit zwischen Männer und Frauen ohne Behinderung und unabhängig von der partnerschaftlichen Lebenssituation angenommen werden. Dies ist aus den Ergebnissen der vorliegenden Erhebung für Männer und Frauen mit Behinderung in Wohneinrichtungen nicht erkennbar. Bei den Bewohnern und Bewohnerinnen wird selbststimulierendes Verhalten bzw. Selbstbefriedigung in vergleichbarer Intensität von den befragten Mitarbeitenden beobachtet.

Dieser fehlende Geschlechtsunterschied bei den Frauen und Männern mit Behinderung wirft Fragen auf: Verhindert das Leben in einer Wohneinrichtung die Ausprägung geschlechtsspezifischer Unterschiede? Ist es das Vermissen einer Partnerschaft (vgl. vorheriger Abschnitt), das Frauen veranlasst, mehr Masturbation zu realisieren? Oder muss doch von einem behinderungsbedingten Phänomen ausgegangen werden, das dann aber geschlechtsspezifisch ausgeprägt wäre: Bewohnerinnen würden behinderungsbedingt häufiger als Frauen ohne Behinderung masturbieren und Bewohner behinderungsbedingt seltener als Männern ohne Behinderung. Das scheint sehr unwahrscheinlich.

Etliche Autoren/innen verweisen immer wieder auf die sexualfeindlichen Lebensbedingungen in Wohneinrichtungen (vgl. bspw. Walter 2005, Ortland 2011, Ortland 2015a, Specht 2013, Herrath 2013), und die aktuelle Studie des BMFSFJ hat diese repräsentativ für Frauen mit verschiedenen Behinderungen bestätigt. Damit verbunden sind die eingeschränkten Möglichkeiten, z. B. Partner/innen zu finden und Sexualität im subjektiv befriedigenden Sinne zu leben. Ein Einfluss dieser Lebensbedingungen auf das Masturbationsverhalten aller Bewohner/innen kann somit angenommen und daraus schlussfolgernd behinderungsbedingte Erklärungen abgelehnt werden. Mit den sexualfeindlichen Lebensbedingungen, die aus Mangel an partnerschaftlicher Sexualität die Selbstbefriedigung bedeutsamer werden lassen könnten (dieser Annahme widerspricht aber z. B. die Studie von Schmidt u. a. 2006, siehe oben), ließe sich jedoch nur der höhere Anteil des Masturbationsverhaltens der Frauen mit Behinderung erklären.

Deshalb könnte auch folgende Überlegung zutreffen: In den Studien zum Masturbationsverhalten bei Menschen ohne Behinderung handelt es sich immer um Selbstauskünfte der Befragten, die durch Annahmen der sozialen Erwünschtheit beeinflusst sein können (vgl. zu den gesellschaftlichen Erwartungen und deren Einflüssen im Bereich Sexualität Vetter 2007, 8-13), so dass die Männer eher mehr und die Frauen eher weniger Masturbationsverhalten angegeben haben. Die Aussagen zum Masturbationsverhalten der Bewohnerinnen und Bewohner wurden durch Außenstehende vorgenommen, so dass hier keine diesbezüglichen Veränderungen vorliegen können. Eindeutige Antworten sind aber, wie die Diskussion zeigt, nicht möglich.

Weiterhin zeigen die erhobenen Beobachtungen der Mitarbeitenden, dass die Bewohner/innen im Leben der Wohngruppe wenig Scheu bzw. Scham haben, selbststimulierendes Verhalten oder Selbstbefriedigung im Beisein von Mitbewohner/innen oder Mitarbeitenden zu zeigen. Dies widerspricht der Interpretation, die Thomas et al. (2006) bei der Auswertung ihrer Befragungsergebnisse vorgenommen haben. In diesen bereits herangezogenen Ergebnissen aus Interviews mit Erwachsenen mit geistiger Behinderung wird deutlich, dass die Interviewten große Sprechhemmungen bei dem Thema Selbstbefriedigung haben:

> »Wenn auch Selbstbefriedigung sich weitestgehend als ein Tabu in den Ergebnissen wieder findet, so kann gleichzeitig davon ausgegangen werden, dass die Privatheit von Selbstbefriedigung verstanden wurde. Hierbei fiel auf, dass Männer sich zwar der Interviewfrage im Einzelgespräch – wenn auch zögerlich – stellten, die Frauen hingegen

sich besonders zu antworten scheuten und darauf folgend Selbstbefriedigung ablehnten« (ebd. 205).

Die Annahme, dass aufgrund der Scheu, über Selbstbefriedigung zu sprechen, ein Verständnis von dessen Privatheit abzuleiten ist, scheint aufgrund der vorliegenden Ergebnisse und dem häufigen öffentlichen Masturbieren im Beisein der Mitbewohner/innen oder Mitarbeitenden zweifelhaft.

5.1.6.2 Variationen des Stimulationsverhalten

Im Bereich der Variationen des Stimulationsverhaltens gibt es nachfolgende geschlechtsspezifische Unterschiede zwischen den Bewohnerinnen und Bewohnern und auch im Vergleich zu Erwachsenen ohne Behinderung.

Als Unterschied zwischen den Männern und Frauen mit Behinderung kann benannt werden, dass bei den Männern doppelt so oft wie bei den Frauen das Reiben des Genitals z. B. an Möbelstücken zur eigenen Stimulation wahrgenommen wurde. Dafür beobachtet jeder zehnte Mitarbeitende, dass Frauen die Möglichkeit wählen, sich Gegenstände in die Vagina einzuführen, was z. B. Männer aufgrund anatomischer Gegebenheiten kaum realisieren (vgl. Vetter 2007, 60). Dies ist ein Masturbationsverhalten, das auch bei »Sonstiges« für die männlichen Bewohner nicht angegeben wurde.

Im Vergleich der Bewohnerinnen zu Frauen ohne Behinderung, bei denen »(...) das Einführen von Gegenständen in die Scheide eine nur von 1-3 % der Befragten praktizierte Masturbationsmethode« (Vetter 2007, 61) ist, kommt die Nutzung von Gegenständen zur Selbststimulation bei den Bewohnerinnen häufig vor. Die häufige und zum Teil bis zur Gesundheitsgefährdung gehende Nutzung von Gegenständen durch die Bewohnerinnen (mündliche Mitteilung von Mitarbeitenden aus Wohneinrichtungen im Rahmen der Diskussion der Ergebnisse der Befragung) ist ein weiterer Hinweis auf die erschwerenden Lebensbedingungen von Frauen mit Behinderung, die sich nur selten sexuelle Hilfsmittel zur Stimulation selbständig beschaffen können.

Insgesamt ist bei Männern und Frauen ohne Behinderung die manuelle Stimulation die häufigste Masturbationstechnik. Allerdings nutzen Männer ohne Behinderung noch weitere Techniken, die sich bei den Bewohnern zum Teil unter »Sonstiges« finden lassen:

> »Andere Methoden sind bei Männern Beckenbewegungen in der Bauchlage gegen ein Bett oder ein Kissen, die Benutzung von Löchern in verschiedenen Gegenständen oder Wasserrohren oder, was nur wenige Männer praktizieren, das Einführen von Gegenständen in die Harnröhre« (Vetter 2007, 60/61 auf der Grundlage von Gebhard und Johnson 1979).

5.1.6.3 Pornografiekonsum

Im Bereich des Pornografiekonsums gibt es Unterschiede zwischen den Frauen und Männern mit Behinderung. Vergleicht man die drei verschiedenen abgefragten Situationen in Bezug auf Geschlecht der Bewohner/innen und die Häufigkeit des beobachteten Pornografiekonsums, so ergeben sich folgende Differenzen:

- Sind die Bewohner/innen alleine, so konsumieren die Männer 3,5 mal häufiger Porno-/Erotikfilme als die Frauen,
- in Situationen mit Mitbewohner/innen wird es 3 mal so oft bei den Männern beobachtet,
- und die Befragten geben an, dass sie 7 mal häufiger von Männern nach Pornoheften oder Erotik-/Pornofilmen gefragt werden als von den Frauen.

Pornografiekonsum, unter dem hier der Konsum von Erotik- oder Pornoheften sowie von Pornofilmen verstanden wird, spielt also im Leben der männlichen Bewohner eine stärkere Rolle als im Leben der Bewohnerinnen.

Vergleicht man diese Angaben der Mitarbeitenden mit dem Pornografiekonsum bei Erwachsenen ohne Behinderung, so gilt auch hier, dass vor allem Männer regelmäßig Pornografie konsumieren (Döring, 2013, 26).

> »Ein deutlicher Geschlechtsunterschied in der Nutzung visueller Pornografie ist gut belegt. So deuten vorliegende Studien in die Richtung, dass rund 70-90 % der Männer und 10-30 % der Frauen regelmäßig auf Pornografie zurückgreifen« (ebd. 26).

Dass die Nennungen über den Pornografiekonsum der Bewohner/innen insgesamt nicht so hoch sind wie bei Menschen ohne Behinderung, hat seinen Grund sehr wahrscheinlich in der Schwierigkeit der Bewohner/innen, Pornohefte oder -filme ohne fremde Unterstützung zu kaufen oder auszuleihen. Mangelnde Möglichkeiten der selbständigen Nutzung von öffentlichen Verkehrsmitteln, weitere behinderungsbedingte Mobilitätseinschränkungen, kommunikative Erschwernisse oder die mangelnde Fähigkeit, das eigene Geld selbständig zu verwalten und damit Einkäufe zu tätigen, sind weitere Gründe. Werden die Mitarbeitenden um Unterstützung gefragt – und das zeigt die vorliegende Untersuchung, dass dies geschieht –, so sind die Bewohner/innen vom Wohlwollen der Mitarbeitenden und deren Toleranz gegenüber ihrem Pornografiekonsum abhängig. Es bleibt offen, wie viele Bewohner/innen sich erst gar nicht trauen, die Mitarbeitenden zu fragen.

Als mögliche Gründe für den Geschlechtsunterschied in der Allgemeinbevölkerung wird, neben einer geringeren Masturbationshäufigkeit bei Frauen, angegeben: »(…) das visuelle Pornografie-Angebot für Frauen ist viel limitierter, und Pornografienutzung kann mit der femininen und/oder feministischen Identität kollidieren« (ebd. 26). Döring weist ebenso auf folgenden Effekt hin: »Nicht nur mit dem Geschlecht, sondern vor allem auch mit der sexuellen Orientierung ist Pornografienutzung verknüpft. Nicht-heterosexuelle Frauen und Männer nutzen sie intensiver« (ebd. 26). Dieser Zusammenhang kann für die Bewohner/innen anhand der vorliegenden Daten nicht geprüft werden.

Döring diskutiert weiterhin die Frage, welche Wirkungen Pornografiekonsum hat und ob er zu einem Ansteigen sexueller Gewalt führt. Dieser Effekt konnte für Menschen ohne Behinderung nicht nachgewiesen werden. Allerdings werden die möglichen Auswirkungen des Pornografiekonsums insgesamt eher kontrovers diskutiert.

> »Das zentrale Theoriemodell für Pornografiewirkungen ist die sozial-kognitive Lerntheorie, wonach sich das Publikum an medialen Rollenvorbildern orientiert, da deren Verhaltensweisen (so genannte sexuelle Skripte) als erfolgreich dargestellt werden« (Döring 2013, 39).

Dies kann sich, wie auch schon Bosch (2004) problematisiert, für Menschen mit kognitiven Beeinträchtigungen als Schwierigkeit erweisen, da sie ggf. mit dem Erkennen des »fiktionalen Charakters vieler Pornografie-Szenarien« (Döring, 2013, 30) überfordert sind. Damit würde sich hier ein Fortbildungs- oder Beratungsbedarf für die Bewohner/innen zeigen.

5.1.7 Anforderungen an die Mitarbeitenden

Zum Abschluss der Diskussion der sexuellen Verhaltensweisen der Bewohner/innen im Alltag der Befragten soll der Blick auf die daraus resultierenden Anforderungen an die Mitarbeitenden gelegt werden. Bisher sind folgende Themen und daraus resultierende Anforderungen diskutiert geworden:

- Herausforderung durch die Vielfalt sexueller Verhaltensweisen der Bewohner/innen
- Unterstützung der Bewohner/innen bei der individuellen Ausbildung von Privat-/Intimsphäre unter Beachtung von Scham und Macht
- Weiterentwicklung der Wohngruppen in Bezug auf Privat- und Intimsphäre sowie dem Recht auf sexuelle Selbstbestimmung aller Beteiligten
- Begleitung und Unterstützung bei dem Wunsch nach Freund oder Freundin inklusive dafür erforderlicher struktureller Maßnahmen
- Reduktion strukturell bedingten homoerotischen und -sexuellen Verhaltens
- Erweiterung eines geschlechtsbezogenen Blicks auf die Frauen und Männer sowie deren Unterstützung bei der (weiteren) Ausbildung ihrer Geschlechtsidentität
- Begleitung und Unterstützung im Bereich Selbststimulation und Pornografiekonsum

Neben notwendigen strukturellen Maßnahmen werden aus den Gesamtergebnissen die Notwendigkeit von Angeboten individueller Begleitung der Bewohner/innen in der (Weiter-)Entwicklung sexueller Selbstbestimmung deutlich. Die daraus resultierenden Anforderungen für die Befragten sollen zunächst betrachtet werden. Anschließend stehen die expliziten und impliziten Fragen der Bewohner/innen an die Mitarbeitenden im Fokus.

Die Auftretenshäufigkeit und die Intensität eines sexuellen Verhaltens sind das Ergebnis individueller sexueller Entwicklung, die nach Kluge (2008) durch zwei sexuelle Motivationsarten, die interne und die externe Stimulation, beeinflusst ist:

> »Während die interne Stimulation alles das begrifflich zusammenfasst, was die Innenreize ausmacht (z. B. hormonale und neuronale Einflüsse), deckt der Terminus der externen Stimulation das ab, was als äußere Einflussfaktoren (z. B. Mitmenschen, Medien) infrage kommt. Beide sexuellen Motivationsarten sind stets im Zusammenhang zu betrachten, wenn auch im Einzelfall eine unterschiedliche Gewichtung zu beobachten ist« (ebd.70).

Dementsprechend kann nur für den einzelnen Menschen individuell vor dem Hintergrund seiner Lebensgeschichte geklärt werden, welche Faktoren die sexuelle Biografie beeinflusst haben könnten sowie ob und welche Unterstützungsmaßnahmen oder Formen der Begleitung notwendig sind, um, wenn erwünscht, bei der Realisierung sexueller Selbstbestimmung zu unterstützen.

Für diese individuellen Überlegungen und Maßnahmen sind als Mindeststandards entsprechendes entwicklungspsychologisches Fachwissen, sexualpädagogische/-andragogische Handlungskompetenz sowie (Selbst-) Reflexionsvermögen der Mitarbeitenden notwendig. Auf dieser Basis kann (möglichst im Team und ggf. über Fallbesprechungen mit Unterstützung von außen) die bisherige Lebensgeschichte der Frauen und Männer, die aktuellen Lebensbedingungen und Entwicklungsmöglichkeiten individuell angemessen erhoben und bewertet sowie entsprechende Maßnahmen entworfen werden. Eine kooperative Planung der Maßnahmen mit den Bewohner/innen ist in jedem Fall anzustreben. Auch wenn durch Teamarbeit und Fallbesprechungen die Intimität der Bewohner/innen schwerer gewahrt werden kann, ist der Austausch miteinander eine unverzichtbare Maßnahme. Auf diesem Weg kann die Gefahr minimiert werden, dass Bewohner/innen bei den Unterstützungsleistungen von den sexuellen Normen sowie dem Wissen, Können und der Reflexionsfähigkeit einer Person abhängig sind. Diesbezüglich verweist Wüllenweber (2008, 14) übergreifend auf die Schwierigkeit, dass der gesamte Praxisdiskurs zu Empowerment, Selbstbestimmung und Teilhabe »(...) vornehmlich an die subjektiven und lebensstilgeprägten Theorien der einzelnen Fachkräfte und an lokale bzw. regionale Einschätzungen der Träger gebunden« ist. Weiterhin kann durch die Transparenz und die Abstimmungsprozesse im Team die Gefahr sexueller Gewalt und auch ggf. eines entsprechenden Vorwurfes an die Mitarbeitenden minimiert werden.

Die Ergebnisse unterstreichen weiterhin die hohe Notwendigkeit selbstreflexiver Angebote für die Mitarbeitenden, da sie z. B. durch Fragen der Bewohner/innen nach den eigenen sexuellen Erfahrungen der Mitarbeitenden oder durch die Bitten der Bewohner/innen deren Sexualverhalten in dessen Normalität zu bewerten, mit ihrer eigenen sexuellen Biografie und den eigenen Normen und Werten angefragt sind. Ebenso ist die starke Herausforderung durch den Arbeitsalltag mit der Vielfältigkeit der sexuellen Verhaltensweisen und der vermuteten Verantwortungsabgabe (▶ Kap. 5.6) über selbstreflexive Prozesse zugänglich. Dazu schlägt Wüllenweber (2008, 15) vor:

> »Die Fachberatung kann aus verschiedenen Gründen nicht ausreichend durch externe Supervision vorgenommen werden, zum Beispiel wegen fehlender Feldkompetenz vieler Supervisor(inn)en in der Arbeit mit behinderten Menschen, mangelnder Verfügbarkeit von Supervision und hoher Kosten. Deshalb sollten interne und begleitende Dienste (...) und die Leitungskräfte entsprechend qualifiziert werden«.

Allerdings scheinen die nicht genügend vorhandenen und zu wenig qualifizierten Supervisoren/innen (als einer Möglichkeit selbstreflexive Prozesse zu initiieren) nur ein Teil der Herausforderung zu sein. Vielmehr müssen die Mitarbeitenden die Notwendigkeit der eigenen Auseinandersetzung mit dem Thema der sexuellen Selbstbestimmung z. B. im Rahmen von Fortbildungen zunächst für sich erkennen (wollen). Dies ist nur zum Teil der Fall (▶ Kap. 4.6.2). Ebenso sind diesbezügliche Reflexions- und Austauschprozesse leichter in einer Einrichtung anzustoßen und zu realisieren, in der die Organisationskultur durch gegenseitigen Austausch in kollegialer Wertschätzung und Offenheit sowie (gemeinsame und individuelle) Reflexion der Tätigkeit im Alltag geprägt ist (▶ Kap. 7.3).

Die Befragten erleben in ihrer Arbeit weitere vielfältige implizite und explizite verbale Themenforderungen, die einen inhaltlichen Rahmen für die Beschreibung weiterer notwendiger Kompetenzen bieten. Dies betrifft folgende Inhaltsbereiche:

Explizite Fragen zu konkreten Themen:

- Fragen nach sexuellen Hilfsmitteln
- Frage nach Unterstützung bei Selbstbefriedigung oder konkreter Hilfe beim Geschlechtsverkehr
- Fragen zu sexuellen Themen allgemein
- Fragen nach Möglichkeiten der Verhütung

Äußerung von Wünschen als Gesprächsanlässe:

- Wunsch nach einem/r Freund/in
- Wunsch nach eigenen Kindern
- Wunsch nach Liebesbeziehung zu Mitarbeitendem

Implizite sexuelle Themen:

- Nutzung stark sexualisierter Sprache
- Lächerlichmachen des Themas »Liebe/Partnerschaft/Sexualität« in der Wohngruppe
- Paare wirken unsicher/trauen sich nicht, Fragen zu stellen/Mitarbeiter hat den Eindruck von Unterstützungsbedarf
- Paare berichten Mitarbeiter über sexuelle Praktiken, die Mitarbeiter übergriffig bzw. gewalttätig erscheinen

Die Mitarbeitenden benötigen entsprechend fundiertes Sachwissen über viele Bereiche der Sexualität (Verhütung, Kinderwunsch, sexuelle Themen allgemein, sexuelle Hilfsmittel etc.). Specht (2013, 176) weist bei den allgemeinen sexuellen Themen darauf hin, dass auch »vernachlässigte Themen« berücksichtigt werden, z. B.:

> »die Gleichberechtigung unterschiedlicher sexueller Orientierungen, die Reflexion von Geschlechterrollen und -identitäten, die Möglichkeiten der Empfängnisverhütung jenseits der Dreimonatsspritze, die Ansteckung mit sexuell übertragbaren Krankheiten, der Umgang mit Opfern und Tätern sexueller Gewalt, der Einsatz von Sexualbegleitung und aktiver Sexualassistenz sowie die Auseinandersetzung mit Kinderwunsch und Elternschaft« (ebd.).

Grundlage ist neben dem Fachwissen vor allem die Offenheit für alle Themen der Bewohner/innen und die Bereitschaft, sich mit den Männern und Frauen auch zusammen zu informieren, oder sich ggf. an Dritte zu wenden, wenn man an eigene Wissensgrenzen kommt.

Die Thematisierung sexueller Inhalte, die in die Privat-/Intimsphäre der Mitarbeitenden greifen (z. B. die Frage nach persönlichen sexuellen Erfahrungen), erfordert von ihnen Bewusstheit über die persönlich bedingten, aber auch professionell notwendigen Grenzen (vgl. Ortland 2013). Damit verbunden ist die (Kommunikations-)Kompetenz, diese Grenzen den Bewohner/innen klar und wertschätzend gegenüber zu vertreten (z. B. bei der Bitte um Hilfe bei der Selbstbefriedigung oder dem Wunsch nach Liebesbeziehung zum Mitarbeitenden), so dass die Mitarbeitenden den Schutz der eigenen Intimsphäre realisieren können. Hier sind klare Absprachen im Team und klare Handlungsanweisungen von Seiten der Leitung unabdingbar.

Eine besondere Bedeutung hat aufgrund der Ergebnisse von Jeschke et al. (2006) aus der qualitativen Befragung von Mitarbeitenden in Wohneinrichtungen die Auseinandersetzung mit eigenen Normen und Werten im Bereich Sexualität, um eigene restriktive Verhaltensweisen zu erkennen und zu verändern. Diese Forderung wird auch durch die Auswertung von Jeschke und Lehmkuhl (2006) zum Thema »Homosexualität« gestützt. Es braucht von Seiten der Mitarbeitenden Reflexionsvermögen, um die vermuteten Unterstützungsbedarfe z. B. bei den Paaren (von zwei Fünftel der Befragten wahrgenommen) nicht aus einem, falsch verstandenen, gut gemeintem Schutz der Paare zu restriktivem Verhalten diesen gegenüber werden zu lassen (auf diese Schwierigkeit verweisen Jeschke et al. 2006, 277 ff). Konkret kann dies z. B. die Überlegung sein, bei einem Bewohner-Paar zu intervenieren, wenn die Mitarbeitenden den Eindruck haben, dass der eine den anderen ausnutzt oder zu sexuellen Handlungen drängt, so dass eine gegenseitige Einvernehmlichkeit sexueller Handlungen zu fehlen scheint. Solche Interventionen sollten nicht von eigenen Normen geleitet sein. Gleichzeitig verlangt eine verantwortungsvolle Begleitung der Bewohner/innen einschätzen zu können, ob ein Eingriff von Seiten des Mitarbeitenden notwendig ist, weil es sich z. B. um sexuelle Gewalt unter Bewohner/innen handelt und entsprechende Konsequenzen erforderlich sind. Dieses Spannungsfeld gilt es wahrzunehmen, zu reflektieren und auszutarieren.

Die Reflexion der eigenen sexuellen Biografie sowie die Bewusstheit eigener Grenzen und deren Wahrung sind nötig, um auf Fragen der Frauen und Männer mit Behinderung nach »Normalität ihres sexuellen Verhaltens« auch entsprechend reflektierte, überlegte und für die Bewohner/innen förderliche Antworten zu geben. Durch einfühlsame Gespräche könnte der Weg zur Ursache dieser Verunsicherung bei den Frauen und Männern gefunden werden, um mit Begleitmaßnahmen hier anzusetzen.

Schließlich benötigen die Mitarbeitenden Handlungskompetenzen, um auch bei Bewohner/innen, die das Thema auf unangemessene Weise durch z. B. stark sexualisierte Sprache in die Wohngruppe einbringen, professionell sowie fachlich und individuell adäquat reagieren zu können. Durch die Aufnahme des Themas Sexualität in wohngruppeninternen Gesprächskreisen, durch Filmabende oder durch kleine Fortbildungseinheiten kann dem hinter diesem Verhalten vermuteten Austauschbedarf entsprochen werden.

Vor dem Hintergrund der Analyse dieser Themenvielfalt, die sich aus dem Alltag der Mitarbeitenden ergibt, scheinen Fortbildungen für Mitarbeitende eine zwingende, logische Notwendigkeit zu sein. Wie sich allerdings bei den später aufgeführten Veränderungs- und Unterstützungswünschen zeigen wird, wünscht sich nur jeder 20. Mitarbeitende Fortbildungen. Deutlich stärker werden Beratungen des Teams favorisiert (▶ Kap. 5.3.3).

5.2 Bewertung der sexuellen Verhaltensweisen

Die Darstellung der Ergebnisse in Kap. 4.3.5 hat aufgezeigt, dass Verhaltensweisen, die mit Eingriffen in die Intimsphäre der Mitbewohner/innen oder Mitarbeitenden verbunden sind, als besonders störend erlebt werden.

Weiterhin fällt auf, dass die Bewertung von verschiedenen anderen sexuellen Verhaltensweisen der Frauen und Männer als störend im Gruppenalltag mit eher geringen Störungswerten von Seiten der Befragten verbunden ist. Dies erstaunt und befremdet aus der Außenperspektive.

An einem Beispiel soll das empfundene Befremden verdeutlicht werden:

Knapp jeder dritte Befragte erlebt, dass sich Bewohner in ihrer Gegenwart selbst befriedigen. Das Miterleben dieser sexuellen Handlung stört aber nur jeden vierten betroffenen Mitarbeitenden.

Knapp jeder vierte Befragte erlebt, dass sich Bewohnerinnen in ihrer Gegenwart selbst befriedigen. Das Miterleben dieser sexuellen Handlung stört aber nur jeden fünften betroffenen Mitarbeitenden.

Würde es sich hier um Menschen ohne Behinderung handeln, wäre die Masturbation im Beisein eines Anderen allenfalls in beiderseitigem Einverständnis und wahrscheinlich gegenseitigem Lusterleben möglich. In allen anderen Fällen wäre dies ein strafrechtlich relevanter Fall von Exhibitionismus.

Wie lässt es sich erklären, dass nicht alle Mitarbeitenden, die diese sexuellen Handlungen in ihrem Beisein (oder im Beisein der Mitbewohner/innen) erleben, dies als störend bewerten? Lässt sich annehmen, dass sie diese sexuellen Handlungen bei einem (nicht behinderten) Kollegen ebenfalls tolerieren würden? Davon ist nicht auszugehen und das wäre auch untragbar. Worin können dann die Gründe für dieses m.E. erstaunliche Ergebnis liegen?

Eine mögliche Erklärung für dieses ›Sich-nicht-gestört-Fühlen‹ könnte darin liegen, dass die Mitarbeitenden die erwachsenen Frauen und Männer mit Behinderung in ihren sexuellen Verhaltensweisen nicht ernst nehmen und sie nicht als gleichwertige Erwachsene anerkennen, denn:

- Hat es nicht mit der Akzeptanz eines Bewohners als Mann zu tun, wenn Mitarbeitende sich deutlich gestört fühlen, wenn sich dieser Mann in ihrem Beisein selbst befriedigt?
- Hat es nicht mit der Akzeptanz einer Bewohnerin als Frau zu tun, wenn Mitarbeitende sich deutlich gestört fühlen, wenn sich diese Frau in ihrem Beisein selbst befriedigt?

- Werden Bewohner/innen als Erwachsene mit Sexualität ernst genommen, wenn Mitarbeitende vielfältige sexuelle Verhaltensweisen in verschiedenen Kontexten hinnehmen und sich kaum dadurch gestört fühlen? Und auch kaum eine Störung der Mitbewohner/innen annehmen? Wie sehr wird dabei auch in den Blick genommen, dass die sexuelle Selbstbestimmung der Mitbewohner/innen als schützenswert gelten müsste?
- Muss man dieses eher geringe Empfinden von Störungen als negativ bewerten, da es den Schluss zulässt, dass die Bewohner/innen vorwiegend als ›in ihrer Sexualität nicht ernst zu nehmende Behinderte‹ und nicht als ›Erwachsene mit Sexualität‹ gesehen werden, die sich an gesellschaftliche Vorgaben halten müssen? Oder wird angenommen, dass diese gesellschaftlichen Vorgaben behinderungsbedingt gar nicht erlernbar sind?
- Gelten diese gesellschaftlichen und gesetzlichen Rahmenbedingungen im Einrichtungskontext nicht? Wie kann dies anders gerechtfertigt und erklärt werden als über die Behinderung der Bewohner/innen?

Die Ergebnisse auf die Frage nach Erklärungsideen der Mitarbeitenden für sexuelle Verhaltensweisen der Bewohner/innen (▶ Kap. 4.5) lassen eher eine negative Interpretation wahrscheinlich erscheinen. Die starke Dominanz behinderungsbedingter Erklärungsmodelle für die sexuellen Verhaltensweisen der Bewohner/innen lässt den Schluss zu, dass die Bewohner/innen vorrangig als Behinderte gesehen werden, die sich nicht anders verhalten können, als sie es tun. Den Bewohner/innen werden - pointiert formuliert – als ‚Behinderten ohne Entwicklungspotential im Bereich Sexualität‹ Veränderungsmöglichkeiten aus sich heraus weitestgehend abgesprochen. Die damit verbundene Abwertung der Bewohner/innen als ›handlungsunfähig‹ in Bezug auf ihre sexuellen Verhaltensweisen in Verbindung mit den ungünstigen strukturellen Rahmenbedingungen ermöglicht es ggf. vielen der Befragten, die Verhaltensweisen als nicht störend zu erleben.

Wenn eine Mitarbeiterin den Mann, der sich neben ihr selbst befriedigt, als Behinderten ohne Handlungs- und Änderungsmöglichkeiten sieht, so kann sie dieses Verhalten eher hinnehmen und sich kaum/gar nicht gestört fühlen.

Wenn ein Mitarbeiter die Frau, die ihn häufig umarmt oder küsst, als Behinderte ohne Handlungs- und Änderungsmöglichkeiten sieht, so kann er dieses Verhalten eher hinnehmen und sich kaum/gar nicht gestört fühlen.

Gibt es so viele Menschen mit Behinderung, von denen angenommen werden müsste, dass ihnen im Erwachsenenalter im Bereich der Sexualität keine/kaum Verhaltensänderungen mehr möglich sind? Auf welche Personengruppe trifft es dann zu, wenn in der UN-Behindertenrechtskonvention Erwachsenenbildung und das Recht auf lebenslanges Lernen für alle Menschen mit Behinderung gefordert wird? Oder ist das nur im Bereich der sexuellen Selbstbestimmung so schwierig?

Lassen sich diese Werte aber auch anders interpretieren? Kann bei den Mitarbeitenden ein hohes Maß an Toleranz für die Vielfältigkeit von sexuellen Verhaltensweisen angenommen werden? Wird somit für die Bewohner/innen ein Raum für vielfältige sexuelle Erfahrungen ermöglicht? Es wurde in der Befragung nicht erhoben, welche Konsequenzen auf verschiedene, als störend bewertete sexuelle Verhaltensweisen erfolgen. Im Sinne einer positiven Interpretation der Ergebnisse

5 Diskussion der Ergebnisse

kann vermutet werden, dass die Mitarbeitenden versuchen, den Bewohner/innen gesellschaftlich angepasstes sexuelles Verhalten zu vermitteln und das als ihren Auftrag definieren. Demgemäß könnte man annehmen, dass aufgrund der Zeit, die diese Lernprozesse brauchen, sich vielleicht das Störungsempfinden der Mitarbeitenden verringert.

Kritisch ist weiterhin zu fragen, ob die Mitarbeitenden eine Organisationskultur erleben, die sie bei Fragen des angemessenen Umgangs mit den vielfältigen sexuellen Verhaltensweisen der Bewohner/innen unterstützt? Ist die Einrichtung von einem hier förderlichen Menschenbild getragen? Ist hier durchgehend tragend, dass die Sexualität der erwachsenen Bewohner/innen anerkannt wird als positive Entwicklungsressource und die Mitarbeitenden für die Begleitung der Bewohner/innen genügend Unterstützung erhalten? Werden die Mitarbeitenden ermutigt, sich gestört fühlen zu dürfen? Oder wird ihnen eher vermittelt, dass es zu ihrem professionellen Auftrag gehört, hier entsprechend ›großzügig‹ zu sein? Die deutlichen Wünsche der Mitarbeitenden nach individueller und teambezogener Beratung (▶ Kap. 4.6.2) und klaren Vorgaben durch die Leitung (▶ Kap. 4.6.3) lassen hier eher Gegenteiliges vermuten.

Jeschke et al. (2006, 281) diskutieren im Rahmen der Analyse ihrer Interviews mit Mitarbeitenden einen möglichen »Objektstatus der Betroffenen«, der auch Interpretationshinweise für die vorliegenden Ergebnisse bietet. Sie führen dazu aus:

> »Z.B. in den Aussagen zur Übernachtungsregelung erscheinen die Betroffenen mehr als zu regelnde Objekte: Auf die vom Personal oftmals ›ihretwegen/zu ihrem persönlichen Schutz‹ geschaffenen Einschränkungen haben sie keinen Einfluss. Lernprozesse in Bezug auf den Umgang mit Übernachtungen von Fremden werden nicht ermöglicht. Auch hinsichtlich der Handhabung von Verhütungsmitteln erscheinen die Betroffenen regelmäßig als Objekte von Handlungen (…)« (ebd. 283).

Die ›Macht‹ über die Übernachtungsregelungen hat auch die Hälfte der Befragten in der vorliegenden Untersuchung. Sie entscheiden ebenso, ob ein Verhalten als störend/hinderlich im Gruppenkontext bewertet wird oder nicht. Und sie haben die Macht, durch ihre Bewertungen und daraus (angenommenen) nicht erfolgten Handlungen, Situationen gegenseitiger Beschämungen (▶ Kap. 5.1.2) aufrecht zu erhalten. Stellt man einen (nicht erhobenen) engen Bezug zwischen der Bewertung eines Verhaltens als störend und daraus resultierenden Handlungsbedarfen von Seiten der Mitarbeitenden her (und dies ist nun spekulativ), so wird nur wenig Handlungsbedarf in Bezug auf sexuelles Verhalten der Bewohner/innen gesehen. Zu beachten ist bei diesem Erklärungsmodell, dass dies von Seiten der Mitarbeitenden in der Regel keine bewussten oder in negativer Absicht vollzogenen Prozesse sind. Allerdings scheint es auch an Anregungen zu Reflexion und Bewusstwerdung dieser Prozesse zu fehlen. Hier liegt es in der Verantwortung der Einrichtungsleitung entsprechende Unterstützung für diese Prozesse z. B. durch Supervision oder Beratung zu geben. Dies sind auch Wünsche der Mitarbeitenden (▶ Kap. 4.6.2).

Schließlich kann aber noch ein weiteres Erklärungsmodell für das eher geringe Störungsempfinden der befragten Mitarbeitenden in der insgesamt bisher deutlich gewordenen enormen Herausforderung durch den Arbeitsalltag liegen. Unter Rückgriff auf Maslach und Jackson und deren Maslach-Burnout-Inventory beschreibt Fabian (1996), dass »vor allem Personen, die sich in langandauernden, intensiven Interaktionen mit Menschen befinden, anfällig für Burn-out sind« (ebd. 48). Das personnahe Thema der Sexualität, die körpernahen Interaktionen der Befragten mit den Bewohner/innen, die gegenseitigen Eingriffe in die Intimsphären sowie das (ungewollte) Miterleben vielfältiger sexueller Verhaltensweisen – all das sind sehr intensive Situationen, die die Befragten in ihrer alltäglichen Arbeit erleben und deren belastende Wirkung postuliert werden kann, auch wenn die Befragten sich selbst erstaunlicherweise als wenig belastet bewerten (▶ Kap. 4.4). Durch permanente Überlastung und Überforderung von Mitarbeitenden kann es nach Weinwurm-Krause (1999, 55) zu Prozessen der Dehumanisierung kommen, die zu einer Gleichgültigkeit und Geringschätzung gegenüber den Bewohner/innen führen können. Fabian (1996, 48 f) beschreibt ähnliche Prozesse unter dem Begriff der Depersonalisierung der Klienten. Die mögliche Geringschätzung, das vermutete Nicht-ernst-Nehmen der Sexualität der Bewohner/innen könnte der Grund für den geringen Störungsgrad sein. Die Ursache dafür ist allerdings in der enormen Herausforderung der Mitarbeitenden zu sehen und als für sie subjektiv sinnvoll zu bewerten. Der Wunsch nach personaler Entlastung (und damit momentaner großer Anforderung) zeigt sich z. B. darin, dass mehr als zwei Drittel der Befragten sich mehr Mitarbeitende im Gruppendienst wünschen (▶ Kap. 4.6).

Das eher geringe Störungsempfinden der Befragten weist darauf hin, dass der Themenbereich der sexuellen Selbstbestimmung bei Frauen und Männern mit Behinderung durch jahrzehntelange Tabuierung sowie dessen ›Belastung‹ durch die Vorurteile des ›triebhaften‹ und gleichzeitig kindlichen ›Behinderten‹, dessen Sexualität ein ›Problem‹ sei und unterdrückt werden müsse, noch lange nicht in ein positives Licht gerückt ist. Sexuelle Selbstbestimmung scheint noch weit entfernt von einer Betrachtung als wertvolle Lebensenergie und unterstützenswerte Entwicklungsressource.

5.3 Angenommene Gründe für sexuelles Verhalten

Die von den Befragten angenommen Gründe für die sexuellen Verhaltensweisen, die die Frauen und Männer in ihren Wohngruppen zeigen, ergeben ein eher diffuses Bild: strukturelle und behinderungsbedingte Erklärungsmodelle haben in gleicher Intensität bei den Befragten nebeneinander – trotz ihrer teilweisen Widersprüchlichkeit – Bestand. Positive Konnotationen von sexuellen Verhaltensweisen finden sich ebenso deutlich.

Widersprüche bei Erklärungsmodellen beschreiben ebenso Jeschke et al. (2006) in ihrer Analyse der Diskurse der Mitarbeitenden. Um den Zusammenhang zu verdeutlichen, sollen an dieser Stelle exemplarisch ihre Ausführungen zur Sexualaufklärung aufgegriffen werden. Das von Jeschke et al. interviewte Personal gibt als Gründe für nicht stattfindende Aufklärungsgespräche zum einen ungünstige Rahmenbedingungen und unklare Zuständigkeiten an und zum anderen, dass die

Bewohner/innen die Aufklärung von sich aus nicht einfordern würden oder sich noch kein geeigneter Zeitpunkt finden ließe. Die Autoren analysieren:

> »Das Verschweigen der potenziellen eigenen Scheu vor dem Thema und das Anführen nicht beeinflussbarer und legitimierbarer Gründe für die kaum stattfindende Sexualaufklärung im Zusammenhang mit der häufigen Betonung der eigenen Offenheit weist insgesamt darauf hin, dass auch hier die Alltagspraxis zugunsten des Selbstbildes der Mitarbeiterinnen und Mitarbeiter verzerrt wiedergegeben wird. Begründungen, die vom jeweiligen Interviewten nicht zu verantworten sind, entlasten diese bzgl. der Verantwortung für die tägliche Praxis und machen den Widerspruch zwischen der eigenen Offenheit und der tatsächlich nur rudimentär stattfindenden Aufklärung lebbar« (ebd. 262).

Dieser Argumentationszusammenhang lässt sich m.E. auf die vorliegenden Ergebnisse übertragen: Die Konfrontation mit vielfältigen sexuellen Verhaltensweisen, bei denen die Bewohner/innen zum Teil deutlich in die Intimsphäre der Mitarbeitenden eingreifen und demgemäß von den Befragten eine große Offenheit gegenüber sehr individuellen Formen sexueller Selbstbestimmung benötigt wird, lassen sich vielleicht nur als Bestandteil der täglichen Arbeit hinnehmen, weil sie als behinderungsbedingt verursacht bewertet werden oder ursächlich in, von den Mitarbeitenden nicht beeinflussbaren, strukturellen Bedingungen liegen. Damit würden die Mitarbeitenden keine explizite Verantwortung für das (grenzverletzende) Verhalten der Bewohner/innen tragen bzw. annehmen, hätten aber auch keine oder nur sehr eingeschränkte Beeinflussungsmöglichkeiten. Dies würde auch die geringe Anzahl der Mitarbeitenden erklären, die Verhaltensweisen als störend/ hinderlich im Gruppenalltag bewerten oder sich durch sexuelle Verhaltensweisen der Bewohner/innen subjektiv stark belastet fühlen. Es wird angenommen, dass die meisten Befragten die Tendenz haben, das Verhalten der Bewohner/innen als nicht/ nur wenig änderbar hinzunehmen.

Vor diesem Hintergrund wäre es wichtig, die Befragten bzw. Mitarbeitende in Wohneinrichtungen zu ermutigen, ihr mögliches Unwohlsein oder auch ihre Ratlosigkeit mit Verhaltensweisen der Bewohner/innen, ihre Verletzungen der eigenen Intimität durch übergriffiges Verhalten der Männer und Frauen, ihren Ekel, wenn sie Kot, Ejakulat oder Menstruationsblut entfernen müssen und noch vieles mehr, zu artikulieren. Vielleicht ist es nötig, ihnen Mut zu machen, sich gestört fühlen zu dürfen, wenn ihnen ein Mann in den Schritt packt oder eine Frau neben ihnen masturbiert. So könnte der folgende von Jeschke et al. (2006, 294) benannte Zusammenhang durchbrochen werden:

> »Wie bereits an anderer Stelle angesprochen, trägt das Verschweigen der eigenen berechtigten Interessen (z.B. hier des Personals) letztlich zur Aufrechterhaltung des gesellschaftlichen Status quo bei, der die Schwierigkeiten bedingt.«

Behinderungsbedingte Annahmen für sexuelle Verhaltensweisen lassen sich neben den Ergebnissen aus der vorliegenden Befragung und den Ergebnissen von Jeschke et al. (2006) auch in der Lehrer/innenbefragung an Förderschulen FkmE finden (vgl. Ortland, 2005). 94,7 % der Lehrer/innen nehmen an, dass eine geistige Behinderung Auswirkung auf das sexuelle Verhalten hat – hier kann eine Analogie zu dem in der vorliegenden Befragung angebotenen behinderungsbedingten Item (»Bew. haben durch Behinderung kein Verständnis von eigener Sexualität und angemessenen Verhaltensweisen«) gezogen werden. Dieses Item erhielt ebenfalls Zustimmung von 90 % der befragten Mitarbeitenden. So ist anzunehmen, dass behinderungsbedingte Erklärungsmodelle in verschiedenen Arbeitsbereichen mit Menschen mit Behinderung nach wie vor eine große Bedeutung haben. Sie sind vor dem Hintergrund der Analyse von Jeschke et al. (2006) aus der Perspektive der Mitarbeitenden als subjektiv sinnvoll und entlastend nachvollziehbar.

Werden sexuelle Phänomene allerdings allein als behinderungsbedingt verursacht gesehen, so entfallen viele Handlungsoptionen. Eine solche Haltung kann negative Effekte haben, wie sie Jeschke et al. (2006, 286) beschreiben:

»Die Festschreibung der Defizite schränkt die Betroffenen von vornherein in ihren Entwicklungsmöglichkeiten ein. (…) Die defizitorientierte Perspektive bestätigt sich immer wieder selbst und führt zu den – oft im Kontext einer Legitimation der Praxis – anzutreffenden Tautologien über die (vermeintliche) Bedürfnislosigkeit der Bewohnerinnen und Bewohner, z. B. bzgl. der Sexualaufklärung oder der (vermeintlichen) Unfähigkeit der Betroffenen, z. B. mit Übernachtung von Gästen bzw. mit Kondomen umzugehen« (ebd.).

Fabian (1996) macht in ihrer Analyse bisheriger Untersuchungen zum Zusammenhang zwischen Mitarbeitendeneinstellungen und deren Handlungsweisen gegenüber Menschen mit geistiger Behinderung folgenden Zusammenhang deutlich:

»Eine Reihe von Untersuchungen (…) lassen auf einen Zusammenhang zwischen positiven Erwartungen an die Möglichkeiten der Klienten und dem Interaktionsverhalten der Mitarbeiter gegenüber den geistig behinderten Klienten schließen. Mitarbeiter, die den Möglichkeiten der Klienten gegenüber optimistischer eingestellt waren, zeigten häufiger akzeptierende und funktionale Interaktionen, schätzten sich selbst als hilfsbereiter den Klienten gegenüber ein und gestalteten das Umfeld des Klienten weniger restriktiv« (ebd. 66).

Mit behinderungsbedingten Erklärungsmodellen sind wahrscheinlich keine positiven Erwartungen an die Klienten/innen verbunden – eher das Gegenteil ist der Fall. Die Befragten mit diesen Einstellungen haben wahrscheinlich wenige Veränderungserwartungen. Es handelt sich dabei um eine Einschätzung, die dringend durchbrochen werden muss, damit sexuelle Selbstbestimmung als förderliche Entwicklungsressource positiv bewertet werden kann.

Ungünstige strukturelle Bedingungsfaktoren und deren negative Auswirkungen, wie sie sich schon früh bei Goffman (1973) in seinen Ausführungen zu totalen Institutionen finden lassen und die in differenzierterer Form die aktuelle Diskussion der Sexualpädagogik bei Menschen mit Behinderung bestimmen (vgl. exemplarisch Ortland 2011, Ortland 2013, Clausen/Herrath 2013), sind in der Praxis bei den Mitarbeitenden bekannt, konnten aber die behinderungsbedingten Erklärungsmodelle nicht verdrängen. Deren Kenntnis spiegelt sich auch in den noch vorzustellenden Wünschen der Befragten nach strukturellen Verbesserungen wider. Das deutliche Votum für strukturell bedingte sexuelle Verhaltensweisen verbunden mit dem starken Wunsch nach diesbezüglichen Veränderungen stärkt eine Annahme der möglichen Verantwortungsabgabe der Befragten an die Institution. So ist auch nachvollziehbar, dass behinderungsbedingte und strukturell bedingte Erklärungsmodelle bei den Befragten in vergleichbarere Intensität nebeneinander Bestand haben.

5.4 Wünsche nach Veränderung und Unterstützung

Zentraler Inhalt der Befragung war neben der Erfassung der sexuellen Verhaltensweisen, die die Mitarbeitenden im Alltag erleben, ihre Zufriedenheit mit ihrer Arbeitssituation unter dem Fokus sexueller Selbstbestimmung der Bewohner/innen sowie ihre Ideen und Wünsche bzgl. der Unterstützung in der Einrichtung oder von außerhalb. Damit ist in Bezug auf weiterführende konzeptionelle Überlegungen die Annahme verbunden, dass Veränderungen, die bei den Interessen und Wünschen der Mitarbeitenden ansetzen, von diesen am ehesten akzeptiert und angenommen werden.

Nicht einmal die Hälfte der Befragten ist zufrieden mit der Gesamtsituation in der Einrichtung in Bezug auf die Realisierung sexueller Selbstbestimmung für die Bewohner/innen. Die Zufriedenheit der Befragten hängt in der Erhebung nicht von personenspezifischen Merkmalen ab. Dieser personenunabhängige Effekt findet sich auch in der Erhebung von Fabian (1996, 152) zur Arbeitszufriedenheit bei Betreuer/innen von Menschen mit geistiger Behinderung:

> »Interindividuelle Unterschiede in der Zufriedenheit mit der beruflichen Situation hängen dieser Untersuchung zufolge nicht mit personenspezifischen Merkmalen wie Alter, Geschlecht, Dauer der Berufserfahrung oder Art der beruflichen Ausbildung zusammen. Gleiches gilt auch für Unterschiede im Gefühl der Überforderung durch die Arbeit«.

Als Konsequenz aus diesem Ergebnis kann gefolgert werden, dass Veränderungen nicht bei bestimmten Gruppen ansetzen müssen, die durch personenbezogene Merkmale bestimmt sind, sondern die Art der Veränderung im Vordergrund der konzeptionellen Weiterentwicklung steht. Weiterhin bestärkt diese Erkenntnis die postulierte Notwendigkeit organisationskultureller Analysen und Weiterentwicklungen.

Zwei Drittel der Befragten wünschen sich Veränderungen bzw. Unterstützung in ihrer Einrichtung im Bereich der sexuellen Selbstbestimmung. Analog zu den im vorangegangenen Abschnitt diskutierten Erklärungsansätzen für das Verhalten der Mitarbeitenden, bei denen eine Verantwortungsnegierung für die sexuellen Verhaltensweisen der Bewohner/innen vermutet wird, liegen deren am stärksten bevorzugten Veränderungswünsche im Bereich der ›Einrichtung‹ und dem Bereich der ›Bewohner/innen‹. Die am wenigsten gewünschten Veränderungen betreffen sie selbst (▶ Kap. 4.6). Auch dieses Ergebnis lenkt den Blick auf die von den Mitarbeitenden erkannten notwendigen Veränderungen in den Organisationen. Allerdings wird dabei von den Befragten zu wenig beachtet, dass sich alle Akteure/innen als Teile einer lernenden Organisation weiterentwickeln müssen (▶ Kap. 7.3).

Nachfolgend werden nun die Veränderungswünsche der Mitarbeitenden vor dem Hintergrund der bisherigen Ergebnisse diskutiert und mögliche Widersprüche aufgezeigt. Dafür werden zunächst die Wünsche, die sich auf die Einrichtung beziehen, erörtert, nachfolgend die Bereiche, die die Bewohner/innen und dann die Mitarbeitenden betreffen. Dies entspricht der Rangfolge der meist genannten Veränderungswünsche der Befragten.

5.4.1 Gewünschte Veränderungen in der Einrichtung

In der Befragung wurde ein »Gesamtkonzept ›sexuelle Selbstbestimmung der Bewohner/innen‹« nur von einem Drittel der Befragten als notwendige Veränderung angesehen. Ein Fünftel gibt ein solches Gesamtkonzept als in der eigenen Institution vorhanden an. In Bezug auf bereits vorhandene Gesamtkonzepte ist erstaunlich, dass in den beiden Einrichtungen, in denen der Autorin das Vorhandensein eines entsprechenden Gesamtkonzeptes bekannt ist, nur jeweils ein Fünftel bzw. zwei Fünftel der Befragten dies als vorhanden und damit bekannt angibt. Entweder liegt dies an dem in der Einrichtung gewählten anderen Titel der Gesamtkonzeption (z. B. Orientierungshilfe) oder daran, dass die vorliegenden Konzeptionen nicht dem entsprechen, was sich die Mitarbeitenden inhaltlich im Bereich »Gesamtkonzept sexuelle Selbstbestimmung« vorstellen und wünschen würden. Es könnte auch sein, dass in den Einrichtungen die Information über die Gesamtkonzeption nicht allen Mitarbeitenden vorliegt bzw. nicht präsent ist. Dann wäre eine mögliche Konsequenz eine Optimierung der Information der Mitarbeitenden über vorliegende Konzepte sowie verstärkte Bemühungen, die Bedeutung von Konzepten für die alltägliche Arbeit transparenter und nachvollziehbarer zu machen oder diese ggf. noch einmal in einen Diskussionsprozess mit den Mitarbeitenden zu bringen, um sie wieder ›mit Leben zu füllen‹ oder ggf. inhaltlich zu verändern.

Weiterhin lässt sich auch an dieser Stelle die Frage nach den Organisationskulturen und den möglichen ›ungeschriebenen Verhaltensrichtlinien‹ stellen (▶ Kap. 7.3). Gilt in den Einrichtungen eher die (ungeschriebene) Annahme, dass Konzepte eben nur ›bedrucktes Papier‹ sind, für die konkrete Arbeit in den Wohngruppen untauglich und demzufolge nicht weiter beachtet werden müssen? Konnten viele Mitarbeitende bzw. Vertreter/innen aller relevanten Mitarbeitendengruppen in den Entwicklungsprozess der Konzepte eingebunden und deren Relevanz für den Alltag verdeutlicht werden? Oder widersprechen die Konzepte den (oft unbewussten) Basisannahmen der Organisationen über Menschen mit Behinderung und deren Recht auf sexuelle Selbstbestimmung?

Erarbeitete Konzeptionen leben davon, dass deren Inhalte im Arbeitsalltag immer wieder thematisiert und herausgefordert werden. Da sich die Befragten zu über zwei Fünfteln mehr Austausch in allen Bereichen der Einrichtung über das Thema »Sexualität« wünschen, könnte hier der Hinweis auf einen notwendigen Diskussionsprozess oder Wiederbelebungsprozess auch schon vorhandener Konzeptionen liegen. Dies könnte auch auf einen notwendigen offenen Diskussionsprozess über Basisannahmen (vor allem das Menschenbild) der Organisationskultur hinweisen.

Etwas stärker als ein Gesamtkonzept werden »klare Handlungsvorgaben durch die Leitung« von über zwei Fünfteln der Befragten gewünscht. Dies würde den Ergebnissen von Jeschke et al. (2006) entsprechen, die als Wunsch der Mitarbeitenden die »Klärung der Erwartungshaltung der Leitungsebene« (ebd. 292) benennen. Weiterhin entspricht es dem bereits vorgestellten Erklärungsansatz, dass die Mitarbeitenden die Verantwortung für die sexuelle Selbstbestimmung der Bewohner/innen eher bei der Einrichtung sehen und von ihnen selbst als wenig beeinflussbar bewerten. Damit würden solche »klaren Handlungsvorgaben durch die Leitung« den individuellen und teambezogenen Diskussions- und Weiterentwicklungsprozess ggf. hemmen. Gleichzeitig kann zu viel Unklarheit in Bezug auf die Erwartungshaltung der Einrichtung bzw. Leitung zu starker Handlungsunsicherheit der Mitarbeitenden und eher zu weiteren Vermeidungsstrategien führen. Auch hier lässt sich der Bezug zur Organisationskultur herstellen: Die Implementierung von Konzepten benötigt die klare Haltung und Unterstützung der Organisationsleitung sowie Informationswege, die alle Mitarbeitenden angemessen erreichen.

In Bezug auf die (wie oben erwähnt wenig gewünschten) Gesamtkonzepte ist dann wiederum erstaunlich, dass über die Hälfte der Befragten diese als sinnvoll für die Bewohner/innen erachtet, da sie wünschen, dass diese auch in leichter Sprache vorliegen sollten. Vielleicht steht dahinter der Wunsch, die Verantwortung an die Leitung abzugeben, die durch ein für die Bewohner/innen verständliches Gesamtkonzept diese in ihrem Verhalten beeinflussen kann. Dahinter könnten die Idee der Arbeitsentlastung und die Vermeidung differenzierter Diskussionsprozesse für die angemessene Begleitung einzelner Bewohner/innen stehen. Aufgrund der Vielfalt sexueller Verhaltensweisen, die die Befragten im Alltag erleben, ist anzunehmen, dass ihnen die Komplexität der Entwicklungsaufgabe der sexuellen Selbstbestimmung bewusst ist. Die Ergebnisse weisen jedoch an vielen Stellen immer wieder darauf hin, dass die Befragten ungerne oder gar nicht sehen wollen, dass ihr eigenes Handeln gefordert ist (siehe unten).

Ebenso ist aber auch eine (positivere) Interpretation denkbar: Die Mitarbeitenden wollen bewusst die Bewohner/innen als Erwachsene mit dem Recht auf sexuelle Selbstbestimmung ernst nehmen und ihnen die Mitverantwortung für die Umsetzung des Prozesses geben. Im Sinne des Empowerments könnte dies einen partizipativen Entwicklungsprozess anstoßen.

Schließlich könnte auch eine missverständliche Formulierung der Items im Fragebogen den Unterschied im Wunsch nach einem Gesamtkonzept für Mitarbeitende bzw. Bewohner/innen erklären. Möglicherweise wurden die Items »Gesamtkonzept für sexuelle Selbstbestimmung der Bew.« (Zielgruppe Mitarbeitende) und »Gesamtkonzept sexuelle Selbstbestimmung in leichter Sprache« (Zielgruppe Bewohner/innen) mit den damit verbundenen unterschiedlichen Zielgruppen nicht eindeutig genug formuliert.

Die Wünsche der Befragten nach klaren Handlungsvorgaben bekommen vor dem Hintergrund der Befragungsergebnisse von Fabian (1996) zur Arbeitszufriedenheit von Mitarbeitenden in Wohneinrichtungen für Menschen mit geistiger Behinderung eine sehr hohe Relevanz:

»Als insgesamt bester Prädiktor von Zufriedenheit wie auch Überforderung erwies sich das Ausmaß der Orientierungssicherheit im Umgang mit den geistig behinderten Klienten. Für das subjektive Befinden der betreuenden Mitarbeiter wäre es demzufolge von besonderer Bedeutung, über klare Ziele in der Arbeit mit den Klienten sowie über Strategien zu deren Umsetzung zu verfügen« (ebd. 158).

Diese Ergebnisse bestärken den Wunsch der Befragten nach klaren Handlungsvorgaben, die Orientierungssicherheit geben, als sinnvolle Maßnahme und machen aber gleichzeitig deutlich, dass das nicht reicht. Die Mitarbeitenden selbst müssen ebenfalls bereit sein, sich entsprechende Handlungskompetenzen für Strategien anzueignen, die dazu dienen, diese Ziele umzusetzen. Es scheinen Diskussionsprozesse in den Einrichtungen nötig, die unter Beteiligung aller Akteure/

innen klären, wie die ›Klarheit‹ von Handlungsvorgaben jeweils verstanden und inhaltlich gefüllt wird. Dieser Prozess kann durch die inhaltliche Unschärfe und häufige Engführung der Begriffe ›Sexualität‹ und ›sexuelle Selbstbestimmung‹ erschwert werden.

Der deutliche Bedarf an struktureller und baulicher Optimierung der Wohneinrichtungen durch z. B. eigene Badezimmer und Einzelzimmer für die Bewohner/innen wird gesehen und entspricht sowohl inhaltlich der starken Konfrontation der Befragten mit dem Thema »mangelnde Wahrung der Intim-/Privatsphäre« als auch den aktuellen Erkenntnissen der Studie des BMFSFJ (2012), die ebenfalls die noch häufig fehlenden Einzelzimmer oder nicht abschließbaren Wasch- und Toilettenräume kritisieren. Das abschließbare Badezimmer, durch das sich Bewohner/innen deutlich vor ungewollten Eingriffen in ihre Intimsphäre schützen könnten, wird nur von einem Viertel als bedeutsam angesehen. Allerdings ist dieses bereits in vielen Wohngruppen der Einrichtungen nach Angabe der Befragten vorhanden. Auch hier geben die Mitarbeitenden den Einrichtungen die Verantwortung für die Schaffung günstiger Rahmenbedingungen. Dies ist ein inhaltlich adäquater Wunsch an die Leitungsebene und trotzdem bedarf es einer Änderung der Haltung und des Verhaltens der Mitarbeitenden, um mehr Privatheit und Intimität für die Bewohner/innen zu realisieren. Ein Einzelzimmer kann nur mehr Privatheit für den Einzelnen bringen, wenn diese von allen Beteiligten in der Wohngruppe respektiert wird und dann z. B. zuverlässig angeklopft, abgewartet und erst nach erfolgter Zustimmung das Zimmer betreten wird. Um dies zu reflektieren und zu verändern sind entsprechende Angebote notwendig, die, wie sich zeigen wird, von den Befragten selten gewünscht werden. Hier wird die eigene Verantwortung weniger in den Blick genommen.

5.4.2 Gewünschte Veränderungen für die Bewohner/innen

Die vorrangigen Einflussmöglichkeiten auf die sexuelle Selbstbestimmung der Frauen und Männer werden auf personaler Ebene gesehen. Über zwei Drittel der Befragten sind der Auffassung, dass mehr Mitarbeitende im Gruppendienst zu einer positiven Veränderung führen würden. Ebenso sehen die Befragten Veränderungs- und Unterstützungsmöglichkeiten durch mehr Fachpersonal aus der Einrichtung selbst oder durch Sexualpädagogen/innen von außerhalb. Dieses Ergebnis lässt den Schluss zu, dass es zur Unterstützung der sexuellen Selbstbestimmung der Bewohner/innen aus der Perspektive der Befragten von geringer Bedeutung ist, ob die personellen Unterstützungsangebote durch speziell ausgebildetes Personal realisiert werden (Sexualpädagogen/innen oder Fachkräfte) oder nicht (weitere Mitarbeitende im Gruppendienst). Dies könnte wieder dafür sprechen, dass das Thema der Sexualität der Bewohner/innen nicht sehr ernst genommen wird, da es allgemein durch mehr Mitarbeitende veränderbar erscheint, oder es zeigt eine sehr grundlegende Überlastung der Befragten durch zu wenig Personal im Arbeitsalltag. Letzteres müsste dann auf der Leitungsebene sehr ernst genommen werden, da es langfristig die Gesundheit der Mitarbeitenden und deren Arbeitsqualität und damit den Wohnalltag der Frauen und Männer mit Behinderung deutlich negativ beeinflusst.

Weiterhin kann aus dem stark vertretenen Wunsch nach mehr personeller Unterstützung gefolgert werden, dass die Befragten die Komplexität der Aufgabe erkennen und der Auffassung sind, dass die Prozesse gut und umfassend begleitet werden müssen. Ebenso braucht es sicherlich mehr zeitliche Ressourcen für die Begleitung der Bewohner/innen, um diese z. B. in einen gemeinsamen Entwicklungsprozess der Erweiterung sexueller Selbstbestimmung in der Einrichtung einzubeziehen.

Dieser Wunsch kann auch als Abgabe der Verantwortung diskutiert werden. Wenn sich Fachkräfte aus der Einrichtung oder Sexualpädagogen/innen von außerhalb um die sexuelle Selbstbestimmung der Bewohner/innen bemühen und diese beraten, entfällt dies oder minimiert sich als Aufgabe für die Mitarbeitenden und würde diese entlasten und ihnen die Verantwortung dafür abnehmen.

Bildungsangebote und Aufklärungsmaterial werden in ihrer Bedeutung für die Bewohner/innen ebenfalls hoch bewertet. Dies steht im Widerspruch zu den angenommenen behinderungsbedingten Erklärungsmodellen und geht gleichzeitig konform mit der Annahme von 92 % der Befragten, dass die Bewohner/innen zu wenig Wissen im Bereich Sexualität aufgrund fehlender Aufklärung haben. Hier wird ein wichtiger Bedarf gesehen, da viele Menschen mit Behinderung in ihrer Kindheit und Jugendzeit in den Schulen und im Elternhaus zu wenig Sexualerziehung erlebt haben (vgl. Ortland 2008). Es ist weiterführend zu fragen, ob die Mitarbeitenden Fortbildungsangebote für die Bewohner/innen in ihrer Zuständigkeit z. B. als wohngruppeninterne Angebote sehen oder sich dadurch zu sehr belastet fühlen würden? Oder würden Sie sich wünschen, dass anderes Personal Bildungsangebote realisiert und sie damit entlastet würden? Welche Ideen bestehen, neue Erkenntnisse der Bewohner/innen in den Alltag einzubinden, aufzugreifen, zu wiederholen oder zu vertiefen? Das kann aus den vorliegenden Ergebnissen nicht abgeleitet werden.

Es ist aber auch denkbar, dass dahinter der Wunsch steht, in mehr Wohngruppen für die individuelle Beratung der Bewohner/innen oder Wohngruppengespräche entsprechendes Material zur Verfügung zu haben. Ggf. scheitern die Mitarbeitenden auch mit manchen sexuellen Themen im Arbeitsalltag, da ihnen z. B. Bildmaterial fehlt, um den Bewohner/innen notwendiges Wissen (nicht nur über Sprache) zu vermitteln.

Der von zwei Fünfteln der Befragten gewünschte Austausch der Frauen und Männer mit Behinderung in geschlechtergemischten oder gleichgeschlechtlichen Gruppen kann für ein großes Zutrauen in die Fähigkeiten der Bewohner/innen und deren Anspruch auf Austausch untereinander sprechen. Ebenso kann es bedeuten, die Verantwortung für sexuelle Themen deutlich in die Hände der Bewohner/innen legen. Die ist im Rahmen der Empowermentprozesse ein positiv zu bewertendes Veränderungsanliegen. Das Projekt des Bundesverbandes für körper- und mehrfachbehinderte Menschen (bvkm) »Frauen sind anders – Männer auch«, durch das im Zeitraum 2007-2010 Männer- und Frauengruppen für Menschen mit Behinderung sowohl in Einrichtungen als auch in anderen Kontexten geründet und begleitet wurden, erbrachte in der Evaluation die Erkenntnis, dass diese Gruppen auch langfristig nur sehr vereinzelt das Ziel der selbständigen Arbeit erreicht haben. Gerade die Gruppen der Frauen und Männer mit vorrangig geistiger Behinderung sind auf Unterstützung durch eine Person ohne Behinderung angewiesen (vgl. Suska/Bohle 2011). Insofern müssten die gewünschten Frauen- und Männergruppen bzw. geschlechtergemischten Austauschgruppen zunächst mit Begleitung durch Mitarbeitende oder entsprechend weitergebildete Ehrenamtliche beginnen.

Dass sich fast die Hälfte der Befragten leichte Zugänglichkeit zu sexuellen Hilfsmitteln auf Wunsch der Frauen und Männer wünscht, ist aufgrund des hohen Anteils der Bewohner/innen, die sich erfolglos versuchen selbst zu befriedigen oder der Frauen, die sich Gegenstände in die Vagina einführen, als sehr nachvollziehbar zu bewerten. Hier werden ein Bedarf und eine entsprechende Veränderungsmöglichkeit gesehen. Allerdings reicht es oft nicht, den Bewohner/innen ein Hilfsmittel auf deren Wunsch hin zu besorgen bzw. sie beim Kauf zu begleiten. Es ist die Frage, ob die Befragten eine entsprechende Anleitung bei der Bedienung der Hilfsmittel mit bedacht haben und wie ihre Ideen der Umsetzung dazu sind. Analog ist der fast ebenso starke Wunsch nach Kontakt zu Sexualassistenten/Prostituierten, die bei Bedarf der Bewohner/innen »bestellt« werden können, sowohl positiv im Rahmen der Befriedigung eines (vermuteten) Bedarfes als auch kritisch in der Umsetzung zu diskutieren. Für beide Unterstützungsangebote besteht im Rahmen sexueller Selbstbestimmung grundlegend ein Recht der Bewohner/innen (vgl. Jeschonnek 2013). Dessen Umsetzung muss allerdings mit der Grundausrichtung der Einrichtung konform gehen und braucht einen begleitenden Diskussions- und Veränderungsprozess z. B. über die Information der gesetzlichen Betreuer/innen, die Finanzierung, den Ort des Treffens, die Verhinderung von Missbrauchssituationen, die Frage der Einwilligungsfähigkeit der Bewohner/innen usw. (ebd.). Hier sind die begleitenden Mitarbeitenden in der Verantwortung.

Sehr kritisch muss der Wunsch nach Sexualassistenz bewertet werden, wenn er mit der Idee verbunden sein sollte, dass – sehr provokativ formuliert – die ›Sex-Profis‹ von außerhalb die ›Lösung‹ für das Thema sexuelle Selbstbestimmung sind.

Die Befragung zeigt, dass es im Wohngruppenkontext noch viele notwendige Veränderungen in Richtung sexueller Selbstbestimmung geben muss. Davon kann Sexualassistenz nur ein Baustein sein, der niemals alleine dazu dient, sexuelle Selbstbestimmung zu realisieren. Allerdings ist positiv zu bewerten, dass die Mitarbeitenden mit dem Wunsch nach sexuellen Hilfsmitteln und Sexualassistenz einen breiten Blick auf Veränderungsmöglichkeiten für die Bewohner/innen haben.

Menschen mit Behinderung äußern sich unterschiedlich zur Sexualassistenz. Knorr und Blume (2011) beschreiben im biografischen Rückblick das Erleben von Sexualassistenz als positives Erlebnis (neben vielen anderen Faktoren) für die Realisierung sexueller Selbstbestimmung. Kritisch äußerst sich dagegen Vernaldi (2004, 56):

> »Sexualhilfe – da ist ja wohl klar, wer hier Hilfe braucht. Wie das schon klingt – wie Sozialhilfe, Sterbehilfe. Hilfe! Beim Nachdenken über Sexualhilfe oder – etwas moderater – Sexualbegleitung sollte uns klar sein, dass damit ein weiteres Feld der Sonderbehandlung eröffnet wird. Wirkliche Integration würde bedeuten, dass sich die, die sexueller Dienste bedürfen, an die wenden können, die sie anbieten. Prostitution muss nicht kriminell intendiert und zwielichtig sein« (ebd.).

Die verschiedenen Aspekte zeigen, dass in Einrichtungen die Frage der Implementierung von Kontakten zu Sexualbegleiter/innen oder Sexualassistenten/innen einen differenzierten partizipativen Diskussionsprozess braucht. Da dieser Diskussionsprozess durchaus sehr kontrovers geführt werden kann und nicht immer einen für alle Beteiligten befriedigenden Ausgang mit sich bringt, muss die Relevanz von Sexualbegleitung im Rahmen eines institutionellen Gesamtkonzeptes immer mit bedacht werden.

5.4.3 Gewünschte Veränderungen für die Mitarbeitenden

Die zentralen Wünsche der Mitarbeitenden liegen hier in der Beratung für das Team von außerhalb durch Sexualpädagogen/innen oder erfahrene Kollegen/innen aus der Einrichtung. Ebenso werden der vermehrte Austausch im Team und die Supervision für das Team favorisiert. Bis auf die Beratung durch die Sexualpädagogen/innen, die sich die Hälfte der Befragten für ihr Team wünscht, werden die anderen Austauschformen jedoch nur von einem Drittel gewünscht. Damit wird deutlich, dass sich etliche der befragten Mitarbeitenden entwickeln wollen und dazu die entsprechende Unterstützung von außen benötigen. Hier wären vor allem die Einrichtungsleitungen in der Pflicht, die entsprechenden Ressourcen zur Verfügung zu stellen und Angebote zu implementieren.

Externe Beratung durch ausgebildete Sexualpädagogen/innen ist vor dem Hintergrund der vorliegenden Ergebnisse sicherlich für alle Beteiligten förderlich, da anzunehmen ist, dass diese helfen könnten, die behinderungsbedingten Erklärungsmodelle im Beratungsprozess zu relativieren. Ebenso könnten durch diesen Blick von außen eher vermeidende unbewusste Prozesse bei den Mitarbeitenden, so sie vorhanden sind, aufgedeckt werden. Kommunikation über sexuelle Themen kann so in einem eher geschützten Setting erprobt werden. Mögliche eigene Befürchtungen und Scham können abgebaut werden. Es könnte helfen, dass eigene Handlungsmöglichkeiten mehr in den Blick kommen – ebenso der Wunsch, diese umzusetzen. Selbiges ist natürlich genauso durch die interne Beratung durch Fachkräfte möglich. Allerdings besteht hier eher die Gefahr, dass unbewusste Prozesse nur bedingt erkannt werden, da sich auch die Berater/innen in den institutionellen, organisationskulturellen Kontexten befinden und sich ggf. Vermeidungsstrategien noch verfestigen. Von Vorteil ist bei der internen Beratung sicherlich die hohe Feldkompetenz und das Kontextwissen – dies ist aber auch die mögliche ›Falle‹, die es zu erkennen gilt.

Der Wunsch nach Beratung vor allem im Teamkontext kann als förderlich bewertet werden, da daraus abzuleiten ist, dass von den Befragten die sexuelle Selbstbestimmung und die dazu notwendigen Veränderungen für die Bewohner/innen als Teamaufgabe definiert werden. Dies ist vor dem Hintergrund der Themen, denen die Befragten in ihrer Arbeit begegnen, eine notwendige Vorgehensweise. Grundlegende Änderungen im Wohngruppenkontext sollten gemeinsam vom Team entwickelt, getragen und umgesetzt werden. Dazu sind der Austausch im Team und die Beratung von außen unverzichtbare Maßnahmen. Der Wunsch der Befragten scheint auch zu sein, dass die Diskussion vorrangig im Teamkontext bleibt, da Arbeitskreise in der Einrichtung oder einrichtungsübergreifend wenig gewünscht sind. So kann im eher vertrauten Teamkontext ggf. zunächst mehr

Sicherheit entstehen, um dann auch in anderen Kontexten/Arbeitskreisen das Thema zu diskutieren. Es könnte allerdings auch die Gefahr bestehen, dass es als vorrangig notwendig angesehen wird, sexuelle Verhaltensweisen eher ›problemorientiert‹ im Team und bezogen auf die Wohngruppe in den Blick zu nehmen und weiteren Diskussionen und Veränderungsprozessen nicht genügend Gewicht zu geben.

Gleichzeitig lässt die deutliche Betonung des Teams in Verbindung mit den von nur einem Fünftel gewünschten Maßnahmen für sich selbst (Supervision, Beratung durch Sexualpädagogen/innen) die Frage aufkommen, ob individuelle Veränderungsmöglichkeiten nicht gesehen oder gewünscht werden. Die bisher in der Diskussion der Ergebnisse herausgearbeiteten möglichen (unbewussten) Vermeidungsstrategien und Verantwortungsnegierungen der Befragten lassen gerade den Bereich der Supervision als sehr notwendige Maßnahme erscheinen. Auch zur Erhaltung der eigenen Gesundheit in der herausfordernden Arbeit ist dies bedeutsam. Gleichzeitig braucht es dafür fach- und feldkompetente Supervisoren/innen, um gelingende Reflexionsprozesse zu initiieren. Dies ist nach Wüllenweber (2008, 15) ein nicht zu unterschätzendes Problem. Sein Vorschlag liegt in der entsprechenden Weiterqualifikation der Fachkräfte aus den internen und begleitenden Diensten sowie der Leitungskräfte.

Besonders diskussionswürdig ist der äußerst geringe Wunsch nach Fortbildungen, der sich nicht durch deren Vorhandensein in den teilnehmenden Institutionen erklären lässt. Es sind den Befragten in den Einrichtungen kaum einschlägige Fortbildungsangebote bekannt noch wünschen sie sich diese. Nur jeder 20. Befragte sieht in Fortbildungsangeboten eine gewinnbringende Unterstützung oder Veränderung. Dies ist vor dem Hintergrund der vielfältigen sexuellen Verhaltensweisen, denen die Befragten begegnen, der sehr unterschiedlichen Anfragen, die die Bewohner/innen an die Befragten stellen und der anspruchsvollen Aufgaben bei der Realisierung sexueller Selbstbestimmung allerdings aus fachlicher Perspektive ein höchst notwendiges Angebot zur weiteren Qualifikation für die Mitarbeitenden. Es ist anzunehmen, dass dieser geringe Wunsch auch hier wieder in den komplexen Anforderungen des Arbeitsalltags begründet ist.

Es erscheint möglich, dass den Befragten zum Zeitpunkt der Erhebung die Fortbildungen gerade nicht als der passende Schritt erschienen. Damit ist gemeint, dass sie ggf. die Einschätzung haben, dass die Einrichtungsleitungen nicht mit genügend Klarheit und Unterstützung die Implementierung von mehr sexueller Selbstbestimmung wollen und vorantreiben. Vielleicht erleben die Probanden ihre Einrichtungsleitungen als diejenigen, die die Verantwortung an ihre Mitarbeitenden im Gruppenalltag abgeben, indem sie sich in den Augen der Befragten nicht klar genug zu sexueller Selbstbestimmung positionieren. Vor diesem Hintergrund wäre auch verständlich, warum Fortbildungen nicht gewünscht sind. Die gewünschten individuellen Beratungssettings würden sowohl manches ›Problem‹ der Mitarbeitenden bzw. des Teams mit Bewohner/innen ›lösen‹ können bzw. den Bewohner/innen zu individuellen Lösungsstrategien verhelfen.

Andere mögliche Gründe der mangelnden Fortbildungswünsche können auch in der Überlastung der Befragten durch andere (verpflichtende) Fortbildungsthemen liegen. Oder sie liegen ggf. in der ›Angst‹ bzw. Scham vor der individuellen Auseinandersetzung mit dem Thema Sexualität, der Öffentlichkeit der Auseinandersetzung im Rahmen von Fortbildungen oder der Befürchtung vor dem deutlichen Erkennen eigener Handlungsnotwendigkeiten. Ein Drittel der Befragten wünscht sich dann eher die Fachliteratur und das Informationsmaterial zur Erweiterung des eigenen Wissens, die eine nicht-öffentliche Auseinandersetzung im eigenen Entwicklungstempo möglich machen.

Für die Institutionen erwächst daraus die Aufgabe, organisationsintern zu analysieren, welches Erklärungsmodell zutreffend ist und entsprechende Veränderungsmaßnahmen zu initiieren (▶ Kap. 7.2).

Möglicherweise geht der Erkenntnisweg über gelingende Beratungsprozesse, die mögliche Ängste abbauen, Sicherheit im Thema und der Kommunikation darüber vermitteln und Notwendigkeiten der eigenen fachlichen Weiterqualifikation erkennen lassen. Damit würden die Institutionen die Wünsche der Befragten ernst nehmen, diese sich in ihren Anliegen wert geschätzt fühlen und ggf. kann daraus die Offenheit für weitere Entwicklungen entstehen.

5.5 Themenbereich Sexuelle Gewalt

Die Intervention bei sexueller Gewalt liegt in einem inhaltlichen Überschneidungsbereich von sexueller Selbstbestimmung der Bewohner/innen und dem Thema Gewalt allgemein in Wohneinrichtungen. Da es sich bei sexueller Gewalt vorrangig um Gewalt handelt, die sich der Sexualität bedient, und nicht um eine Form sexueller Selbstbestimmung, spielte es bei der Befragung eine untergeordnete Rolle, wenngleich dessen Bedeutung für die Praxis sehr hoch ist.

Die Realisierung von sexueller Selbstbestimmung sowie der transparente und klare Umgang mit dem Thema Sexualität in einer Einrichtung sind wichtige Präventionsmaßnahmen, um sexuelle Gewalt längerfristig zu minimieren. Zu der Präventionsarbeit, die gelingende Intervention einschließt (vgl. Limita 2011, Mattke 2015), gehören klare Handlungsleitfäden für die Mitarbeitenden und die Bewohner/innen, um bei Vorfällen schnell und zielgerichtet intervenieren zu können. Ebenso braucht es eine gute Vernetzungsstruktur mit einschlägigen Beratungsstellen zur Unterstützung aller Beteiligten im gesamten Prozess und in den verschiedenen Anteilen der primären, sekundären und tertiären Prävention.

Die Aspekte der Handlungsleitfäden und der Vernetzung mit Beratungsstellen sind in der Befragung aufgegriffen worden. Die Hälfte der Befragten wünscht sich Handlungsleitfäden sowohl in schwerer als auch in leichter Sprache, damit sowohl die Bewohner/innen als auch die Mitarbeitenden bei Vorfällen sexueller Gewalt Handlungssicherheit haben. Nur ein Fünftel der Befragten gibt deren Existenz für die Einrichtung an. Aufgrund der Brisanz des Themas, der nachgewiesenen Häufigkeit von sexueller Gewalt bei Menschen mit Behinderungen (vgl. BMFSFJ 2012) und der hohen Bedeutung von Handlungssicherheit wird hier eine Entwicklungsaufgabe für die Einrichtungen deutlich.

Die Vernetzung mit Beratungsstellen sieht nur ein Drittel der Befragten als wichtige Veränderung an. Dies mag daran liegen, dass viele Beratungsstellen sich noch nicht gut genug auf die Klientel der Menschen mit Behinderung eingestellt haben und die Berater/innen viele Unsicherheiten in diesem Bereich haben (vgl. Specht 2013, 176). So kann es noch Vorbehalte bei den Befragten über die Nützlichkeit der Beratungsstellen bei ihren Beratungsanliegen oder der Begleitung der Bewohner/innen geben. Die Einrichtungen bzw. entsprechende Mitarbeitende könnten sich aktiv für die bessere Vernetzung mit Beratungsstellen und vor allem für deren fachliche Weiterqualifikation einsetzen. Die Bedarfe der Frauen und Männer mit Behinderung und der Mitarbeitenden aus den Wohneinrichtungen sollten klar als Zuständigkeitsbereich für die Beratungsstellen von Einrichtungsseite an diese herangetragen werden. Hospitationsangebote für die Mitarbeitenden der Beratungsstellen in den Einrichtungen und Austauschgespräche z. B. mit den beratenden Diensten der Einrichtungen können hier helfen, zu einer für beide Seiten gelingenden Kooperation zu finden.

5.6 Zusammenfassung zentraler Erkenntnisse

- Die Befragten werden mit einer Vielfalt verschiedener sexueller Verhaltensweisen im Arbeitsalltag konfrontiert, die für die Realisierung sexueller Selbstbestimmung der Bewohner/innen bei den Mitarbeitenden hohe Reflexionsfähigkeit, breit angelegtes Fachwissen, Kommunikationskompetenz, Klarheit der eigenen Grenzen und vielfältige Handlungskompetenzen notwendig machen.
- Dieser Alltag ist durch die dargelegte Vielfältigkeit sowie Eingriffe von Seiten der Bewohner/innen in die Privat-/Intimsphäre der Befragten eine hohe subjektive und professionelle Anforderung für alle Mitarbeitenden bei der Umsetzung der Begleitung individueller Wege zu sexueller Selbstbestimmung.
- Die Wahrung der Intim- und Privatsphäre aller Beteiligten ist ein zentrales Thema bei der Arbeit in den Wohngruppen. Dazu braucht es für die Bewohner/innen die Begleitung individueller Lernprozesse sowie angemessene Weiterentwicklungsprozesse aller Beteiligten in den Wohngruppen. Die Mitarbeitenden benötigen Reflexionsmöglichkeiten sowohl zur Wahrung der eigenen Intimsphäre als auch zur Etablierung einer sexualfreundlichen, intimitätswahrenden Haltung in der Begleitung der Bewohner/innen.
- Der starke Wunsch der Bewohner/innen nach Freund oder Freundin braucht breit angelegte Veränderungsprozesse auf Seiten der Mitarbeitenden und der strukturellen Bedingungen in den Einrichtungen. Es sind vermehrte Anstrengungen nötig, um hier die isolierenden Lebensbedingungen gemeinsam mit den Bewohner/innen aufzubrechen.
- Das Vorgehen bei der Zusammensetzung der Wohngruppen sollte vor dem Hintergrund des strukturell bedingten homoerotischen/-sexuellen Verhaltens der Bewohner/innen in gleichgeschlechtlichen Wohngruppen überprüft und ggf.

modifiziert werden. Hier liegen auch Chancen für Freundschaften zwischen den Bewohner/innen bei stärkerer Berücksichtigung ihrer sozialen Wünsche.
- Die Befragten sehen deutlich strukturell bedingte Einschränkungen in den Einrichtungen bei der Realisierung sexueller Selbstbestimmung. Auch finden sich viele positive Konnotationen der sexuellen Verhaltensweisen der Bewohner/innen. Der Anteil der Befragten mit positiver Konnotation steigt mit zunehmendem Alter und Dauer der Berufstätigkeit der Mitarbeitenden. Angelernte Mitarbeitende haben deutlich seltener diese positive Perspektive auf sexuelle Verhaltensweisen der Bewohner/innen.
- Die Befragten favorisieren ebenso behinderungsbedingte Erklärungsmodelle für sexuelle Verhaltensweisen, vor allem, wenn sie mit Menschen mit schwerer und mehrfacher Behinderung arbeiten. Für diese Personengruppe wird deutlich seltener eine positive Konnotation von Sexualität angenommen.
- Es wird angenommen, dass die behinderungsbedingten Erklärungsmodelle es den Befragten vermutlich ermöglichen, die starke Konfrontation mit der Sexualität der Bewohner/innen im Arbeitsalltag zu ›ertragen‹. Dadurch könnte das relativ gering ausgeprägte Störungsempfinden gegenüber den sexuellen Verhaltensweisen der Bewohner/innen und die eher als gering eingeschätzte eigene Belastung unter den Befragten erklärt werden.
- Die favorisierten Erklärungsmodelle sowie das geringe Störungsempfinden können auch als deutliche Hinweise in Bezug auf organisationskulturelle Entwicklungsnotwendigkeiten, hier die Basisannahmen über Sexualität und Lernmöglichkeiten bei Menschen mit Behinderung, verstanden werden.
- Zwei Drittel der Befragten sind mit der Realisierung sexueller Selbstbestimmung für die Bewohner/innen in ihrer Einrichtung unzufrieden bzw. bedingt zufrieden und wünschen sich Veränderungen und Unterstützung.
- Die an die Einrichtungsleitung gerichteten Wünsche nach mehr Klarheit der Vorgaben und mehr Austausch in der Einrichtung über den Themenbereich der Sexualität weisen auf eine hohe Unsicherheit der Befragten hin. Eine Diskussion und (Weiter-) Entwicklung zur Klärung des professionellen Auftrags der Mitarbeitenden im Bereich der Begleitung sexueller Selbstbestimmung der Bewohner/innen scheint hier dringend angezeigt.
- Es wird vermutet, dass durch diese Verunsicherung, die Belastungen des Arbeitsalltags und die als zu gering empfundene Unterstützung durch die Einrichtungsleitung es den Mitarbeitenden erschwert ist, eigene Verantwortungsbereiche und damit verbundene Handlungsnotwendigkeiten aber auch -optionen zu erkennen.
- Veränderungswünsche liegen gemäß dieser vermuteten zu geringen Verantwortungsübernahme schwerpunktmäßig im Bereich der Veränderungen für die Bewohner/innen und durch die Einrichtungsleitungen. Ebenso kann vermutet werden, dass die Mitarbeitenden die Frauen und Männer mit Behinderung mehr in Veränderungsprozesse mit einbeziehen wollen.
- Für die Frauen und Männer mit Behinderung werden viele und umfassende Maßnahmen gewünscht (sexuelle Hilfsmittel, Aufklärungsmaterial, Fortbildungen, Sexualbegleitung etc.), die sie in ihrer sexuellen Selbstbestimmung unterstützen.

- Die Befragten wünschen sich vergleichsweise weniger Veränderungen für sich bzw. ihr Team. Der Schwerpunkt der Wünsche liegt auf Beratung, die sowohl intern als auch von externen Fachkräften (Sexualpädagogen/innen) gewünscht wird. Fortbildungen werden kaum gewünscht.
- Die Ergebnisse zeigen insgesamt die Notwendigkeit von inhaltlicher Passung der Organisationskultur mit einem Konzept sexueller Selbstbestimmung auf und verweisen damit auf die hohe Bedeutung entsprechender Analyse- und Entwicklungsprozesse in Organisationen.

6 Konsequenzen für sexualpädagogische/ -andragogische Gesamtkonzeptionen

6.1 Einleitende Überlegungen

Zu Beginn des Buches wurde bereits erläutert (▶ Kap. 2.1), wie vielfältig sich für verschiedene Menschen sexuelle Selbstbestimmung auf der Grundlage eines weiten Verständnisses von Sexualität darstellen kann.

Der Auftrag der Begleitung individueller Realisierung sexueller Selbstbestimmung eines anderen Menschen ist damit ein hoch komplexes Thema und eine enorme Herausforderung. Es verlangt, die Bedürftigkeit und die Fähigkeiten des anderen zu erkennen, Entwicklungs-, Lern- und Handlungsmöglichkeiten darauf aufbauend angemessen, im gemeinsamen Dialog für und mit dem anderen zu eröffnen bzw. zu unterstützen. Begleitung gilt es dabei als ein *Angebot* zu verstehen, das ggf. zu dem gewählten Zeitpunkt nicht ganz passend ist und variiert werden sollte. Ein Angebot kann auch immer abgelehnt werden.

Die Begleitung von mehreren Menschen mit verschiedensten (sexuellen) Vorlieben, Wünschen, Begrenzungen, Biografien oder sexuellen Orientierungen im Rahmen verschiedener Wohngruppenkontexte und ihren Teams in je spezifischen Institutionen potenziert diese an sich schon vorhandene Komplexität der Anforderungen.

Jeschke et al. (2006, 232) schreiben in der Erläuterung des theoretischen Hintergrundes ihrer Mitarbeitendenbefragung zu Beginn Folgendes:

> »Ein wesentlicher Teil der potenziell sexualfeindlichen Rahmenbedingungen liegt somit in der Verantwortung der Bezugspersonen, bei institutioneller Betreuung also dem Personal. (…) Da Menschen mit geistiger Behinderung in großem Maße von ihren Bezugspersonen abhängig sind, definieren diese den Bedingungsrahmen, in dem sich ihre sexuelle Selbstbestimmung entwickeln kann. Die wesentlichen Einschränkungen der Betroffenen bzgl. der freien Entwicklung ihrer Sexualität resultieren somit weniger aus der Behinderung an sich, sondern vielmehr aus moralischen Widerständen und Ängsten des die Sexualität ihrer Klientinnen und Klienten leugnenden Betreuungspersonals.«

Eine kritische Perspektive auf die Mitarbeitenden und deren Deutungsmacht hat sich in der vorliegenden Befragung ebenso als berechtigt bestätigt. Lebensbedingungen von Menschen mit Behinderungen lassen sich demgemäß in Institutionen vorrangig über Maßnahmen für das und mit dem Personal verändern. Gleichzeitig hat sich ein differenziertes Bild der enormen Herausforderungen ergeben, die die Befragten in ihrer täglichen Arbeit zu bewältigen haben. Um die Situation der Frauen und Männer mit Behinderung sexualfreundlicher zu gestalten und das Recht auf sexuelle Selbstbestimmung für und mit ihnen zu realisieren, braucht es also umfassende Unterstützung des Personals bei dieser Aufgabe. Somit wird deutlich, dass die alleinige Sicht auf die Mitarbeitenden nicht ausreichend ist zur Gestaltung sexualfreundlicher Lebensbedingungen in den Einrichtungen. Leitungskräfte müssen ebenso ihre Gestaltungsmöglichkeiten und ihre Verantwortung in den Prozessen sehen und ihr Personal unterstützen. Ebenso sollten Männer und Frauen mit Behinderung als Experten/innen ihrer Lebenssituation mit ihren Potentialen in den gemeinsamen Prozess eingebunden werden.

Es ist demgemäß ein hoher Anspruch, für diese komplexen Veränderungsprozesse in Einrichtungen der Eingliederungshilfe ein Konzept vorzulegen, das für alle Beteiligten, vor allem aber für die Bewohner/innen förderlich auf dem Weg zu sexueller Selbstbestimmung wirken kann und in der Realität umsetzbar ist. Es wird im Folgenden versucht, diesen Anspruch einzulösen. Dabei wird deutlich werden, dass in diesem Versuch, der Komplexität des Themas eine Struktur zu geben, um damit der Realisierung des Konzeptes konkrete Ansatzpunkte zu bieten, dies zwangsläufig zu einer themenunangemessenen Vereinfachung führen muss. Trotzdem erscheint der Schritt vor dem Hintergrund der anstehenden Veränderungen notwendig. Die Leser/innen sind herausgefordert, die Komplexität immer wieder mit zu denken.

Weiterhin wird deutlich und als grundlegende Idee in das Konzept eingebunden, dass es jeweils eine einrichtungsspezifische Modifikation des Konzeptes braucht, damit es für die jeweilige Institution passend variiert werden kann. Ein partizipativ angelegter Modifikationsprozess kann zu einer individuellen, gruppenbezogenen und organisationalen Aneignung des Konzeptes bei allen beteiligten Akteuren/innen führen.

Dazu werden in einem ersten Schritt (▶ Kap. 6) die inhaltlichen Schwerpunkte des Gesamtkonzeptes in Bezug auf sexuelle Selbstbestimmung erläutert. Die Ergebnisse der vorgelegten Befragung sowie der aktuelle fachwissenschaftliche Kenntnisstand dienen als Grundlage. Strukturelle Veränderungsnotwendigkeiten werden dabei sichtbar.

In einem zweiten Schritt (▶ Kap. 7) wird theoriegeleitet erläutert und konkretisiert, welche Aspekte eine Organisation bei der Implementierung von Konzepten sexueller Selbstbestimmung in den Blick nehmen muss. So kann die Komplexität der Veränderungsprozesse sowohl inhaltlich als auch organisational in den beiden Kapiteln deutlich werden. In den Darstellungen wird die gegenseitige Verwobenheit und Bedingtheit der Entwicklungsprozesse einer Organisation und ihrer Akteure/innen offensichtlich werden.

6.2 Das Konzept »Sexuell selbstbestimmt leben in Wohneinrichtungen«

In den nachfolgenden Kapiteln wird das Gesamtkonzept »Sexuell selbstbestimmt leben in Wohneinrichtungen« dargelegt. Die Darstellung beginnt mit der Erläuterung der Zielperspektive gelingender sexueller Selbstbestimmung. Darauf aufbauend wird ein Überblick über die Gesamtidee des Konzeptes gegeben, bevor dann Angebote für die Mitarbeitenden, für die Bewohner/innen und organisationale, prozessbegleitende Maßnahmen entfaltet werden. Es wird bewusst der Blick zunächst auf die Mitarbeitenden gelegt, da deren Perspektive zum einen aufgrund der Befragung differenziert betrachtet wurde und zum anderen der aktuelle Forschungsstand belegt, dass bei ihnen ein bedeutsamer Ansatzpunkt für relevante Veränderungen liegt. Sie können Möglichkeiten sexueller Selbstbestimmung für die Bewohner/innen eröffnen oder verhindern. Trotzdem ist die Zielperspektive in der Umsetzung des Konzeptes ein partizipativer Entwicklungsprozess in der Organisation.

6.2.1 Zielperspektive: Gelingende sexuelle Selbstbestimmung

Jedes Konzept ist von einer Zielperspektive, einem wünschenswert zu erreichenden Zustand, geleitet. Für den Implementierungsprozess des Konzeptes in Organisationen ist diesbezüglich die Übereinstimmung der Zielperspektive mit den Basisannahmen der Organisationskultur (▶ Kap. 7.3.2) von Bedeutung.

Unter der Fragestellung, wie sich »gelingende sexuelle Selbstbestimmung in Wohneinrichtungen der Eingliederungshilfe« konkret fassen lässt, sind in einem längeren Diskussionsprozess gemeinsam mit den Kollegen/innen Prof. Dr. Kathrin Römisch und Prof. Dr. Sven Jennessen sowie im Weiteren mit den Mitarbeiterinnen aus dem Forschungsprojekt ReWiKs »Leitlinien gelingender sexueller Selbstbestimmung« erarbeitet worden. Sie beschreiben einen wünschenswerten Zielzustand, von dem begründet auf aktueller wissenschaftlicher Grundlage angenommen werden kann, dass dieser für alle Bewohnerinnen und Bewohner ein Höchstmaß an sexueller Selbstbestimmung in Wohneinrichtungen der Eingliederungshilfe ermöglicht. Diese Leitlinien sind weiterhin im Rahmen des Forschungsprojektes ReWiKs (siehe Einleitung) mit Mitarbeitenden aus Wohneinrichtungen diskutiert und optimiert worden.

Aus den Leitlinien wird deutlich, dass der Umsetzungsprozess darauf baut, alle Akteure/innen zu sehen und einzubeziehen. Maßnahmen für verschiedene Zielgruppen und mit unterschiedlichen Reichweiten sind notwendig. Dies wird in den anschließenden konzeptionellen Umsetzungsideen erfasst.

6.2.2 Leitlinien gelingender sexueller Selbstbestimmung

1. *Erwachsene Menschen mit Behinderung leben ihre Sexualität selbstbestimmt und werden dabei bedarfsorientiert, alters- und entwicklungsgemäß begleitet. Sie sind Experten/innen für sämtliche Belange ihrer Sexualität.*

Alle Menschen haben das Recht auf sexuelle Selbstbestimmung. Wohneinrichtungen schaffen unter Beteiligung der Bewohner/innen und Mitarbeitenden die für die Umsetzung dieses Rechts notwendigen Bedingungen. Mögliche Begleitungen der Bewohner/innen erfolgen individuell abgestimmt auf die von ihnen benannten oder ggf. bei eingeschränkter Mitteilungsfähigkeit bei ihnen vermuteten Bedarfe. Leitend sind die Wünsche der Bewohner/innen. Sexuelle Selbstbestimmung ist begrenzt durch das Recht auf Unversehrtheit anderer.

2. *Erwachsene Menschen mit Behinderung entscheiden selbstbestimmt über Partnerschaft, Ehe, Familie und Elternschaft.*

Bewohner/innen kennen ihre Rechte in Bezug auf Partnerschaft, Ehe, Familie und Elternschaft und treffen in diesen Bereichen selbstbestimmt Entscheidungen. Mitarbeitende und Einrichtungsleitung schaffen die Bedingungen für eine ergebnisoffene Beratung und Aufklärung bei Fragen zur Fortpflanzung, Verhütung und Familienplanung. Wohneinrichtungen sehen es als ihren Auftrag, Bewohner/innen über die Möglichkeit der unterstützten Elternschaft zu informieren und sie ggfs. bei der Umsetzung dieser an dem Ort zu unterstützen, der den Wünschen und Bedarfen der Eltern und Kindern gerecht wird. Zudem ermöglichen räumliche und personelle Rahmenbedingungen das Leben als Paar oder Familie.

3. *Bewohner/innen vertreten ihr Recht auf sexuelle Selbstbestimmung gegenüber Dritten, wie z. B. Mitarbeitenden der Einrichtungen, Angehörigen und gesetzlichen Betreuer/innen. Bei Bedarf werden sie dabei unterstützt.*

Bewohner/innen realisieren ihr Recht auf sexuelle Selbstbestimmung. Nicht alle Bewohner/innen sind in der Lage, ihre Wünsche und Bedarfe in Bezug auf die individuelle sexuelle Selbstbestimmung gegenüber Dritten (z. B. Mitarbeitenden und Einrichtungsleitung der Wohneinrichtung, Kostenträgern, Angehörigen, gesetzlichen Betreuer/innen) zu vertreten. In diesen Fällen handeln Mitarbeitende im Auftrag sowie gemäß der Wünsche der Bewohner/innen und unterstützen diese dabei – wenn nötig auch gegenüber ihren Kollegen/innen in der Wohneinrichtung. Im Einverständnis der Bewohner/innen stärken bzw. vertreten Mitarbeitende deren Position auch dann, wenn deren Angehörige/gesetzliche Betreuer/innen Schwierigkeiten haben, die Sexualität der Bewohner/innen anzuerkennen oder in deren Realisierung zu unterstützen. Sie suchen aktiv das Gespräch mit den Angehörigen und gesetzlichen Betreuer/innen und setzen sich mit ihnen auch über unterschiedliche Vorstellungen auseinander.

4. *Sexuelle Selbstbestimmung ist ein selbstverständlicher Bestandteil der Einrichtungskultur.*

Alle Bewohner/innen und Mitarbeitenden auf allen Hierarchieebenen tragen dazu bei, dass eine positive und reflektierte Grundhaltung in Bezug auf sexuelle Selbstbestimmung die Arbeit und das Leben in der Wohneinrichtung trägt. Alle Akteur/innen fühlen sich verantwortlich für die Realisierung von Möglichkeiten der sexuellen Selbstbestimmung und deren Schutz. Sie entwickeln eine offene Gesprächskultur und nehmen sich in angemessener Weise Zeit für den Austausch über sexuelle Fragen. Sie verstehen das Thema auch als einen Teil der Öffentlichkeitsarbeit und definieren es als ihre politische Aufgabe.

5. *Einrichtungen der Eingliederungshilfe verfügen über strukturelle und personelle Rahmenbedingungen, die die sexuelle Selbstbestimmung sowie eine geschlechtersensible Begleitung und Pflege der Bewohner/innen sicherstellen.*

In den Einrichtungen besteht Konsens, dass die Realisierung sexueller Selbstbestimmung eine gendersensible und Intimität wahrende Haltung sowie deren praktische Umsetzung in der Begleitung und Pflege der Bewohner/innen beinhaltet. Auf allen Hierarchieebenen sind die Mitarbeitenden dafür verantwortlich, die Personalsituation so zu gestalten, dass dies realisiert werden kann. Bewohner/innen sind für das Einbringen ihrer Wünsche verantwortlich. Zudem werden strukturelle Bedingungen realisiert, die zur Wahrung der Privat- und Intimsphäre beitragen (z. B. durch die Gestaltung adäquater Räumlichkeiten).

6. *Bewohner/innen können in den Einrichtungen das bedarfsorientierte Angebot individuell ausgestalteter Begleitungen nutzen, um sexuell selbstbestimmt leben zu können.*

Bewohner/innen entscheiden über ihren individuellen Begleitungsbedarf. Mitarbeitende sind fachlich in der Lage, zwischen den verschiedenen Bedarfen in der Begleitung der Bewohner/innen zu differenzieren und demgemäß zu handeln: Menschen mit schwerster Behinderung und eingeschränkten Kommunikationsmöglichkeiten sind häufiger als andere auf Unterstützer/innen angewiesen, die sie gut/lange kennen und ihre Ausdrucksformen zuverlässig entschlüsseln können. Während andere Bewohner/innen vertraute Mitarbeitende brauchen, mit denen sie über private und intime Themen sprechen können. Wiederum andere Bewohner/innen wünschen sich den Austausch mit weniger bekannten Personen (z. B. aus Beratungsstellen), um Themen der sexuellen Selbstbestimmung zu kommunizieren. Die Mitarbeitenden haben die Verschiedenheit der Bedarfe im Blick und bieten individuelle Begleitung an.

7. *Mitarbeitende sind in Einrichtungen der Eingliederungshilfe für das ›Themenfeld‹ der sexuellen Selbstbestimmung erwachsener Menschen mit Behinderung qualifiziert und bilden sich kontinuierlich fort.*

Das Wissen um lebenslange sexuelle Entwicklung allgemein und mögliche Besonderheiten bei Menschen mit verschiedenen Formen von Behinderung sind bei allen Mitarbeitenden vorhanden, um fachlich qualifizierte und reflektierte Begleitung, Beratung und Information zu gewährleisten. Hierzu gehören die Wissensvermittlung, der Abbau von Vorurteilen und die Reflexion eigener Haltungen gegenüber vielfältigen sexuellen Identitäten (Hetero-, Homo-, Bi-, Inter- und Transsexualität). Die Themenvielfalt im Bereich Sexualität ist sowohl in der Ausbildung der Mitarbeitenden, aber vor allem handlungsfeldspezifisch in der Fort- und Weiterbildung fest verankert.

8. *Einrichtungen der Eingliederungshilfe leisten einen aktiven Beitrag zur gesellschaftlichen Teilhabe von Erwachsenen mit Behinderung.*

Über unterschiedliche Wege innerhalb und außerhalb der Institution haben die Bewohner/innen verschiedene Optionen der Teilhabe und des Kennenlernens möglicher Partner/innen. Zur Realisierung von (Sexual)Kontakten begegnen Bewohner/innen anderen Menschen mit und ohne Behinderung auch außerhalb der Einrichtung in verschiedenen Kontexten (Bildung, Freizeit etc.). Mitarbeitende unterstützen bei Bedarf die Bewohner/innen. Einrichtungen schaffen die strukturell notwendigen Bedingungen.

9. *Bewohner/innen können bedarfsorientiert einschlägige interdisziplinäre Netzwerke zur Realisierung ihrer sexuellen Selbstbestimmung nutzen. Sie haben über verschiedene Wege Zugang zu themenspezifischen Informationen. Die Einrichtungen der Eingliederungshilfe schaffen die dazu notwendigen Voraussetzungen und sind Bestandteil dieser Netzwerke.*

Externe Fachkräfte mit dem ›Blick von außen‹ sind oft hilfreich, um Entwicklungsprozesse bei allen Beteiligten zu forcieren. Dazu schafft die Einrichtung Netzwerke mit verschiedenen Institutionen (z. B. Beratungsstellen oder anderen Einrichtungen), die bedarfsorientiert kontaktiert werden. Die Kontaktaufnahmen sind durch die Bewohner/innen selbst und bei Bedarf auch durch die Mitarbeitenden möglich. Auch zeitgemäße mediale Wege (z. B. internetbasierte Beratung) stehen zur Verfügung und werden von den Bewohner/innen genutzt. Auf Wunsch werden sie dabei unterstützt.

10. *Bewohner/innen sind in Einrichtungen der Eingliederungshilfe vor sexueller Gewalt geschützt.*

Alle Mitarbeitenden wissen um die deutliche Gefährdung der Bewohner/innen in Bezug auf sexuelle Gewalt durch verschiedene Täter/innen (z. B. Mitarbeitende, Bewohner/innen, Angehörige, Fremde). Einrichtungen haben ein einrichtungsspezifisches Präventionskonzept in Bezug auf sexuelle Gewalt. Dieses beinhaltet Präventionsmaßnahmen, die sowohl primärer (Veränderung gewaltfördernder Bedingungen) als auch sekundärer (Früherkennung und Beendigung von potentiellen Gewaltsituationen durch institutionelle und individuelle Maßnahmen) und tertiärer (Schutz und Unterstützung von direkt und indirekt Betroffenen sowie Therapie von Täter/innen) Art sind. Die Einrichtungen stellen die Umsetzung des Präventionskonzepts sicher.

6.2.3 Konzeptstruktur

In dem nachfolgenden Schaubild wird die Konzeptstruktur verdeutlicht. Auf der Grundlage des skizzierten Menschenbildes, das die Bedürftigkeit und die Fähigkeiten eines jeden Menschen grundlegt, wird die Fähigkeit zu einer subjektiv befriedigenden Sexualität für alle Menschen angenommen und individuelle Unterstützungsmaßnahmen in den Einrichtungen als notwendiges Angebot (im Sinne der Bedürftigkeit) erachtet. Diese Angebote beinhalten immer auch die Möglichkeit deren Ablehnung.

6 Konsequenzen für sexualpädagogische/-andragogische Gesamtkonzeptionen

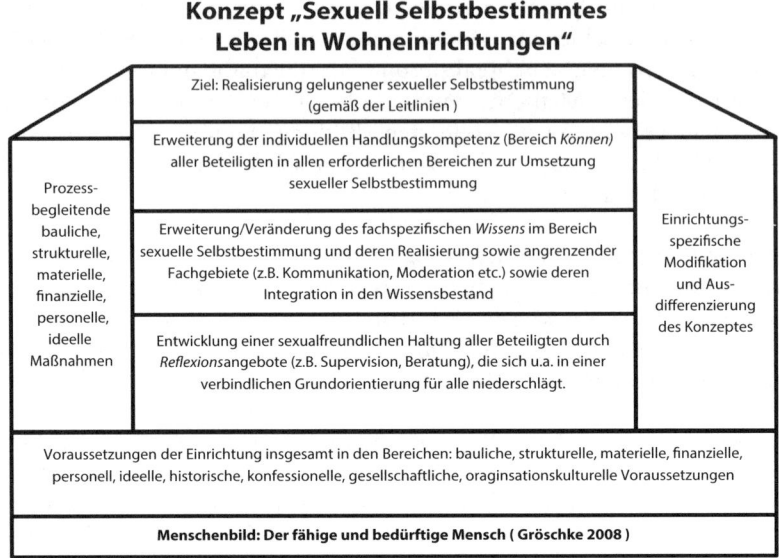

Abb. 46: »Konzept sexuell selbstbestimmt leben in Wohneinrichtungen«

Das Schaubild verdeutlicht, dass es für jede Konzeptimplementierung in den Einrichtungen spezifische Voraussetzungen als (zum Teil veränderbares) Fundament dieser Entwicklung gibt, die es im Rahmen einer Ist-Stand-Erhebung zu erfassen und in ihrer Tragweite für die Umsetzung des Konzeptes zu bewerten gilt. Dies sind z. B. die konkreten baulichen Voraussetzungen mit der Anzahl der Einzel- oder Doppelzimmer bzw. Einzel- oder Gemeinschaftsbadezimmer. Ebenso zählt die Geschichte der Einrichtung zu den Voraussetzungen: Handelt es sich z. B. um eine Einrichtung, die zunächst nur Menschen eines Geschlechts aufgenommen und erst in jüngster Zeit Bewohner/innen des anderen Geschlechts aufnimmt? Weitere Voraussetzungen sind in dem Schaubild genannt und müssten jeweils in ihrer Beeinflussung der Konzeptumsetzung in den Blick genommen werden.

Neben diesen konzeptbezogenen inhaltlichen Voraussetzungen gilt es ebenso die allgemeinen strukturellen Voraussetzungen der Organisation in den Blick zu nehmen. Dazu dienen die in Kap. 7 dargestellten Möglichkeiten der Organisationsanalyse sowie der Analyse der Organisationskultur.

Entsprechend gibt es auf beiden Seiten des ›Konzeptgebäudes‹ Säulen, in denen zum einen die prozessbegleitenden möglichen und notwendigen Veränderungs- oder Stabilisierungsmaßnahmen und zum anderen die entsprechenden Modifikationen und inhaltlichen Ausdifferenzierungen des Konzeptes erfasst sind. Auch hier gibt die Analyse des Organisationsprofils, der Organisationsdynamik sowie der Organisationsmethodik bedeutsame Hinweise für die Konzeptumsetzung.

Sexualpädagogisch/-andragogisch sind drei Bereiche auf dem Weg zur Umsetzung der Zielperspektive von zentraler Bedeutung. Diese setzen für die Bewohner/

6.2 Das Konzept »Sexuell selbstbestimmt leben in Wohneinrichtungen«

innen als auch die Mitarbeitenden drei Schwerpunkte, die zwar eine inhaltlich logische Abfolge haben und im Schaubild getrennt sowie aufeinander aufbauend erfasst sind, sich aber in der Praxis überschneiden und miteinander verwoben sind. Dass diese Trennung eine künstliche ist, zeigt sich in den nachfolgenden Darstellungen.

Zunächst wird die *Reflexion* als Grundlage betrachtet. Diese hat verschiedene Ansatzpunkte.

Explizite und implizite Normen und Werte des/der Einzelnen (Mitarbeitenden, Bewohners/in, Angehörige/en, gesetzlichen Betreuers/in, Leitungskraft) bestimmen genauso die Arbeit wie offene oder verdeckte Basisannahmen und Normen in der Wohngruppe und der Gesamteinrichtung. Reflexionsangebote in verschiedenen Konstellationen und Settings helfen diese Werte und Normen bewusst, diskutierbar und ggf. konsensfähig zu machen. Gemeinsame handlungsleitende Werte und Normen können einzelnen zu mehr Orientierung und Handlungssicherheit verhelfen (positive Effekte der Organisationskultur ▶ Kap. 7.3.3).

Die eigene sexuelle Biografie beeinflusst – sicherlich in unterschiedlicher Intensität – das sexualpädagogische Handeln eines jeden Menschen. Begleitungen von Bewohner/innen durch Mitarbeitende auf dem Weg zu einer subjektiv befriedigenden Sexualität, werden als sexualpädagogisches Handeln begriffen, das entsprechende Selbstreflexionen benötigt (vgl. Burchardt 1999). Ebenso sollte das konkrete Handeln auf den verschiedenen Hierachieebenen immer wieder Orte der Reflexion finden, um ebenso Machtstrukturen und deren Wirkmächtigkeit bewusst zu machen.

Nicht nur die Mitarbeitenden sollten verschiedene Aspekte reflektieren. Ebenso sollten Bewohner/innen gemäß ihrer individuellen Fähigkeiten ihre Lebenssituation (hier in Bezug auf Möglichkeiten sexueller Selbstbestimmung) reflektieren, um Veränderungswünsche zu erkennen, zu benennen und dafür, wenn möglich, einzutreten bzw. Veränderungsprozesse mit zu gestalten.

Die Reflexion der eigenen Arbeitssituation (Mitarbeitende auf allen Hierachieebenen), der eigenen Lebenssituation (Bewohner/innen) und des eigenen Handelns (alle Akteure/innen) lässt Bedarfe deutlicher erkennen, so dass u. a. darauf aufbauend Angebote im Bereich *Wissen* gemacht werden können. Diese Angebote können sich unterschiedlich konkretisieren, wie nachfolgend zielgruppenbezogen ausgeführt werden wird. Für den Prozess der Wissensvermittlung ist im Blick zu halten, dass es in jeder Organisation und ggf. in den einzelnen Subsystemen (Team, Wohnbereiche etc.) ›ungeschriebene Verhaltensrichtlinien‹ (▶ Kap. 7.3.2.2) gibt, die vor der neuen Wissensaneignung in einem Reflexionsprozess bewusst und damit für Veränderungen erst zugänglich gemacht werden müssen. Sonst kann es passieren, dass diese Verhaltensrichtlinien unbewusst so wirkungsstark sind, dass das neue Wissen nicht handlungsleitend eingesetzt werden kann.

Schließlich sollen Handlungskompetenzen *(Können)* aller Akteure/innen erweitert werden. Aufbauend auf Reflexion und Wissen kann der Bedarf an Handlungskompetenzen erkannt und neu erworbene Fähigkeiten in vorhandene Fähigkeiten integriert werden. Die Erprobung im Alltag sollte wiederum durch entsprechende Reflexionen begleitet werden, um spätestens hier mögliche (unbewusste) Widerstände zu thematisieren.

Daraus wird deutlich, dass alle Bereiche – Reflexion, Wissen, Können – im Alltagshandeln miteinander verwoben sind. Trotzdem lohnt es sich, diese (soweit möglich) voneinander getrennt bzw. mit entsprechender Schwerpunktsetzung zu betrachten, um individuelle, gruppenspezifische und organisationale Bedarfe klarer zu erkennen und Veränderungen passgenauer zu platzieren.

6.2.4 Schaffen einer verbindlichen Grundorientierung

Anhand der »Leitlinien gelingender sexueller Selbstbestimmung« wurde die Zielperspektive des vorliegenden Konzeptes benannt. Diese Leitlinien können als Unterstützung für den Implementierungsprozess des Konzeptes in den Einrichtungen genutzt werden.

Denn jede Einrichtung benötigt zur Umsetzung einer Konzeption eine thematisch eindeutige, wissenschaftlich und rechtlich aktuell fundierte und in der Institution verbindlich erarbeitete Grundorientierung, die die Haltung des Trägers der Institution, der Einrichtungsleitung sowie der Mitarbeitenden wiederspiegelt und klar formuliert (vgl. Betschart 2009, 35). Auch wenn nur ein kleiner Teil der Befragten den Wunsch nach einer Gesamtkonzeption äußert, so ist diese unerlässlich als fachlich aktuelle und diskursiv erlangte Grundlage konzeptioneller und inhaltlicher Arbeit. Dieser geringe Wunsch nach einer Gesamtkonzeption verdeutlicht, dass deren Relevanz für den Alltag von den Mitarbeitenden nicht immer erkannt werden kann oder ggf. auch nicht gegeben ist.

Die vorliegenden Ergebnisse der Befragung verdeutlichen, dass in Einrichtungen geprüft werden sollte, wie gesamtkonzeptionelle Überlegungen die Mitarbeitenden auf allen Ebenen erreichen und ihnen in der Relevanz für die tägliche Arbeit deutlich werden können. Denn nicht jeder Befragte war darüber informiert, ob eine Gesamtkonzeption in der Einrichtung vorhanden war. Dieses Ergebnis gibt den deutlichen Hinweis, dass diesbezügliche Kommunikationsstrukturen in den Organisation auf deren Eignung für Veränderungsprozesse zu prüfen und ggf. zu optimieren sind.

Eine verbindliche Orientierung für das Handeln aller Beteiligten in einer Institution kann, verbunden mit einer angemessenen Operationalisierung, einen Rahmen schaffen, in dem die Möglichkeiten des Auslebens von Sexualität für die Bewohner/innen nicht vom Wohlwollen, von der moralischen Einstellung, von der Reflexions- und Kommunikationsfähigkeit und vom fachlichen Wissen der Mitarbeitenden abhängen. Diese »sekundären sozialen Behinderungen« (Walter 2005, 31), die sich u. a. in zu restriktiven Lebensbedingungen zeigen, sind auf diesem Weg zu reduzieren.

Mit einer Operationalisierung der Grundorientierung ist die Anforderung an alle Akteure/innen verbunden, in einen Diskussions- und Klärungsprozess des professionellen Auftrages der Mitarbeitenden zu gelangen. Wenn bisher von ›individueller Begleitung der Frauen und Männer mit Behinderung im Bereich der sexuellen Selbstbestimmung‹ geschrieben und diese gefordert wurde, so liest es sich so selbstverständlich – als sei allen deutlich, was damit konkret verbunden sei. Dem ist aber bei weitem nicht so!

Die Herausforderungen und auch Verunsicherungen liegen in den konkreten täglichen Handlungen und daraus entstehenden Fragen der Mitarbeitenden, die sich auf die Frage ›Was ist mein professioneller Auftrag im Bereich der Begleitung der sexuellen Selbstbestimmung?‹ fokussieren lassen.

Ist es mein Auftrag Frauen und Männer dabei zu unterstützen, sich männlich/weiblich zu kleiden, zu frisieren oder zu schminken, um damit eine weibliche/männliche Geschlechtsidentität auszubilden? Ist es mein Auftrag, in der Wohngruppe bei allen darauf zu achten, dass die Badezimmer alleine genutzt werden, Türen geschlossen werden, angeklopft und abgewartet wird, wenn man ein Zimmer betritt? Ist es mein Auftrag, Paare zu ermutigen, ihre Beziehung vielfältig zu leben und ihnen dafür Ideen (z. B. gemeinsames Baden) zu vermitteln? Ist es mein Auftrag, einem Bewohner sinnliche Erfahrungen durch eine schöne Badesituation (mit Musik, Duft etc.) zu ermöglichen? Ist es mein Auftrag, bei der Pflege Zeit für umfassende Körpererkundung oder Selbststimulation zugeben? Ist es mein Auftrag, sexuelle Hilfsmittel zu besorgen oder auch deren Nutzung zu erklären?

Wo beginnt der Auftrag und wo endet er? Inwiefern spielen eigene Grenzen von Intimität oder Schamgefühl dabei eine Rolle?

In einem diesbezüglichen Diskussionsprozess werden sicher nicht alle Fragen individueller Begleitung konkret geklärt werden können. Möglich ist die Klärung und Konkretisierung eines gemeinsamen Fundamentes und durch die Öffnung des Austauschraumes die Zusicherung, dass alle Fragen gestellt werden dürfen und Verunsicherungen (sich in Frage stellen lassen) ein produktiver und unerlässlicher Teil professionellen Handelns sind.

Eine verbindliche Grundorientierung zur sexuellen Selbstbestimmung muss möglichst widerspruchsfrei zu den Basisannahmen, Normen und Standards sowie Symbolen und Zeichen der Organisationskultur passen (▶ Kap. 7.3). Die Leitung der Organisation bestimmt den Weg der Entwicklung der gemeinsamen Grundorientierung (z. B. top-down oder bottom-up). Aus der Analyse des bestehenden Organisationsprofils (▶ Kap. 7.1.2) können geeignete organisationsspezifische Vorgehensweisen generiert werden, um eine verbindliche Grundorientierung für alle Akteure/innen zu schaffen und diese mit der bestehenden Organisationskultur zu verbinden.

6.3 Prozessbegleitende Maßnahmen

Weiterhin benötigt die Implementierung des Konzeptes inhaltsbezogene organisationsübergreifende prozessbegleitende Maßnahmen. Diese können nachfolgend nur exemplarisch aufgeführt werden, da das Konzept eine entsprechend einrichtungsspezifische Ausdifferenzierung benötigt.

So sind manche baulichen Maßnahmen nötig, wie z. B. Einzelzimmer, abschließbare Waschräume, Toiletten/Waschräume für Einzelnutzung, Wohnungen für Paare oder für Familien.

Viele der aufgeführten inhaltlichen Veränderungen sind mit entsprechenden (neuen) Strukturen bei deren Umsetzung verbunden:

- Etablieren partizipativer Entwicklungsprozesse
- Öffnung der Einrichtung nach außen, um den Frauen und Männern mehr Kontakte zu anderen Menschen mit und ohne Behinderung zu ermöglichen (Sozialraumorientierung)
- Aufbau oder Intensivierung der Vernetzung mit anderen Einrichtungen oder Verbänden für gemeinsame Freizeit- oder Fortbildungsangebote, Selbsthilfeverbänden/-gruppen sowie Austausch- oder Arbeitskreise
- Vernetzung mit verschiedenen Beratungsstellen, um barrierefreie Beratungsangebote für die Bewohner/innen bzw. Mitarbeitende zu ermöglichen
- Beratungsstrukturen intern etablieren und ausdifferenzieren sowie externe Beratungsstrukturen (z. B. mit Sexualpädagogen/innen) ausbauen
- Supervision etablieren und regelmäßig kostenfrei für die Mitarbeitenden anbieten
- Materialbeschaffung/-ausleihe für Mitarbeitende und Bewohner/innen unter Einbezug deren Wünsche
- Variable und auf die Bedarfe zugeschnittene Fortbildungsangebote für Mitarbeitende und Bewohner/innen
- Arbeitskreise zum Austausch intern und extern
- Gründung und Begleitung von verschiedenen Gruppen für die Bewohner/innen (Männer-/Frauengruppen, Gruppen für Schwule oder Lesben etc.)
- Etablieren geeigneter Kommunikations- und Informationsstrukturen für Mitarbeitende und Bewohner/innen
- etc.

Begleitend sind gerade für die Bewohner/innen Initiativen bedeutsam, die z. B. durch umfassende Einführung von Maßnahmen der Unterstützten Kommunikation, Angeboten der Mobilitätserweiterung oder Persönlicher Zukunftsplanung ihre individuellen Möglichkeiten der Teilhabe an den Veränderungsprozessen unterstützen.

Für alle Maßnahmen sollten entsprechende finanzielle und personelle Ressourcen bereit gestellt werden. Da dies kaum realisierbar erscheint, sollte eine Rangfolge der Maßnahmen und der zu verausgabenden Mittel festgelegt werden.

Dies betrifft auch die materiellen Anschaffungen: Ausstattung einer Materialsammlung für Mitarbeitende und Bewohner/innen, Arbeitsmaterialien für Fortbildungen, Materialien für Wohngruppen /einzelne Bewohner/innen, Zugänglichkeit von Computern für alle etc.

6.4 Maßnahmen für Mitarbeitende

6.4.1 Ein einleitender Blick auf die Mitarbeitenden

Die vorliegende Erhebung hat gezeigt, dass die befragten Mitarbeitenden mit vielfältigen sexuellen Verhaltensweisen der Frauen und Männer mit Behinderung konfrontiert werden, die eine individuelle Passung der Begleitung der Bewohner/innen notwendig machen und dadurch zu einer hohen Anforderung im Gruppenalltag führen. Die von den Befragten erlebten Verhaltensweisen können dabei vielfältige Bereiche ihrer Persönlichkeit berühren. Diese persönlichen Herausforderungen sollen an den Beginn der konzeptionellen Überlegungen gestellt werden, um die Komplexität der Anforderungen an die Mitarbeitenden deutlich werden zu lassen.

Die Herausforderungen können für Einzelne bedeuten:

- Umgang mit eigenen Gefühlen von Hilflosigkeit oder Ratlosigkeit in Bezug auf sexuelle Verhaltensweisen
- Ekelgefühle, wenn Ejakulat, Kot oder Menstruationsblut von den Bewohner/innen verschmiert wird und die Mitarbeitenden dies beseitigen müssen
- Schamgefühle, wenn die Mitarbeitenden ungewollt intime Situationen der Bewohner/innen erleben oder von diesen aufgefordert werden, von ihrer eigenen Sexualität zu berichten
- Aggressionen, Abwehr oder Hilflosigkeit, wenn durch übergriffiges Verhalten eigene Grenzen verletzt werden
- Abwehr oder Verletzung der eigenen Schamgrenzen vor allem für weibliche Mitarbeitende bei der Auseinandersetzung mit Pornografie
- Widerstreitende Gefühle z. B. bei der Frage nach Beschaffung eines sexuellen Hilfsmittels, da der Bedarf der Bewohnerin/des Bewohners gesehen wird und es gleichzeitig eine Überwindung eigener Grenzen erfordert
- Hilflosigkeit oder Mitleid bei dem Wunsch der Bewohner/innen nach Freund/Freundin, da der Wunsch subjektiv nachvollziehbar ist und die eigenen Handlungsmöglichkeiten als begrenzt erlebt werden
- Resignation, weil eigene Veränderungsbemühungen viel Zeit und Kraft erfordern, die im Alltag oft fehlen
- Scheu, eigene Grenzen im Team zu benennen und dafür Abwertung zu erfahren oder sich im Team alleine gelassen fühlen
- Ärger, Wut oder Traurigkeit, weil eigene Normen und Werte in der Arbeit nur wenig Berücksichtigung finden oder auf Unverständnis stoßen
- Auswirkungen auf die eigene Partnerschaft, wie sie eine Befragte als Thema für Fortbildungen benennt
- usw.

Die möglichen Herausforderungen können vielfältig und individuell höchst unterschiedlich in der Wahrnehmung und Bewertung sein. Daraus können persönliche Belastungen resultieren oder auch andere subjektiv sinnvoll erscheinende Strategien, damit umzugehen. Diese können sich in (unbewussten) Widerständen gegen Veränderungen bzw. die nachfolgenden Maßnahmen zeigen. Beratung oder Supervision sind dann hilfreiche und notwendige Angebote.

6.4.2 Grundstruktur der Angebote für Mitarbeitende

Analog zur Gesamtstruktur des Konzeptes lassen sich auch die Angebote für die Mitarbeitenden in einem Schaubild darstellen, das nachfolgend erläutert wird.

Konzept „Sexuell Selbstbestimmt Leben in Wohneinrichtungen – Angebote für Mitarbeitende"

	Ziel: Realisierung gelungener sexueller Selbstbestimmung gemäß der Leitlinien	
Mitgestaltung bei prozessbegleitenden Maßnahmen	Können: - Ermöglichungsräume eröffnen: individuelle Begleitung der Bewohner/innen zu sexueller Selbstbestimmung -Moderation von Team- und Gruppenentwicklungsprozessen Mitgestaltung Einrichtungsentwicklung	Mitgestaltung bei der einrichtungsspezifischen Modifikation und Ausdifferenzierung des Konzeptes
	Wissen: -sexuelle Entwicklung/Sexualität bei Menschen mit Behinderung - Individuelle Begleitung sexueller Selbstbestimmung - sexualfreundliche Strukturen in Wohneinrichtungen -begleitend notwendiges Fachwissen (z.B. UK)	
	Reflexion:- eigene sexuelle Biografie sowie Normen und Werte - Verständnis sexueller Selbstbestimmung und Umsetzung sexualfreundlicher Haltung - Eigene Grenzen und die Grenzen anderer - Erklärungsmodelle sexuellen Verhaltens	
	- Individuelle berufliche Voraussetzungen (Bedürftigkeiten und Fähigkeiten) - Voraussetzungen in Team und Gesamteinrichtung - Arbeitssituation mit den Bewohner/innen - Persönliche Voraussetzungen/sexuelle Biografie	
	Menschenbild: Der fähige und bedürftige Mensch (Gröschke 2008)	

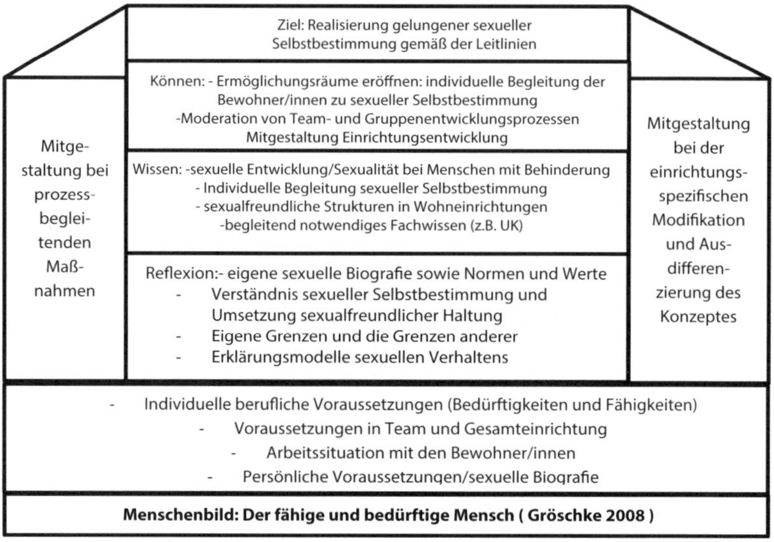

Abb. 47: Konzept sexuell selbstbestimmt leben in Wohneinrichtungen – Angebote für Mitarbeitende

Im Bereich der *Voraussetzungen* sind zum einen die individuellen Voraussetzungen der einzelnen Mitarbeitenden und zum anderen die Voraussetzungen von Gruppen in den verschiedenen Arbeitszusammenhängen der Gesamteinrichtung oder auch darüber hinaus (z. B. einrichtungsübergreifende Arbeitsgruppen) erfasst.

Individuelle Voraussetzungen umfassen neben den bereits aufgeführten emotionalen Herausforderungen sowohl die beruflichen Erfahrungs-, Wissens- und Könnensbestände als auch die personbezogene sexuelle Identität. Alle Aspekte haben Einfluss auf das Handeln. Die Stärke des Einflusses kann individuell jeweils situations- und bewohner/innenabhängig variieren.

Arbeitsgruppen bzw. Teams sind mehr als die Summe ihrer Mitglieder und haben jeweils eine eigene Geschichte der mehr oder weniger gelingenden Kommunikation und Kooperation, der subjektiven Zufriedenheit in der Gruppe, der Stabilität oder Instabilität in der personalen Zusammensetzung sowie der empfundenen oder von außen sichtbaren Erfolge in der Begleitung der Bewohner/innen. Diese Voraussetzungen bestimmen u. a. die Offenheit für das Thema sexuelle Selbstbestimmung und damit verbundene Prozesse der Um- oder Neuorientierung. Manche Mitarbeitende sind Mitglieder verschiedener Gruppenkonstellationen und erleben hier Unterschiedliches.

Weiterhin ist relevant, mit welchen Bewohner/innen die Mitarbeitenden im Alltag Kontakt haben. Die Befragung zeigt z. B., dass es je nach Behinderung der Bewohner/innen der Wohngruppe (z. B. vorrangig mit psychischer oder mehrfacher Behinderung) statistisch messbare Unterschiede zwischen den befragten Mitarbeitenden z. B. bzgl. angenommener Gründe für sexuelle Verhaltensweisen gibt (▶ Kap. 4.5). Ebenso spielt das Geschlecht der Bewohner/innen zum Teil eine Rolle in Bezug auf die sexuellen Verhaltensweisen, die erlebt werden (z. B. Pornografiekonsum) bzw. in Bezug auf die Bewertung der sexuellen Verhaltensweisen (▶ Kap. 4.3.5.3).

Diese verschiedenen Einflussfaktoren sollten in *Reflexions*angeboten in verschiedenen Settings thematisiert werden können.

Im Bereich der *Wissens*erweiterung sind sicherlich Wissensbestände im Bereich der sexuellen Entwicklung/Sexualität bei Menschen mit und ohne Behinderung von zentraler Bedeutung sowie entsprechendes Wissen über förderliche Konzepte für die individuelle Begleitung sexueller Selbstbestimmung sowie in der Umsetzung sexualfreundlicher Strukturen. Daneben spielt aber weiteres Fachwissen eine bedeutsame Rolle in der Begleitung der Bewohner/innen. Dies sind Wissensbestände für Maßnahmen z. B. im Bereich der Kommunikationsförderung bzw. Unterstützten Kommunikation (damit Bewohner/innen z. B. eigene Bedarfe eindeutiger und nicht nur lautsprachlich kommunizieren können), Maßnahmen der Mobilitätserweiterung (damit Bewohner/innen z. B. zu gewünschten Treffen kommen), Empowerment (damit Bewohner/innen z. B. aktiv Veränderungsprozesse initiieren können) oder auch die Nutzung neuer Medien (damit Bewohner/innen z. B. Internetberatung in Anspruch nehmen können). Neben den genannten relevanten Inhalten sollten verschiedene Vermittlungswege mit ihren Vor- und Nachteilen diskutiert werden.

In der Weiterentwicklung eigener Handlungskompetenzen (Bereich *Können*) stehen folgende Themen im Mittelpunkt:

- Individuelle Begleitung der Bewohner/innen auf dem Weg zu subjektiv befriedigender Sexualität mit allen flankierenden Maßnahmen z. B. im Bereich Empowerment, Mediennutzung, Kommunikationsförderung etc.
- Vermittlung der eigenen Grenzen in wertschätzender und für die Bewohner/innen verständlicher Form (z. B. verbal, nonverbal, Nutzung leichter Sprache)
- Initiierung und Mitgestaltung der Weiterentwicklungsprozesse in der Wohngruppe, so dass Intim- und Privatsphäre aller gewahrt wird und eine Kultur der Anerkennung und Achtung der sexuellen Selbstbestimmung aller Akteure/innen gelebt werden kann
- Mitgestaltung der Teamentwicklungsprozesse
- Mitgestaltung der Entwicklungsprozesse in der Einrichtung

Im Nachfolgenden werden exemplarisch konkrete Maßnahmen in den einzelnen Bereichen vorgestellt. Dazu werden Inhalte vertieft und verschiedene Umsetzungsmöglichkeiten in allen drei Bereichen angeregt. Die enge Verwobenheit reflexiver Prozesse mit Möglichkeiten der Wissensaneignung und Kompetenzerweiterung wird sich zeigen.

6.4.3 Maßnahmen im Bereich Reflexion

Maßnahmen im Bereich der Reflexion können sich sowohl auf einzelne Mitarbeitende als auch auf Gruppen von Mitarbeitenden, jeweils auf allen Hierachieebenen, beziehen. Reflexionsangebote können professionell oder kollegial geleitet, intern oder extern moderiert oder individuell gestaltet sein.

Folgende Themen sind relevant:

- Reflexion der eigenen sexuellen Biografie (inklusive sexueller Orientierung) mit den entsprechenden Konsequenzen in Bezug auf das Handeln in der Einrichtung
- Reflexion der eigenen Normen und Werte im Bereich der sexuellen Selbstbestimmung: hier vor allem das eigene Verständnis von Sexualität, die Bedeutung und Bewertung einer subjektiv befriedigenden Sexualität, welche Bedeutung sexuellen Erfahrungen beigemessen wird und wie die Einvernehmlichkeit sexueller Handlungen eingeschätzt wird
- Reflexion der ggf. vorhandenen Widersprüche in Bezug auf Normen und Werte zwischen verschiedenen Teammitgliedern sowie zu der Einrichtungsleitung oder dem Träger
- Reflexion der eigenen Haltung in Bezug auf gelingende Realisierung sexueller Selbstbestimmung (gemäß der Leitlinien)
- Reflexion der möglichen und favorisierten Erklärungsmodelle in Bezug auf sexuelle Verhaltensweisen der Bewohner/innen
- Reflexion der eigenen Grenzen, der Wahrung der eigenen Intim-/Privatsphäre sowie der Grenzen der Bewohner/innen und der Wahrung derer Intim-/Privatsphäre
- Reflexion der eigenen Kompetenzen in allen erforderlichen Bereichen inklusive des Erkennens eigener Weiterentwicklungsbedarfe in den Bereichen Wissen und Können
- Reflexion der Lebenssituation der Bewohner/innen
- Reflexion und Versuch der Einschätzung des Verständnisses der Bewohner/innen von Sexualität, subjektiv befriedigender Sexualität, der Bedeutung sexueller Lernerfahrungen sowie der Einvernehmlichkeit sexueller Handlungen
- Reflexion des eigenen und allgemeinen professionellen Auftrags und dessen individueller Umsetzbarkeit

6.4.3.1. Reflexion der eigenen sexuellen Biografie

Die (sexuelle) Identität eines Menschen beeinflusst wesentlich sein/ihr Denken, Fühlen und Verhalten in den verschiedenen Lebens- bzw. Arbeitssituationen und ist als eine subjektive Konstruktion jeweils (Zwischen-)Ergebnis eines lebenslangen Lernprozesses (vgl. Burchardt 1999, 73 ff).

So kann es z. B. sein, dass eine weibliche Mitarbeitende in ihrer sexuellen Biografie gelernt hat (vor allem durch Rückmeldungen/Fremdbewertungen ihrer relevanten Bezugspersonen), dass weibliche Attraktivität vor allem durch körperliche Attraktivität (gemessen an aktuellen Schönheitsidealen) bestimmt ist. Ihre persönliche Konsequenz ist, dass Sport und entsprechende Ernährung in ihrem Leben eine große Rolle spielt, um ihren Körper fit und schlank zu halten. Ebenso legt sie großen Wert auf eine chice Frisur und modische, figurbetonte Kleidung. Nur dann fühlt sie sich wohl und attraktiv. Dieser Teil ihrer sexuellen Identität kann sich z. B. in folgender Form auf ihre Arbeit in der Wohngruppe auswirken: Sie legt viel Wert auf die gesunde Ernährung der Bewohner/innen und dass diese sich bewegen. Gegenüber adipösen Bewohner/innen hat sie negative Gefühle und gibt diesen zu verstehen, dass es wichtig sei, Gewicht zu reduzieren, um attraktiv zu sein.

Als ein anderes Beispiel ist denkbar, dass ein Mitarbeiter in seiner Ursprungsfamilie einen sehr offenen Umgang mit Intimität und Privatheit gelernt hat und es üblich war, Toiletten nicht abzuschließen und sich zu mehreren im Bad aufzuhalten. In der Arbeit mit den Bewohner/innen findet er es deshalb z. B. nicht schwierig, dass sich mehrere Bewohner/innen gleichzeitig ein Bad teilen und hält es auch nicht für notwendig, dass Toilettentüren geschlossen sein müssen. Seine Teamkollegen/innen bewerten dies anders.

Diese sehr vereinfachten fiktiven Beispiele verdeutlichen, dass Lernprozesse in der sexuellen Biografie, die sich durch Selbst- und Fremdbewertungen realisieren, die eigene sexuelle Identität (als Teil der Gesamtidentität eines Menschen) herausbilden. Die sexuelle Identität »ist für niemanden irrelevant, weil sie aufs engste mit der eigenen Körperlichkeit verbunden ist. Der Körper hat wiederum eine herausgehobene Bedeutung für die Identität« (Burchardt, 1999, 75).

Burchardt führt weiterhin aus, dass »alle Wissensstrukturen, die auf die eigene Person bezogen werden, zunächst durch die Beobachtung anderer ausgebildet werden« (ebd. 76). Für diese Ausbildung der Wissensstrukturen braucht es demgemäß Modelle, an denen sich vor allem Kinder und Jugendliche orientieren können. Neben den real verfügbaren Modellen, z. B. Eltern, Geschwister, weitere Familienmitglieder, Lehrer/innen etc., sind Vorbilder auch in den Medien zu finden, dann meist deutlich klischeehafter und realitätsferner. So können Wahrnehmungsmuster entstehen, die eine positive Selbstwahrnehmung erschweren. Beispielsweise können die Frauen- oder Männermodelle, die in vielen Serien mit ihren schlanken, gestylten Körpern und figurbetonter Kleidung gezeigt werden, zu einer negativen Bewertung des eigenen Körpers führen, der dadurch ggf. als übergewichtig, unsportlich und unattraktiv empfunden wird. Ebenso kann die stark heteronormativ geprägte Medienwelt und Umwelt es homosexuellen Menschen erschweren, zu ihrer sexuellen Orientierung zu finden und diese zu leben.

> »Die sexuelle Identität wird wahrscheinlich – im Gegensatz zu anderen Teilidentitäten – in höherem Maße durch das wahrgenommene Fremdbild als durch die Selbstwahrnehmungen geprägt, weil die entsprechenden Rückmeldungen in der Regel von emotional bedeutsamen Personen gegeben werden. Es ist damit zu rechnen, daß die erhöhte Sensibilität für Rückmeldungen in diesem Bereich auch in anderen – z. B. sexualpädagogischen – Situationen erhalten bleibt« (ebd. 76).

Auf das obige Beispiel übertragen könnte (in sehr vereinfachter Form) der Lernprozess dieser fiktiven weiblichen Mitarbeiterin sich so gestaltet haben, dass sie zum einen als Vorbild eine ältere Schwester hatte, die viel Zeit in Fitness und gesunde Ernährung investiert hat und gleichzeitig ›Erfolg bei Männern‹ hatte. Die Schwester hat durch ihr Verhalten (als Modell einer relevanten Bezugsperson) zu verstehen gegeben, dass man als Frau körperlich attraktiv sein muss, um Partner zu finden, Sexualität zu leben und dass diese Ziele als erstrebenswert anzusehen sind. Selbiges wurde ihr durch die gerne gesehenen Vorabendserien und Werbung vermittelt. Diese (nicht reflektierten) Lernprozesse werden nun unreflektiert auf die Bewohner/innen übertragen.

Für Lehrer/innen geht Burchardt (1999) davon aus, dass »bei der Auseinandersetzung mit sexualpädagogischen Inhalten (...) auch die sexuelle Identität der Lehrenden im Arbeitselbst aktiviert (ist) und (...) deren sexualpädagogisches Handeln (beeinflusst)« (ebd. 77).

Auf Mitarbeitende in Wohneinrichtungen ist dieser Zusammenhang übertragbar. Durch die Konfrontation mit vielfältigen sexuellen Verhaltensweisen der Bewohner/innen sowie durch körpernahes Arbeiten z. B. im Bereich der Pflege wird immer wieder die eigene sexuelle Identität der Mitarbeitenden aktiviert. Dieser Hintergrund beeinflusst ihr Fühlen, Denken und Handeln. Die sexuelle Identität beeinflusst Ekelgefühle, das Empfinden von Scham, die Bewertung von Verletzungen eigener Grenzen etc. Sie beeinflusst auch die Bewertungen der sexuellen Verhaltensweisen der Bewohner/innen und die Einschätzung eigener Handlungsnotwendigkeiten und -möglichkeiten.

Vor diesem Hintergrund ist es unabdingbar, den Mitarbeitenden geschützte Reflexionsmöglichkeiten für die eigene sexuelle Biografie anzubieten, so dass erkannt werden kann, an welchen Stellen und in welchem Ausmaß das berufliche Handeln durch die eigene sexuelle Identität beeinflusst wird.

Die Bundesvereinigung Lebenshilfe (1995, 20) hat einen Selbstreflexionsbogen publiziert, der für eine individuelle Reflexion der eigenen sexuellen Biografie gut nutzbar ist. Es wird im einleitenden Text vorgeschlagen, die Antworten auf diese selbstreflexiven Fragen durchaus in kleinen Gruppen zu besprechen. Dazu sollte jedoch niemand gedrängt werden, da es im Bereich der Sexualität auch um das Erkennen und die Wahrung der eigenen Grenzen geht. Vorteil des Austausches in kleinen, vertrauten Gruppen ist eine Erweiterung der eigenen Kommunikationsfähigkeit im Bereich der Sexualität sowie ein Blick auf die Vielfältigkeit sexueller Erfahrungen auch bei Menschen ohne Behinderung.

Für die Begleitung der Bewohner/innen ist von Seiten der Mitarbeitenden vorrangig relevant zu erkennen, welche Anteile der eigenen sexuellen Lerngeschichte das Fühlen, Denken und Handeln gegenüber den Bewohner/innen, aber auch auf die Arbeit im Team beeinflussend wirken. Durch eine reflexiv entwickelte Sensibilität gegenüber den internen Prozessen können diese langfristig kontrolliert oder verändert werden.

Neben den Einflüssen aus der persönlichen Lebens- und Lerngeschichte müssen die interdependent wirkenden Kräfte der Organisationskultur sowie gesamtgesellschaftlicher Bewertungsprozesse mit bedacht werden.

6.4.3.2 Perspektivwechsel: Reflexion der Lebenssituation mit Behinderung

Die Lebenserfahrungen von Menschen mit Behinderungen unterscheiden sich oft von Menschen ohne Behinderung, vor allem, wenn diese in einem institutionellen Kontext leben.

Mitarbeitende sind in der Regel Menschen mit einem Erfahrungshintergrund ohne Behinderung. Die Lebenserfahrungen eines Menschen beeinflussen aber u. a. dessen Wahrnehmung, Deutung und Bewertung seiner/ihrer Umgebung und demgemäß auch das eigene Handeln. Für die Prüfung der Angemessenheit des eigenen Handelns kann es hilfreich sein, wenn sich Mitarbeitende bewusst machen, dass die von ihnen begleiteten Bewohner/innen oft andere, durch die Behinderung bedingte Lebenserfahrungen haben, die deren Wahrnehmung, Deutung und Bewertung beeinflussen.

Aufgrund dieser Verschiedenheit der Lebenserfahrungen und den unterschiedlichen Möglichkeiten, diese zu reflektieren, ist es hilfreich, sich der Perspektive der Anderen anzunähern, um zu prüfen, ob und wo es Gemeinsamkeiten oder Unterschiede gibt und inwieweit diese Handlungsrelevanz haben.

So ist es z.B. eine deutlich andere Lern- und Lebenserfahrung, wenn die Entwicklung der eigenen Geschlechtsidentität unter der Lebensbedingung ›Behinderung‹ und damit häufig verbundenen Abwertungsprozessen, gerade von Frauen (vgl. Römisch 2011), verbunden werden muss. Ebenso beeinflussen kognitive Möglichkeiten die Wahrnehmung, Bewertung und Reflexion von Erfahrungen, auch die Bedarfe an neuen Erfahrungen. Lebensalter und (sexuelles) Entwicklungsalter sind hier oft diskrepant, so dass auch diese Verschiedenheit bei der Begleitung der Bewohner/innen berücksichtigt werden muss. Deutlich im Blick sollten auch die stark institutionalisierten Erfahrungen sein, die ein Leben in Macht- und Abhängigkeitsverhältnissen bedeuten.

Neben Offenheit für diese anderen Erfahrungen in den Gesprächen mit Bewohner/innen und z.B. gemeinsamer Biografiearbeit ist es möglich, über verschiedene Autobiografien als Lektüre oder als Filme weitere Eindrücke zu gewinnen, Sensibilität für vielfältige Deutungsmöglichkeiten zu entwickeln und diese als Anlass zur Reflexion der eigenen Arbeit, Austausch im Team oder für das Gespräch mit den Bewohner/innen zu nutzen. Sehr eindrücklich und hilfreich sind Selbsterfahrungsübungen: ein Tag im Rollstuhl, ein Tag ohne Lautsprache oder ein Tag, an dem für alles, was getan wird, ein anderer um Erlaubnis gefragt werden muss.

An dieser Stelle sollen einige autobiografische Auszüge exemplarisch vorgestellt werden, um das Gemeinte zu verdeutlichen:

> Zuhal Soyhan ist eine Frau, Fernsehmoderatorin, Ehefrau, Rollstuhlfahrerin usw. und berichtet in ihrer Autobiografie »Ungebrochen – mein abenteuerliches Leben mit der Glasknochenkrankheit« (2012) u. a. vom Angewiesensein auf Hilfe bei ihrer morgendlichen Fahrt zur Schule mit öffentlichen Verkehrsmitteln und der von ihr damit als anstrengend empfundenen Verpflichtung, immer freundlich zu sein: »So ganz ohne Hilfe schaffte ich es nämlich nicht in die Bahn,

und so wurde meine tägliche Fahrt zur Schule und zurück zum reinsten Spießrutenlauf. Egal, ob ich an einem Morgen übellaunig war, keine Lust auf Gespräche hatte – immer musste ich mit einem freundlichen Lächeln im Gesicht höflich um Hilfe bitten und jederzeit damit rechnen, eine Abfuhr zu erhalten. Morgens waren die U-Bahnen vollgestopft. Ich saß in Gesäßhöhe der Fahrgäste und wurde von deren Taschen fast erdrückt – keine angenehme Position. Aber das war es mir wert: Kein Fahrer mehr, der mich aufsammelte und in der Schule ablieferte« (ebd. 106).

Mögliche Reflexionsfragen für die eigene Arbeit: Inwiefern erwarten ich und meine Kollegen/innen von unseren Bewohner/innen Freundlichkeit uns gegenüber oder Dankbarkeit für unsere Arbeit?

Andreas Meyer ist ein Mann, Anwalt, contergangeschädigt (ohne Gliedmaßen), Single, Rollstuhlfahrer usw. und berichtet über den Zusammenhang von Behinderung und sexueller Entwicklung sowie seinem Reflexionsprozess Folgendes: »Mit 16 nahm ich mir vor, mir mit 40 Jahren das Leben zu nehmen, wenn ich bis dahin keine Freundin hätte. Mit 40 Jahren war ich nach einer von der Eifersucht zermürbten, zweijährigen Beziehung froh, dass ich wieder alleine war. Nicht immer ist das, was man hat und erreichen kann, dem Glück zuträglich. Und noch seltener hängt das Glück davon ab. Seitdem ich mich von der in der Pubertät häufig gestellten Frage verabschiedet hatte, ob ein mir verabreichter Korb etwas mit meiner Behinderung zu tun hätte, bekam ich diese Körbe nicht mehr. Weil mich in Wirklichkeit die Fragestellung selbst oder besser die falsche Einstellung zu der Problematik belastet hatte. Nachdem ich diese Einsicht verinnerlicht hatte, überkam mich eine unbeschreibliche Leichtigkeit des Daseins« (Meyer, 2008, 30).

Mögliche Reflexionsfragen für die eigene Arbeit: Wie schätze ich die Auseinandersetzung der Bewohner/innen mit ihrer Behinderung und ihren Lebensbedingungen in der Institution ein? Denken wir überhaupt darüber nach? Machen wir dazu Reflexionsangebote? Trauen wir ihnen das zu? Oder halten wir das für überflüssig?

Hans-Joachim Stelzer ist ein Mann, politisch lange Zeit seines Lebens aktiv gewesen, ehemals ehrenamtlicher Helfer in einer Schülerbücherei, an Muskeldystrophie erkrankt usw. Seine Autobiografie »Mut zum Ich – Der sprechende Kopf. Biografische Schlaglichter eines rettungslosen Optimisten« (2011) ist in die drei Lebensabschnitte ›Gehen‹, ›Sitzen‹, ›Liegen‹ eingeteilt. Aus der Zeit des ›Liegens‹ stammen die Reflexionen über seinen Verlust des Status des ›Selbstabwischers‹ auf der Toilette: »Mein Status als ›Selbstabwischer‹ verabschiedete sich langsam aber kontinuierlich. Die vielen kleinen Veränderungen summierten sich zu einer ungeahnten Qual. Beim Verrichten der Notdurft, einer der intimsten Tätigkeiten, war ich nun komplett der fremden Hilfe ausgeliefert. Das empfand ich als Demütigung und als ›neue Qualität meiner Behinderung‹. Dabei spielte es keine Rolle, dass meine weiblichen und männlichen Behindertenassistenten sehr einfühlsam mit dieser Situation umgingen. Mein Behindertsein schlug voll durch, an einer Stelle, wo ich ›seelisch entblößt‹, gefühlsmäßig aufgewühlt war und keine Schutzmechanismen zur Verfügung standen« (ebd. 220).

Mögliche Reflexionsfragen für die eigene Arbeit: Wie erleben die Bewohner/innen wohl die Pflegesituationen? Haben wir im Blick, dass ihnen das unangenehm sein könnte? Wie intimitätswahrend gestalten wir Pflegesituationen? Welche Gefühle habe ich bei der Pflegesituation? Wo gehe ich über meine Grenzen von Scham und Intimität? Wann gehe ich über die Grenzen der Bewohner/innen? Wie gehe ich jeweils damit um?

Herr Knorr ist ein Mann, mehrfach behindert, ohne verständliche Lautsprache, lebt in einer Wohneinrichtung für Menschen mit Behinderung und hat einen Vortrag mit dem Titel »Sexualität – Auch ich habe ein Recht darauf« gemeinsam mit seiner Assistentin verfasst. Darin heißt es: Liebe, Nähe und Sexualität waren »in meinem Leben ein Tabuthema, ich glaube gar nicht einmal bewusst. Es wurde einfach nicht darüber gesprochen, weder in meinem Elternhaus noch in meiner gesamten Schulzeit. (…) Es gab keine Bücher, keine Zeitschriften, keine Filme, nichts. Und ich konnte ja auch nicht wie Jugendliche, die nicht so schwer behindert sind wie ich, losgehen und mir solche Dinge kaufen. Ich konnte mich auch nicht mit meinen gleichaltrigen Freunden über dieses Thema austauschen oder einfach heimlich fernsehen. (…) Als ich in die Pubertät kam, spürte ich natürlich die Veränderungen in meinem Körper und in meinem Gefühlsleben, konnte sie aber nicht definieren. (…) Die Menschen, die mich betreuten, gingen auf das, was ich wollte, nicht ein oder ignorierten es. Das ist das schwerste Los, wenn man nicht nur behindert, sondern schwerstbehindert ist. Wenn die Menschen, die mich behüten und versorgen, ein Thema nicht ansprechen wollen oder können, dann habe ich auch keine Chance mich dazu zu äußern. (…)« (Knorr/Blume, 2011, 174 ff.).

Mögliche Reflexionsfragen für die eigene Arbeit: Sehen wir auch bei Menschen mit schwerer Beeinträchtigung den Bedarf der Begleitung der sexuellen Entwicklung? Sprechen wir als Mitarbeitende offensiv sexuelle Themen an? Bieten wir auch angepasste Kommunikationsmöglichkeiten für Menschen ohne verständliche Lautsprache an? Geben wir damit jedem/r Bewohner/in die Chance, sich zum Thema zu äußern? Oder ist es uns lieber, wenn manche Fragen gar nicht gestellt werden (können)?

In der Lektüre autobiografischer Beiträge vermischen sich Reflexion und Wissensaneignung. Die Beiträge können genutzt werden, sich den Lebens- und Erfahrungswelten von Menschen mit Behinderungen anzunähern und vor diesem Hintergrund einen Perspektivwechsel in mögliche Erfahrungswelten der Bewohner/innen zu erproben. Ebenso kann vor diesem Hintergrund auch das Gespräch mit Bewohner/innen (wenn Lautsprache oder sprachersetzende Kommunikationshilfen vorhanden sind) gesucht werden, um von ihren Erfahrungen zu hören und für die gemeinsame Arbeit davon zu profitieren.

6.4.3.3 Reflexion im Team der Wohngruppe/Teamentwicklung/ Supervision

Die gemeinsame Reflexion im Team ist im günstigsten Fall der Einstieg in Teamentwicklungsprozesse bzw. auch weiterführende Organisationsentwicklungsprozesse (▶ Kap. 7.3.4). Die hohe Relevanz von Teamentwicklungsprozessen ist durch die vorliegenden Ergebnisse bestätigt worden. Die Befragten definieren die sexuelle Selbstbestimmung der Bewohner/innen als Teamaufgabe, die mit entsprechender beraterischer und supervisorischer Unterstützung zum Gelingen für alle Beteiligten beitragen kann. Sexualität als personnahes, intimes Thema, das mit persönlicher Betroffenheit verbunden ist (vgl. Burchardt 2000, 19), braucht im Rahmen der Professionalisierung der Begleitung der einzelnen Bewohner/innen als auch der Wohngruppe entsprechende Weiterentwicklungsprozesse im Team.

> »Teamentwicklung ist ein Gruppenprozess, an dem alle Teammitglieder aktiv beteiligt sind. Sie werden nicht entwickelt, sondern entwickeln sich aus sich selbst heraus als Team. In diesen Prozess fließen die individuellen Stärken, Schwächen und Persönlichkeitsstrukturen der Einzelnen ebenso mit ein wie gruppendynamische Aspekte, die spezifische Aufgabenstellung des Teams sowie vielfältige Rahmenbedingungen« (Gellert und Nowak 2010, 163).

Vor allem konkurrierende Normen und Werte sowie ggf. voneinander abweichende Vorstellungen von sexueller Selbstbestimmung sollten diskutiert werden mit dem Ziel, einen Arbeitskonsens zu finden. Entsprechende vorbereitende individuelle Reflexionen und Übung, über Sexualität mit Personen anderen Geschlechts, Alters und ggf. kulturellem Hintergrund zu sprechen, sind für diesen Prozess hilfreich. Die vorliegenden Befragungsergebnisse verweisen hier vor allem auf die Themen »Umgang mit Intim-/Privatsphäre in der Wohngruppe« sowie »Umsetzung von angemessener Nähe und Distanz zu Mitarbeitenden und (Mit-)Bewohner/innen«. Gerade in Bezug auf den Umgang mit Intim- und Privatsphäre aller Beteiligten sollten die Teamentwicklungsprozesse im Weiteren zu Wohngruppenentwicklungsprozessen werden, die, wenn möglich, gemeinsam mit den Bewohner/innen gestaltet werden. Weiterentwicklungsprozesse in der Wohngruppe brauchen ein Team, das sich zuvor über ihre diesbezüglichen Haltungen verständigt, ein gemeinsames Ziel definiert und eine von allen getragene Vorgehensweise gefunden hat.

Die Fokussierung der Wohngruppensituation kann mit einer Informationssammlung zur Ist-Situation beginnen. Es kann deutlich werden, was die verschiedenen Mitarbeitenden im Arbeitsalltag mit den Bewohner/innen erleben und wie (ggf. unterschiedlich) sie dies subjektiv bewerten. Gleichzeitig sollte im Blick sein, was die Mitarbeitenden im Team in der gemeinsamen Arbeit erleben, als förderlich oder hinderlich bewerten oder welche Fragen aneinander bestehen. Nach der Selbstvergewisserung im Team kann die Perspektive der Bewohner/innen einbezogen werden. Gemeinsam gefundene Ansatzpunkte für (am besten zunächst kleine) Veränderungen inklusive möglicher Handlungsstrategien können einen ersten Schritt bedeuten.

Für gemeinsame Reflexionen im Team können auch die vorgelegten Leitlinien gelingender sexueller Selbstbestimmung genutzt werden. Sie bieten die Möglichkeit zu prüfen,

- ob eine dementsprechende sexualfreundliche Haltung bei den Mitarbeitenden einzeln und im Team vorhanden ist oder sich entwickeln kann und was es ggf. dafür an Unterstützung untereinander oder von externer Seite braucht
- ob die Strukturen im Wohngruppenalltag und in der Gesamteinrichtung förderlich oder hinderlich oder gar nicht vorhanden sind bzw. wie sie ggf. verändert oder erhalten und ausgebaut werden müssten
- ob das alltägliche Handeln in der Begleitung der Bewohner/innen durch die einzelnen Mitarbeitenden und als Team diesen formulierten Ansprüchen entspricht
- und im Sinne eines Perspektivwechsels zu überlegen, wie die Männer und Frauen der Wohngruppe die verschiedenen Aspekte wahrnehmen, bewerten und welche Veränderungen sie sich wünschen würden.

Gemeinsam können so Ansätze und konkrete Aktivitäten für die Weiterentwicklung des Teams und der Arbeit in der Wohngruppe gefunden werden. Veränderungsmaßnahmen können formuliert, mit den Bewohner/innen diskutiert und ggf. weiter entwickelt werden, Verantwortlichkeiten für Mitarbeitende und Bewohner/innen sowie Überprüfungszeiträume festgelegt werden.

Reflexionsprozesse im Team können durch Angebote der Supervision, wie sie durchaus von den Befragten gewünscht wurden, begleitet werden. Regelmäßige Supervisionsangebote können helfen, den Prozess stringenter durchzuführen und ›blinde Flecken‹ zu erkennen. Notwendige Wissenserweiterungen können auf diesem Weg ebenso deutlich werden.

6.4.3.4 Fachspezifische Beratung für Teams

Der Wunsch nach Beratung durch externe und/oder interne Fachkräfte hat für die Befragten die größte Bedeutung bei den auf sie bezogenen Maßnahmen.

In der Durchführung von Beratungsgesprächen kann der Ansatzpunkt für die beschriebene notwendige Haltungsänderung liegen, die idealerweise zu einer positiven Annahme von Entwicklungsmöglichkeiten der Bewohner/innen führt.

Zunächst aber kann von Seiten der Institution durch die umfassende Implementierung fachangemessener Beratung und Supervision den Mitarbeitenden die notwendige Wertschätzung und Unterstützung im anforderungsreichen Arbeitsalltag vermittelt werden. Die von den befragten Mitarbeitenden gewünschte Handlungssicherheit kann z. B. durch Fallbesprechungen ihren Anfang finden. Über die Darlegung der Verhaltensweisen einzelner Bewohner/innen, der gemeinsamen Annäherung an die (vermutete) subjektive Sinnhaftigkeit deren Verhaltens sowie der Sinnhaftigkeit der Deutung der Mitarbeitenden inklusive der anschließenden Suche nach geeigneten Handlungswegen/-strategien kann durch die Beratung für diese konkrete Begleitung erste Sicherheit entwickelt werden.

Häufig wird bei Fallbesprechungen der Blick zunächst auf Menschen gelegt, deren (sexuelles) Verhalten als störend oder schwierig erlebt wird. Für die Begleitung aller Bewohner/innen könnten sich Fallbesprechungen jedoch unter der Perspektive der Beschreibung von Entwicklungsressourcen und -potentialen im Bereich der Sexualität positiv auswirken. So kann auch längerfristig im Team der Blick auf den Lebensbereich Sexualität produktiv verändert und weiter entwickelt werden.

Ebenso kann der Blick für die Notwendigkeit der Wissenserweiterung und Kompetenzvertiefung der Mitarbeitenden durch weiterführende Fortbildung in einem eher geschützten Rahmen der Teamberatung deutlich und dazu ermutigt werden.

Die internen oder externen Berater/innen sollten neben den beraterischen Kompetenzen ebenso über eine sexualpädagogische Qualifikation im Bereich Menschen mit Behinderung verfügen. Der Feldkompetenz der internen Berater/innen steht der ›Blick von außen‹ der externen Berater/innen entgen. Beide Qualifikationen sind für eine Einrichtung notwendig und müssen in der Relevanz team- und fallspezifisch gegeneinander abgewogen werden.

6.4.4. Maßnahmen im Bereich Wissen

Neues Wissen lässt sich in unterschiedlichen Formen aneignen. Mitarbeitende haben dabei verschiedene Präferenzen und individuell bevorzugte Lernwege, so dass mehrere Formen der Wissensaneignung angeboten werden sollten und im Folgenden vorgestellt werden. Im günstigsten Fall besteht bei den Mitarbeitenden selbst der intrinsische Wunsch, sich neues Wissen anzueignen oder es kann dieser Wunsch durch die erfolgten Reflexionsprozesse, die Beratung oder die Supervision geweckt und erkannt werden.

Intrinsisch motiviert zu lernen hat durch die Wahl fachlich und persönlich passender Lernwege und bedeutsamer Themen eine hohe Chance auf Erfolg. In den Beratungsprozessen besteht von Seiten der Berater/innen die Möglichkeit, entsprechende Anregungen zu geben, wie mit individuellen Wissensaneignungen das Ziel der Erweiterung sexueller Selbstbestimmung für die Bewohner/innen besser realisiert werden kann oder auch Fallbesprechungen im Team mit nur noch punktueller Unterstützung von außen durchgeführt werden können.

Ausschlaggebend ist bei allen Bemühungen im Bereich Wissenserweiterung (und nicht nur dort), dass die Mitarbeitenden für sich einen subjektiven Sinn in den Anstrengungen sehen können sowie eine Wertschätzung durch die Leitung erfahren. Im Rahmen der Organisationskultur sollten diese Anstrengungen positiv konnotiert werden. Damit werden Motivation und auch Lernerfolg erhöht.

6.4.4.1 Materialpool für Mitarbeitende

Ein Drittel der befragten Mitarbeitenden wünscht sich Fachliteratur bzw. Informationsmaterial für die eigene Lektüre bzw. Weiterbildung.

Die vorliegenden Ergebnisse unterstreichen die Bedeutsamkeit eines Materialpools, um den Mitarbeitenden individuelle Wege der Auseinandersetzung zu ermöglichen. Entsprechend umfassende Anschaffungen scheinen sinnvoll, sodass Exemplare aus dem Materialpool zügig und unbürokratisch für die Arbeit verfügbar sind. Eine Arbeitsgruppe der Einrichtung könnte bspw. den Auftrag bekommen, die für die Mitarbeitenden relevantesten Fragen und Themenbereiche zu erfassen und gezielt aus vorliegenden Publikationen und Materialien auszuwählen. Anschaffungsvorschläge von Mitarbeitenden sollten immer willkommen sein und aufgegriffen werden.

Zu überlegen ist weiterhin, inwiefern den Mitarbeitenden für die Erarbeitung von relevanten Informationen aus der Literatur sowie die Sichtung und Bewertung von Material, Arbeitszeit zur Verfügung gestellt werden kann. Es könnten interessierte Mitarbeitende aus den Wohngruppen oder Wohnbereichen entsprechende Informationseinheiten für die anderen Mitarbeitenden aus ihrem Bereich vorbereiten und durchführen, um alle auf einen Informationsstand zu bringen und fachliche, wohngruppenbezogene Diskussionen zu führen.

Bei den Materialien sollte als Angebot für die Mitarbeitenden Folgendes im Blick sein: Autobiografien von Menschen mit Behinderungen (siehe Erläuterungen im Bereich Reflexion), Fachliteratur für Mitarbeitende, Materialien für die Begleitung der Bewohner/innen, Filmmaterial, Internetquellen.

Die Lektüre von Fachbüchern zum Bereich der sexuellen Entwicklung/Sexualität/sexuelle Selbstbestimmung kann interessierten und geübten Leser/innen der Wissensaneignung dienen. Diese Form der Wissensaneignung eignet sich vor allem bei breit angelegten Fragestellungen zum Themenbereich. Individuelle Problemlagen oder Fragestellungen in Bezug z. B. auf bestimmte Verhaltensweisen konkreter Bewohner/innen können in der Regel erfolgreicher in einem Beratungssetting bearbeitet werden. Selbst angeeignetes breites Fachwissen ist allerdings produktiv nutzbar für die differenzierte Wahrnehmung der Bedürftigkeit und der Fähigkeiten der Bewohner/innen sowie für die Beratungsprozesse.

Der Materialpool sollte weiterhin Materialien enthalten, die für die gemeinsame Arbeit mit den Bewohner/innen genutzt werden können. Sind den Mitarbeitenden verschiedene Materialien bekannt und diese verfügbar, werden sie in der Regel eher eingesetzt.

Audiovisuelle Medien können ebenso zur individuellen Wissensaneignung oder Reflexion des eigenen Handelns oder des Handelns im Team genutzt werden. Spielfilme, wie z. B. »Ziemlich beste Freunde«, »Me too« oder »Inside I'm dancing« usw. können (medial aufbereitete) Vorstellungen von Lebenserfahrungen von Menschen mit verschiedenen Behinderung vermitteln, ggf. auch gemeinsam mit den Bewohner/innen genutzt werden. Ebenso gibt es vom Medienprojekt Wuppertal in den DVD-Angeboten Erfahrungsberichte von Menschen mit und ohne Behinderungen (nicht nur) zu folgenden Themen (www.medienprojekt-wuppertal.de):

- Filme von und über junge Menschen mit Behinderung zum Thema Liebe und Sexualität »Behinderte Liebe« (Teile 1–3)
- Film über Homophobie und Coming-out «Ich muss dir was sagen«
- Filme von betroffenen Mädchen »Sexualisierte Gewalt« (Teile 1+2)

- Filmreihe über Selbstbestimmung bei Menschen mit Behinderung »Selbst ist der Mensch«
- Dokumentation über alternde Menschen mit Komplexer Behinderung »Geht's dir gut, Ruth?«

Bei den konzeptuellen Maßnahmen für die Bewohner/innen werden weitere Materialien in den Blick genommen, die von den Bewohner/innen alleine oder gemeinsam mit den Mitarbeitenden genutzt werden können.

6.4.4.2 Fortbildungen für Mitarbeitende

Die vielfältigen Themen und Anforderungen im Bereich der sexuellen Selbstbestimmung, die entsprechendes Fachwissen, Selbstreflexionsvermögen, Kommunikationskompetenz für Gespräche mit einzelnen oder Bewohner/innengruppen, Moderationskompetenzen für die Weiterentwicklung der Wohngruppenprozesse usw. auf Seiten der Mitarbeitenden erfordern, sind bisher deutlich geworden.

Vor diesem Hintergrund erstaunt es, dass der Wunsch nach Fortbildungen der Mitarbeitenden für sich selbst oder für das Team von allen Veränderungswünschen in der Befragung am wenigsten gewünscht wurde. Die Erweiterung der eigenen Wissensbestände sowie der Handlungskompetenzen kann jedoch mittel- und langfristig nicht nur durch die Aneignung entsprechender Fachliteratur oder durch Beratung erfolgen.

Daraus ergeben sich m.E. zwei Fragen: Zum einen: Wie kann den Mitarbeitenden die Relevanz von entsprechenden Fortbildungen vermittelt und wie können sie für die Fortbildungen motiviert werden? Zum anderen: Wie müssen die Fortbildungspraxis, ihre Inhalte und Rahmenbedingungen verändert werden, damit Mitarbeitende diese für sich und das Team als sinnvoll und gewinnbringend einzuschätzen und dann auch nutzen?

Vor diesem Hintergrund scheint es notwendig, dass Institutionen ihre Fortbildungspraxis, deren Ziele und Angebote kritisch reflektieren.

Es ist aufgrund der vorliegenden Ergebnisse zu vermuten, dass Ansatzpunkte für das Erkennen der Notwendigkeit von Fortbildungen in der Beratung der Teams liegen könnten. Mögliche Widerstände und Ängste, die durch das personnahe Thema Sexualität und dessen offene Kommunikation entstehen können, könnten auf diesem Wege sensibel thematisiert und reduziert werden.

Es besteht die Möglichkeit, in den Beratungsprozessen Fortbildungs- und Entwicklungsbedarfe heraus zu arbeiten und zu benennen, so dass die Teams ggf. Fortbildungswünsche an entsprechender Stelle in der Einrichtung anmelden. Ebenso ist denkbar, dass die Einrichtungen spezielle Teamfortbildungen oder Wohnbereichsfortbildungen anbieten, die dann sehr gezielt auf die Bedarfe der Mitarbeitenden in dem jeweiligen Bereich ausgerichtet sind oder darauf ausgerichtet werden können. Hierzu sind Weiterbildungsfachkräfte sinnvoll, die eine hohe Feldkompetenz besitzen und das Anforderungsniveau und die Inhalte gut auf die Teilnehmenden abstimmen können. Die Ausbildung von Fortbildner/innen aus der eigenen Einrichtung, die dann wiederum für die Kollegen/innen ein Fortbildungsangebot durchführen, wäre ggf. eine gewinnbringende Möglichkeit.

Ebenso könnten verschiedene Einrichtungen im Fortbildungsbereich kooperieren, Weiterbildungskräfte untereinander ›austauschen‹ oder gemeinsame Fortbildungen anbieten und von verschiedenen Erfahrungen gegenseitig profitieren. Bei all diesen möglichen Kooperations-Bestrebungen, die auch noch an anderen Stellen eine Rolle spielen werden, sollte das besondere Verhältnis der kooperierenden Institutionen im Blick behalten werden. Sie sind in den meisten Fällen sowohl Kooperationspartnerinnen als auch Konkurrenten. In der Netzwerkarbeit im tertiären Sektor wird dafür der Begriff der »Koopkurrenz« genutzt. Schubert (2013) postuliert:

> »Insbesondere in der Sozialen Arbeit wird oft von der Fehleinschätzung ausgegangen, tertiäre Netzwerke im professionellen Bereich würden nach denselben Solidaritätsregeln funktionieren wie natürliche Netzwerke. Nach Erfahrungen von ›Koopkurrenz‹ als typisches Merkmal tertiärer Netzwerke sind Enttäuschungen und Verstörungen entsprechend vorprogrammiert« (ebd. 275).

Ungeachtet dieser Schwierigkeit und der Hürde, dass der Nutzen von Fortbildungen von den befragten Mitarbeitenden (noch) nicht gesehen wird, sind aus den vorliegenden Ergebnissen bedeutsame Fortbildungsthemen abzuleiten. In diesen Themen mischen sich Angebote aus den Bereichen Reflexion, Wissen und Können.

Um mit den Fortbildungsthemen möglichst nah an den Erfahrungen der Mitarbeitenden zu sein, wurde im Forschungsprojekt ReWiKs versucht, die verschiedenen Erfahrungen, die u. a. durch die Befragung deutlich wurden, als strukturierendes Element für die Inhalte zu nutzen. So ergeben sich fünf thematische Module:

- Meine Haltung im Umgang mit Menschen mit Behinderungen und deren Recht auf sexuelle Selbstbestimmung
- Mitarbeiter/innen und Bewohner/innen der Wohngruppe im Umgang miteinander
- Sexualität und sexuelle Selbstbestimmung als Fortbildungsthemen für Menschen mit Behinderung
- Im Austausch miteinander – Mitarbeiter/innen, Bewohner/innen, Angehörige, gesetzliche Betreuer/innen
- Wir als Mitarbeitende und Bewohner/innen als Teil der Kultur und Arbeit in der Gesamteinrichtung

Im Anhang befinden sich Vorschläge für Ziele und Inhalte in den fünf Modulen, die jeweils einer einrichtungsspezifischen Ausdifferenzierung bedürfen.

6.4.5 Maßnahmen im Bereich Können

Der Bereich des Könnens bezieht sich auf das konkrete Handeln mit den verschiedenen Menschen im Alltag – mit den Bewohner/innen und den Mitarbeitenden. Neben der schon allgemein aufgeführten Frage nach der Eingrenzung des professionellen Auftrags und dessen Umsetzung im Alltag können dabei vielfältige Fragen entstehen, von denen einige exemplarisch aufgeführt werden:

- Weise ich meine Kollegin auf grenzverletzendes Verhalten gegenüber Bewohner/innen hin? Wie kann ich das in wertschätzender Form tun?
- Wie gestalte ich eine intimitätswahrende Pflegesituation?
- Welche Begriffe für Geschlechtsorgane versteht der Bewohner?
- Darf ich mit einer Bewohnerin in einen Erotikladen fahren, damit sie sich einen Vibrator aussuchen kann? Wird sie verstehen, wie sie ihn benutzten kann oder muss ich es ihr zeigen?
- Wie vermittele ich einem Bewohner mit autistischen Zügen, dass er sich nicht in der Wohngruppe selbst befriedigt, sondern in sein Zimmer gehen soll?
- Soll ich einen Bewohner zu einer Prostituierten fahren, wenn er sich das wünscht? Was sagt die Leitung dazu?
- Wie soll ich mich verhalten, wenn die Mutter einer Bewohnerin nicht will, dass diese einen Freund hat?
- Was sage ich einer Bewohnerin, die sich eigene Kinder wünscht?
- Greife ich ein, wenn ich den Eindruck habe, dass ein Bewohner-Paar eher gewaltvolle Sexualpraktiken ausübt?
- Muss ich ertragen, dass Bewohner der Wohngruppe Pornos schauen, obwohl ich das widerlich und frauenfeindlich finde?
- ... .usw.

Vor dem Hintergrund der Vielfältigkeit möglicher Fragen ist der Wunsch von fast der Hälfte der Befragten nach »klaren Handlungsvorgaben durch die Leitung« im Bereich der sexuellen Selbstbestimmung vorab zu fokussieren. Dieser Wunsch wird hier verstanden als ein Bedürfnis nach Handlungssicherheit und Orientierung, das von der Leitung eingelöst werden soll. Die Ergebnisse von Fabian (1996) unterstreichen die hohe Bedeutung von Handlungssicherheit bei den Mitarbeitenden in der Eingliederungshilfe. Fabian betont

> »den starken Zusammenhang zwischen der Orientierungssicherheit und der Burnout-Dimension Depersonalisierung, die für die Klienten sicherlich die vergleichsweise höchste Relevanz besitzt. Die Gefahr einer unpersönlichen, emotional verhärteten und gleichgültigen Haltung gegenüber den geistig behinderten Klienten ist demnach umso geringer, je sicherer sich die Mitarbeiter im Umgang mit ihnen fühlen« (ebd. 158).

Doch wie kann Handlungssicherheit (die von jedem Mitarbeitenden höchstwahrscheinlich anders definiert und empfunden würde) in einem so hoch individuellen Bereich wie der sexuellen Selbstbestimmung realisiert werden, ohne in eine ›Rezeptologie‹ zu verfallen, die den verschiedenen Individuen nicht mehr gerecht wird?

6.4.5.1. Das Spannungsfeld Sicherheit vs. Freiheit

Mit dem verständlichen Wunsch nach klaren Handlungsvorgaben bzw. Orientierungssicherheit und der Klärung eines professionellen Auftrags ist eine Grundproblematik jeglicher pädagogischer Arbeit insgesamt und speziell im Bereich der

Sexualpädagogik fokussiert. Sexuelle Entwicklung ist höchst individuell, die Lernprozesse sind vielfältig und nicht vorhersehbar in ihren Ergebnissen. Das Ziel einer subjektiv befriedigenden Sexualität für den Einzelnen, die er oder sie als sexuelle Selbstbestimmung erlebt und bewertet, lässt sich durch enge Vorgaben der Begleitung nicht erreichen. Notwendig sind Offenheit für die Vielfältigkeit sexueller Selbstbestimmung und Vertrauen in die Entwicklungsmöglichkeiten aller Menschen.

Die von den Befragten gewünschten »klaren Vorgaben durch die Leitung« könnten den Mitarbeitenden ggf. Handlungssicherheit vermitteln. Je klarer und enger die Vorgaben durch Vorgesetzte wären, umso weniger kämen Mitarbeitende in die Situation, über Handlungen kritisch reflektieren zu müssen, Entscheidungen abzuwägen, sich persönlich für Entscheidungen zu rechtfertigen bzw. Verantwortung dafür zu übernehmen. Gleichzeitig könnten Handlungsmöglichkeiten dann so begrenzt sein, dass eine Individualität der Begleitung kaum noch gewährleistet werden kann.

Die Idee könnte sein, dass z. B. die Frage von Bewohner/innen nach sexuellen Hilfsmitteln leichter beantwortet werden kann, wenn es eine klare Handlungsvorgabe gäbe, die z. B. heißt, dass sexuelle Hilfsmittel von den Mitarbeitenden nicht für die Bewohner/innen beschafft werden dürfen. Für den Bewohner/die Bewohnerin ist der Bedarf dadurch zwar nicht gedeckt, aber der/die Mitarbeitende kann im anforderungsreichen Alltag schnell eine Entscheidung treffen, für die er oder sie nicht die Verantwortung tragen würde. Es könnte sich aus der vermeintlich klaren Handlungsvorgabe die nächste Frage ergeben: Dürfte eine Mitarbeitende, die es trotzdem wichtig findet, den Wunsch der Bewohnerin zu erfüllen, eine Angehörige bitten, das Hilfsmittel zu besorgen? Oder darf es in der Einrichtung gar nicht genutzt werden? Dürfte eine Einrichtung dies überhaupt verbieten? Was ist mit dem Recht auf individuelle sexuelle Entfaltung?

Verantwortungsvolle Begleitung kann also nicht allein durch (vermeintlich) klare Handlungsvorgaben realisiert werden. Trotzdem ist die große Herausforderung der Mitarbeitenden, die die Befragung ergab, im Blick zu haben. Die Mitarbeitenden haben einen berechtigten Wunsch nach notwendiger Handlungs- und Orientierungssicherheit. Was kann also hilfreich sein?

Zunächst braucht es bei allen Beteiligten die Erkenntnis, dass das Spannungsfeld zwischen empfundener Sicherheit in der Begleitung der Frauen und Männer und notwendiger Freiheit für individuelle Lösungen nie aufgelöst werden kann. Es handelt sich um ein genuin pädagogisches Dilemma, das zwar durch Handlungsvorgaben verändert, ggf. reduziert, aber nie aufgelöst werden kann.

Der Wunsch nach klaren Handlungsvorgaben scheint vor allem dann gerechtfertigt und hilfreich, wenn Mitarbeitende den Eindruck gewinnen müssen, dass die Einrichtungsleitung eher ›brisante‹ Fragen der Begleitung nicht offen darlegt, dadurch keinen Diskussionsprozess eröffnet oder dazu Stellung bezieht. Es braucht, wie bzgl. der Grundorientierung gefordert, eine deutliche Positionierung, welche Wege z. B. bzgl. der Beschaffung sexueller Hilfsmittel für Bewohner/innen durch Mitarbeitende von der Einrichtungsleitung erlaubt sind oder welche Position die Einrichtung bzgl. Sexualbegleitung/-assistenz vertritt. Hilfreiche Positionierungen bieten erste Handlungssicherheit. Diese sollten mit der klaren Unterstützung der

Leitung und Gesprächsangeboten für die Mitarbeitenden verbunden sein. So lassen sie trotzdem noch Spielräume in der individuellen Begleitung der Bewohner/innen. Durch sachbezogene Klarheit und Kommunikation lassen sich Ermöglichungsräume gestalten und gemeinsame Wege finden.

Greift man das Bild der Ermöglichungsräume konkret auf, so könnte dies für die Mitarbeitenden Folgendes bedeuten:

Der Raum braucht einen Boden, auf dem die Mitarbeitenden sicher stehen können. Von Einrichtungsseite kann dies durch eine klare Grundorientierung in Verbindung mit Gesprächs- und Unterstützungsangeboten (z. B. in Situationen der Handlungsunsicherheit) geschaffen werden. Eine Organisationskultur, in der fachliche Verunsicherungen der Mitarbeitenden nicht als persönliches Versagen, sondern als Chance zur Weiterentwicklung gewertet werden, festigt den gemeinsamen Boden. Von Seiten der Mitarbeitenden kann dieser Boden durch selbstreflexive Prozesse und Reflexionsprozesse im Team an Sicherheit gewinnen und durch Supervision begleitet werden.

Die Wände des Raumes sind die Grenzen, die dem gemeinsamen Handeln gesetzt sind. Die Weite oder Enge des Raumes wird individuell in der Begegnung zwischen Mitarbeitendem und Bewohner/in in den jeweiligen Umgebungsbedingungen gestaltet. Dabei sind mögliche Grenzen vielfältig:

- Vermutete/erfahrene Grenzen in mir als Mitarbeitende
- Vermutete/erfahrene Grenzen in dem/der Bewohner/in
- Vermutete/erfahrene Grenzen im Wohngruppenkontext (Team/Mitbewohner/innen)
- Vermutete/erfahrene Grenzen durch Angehörige/gesetzliche Betreuer/innen
- Vermutete/erfahrene Grenzen durch den Einrichtungskontext/Träger und Leitung
- Vermutete/erfahrene Grenzen durch gesetzliche Vorgaben (arbeitsrechtlich und allgemein)

Jede Mauer der Wände kann Grenze oder Schutz sein und ist grundsätzlich (bis auf arbeitsrechtliche und gesetzliche Vorgaben) veränderbar.

Der Ermöglichungsraum ist nach oben offen für individuelle Entwicklung. Die innere Ausrichtung des Raumes wird gemeinsam gestaltet auf dem Boden der Sicherheit und in der Freiheit der Begegnung.

Das Spannungsfeld von Freiheit und Sicherheit, in dem alle Beteiligten stehen, kann nur durch einen fortlaufenden, fachlich begleiteten und regelmäßig evaluierten Kommunikations- und Weiterentwicklungsprozess aller Akteure/innen auf allen Ebenen gelöst werden.

6.4.5.2 Verantwortbare und reflektierte Ermöglichungsräume eröffnen

Vor diesem Hintergrund liegt das ›Können‹ der Mitarbeitenden in der Fähigkeit, den Bewohner/innen sexuelle Entwicklung zuzutrauen und dies als förderliche Entwicklungsressource zu bewerten. Mit dem Zutrauen ist die Ermöglichung von Erfahrungsräumen verbunden, die individuell verantwortbar erscheinen.

Menschen, die viel Zeit ihres Lebens in institutionellen Zusammenhängen verbracht haben, müssen oft erst lernen, eigene Bedürfnisse zu erkennen, eigene Wünsche zu artikulieren und entsprechend zur Verfügung gestellte Freiräume für sich zu nutzen. Zur Überwindung der Unsicherheit braucht es Zeit und Zutrauen und möglichst zu Beginn positive Erfahrungen, damit der Mut und Wille zu neuen Erfahrungen wächst.

Auch hier gibt es nicht *den einen* richtigen Weg der Begleitung. Die Begleitung beginnt in den Köpfen der Begleiterinnen mit dem Anerkennen der Bewohner/innen als erwachsene Männer und Frauen, die Lust haben, sich als Männer und Frauen mit Sexualität zu erleben (und hier ist nicht dringend oder einzig Genitalsexualität gemeint). Männer und Frauen, die sich gerne männlich/weiblich kleiden oder frisieren wollen, bestimmte Düfte bevorzugen, ein sinnliches Bad mögen oder experimentieren möchten mit ihrem Aussehen. Männer und Frauen, die Freude an Begegnungen haben, schmusen und zärtlich sein wollen oder küssen und streicheln. Oder die es mögen, gemeinsam Arm in Arm mit einem anderen Menschen spazieren zu gehen oder Fernsehen zu schauen. Oder die mit Freude ihren Körper erkunden und ggf. Erotikzeitschriften oder -filme erproben wollen zum eigenen Lustgewinn.

Offenheit für die Vielfalt sexueller Selbstbestimmung zu haben oder entstehen zu lassen, kreative Ideen für mögliche Erfahrungsräume zu entwickeln und sich mitfreuen, wenn Menschen Spaß an ihrer Sexualität (im hier vertretenen weiten Sinne) haben. Mit dieser sexualfreundlichen Haltung kann ein anderer Blick auf Bewohner und Bewohnerinnen als Männer und Frauen gewonnen werden.

Und gleichzeitig gilt: Für jedes Angebot gibt es das Recht der Bewohner/innen (in ihrer Freiheit zu handeln), dieses auch ablehnen zu dürfen.

Kein Mitarbeitender muss über die eigenen Grenzen der Intim- oder Privatsphäre gehen. Wenn eine Begleitung subjektiv nicht möglich erscheint, sollten Kollegen/innen dafür gefunden und über z. B. Supervision die eigenen Gründe erkundet werden.

Förderliche Begleitung gelingt meistens besser im Team mit mehreren Perspektiven und Ideen. Dies schafft ebenso eine notwendige Transparenz der Angebote, die die Mitarbeitenden vor Vorwürfen sexueller Übergriffigkeit schützen kann. Gleichzeitig macht es aber die Intim- und Privatsphäre der Bewohner/innen öffentlich, so dass hier sorgsam und intimitätswahrend mit den Informationen umgegangen werden muss.

6.5 Maßnahmen für Bewohner/innen

6.5.1. Ein einleitender Blick auf die Frauen und Männer

Die Ausgangssituation für die Realisierung sexueller Selbstbestimmung für Erwachsene mit geistiger Behinderung in Institutionen wurde bereits in Kap. 2.2 auf der Grundlage aktueller Forschungsergebnisse skizziert. Hindernisse, die in den persönlichen und fachlichen Kompetenzen der Mitarbeitenden und den strukturellen Bedingungen der Institutionen liegen, überwiegen bei weitem die Erschwernisse, die als beeinträchtigungsbedingt zu bezeichnen sind. Die Lebensbedingungen ›Beeinträchtigung‹ ist eine Ausgangsvoraussetzung des Lebens, die einer als subjektiv gelingend bewerteten Sexualität nicht entgegensteht.

In Kapitel 6.3.3.2 wurden weiterhin Auszüge aus autobiografischen Texten von Menschen mit verschiedenen Behinderungen als Anregung für einen Perspektivwechsel und zur reflexiven Entwicklung von Sensibilität für Erfahrungen der Bewohner/innen dargestellt.

An dieser Stelle folgen einige weitere Auszüge aus Texten und Befragungen von Menschen mit verschiedenen Behinderungen, die verdeutlichen, dass Wünsche nach Liebe, Sexualität und Partnerschaft vorhanden und höchst individuell sind – wie bei allen Menschen. Die Chance, diese in den individuellen Abhängigkeiten und als fremdbestimmt zu bezeichnenden Lebenszusammenhängen zu realisieren, ist allerdings für Menschen mit Behinderung deutlich erschwert. Es braucht Maßnahmen, die diese Einschränkungen der Aktivität und Teilhabe im Lebensbereich der Sexualität (im dargelegten weiten Verständnis) zu minimieren. Dazu dienen die Vorschläge in den weiteren Kapiteln.

Vorab erzählen Menschen mit Behinderungserfahrungen von sich:

»Wie ich mich in Uwe verliebte
Ich lebe seit 1990 im Heinrich-Heide-Haus. Irgendwann zog Uwe ein. Ich fragte meinen Gruppenleiter, ob er nicht jemanden für mich wüsste. Er sagte, der Uwe sei ein Guter.
Wir waren gemeinsam auf einer Gruppe. Uwe hatte ein Doppelzimmer, ich ein Einzelzimmer.
Ich habe mich in Uwe verliebt – ich dachte: ›Das muss er sein, das ist er.‹
Uwe kam öfters zu mir aufs Zimmer. Irgendwann haben wir uns dann zum ersten Mal geküsst. Von da an hat Uwe immer von freitags bis sonntags bei mit im Zimmer übernachtet.
Wir haben auch zusammen einen Tanzkurs besucht.
Als Uwes Zimmernachbar starb, zog ich zu Uwe auf das Doppelzimmer. Mittlerweile sind wir schon seit dem 3.12.1999 verlobt und sind immer noch gemeinsam glücklich« (Gray 2010, 169).

»Außerdem gibt es noch einen Grund, warum ich meine Liebe geheim halte: meine Behinderung. Ich möchte, dass ein Mann von sich aus Gefühle für mich empfindet. Das klingt jetzt vielleicht arrogant, ist es aber keineswegs! Ich kenne mich. Ich weiß, wie ich aussehe: ein kleines, zappelndes Etwas, dem der Speichel aus dem Mund läuft. Auf Grund meiner Behinderung wirke ich nicht gerade attraktiv! Ganz im Gegenteil: Meine Behinderung hat abschreckende Wirkung. Eine Beziehung zu mir wird völlig anders sein als zu Frauen ohne Behinderung. Es wird keine oberflächliche Beziehung sein. Es ist kein Leichtes, sich in jemanden wie mich zu verlieben. (...) Er muss sich quasi fragen, ob er mich und auch meine Behinderung liebt. Als ich mir darüber im Klaren war, wusste ich plötzlich, warum ich noch keinen Freund gehabt hatte. Selbst ich habe lange gebraucht, um meine Behinderung als Teil von mir zu sehen. Wie sollen das dann andere so einfach können?« (Lemler 2010, 150/151)

In der Zeitschrift »Fritz und Frieda« des Bundesverbandes für Körper- und mehrfachbehinderte Menschen (8. Ausgabe, Juni 2012) schreiben Frauen mit Behinderung zu folgenden Fragen:

Was bedeutet Liebe für mich?
»Liebe bedeutet für mich Kuscheln« (Edeltrud, 41).
»Gesehen werden, ohne in Schubladen gesteckt zu werden, meine Gefühle und Bedürfnisse ehrlich ausdrücken zu dürfen, dass es Raum und Platz hat. Sein zu dürfen, Wertschätzung, Anerkennung, Wohlwollen, Verständnis, Verbindung, Raum für Selbstbestimmung, gefragt werden...« (Frau, 42).
»Liebe heißt für mich, dass man sich ganz arg mag und sich braucht, damit es einem gut geht. Meine Mutter, meinen Vater und meine Geschwister habe ich sehr lieb« (Judith A., 40).
»Etwas Schönes!« (Jasmina)
Was bedeutet Partnerschaft für mich?
»Für mich bedeutet Partnerschaft erstmal Freundschaft« (Edeltrud, 41).
»Auf gleicher Augenhöhe zu sein – gemeinsame Suche nach Lösung, dass beide gleichzeitig ihre Bedürfnisse erfüllt haben und sich einander ihre Leben bereichern können...« (Frau, 42 Jahre).
»Mein Partner gibt mir Liebe, macht mich glücklich und ist immer für mich da. Natürlich geht man sich in einer Partnerschaft auf die Nerven, aber das gehört auch dazu« (Judith A., 40).
»Heiraten und Kinder kriegen« (Jasmina).
Was bedeutet Sexualität für mich?
»Gemeinsam im Bett angezogen schlafen« (Edeltrud, 41).
»Toll!!! Wenn beide Lust haben. Den besten Sex hat man mit jemanden den man liebt« (Judith A., 42).
»Gemeinsam aneinander mit Sexualität und Zärtlichkeit und Berührung und Sanftheit und Liebe erfreuen« (Frau, 42).
»Hatte ich noch nie. Ins Bett gehen, zusammen schlafen, sich streicheln, schmusen« (Heidi S.).
Wie steht mein näheres Umfeld zu diesem Thema?
»Die Betreuer im Wohnheim haben nichts dagegen, aber meine Schwester findet das nicht ok« (Edeltrud, 41).
»Mit meinen Eltern rede ich nicht über solche Themen. Dafür kann ich mit meinen Mitbewohnern und den Betreuern darüber reden. Die helfen mir auch, wenn ich Fragen habe« (Judith A., 40).

»Meine Mutter hat mich nicht aufgeklärt. Meine Mutter hat mich bei ›Doktorspielen‹ erwischt und mich ausgeschimpft« (Jasmina).
»Ist mir egal, was die sagen – ich wünsch es mir so« (Heidi S.).
»Meine Eltern haben mir verboten, einen Freund zu haben« (Lisa).

In derselben Zeitschrift »Fritz und Frieda« des Bundesverbandes für Körper- und mehrfachbehinderte Menschen (8. Ausgabe, Juni 2012) schreiben Männer mit Behinderung zu folgenden Fragen:

Was bedeutet Liebe für mich?
»Liebe bedeutet für mich Geborgenheit, Zärtlichkeit, Nähe, Kuscheln und Sex« (Marc Kirch, 38).
»Ist wichtig für mich« (Karsten).
»Sex« (Thomas W., 27).
»Liebe bedeutet für mich, aufgefangen zu werden, auch an schlechten Tagen« (Mann, 42).
Was bedeutet Partnerschaft für mich?
»Partnerschaft bedeutet für mich, nicht alleine durchs Leben zu gehen und etwas gemeinsam zu unternehmen, aber auch, dass jeder weiterhin seinen Freiraum bekommt« (Marc Kirch, 38).
»Treue, fester Zusammenhalt, keine Lügen« (Karsten).
»Mit dem anderen zusammen sein. Gemeinsam weggehen, z. B. ins Kino oder Schwimmbad und dabei Händchen halten. Dass man sich gegenseitig mal ärgert, gehört auch dazu« (Thomas W., 27).
»Dass da einer ist« (Mann, 42).
Was bedeutet Sexualität für mich?
»Sexualität bedeutet für mich Zärtlichkeit, Kuscheln, intim sein mit dem Partner, seine Nähe spüren und Höhepunkte mit dem Partner zu erleben« (Marc Kirch, 38).
»Gehört dazu, wäre wichtig« (Karsten).
»Sex ist wichtig für mich und eine schöne Sache. Dabei schlägt mein Herz schneller und ich fühle mich gut. Ich lasse mich gerne verwöhnen« (Thomas W., 27).
»Wichtig, aber nicht das Wichtigste« (Mann, 42).
Wie steht mein näheres Umfeld zu diesem Thema?
»Mein Umfeld geht mit diesem Thema offen und ehrlich um.« (Marc Kirch, 38).
»Mit oder ohne Behinderung – sind genauso Menschen – da macht man keinen Unterschied« (Klaus E.).
»Mit meiner Familie rede ich nicht über solche Themen. Ansonsten gehe ich recht offen mit diesen Themen um, auch wenn z. B. meine Mitbewohner nicht immer daran interessiert sind« (Thomas W., 27).
»Dieses Thema wird in meiner Gruppe sehr vorsichtig behandelt. Bei meinem Freunden fällt schon ab und an ein Kommentar in diese Richtung, aber in meiner Familie ist dieses Thema Tabu« (M.S., 33)

6.5.2 Grundstruktur der Angebote für Bewohner/innen

Analog zu den anderen bisher aufgeführten Maßnahmen fußen auch hier die Angebote auf den Voraussetzungen, die durch einzelne Bewohner/innen, Bewohner/innengruppen und die Gesamteinrichtung bestimmt sind.

Wenn für die Seite der Mitarbeitenden gesagt werden muss, dass die Fähigkeit und Bereitschaft zur Begleitung der Frauen und Männer einen Teil ihrer beruflichen Aufgaben ausmacht, so gibt es für die Bewohner/innen keine Pflicht zur sexuellen Entwicklung. Das Angebot an die Bewohner/innen, auf dem Weg zu sexueller Selbstbestimmung Begleitung zu erhalten, ist ein Angebot, das von ihnen auch abgelehnt werden kann. Sexuelle Selbstbestimmung ist ein Recht aber keine Pflicht. Sexuelle Selbstbestimmung ist keine ›Zwangsbeglückung‹!

Gleichwohl sollte es erklärtes Ziel aller Bemühungen sein, die Bewohner/innen in die Veränderungsprozesse mit einzubeziehen, sie als Mitgestalter/innen ihrer Lebenssituation ernst und in eine zumutbare Verantwortung zu nehmen. Statt *für sie* etwas zu organisieren sollte versucht werden, es mit ihnen *gemeinsam* zu tun.

Konzept „Sexuell Selbstbestimmt Leben in Wohneinrichtungen – Angebote für Bewohner/innen"

Mitgestaltung bei prozessbegleitenden Maßnahmen

Ziel: Realisierung gelungener sexueller Selbstbestimmung (gemäß der Leitlinien)

Können: - Ermöglichungsräume nutzen: individuelle Kompetenzen zur sexuellen Selbstbestimmung
-soziale/kommunikative Kompetenzen, Mitgestaltung Entwicklungsprozesse in Gruppe/Einrichtung, Medienkompetenz etc.

Wissen: - Sexualität in allen gewünschten und möglichen Facetten (inklusive sexuelle Hilfsmittel, Sexualassistenz etc.)
- sexualfreundliche Strukturen in Gruppe und Wohneinrichtungen

Reflexion:- eigene Bedürftigkeit und Fähigkeiten eigene sexuelle Biografie sowie Normen und Werte
- Verständnis sexueller Selbstbestimmung und Umsetzung sexualfreundlicher Haltung
- Eigene Grenzen und die Grenzen anderer

Mitgestaltung bei der einrichtungsspezifischen Modifikation und Ausdifferenzierung des Konzeptes

- Individuelle Voraussetzungen (Bedürftigkeit und Fähigkeiten), sexuelle Biografie
- Voraussetzungen in Wohngruppe und Gesamteinrichtung
- Lebenssituation mit den Mitarbeitenden

Menschenbild: Der fähige und bedürftige Mensch (Gröschke 2008)

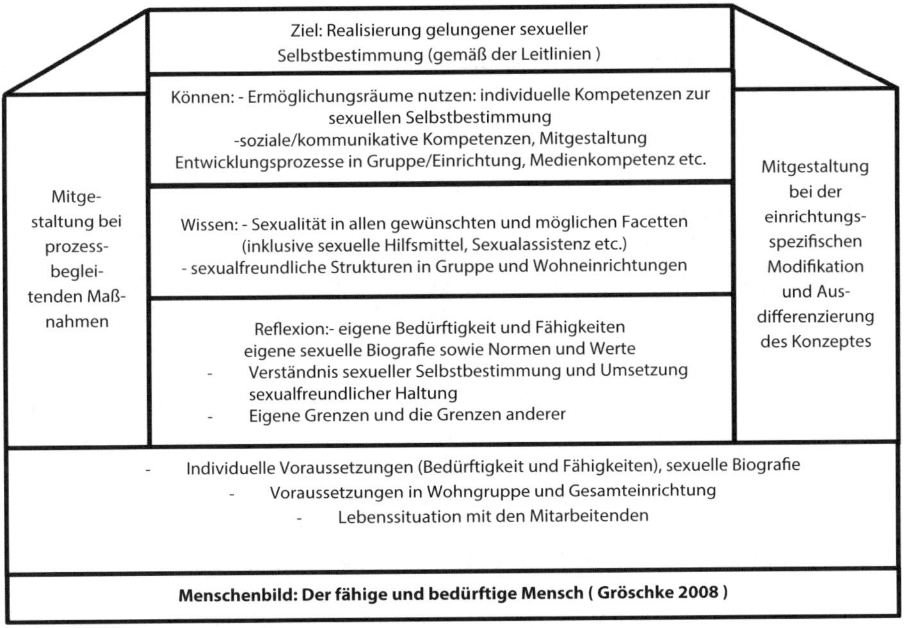

Abb. 48: Konzept sexuell selbstbestimmt leben in Wohneinrichtungen – Angebote für Bewohner/innen

In dem Schaubild ist verankert, dass jede Bewohnerin, jeder Bewohner ihre/seine bisherige (sexuelle) Lebensgeschichte in die Begleitung mit einbringt. Damit verbunden sind eine bestimmte Bedürftigkeit und entsprechende Fähigkeiten, die es individuell zu erfahren oder der es sich von Seiten der Mitarbeitenden, wenn von der/die Bewohner/in gewünscht, anzunähern gilt.

Möglichkeiten individueller sexueller Selbstbestimmung werden auch von der Wohnsituation in der Wohngruppe, der Anzahl, dem Geschlecht, dem Alter, der Bedürftigkeit und den Fähigkeiten etc. der Mitbewohner/innen und deren Kompetenzen zur Wahrung des Rechts auf Privat- und Intimsphäre bestimmt. Ebenso bestimmen, wie bereits aufgezeigt, die Mitarbeitenden in ausgeprägter Form die Möglichkeiten sexueller Selbstbestimmung.

Im Bereich der *Reflexion*, des Nachdenkens über sich, die eigene Entwicklung, die aktuelle Lebenssituation und Wünsche für die Zukunft, haben Menschen mit kognitiven Beeinträchtigungen (und nicht nur diese) sicher sehr unterschiedliche Fähigkeiten. Auch wenn eine Retrospektive manchem nicht möglich ist, so ist die (auch nonverbale) Kommunikation von Vorlieben und Abneigungen im Alltag möglich. Wohlfühlen bei bestimmten Aktivitäten oder der Anwesenheit anderer durch z. B. Körperspannung oder Atmung zu signalisieren wären basale Ausdrucksmöglichkeiten, die verstanden werden können (vgl. Weid-Goldschmidt 2013). Im Sinne hilfreicher positiver Unterstellungen wird angenommen, dass jedem Menschen Mitteilungen von Bedürftigkeit und Fähigkeiten möglich sind, wenngleich es manchmal viele Versuche von Seiten der Bezugspersonen sowie Kreativität bei Verstehensprozessen braucht.

Im Bereich des *Wissens* sind für die Frauen und Männer Angebote bedeutsam, die ihnen helfen, vorhandenes Wissen aufzufrischen und zu erweitern sowie sich neues Wissen anzueignen. Dabei gilt es auch sehr basale Bildungsangebote für Menschen mit komplexen Beeinträchtigungen im Blick zu haben. Es erhöht den Lernerfolg, wenn es sich sowohl um punktuelle als auch um kontinuierliche Angebote handelt, die die oft notwendigen und vor allem alltagsnahen Wiederholungen beinhalten. Die Ergebnisse der Befragung geben umfassende Hinweise auf relevante Themen der Frauen und Männer, wenngleich auch deutlich wird, dass eine grundlegende Kommunikationsfähigkeit (nicht Sprechfähigkeit!) im Bereich der Sexualität notwendig ist, um die subjektiv relevanten Fragen mitzuteilen. Dies gilt auch für die Auseinandersetzung mit den Lebensbedingungen in der Wohngruppe.

Da gerade Menschen mit kognitiven Beeinträchtigungen für gelingende Lernprozesse auf eine hohe Nähe der Lerninhalte zu ihrer Lebenswelt und eine handlungsbezogene Umsetzung in der Vermittlung angewiesen sind (vgl. Fischer 2008, Terfloth und Bauersfeld 2012), liegen die Bereiche Wissen und Können eng beieinander.

Das bringt im Bereich der Begleitung der sexuellen Entwicklungs- und Lernprozesse ein weiteres Spannungsfeld von notwendiger Konkretisierung der Wissensinhalte in Bezug zur Wahrung der Intim-und Privatsphäre der Beteiligten mit sich. Dieses wird nachfolgend noch aufgegriffen werden.

6.5.3 Maßnahmen im Bereich Reflexion

6.5.3.1 Reflexion der sexuellen Biografie und der Wohnsituation

Wie bereits einleitend formuliert, wird davon ausgegangen, dass die Frauen und Männer in der Lage sind, sich und ihre Lebenssituation wahrzunehmen und zu bewerten. Dies hat je nach Komplexität der Beeinträchtigung der Bewohner/innen und Kreativität der Mitarbeitenden höchst unterschiedliche Reflexionsgrade und Mitteilungsformen.

Wie weit die eigene sexuelle Biografie ggf. mit Hilfe von Photoalben, Erinnerungsstücken oder Angehörigen erinnert werden kann und eigene Normen und Werte erkannt und ausgedrückt werden können, muss gemeinsam erprobt und ggf. erlernt und geübt werden. Anregungen und Materialien zur Biografiearbeit mit Menschen mit geistiger Behinderung sowie die Methode der Persönlichen Zukunftsplanung können dafür gewinnbringend genutzt werden.

Werte und Normen der Menschen mit geistiger Behinderung sind häufig geprägt von den Normen und Werten der Angehörigen und/oder der Mitarbeitenden. Sie sind meistens eng gefasst, so dass der Erfahrungsraum eher eingeschränkt als eröffnet wird (vgl. Fegert u. a. 2006). Menschen mit Behinderung, zu einer kritischen Betrachtung und ggf. Veränderung der vermittelten Werte und Normen zu ermutigen, ist ein Prozess, der Zeit, Vertrauen und inhaltlich offene Unterstützung braucht. Die Macht- und Abhängigkeitsverhältnisse, in denen sie lebten und leben, sind dabei eine wirkmächtige Hürde.

Die Realisierung sexualfreundlicher Lebensbedingungen braucht für die Bewohner/innen konkrete Erfahrungen und auf diesem Weg die Möglichkeit zum Vergleich von ›neuen‹ und ›alten‹ Handlungsweisen. Dazu ein Beispiel:

> Ein Bewohner, der es z. B. wöchentlich und über Jahre erlebt, dass es in seiner Wohngruppe üblich ist, sich in dem eigenen Zimmer zu entkleiden, um dann nackt durch den Flur der Wohngruppe zur Dusche zu laufen, wird dies als seine ›Normalität‹ bewerten. In diese Handlungsweisen fügt er sich in den meisten Fällen ein, ohne daran unbedingt eigeninitiativ etwas ändern zu wollen oder zu können. Es ist für ihn ›normal‹, weil er es nicht anders in dieser Wohngruppe kennt. Vielleicht oder wahrscheinlich besteht für ihn auch kein Änderungsbedarf, da er nie die Möglichkeit hatte, Schamgefühl zu entwickeln. Dieser Bewohner braucht die andere konkrete Erfahrung: Im Bademantel zur Dusche gehen oder sich in der Dusche erst umziehen (je nach räumlicher Bedingung). So kann es auch nicht mehr passieren, dass er unbekleidet im Flur ist, wenn unverhoffter Besuch in die Wohngruppe kommt. (Dieses Beispiel ist nicht fiktiv.) Der Bewohner hat ein Recht darauf, dass Mitarbeitende ihm helfen, Intimität und Scham auszubilden, so dass er nicht mehr nackt durch den Flur laufen will.

Eigene Wünsche und Grenzen zu erkennen und zu benennen braucht bei Menschen, die oft lange Lern- und Lebensgeschichten in Fremdbestimmung haben/hatten, viel Unterstützung, Ermutigung und Zutrauen in ihre Selbstbestimmung. Es braucht Begleiter/innen, die einen positiven Wert in der Mitteilung eigener Grenzen und Wünsche sehen und nicht mit dem Erklärungsmodell bzw. der subjektiven Theorie arbeiten, dass »den Bewohner das nicht stört« oder dass »der Bewohner das nicht mitkriegt« oder dass »wir das immer schon so gemacht haben und sich nie einer beschwert hat«.

Neben dieser individuellen Reflexion der eigenen Biografie, der Wünsche und Grenzen sollten die Bewohner/innen ermutigt und begleitet werden, über ihre Wohnsituation in der Gruppe nachzudenken.

Die Befragung der Mitarbeitenden erbrachte als ein Ergebnis, dass etliche sexuelle Verhaltensweisen im Beisein der Mitbewohner/innen stattfinden: Frauen und Männer befriedigen sich im Beisein der Mitbewohner/innen. Männer und Frauen ziehen sich vor den Mitbewohner/innen aus usw.

Es ist kritisch zu fragen, ob und wie stark das die Mitbewohner/innen stört. Fühlen sich die Frauen und Männer in ihrer Intim- oder Privatsphäre verletzt, wenn sie z. B. im Gruppenraum erleben, dass sich neben ihnen jemand selbst befriedigt oder auszieht? Haben sie gelernt, sich gestört fühlen zu dürfen? Oder erleben sie es als Normalität in der Wohngruppe, die keinen (mehr) zum Handeln herausfordert? Eine Frage, die durch die vorliegende Befragung nicht beantwortet werden kann und die bei anderen Erhebungen noch nie eine Rolle gespielt hat. Ein Bereich, in dem Mut gemacht werden kann und sollte: Frauen und Männer dürfen sich durch sexuelle Verhaltensweisen ihrer Mitbewohner/innen gestört, beschämt, unangenehm berührt etc. fühlen. Es sollte im Rahmen der Realisierung sexueller Selbstbestimmung sogar erklärtes Ziel sein, dass sie lernen, sich gestört zu fühlen und dies angemessen mitzuteilen. Sie haben das Recht auf die Entwicklung von Scham und Intimität und entsprechende Unterstützung bei den Lernprozessen.

Die häufig behinderungsbedingten Erklärungsmodelle der Mitarbeitenden sind für diese notwendigen Veränderungsprozesse kontraproduktiv. Die Annahme, dass die Frauen und Männer durch die Behinderung kein anderes Verhalten erlernen können, verhindert Änderungsmöglichkeiten. Nur mit der positiven Unterstellung individueller Entwicklungs- und Lernmöglichkeiten aller Bewohner/innen sind auch Wohngruppensituationen langfristig änderbar. Damit verbunden ist der gemeinsame Wille im Team, kreativ individuelle Unterstützungsangebote für einzelne Bewohner/innen zu finden, zu erproben und zu modifizieren bis passende Wege für alle Beteiligten gefunden werden können.

6.5.3.2 Individuelle Sexualberatung für die Frauen und Männer

Für eine individuelle Sexualberatung sind die Anlässe höchst vielfältig. Es können z. B. Fragen nach einer geeigneten Verhütungsmethode, der Realisierung eines Kinderwunsches, der ›Normalität‹ des eigenen oder partnerschaftlichen Sexualverhaltens, sexuellen Gewalterfahrungen, transsexuellen Lebensentwürfen oder auch der Nutzung von sexuellen Hilfsmitteln sein. Entscheidender als der konkrete Beratungsanlass ist das Erkennen, dass a) externe oder interne Beratung für den Mann, die Frau, das Paar einen möglichen Weg der Begleitung darstellt, b) eine geeignete Beratungsstelle oder Kollegin in der Einrichtung gefunden wird, c) barrierefrei Kontakt zu dieser hergestellt werden kann und d) diese barrierefrei genutzt werden kann.

Damit die Frauen/Männer/Paare externe Beratung als einen möglichen und hilfreichen Weg für ihre Fragen erkennen, benötigt es in der Regel zunächst, dass Mitarbeitende diesen Weg als Handlungsoption für die Betreffenden sehen. Es ist anzunehmen, dass in den meisten Einrichtungen die externe Beratung für die Bewohner/innen noch wenig etabliert ist, so dass hier diese Unterstützung durch Mitarbeitende noch ein notwendiger Zwischenschritt ist. Perspektivisch sollte dieser möglichst entfallen.

Weiterhin sind nur wenige Beratungsstellen auf die Klientel der Menschen mit Behinderung eingestellt und inhaltlich vorbereitet, so dass z. B. unterstützende Bildmaterialien vorhanden wären oder die Berater/innen geübt wären, vielfältige Mitteilungswege zu verstehen oder in leichter Sprache zu beraten. Häufig sind die Beratungsstellen nicht barrierefrei. Hier erscheint es sinnvoll, wenn Einrichtungen sehr gezielt Kooperationen mit Beratungsstellen aufzubauen versuchen, um gegenseitige Veränderungsnotwendigkeiten für eine gelingende Kooperation in den Blick zu nehmen. Dies kann ggf. mit Beratungszeiten vor Ort in der Einrichtung verbunden werden, um die Erreichbarkeit für die Bewohner/innen zu optimieren. Weiterhin bräuchte es dann entsprechende Informationen für die Frauen und Männer über die Angebote der Berater/innen und die möglichen Wege der Kontaktaufnahme.

Für internetbasierte Beratung sollten mediale Kompetenzen vermittelt und die entsprechende Computerausstattung für die Bewohner/innen zugänglich vorhanden sein.

6.5.3.3 Austausch in Gruppen

Die Möglichkeit des Austausches in Bewohner/innengruppen ist durch den Selbsthilfegedanken geprägt. Mit anderen zu reden, die ähnliche oder vergleichbare Erfahrungen haben oder sich denselben Fragen stellen wollen, kann entlastend und auch stärkend sein. Dies betrifft nicht nur den Themenbereich der sexuellen Selbstbestimmung, sondern ebenso die Auseinandersetzung mit behindernden Lebensbedingungen.

Das bereits erwähnte Projekt des Bundesverbandes für körper- und mehrfachbehinderte Menschen (bvkm) »Frauen sind anders – Männer auch« und dessen Evaluation erbrachte positive Ergebnisse in Bezug auf Männer- und Frauengruppen für Menschen mit Behinderung, die im Rahmen der Projektinitiative (2007-2010) entstanden und danach weiterhin fortgeführt wurden (vgl. Suska/Bohle 2011). Die Männer und Frauen hatten und haben durch selbst gewählte Themen und Aktivitäten Raum und Zeit zum Austausch.

Von Seiten der Einrichtungen sollte die Gründung solcher gleichgeschlechtlicher oder auch geschlechtergemischter Gruppen aktiv initiiert bzw. unterstützt werden sowie günstige Rahmenbedingungen zur Verfügung gestellt werden (z. B. fest zugesagter Raum sowie finanzielle Unterstützung für z. B. Ausflüge oder Material). Aufgrund der Ergebnisse im Bereich ›Homosexualität‹ sollten Gruppen für Menschen mit homosexueller Orientierung ebenfalls gegründet werden, um hier, wenn gewünscht, eine Austauschmöglichkeit zu bieten. Dazu benötigt es eine Kultur der Anerkennung und positiven Bewertung sexueller Vielfalt. Die inhaltliche Ausgestaltung der Gruppen wird von den Bewohner/innen bestimmt. Die Evaluation des Projektes des bvkm hat gezeigt, dass eine Begleitung durch einen Menschen ohne Behinderung oft und vor allem zu Beginn nötig ist, um z. B. Gespräche zu moderieren oder bei Planungen zu unterstützen. Das Ziel der Begleitung sollte aber immer in der Verselbständigung der Bewohner/innengruppe liegen und entsprechend zurückhaltend sein.

Ebenso ist unter der Entwicklungsperspektive der Öffnung der Einrichtung nach außen eine Anbindung an bestehende Selbsthilfegruppen z. B. bei Verbänden eine Option mit inklusivem Charakter. Selbsthilfegruppen von Schwulen, Lesben oder Transsexuellen können helfen beim Coming-out bzw. der Identitätssicherung in der eigenen sexuellen Orientierung. Allerdings ist hier kritisch im Blick zu behalten, dass es gerade im Bereich der Homosexuellen gegenüber Menschen mit Behinderung zu Aussonderungstendenzen kommt (vgl. Ortland 2008, 127 ff).

6.5.4 Maßnahmen im Bereich Wissen

6.5.4.1 Materialpool für Bewohner/innen/Gesprächsangebote

Über die Hälfte der befragten Mitarbeitenden wünscht sich Aufklärungsmaterial für die Bewohner/innen. Dieses kann durch Filme oder Bücher/Broschüren zur Verfügung gestellt werden. Lern- und Aneignungswege für Wissen sind individuell und dementsprechend sollte das Material möglichst vielfältig und unterschiedlich sein.

Neben der Auswahl geeigneten und vielfältigen Materials ist die Frage der Zugänglichkeit des Materials für die Frauen und Männer bedeutsam. Vielleicht braucht es auch die gezielte Ermutigung der Bewohner/innen, sich damit auseinander zu setzen.

Leicht zugängliches Material in den Wohngruppen, das alleine oder gemeinsam betrachtet und/oder besprochen werden kann oder gemeinsame Filmangebote in den Wohngruppen/-bereichen könnten hier Möglichkeiten darstellen, um über Themen ins Gespräch zu kommen bzw. den Frauen und Männern die Möglichkeit zum gemeinsamen Austausch (auch ohne Mitarbeitende) anzubieten.

Dabei ist zu berücksichtigen, dass von allen Beteiligten durchaus geübt werden muss, sich über sexuelle Themen auszutauschen und gleichzeitig gegenseitig Grenzen der Intimität zu erkennen und zu wahren. Thomas et al. (2006, 205) berichten beispielsweise aus den Interviews mit Erwachsenen mit geistiger Behinderung von Sprechhemmungen im Bereich der Selbstbefriedigung. Es braucht für den Austausch passende Begriffe (in Schrift oder Bild), um Fragen artikulieren zu können. Eine Atmosphäre, die vermittelt, dass alles gefragt werden darf (aber nicht alles beantwortet werden kann oder muss), ermutigt ebenfalls zum Gespräch.

> »Eine offene Kommunikation über Sexualität in Einrichtungen der Behindertenhilfe ermöglicht Aufklärung im Alltag, die an den konkreten Fragen der Bewohnerinnen und Bewohner ansetzen und Transparenz wie Vertrauen fördern kann« (ebd. 220).

So scheint weniger die Frage der Auswahl des Materials von Bedeutung als die Bereitschaft aller Beteiligten, gemeinsam in den Austausch zu gehen und Anlässe zu nutzen, die der Alltag bietet (z. B. Auswahl der Kleidung oder der Körperpflegeprodukte, Mann-Sein oder Frau-Sein zu thematisieren). So kann gelernt werden, dass sexuelle Selbstbestimmung vielfältig zum Alltag aller Menschen gehört und darüber ein Austausch stattfinden kann.

6.5.4.2 Bildungsangebote für Bewohner/innen

Die Bedeutung der Notwendigkeit von Bildungsangeboten wird in den vorliegenden Ergebnissen vielfach bestätigt und lässt sich inhaltlich weiter ausdifferenzieren. Die Kommunikationsfähigkeit über sexuelle Themen ist dafür ein sehr relevantes Ziel, das grundsätzlich über die Einbindung von Gesprächen über sexuelle Inhalte in den Lebensalltag verwirklicht werden sollte.

Wissensvermittlung im Bereich Sexualität mit der Erweiterung von Kommunikationsmöglichkeiten ist für die Männer und Frauen ein wichtiger Aspekt, aber die Bildungsangebote sollten darüber hinausgehen (vgl. Themen für die Bewohner/innen im Fortbildungsmodul 3 im Anhang). Die Ergebnisse in Bezug auf die meist beobachteten sexuellen Verhaltensweisen zeigen, dass die Bildungsangebote die Persönlichkeitsentwicklung in Verbindung mit der Bewusstmachung von Normen und Werten deutlich fokussieren sollten. Die Themen »Wahrung der Intimsphäre/Privatsphäre von mir und von anderen«, »Einhalten angemessener Nähe und Distanz zu Mitbewohner/innen und Mitarbeitenden« sowie »Selbstbehauptungskurse, um unangenehme Berührungen oder übergriffiges Verhalten abzuwehren«, sind beispielsweise relevante Angebote.

Ebenso sollten die Bewohner/innen grundlegend befähigt werden, sich entsprechend ihrer Möglichkeiten an Diskussions- und Veränderungsprozessen in ihrer Wohngruppe zu beteiligen, um z. B. das Thema »Wahrung der Intimsphäre« zur Zufriedenheit aller Beteiligten weiter zu entwickeln. Die Fähigkeiten zur Mitgestaltung der Veränderungsprozesse in der Einrichtung sollte ebenso weiter entwickelt werden.

Der häufig geäußerte Wunsch nach Freund oder Freundin kann auch durch Bildungsangebote in dessen Konkretisierung begleitet werden. Über »Flirtkurse«, die die individuellen Kompetenzen in der Kontaktaufnahme erweitern und ausdifferenzieren, sowie Angebote, die die eigenen Wünsche reflektieren helfen und konkrete Handlungsmöglichkeiten eröffnen, lassen sich viele Optionen erkennen (z. B. durch Nutzung der Partnervermittlung »Schatzkiste« für Menschen mit Behinderung oder das Verfassen von Kontaktanzeigen für die Zeitschrift »Fritz und Frieda« des Bundesverbandes für körper- und mehrfachbehinderte Menschen). Grundsätzlich sind interne und externe Bildungsangebote auch immer mit der Möglichkeit verbunden, jemanden kennenzulernen.

Für einen reflektierten Konsum von Pornografie, deren realitätsangemessene Bewertung sowie den Gebrauch von Hilfsmittelnn sind ebenfalls Begleitung und Anleitung einzuplanen. So könnte ein Bildungsangebot mit dem Besuch eines gut erreichbaren, barrierefreien Erotikshops oder entsprechender Internetversandangebote verbunden werden, so dass die Frauen und Männer konkretes Wissen nicht nur über vielfältige sexuelle Hilfsmittel, sondern auch über die Beschaffungswege erlangen.

Die Unterschiedlichkeit der angesprochenen Themen braucht verschiedene Varianten der Bildungsangebote, die entsprechend institutionell verankert sein sollten:

- inklusive Bildungsangebote z. B. externer Anbieter oder durch die Institutionen selber organisiert,
- externe Bildungsangebote für Menschen mit Behinderung z. B. regionaler oder überregionaler Anbieter,
- interne Bildungsangebote für die Bewohner/innen,
- interne Bildungsangebote für die Bewohner/innen in Kooperation mit anderen Wohneinrichtungen, sodass die Nutzer/innen auch andere Menschen aus anderen Einrichtungen kennenlernen können,
- Bildungsangebote für einzelne Wohnbereiche oder Wohngruppen, um wohngruppenspezifische Themen weiterzuentwickeln (z. B. Moderation des Entwicklungsprozesses im Bereich Wahrung der Intimsphäre).

Für individuelle Entwicklungsthemen sollte es immer die Möglichkeit der individuellen, externen oder internen Beratung geben.

Die Notwendigkeit der institutionellen Verankerung von Bildungsangeboten wird an vielen Stellen betont (z. B. vgl. Specht 2013, 177, Thomas et al. 2006, 220, Bundesvereinigung Lebenshilfe 2005, 25). Jedoch ist zu bedenken, dass zum einen nicht alle Frauen und Männer über diese Bildungsangebote erreicht werden können, da sie ggf. zu stark beeinträchtigt sind, ihr Unterstützungsbedarf zu individuell ist oder sie aufgrund psychischer Zusatzerkrankungen die gemeinsame Arbeit in einer Gruppe nicht leisten können (z. B. Angststörungen). Zum anderen sind Bildungsangebote zwar ein wichtiger aber eben nur ein zeitlich begrenzter Teil der Bildungsarbeit.

> »Es ist des Weiteren davon auszugehen, dass der sexualpädagogische Bildungsbedarf von Menschen mit Behinderungen nicht mit einmaligen Veranstaltungen gedeckt werden kann, sondern Sexualpädagogik eingebettet in den Alltag wiederholt erfolgen muss« (Thomas et al. 2006, 220).

Gesprächsangebote, die über Materialien initiiert werden können, wurden im vorherigen Kapitel bereits erwähnt. Ebenso können Gespräche mit oder Fragen der Bewohner/innen genutzt werden, um gezielt Informationen zu vermitteln. Ein von einer Kollegin berichtetes, nicht fiktives Beispiel soll dies exemplarisch verdeutlichen:

> Eine Bewohnerin fragt einen etwas älteren Mitarbeitenden nach Kindern: »Hast du Kinder?« Der Mitarbeitende antwortet: »Nein.« Die Bewohnerin fragt weiter: »Warum nicht?« Der Mitarbeitende antwortet: »Es hat nicht geklappt.« Die Bewohnerin antwortet: »Da hättest du es ja noch ein zweites Mal probieren können.«

Was sich wie ein Witz liest, zeigt von Seiten der Bewohnerin einen enormen Bedarf an Vermittlung eines realistischen Wissens über die Häufigkeit von Geschlechtsverkehr im Leben von Erwachsenen in Paarbeziehungen. Dieses Gespräch könnte als Anlass genommen werden, um über Lusterleben bei genitaler Sexualität zu sprechen und dass Geschlechtsverkehr nicht nur zur Fortpflanzung erfolgen kann. Die Bewohnerin hätte damit auch die Chance zu erfahren, dass der Mitarbeitende bereit ist, über verschiedene Facetten der Sexualität zu sprechen (unter Wahrung seiner Grenzen) und sie noch weitere Fragen stellen darf. Genauso legitim wäre es von Seiten des Mitarbeitenden, der Bewohnerin mitzuteilen, dass er über diesen Lebensbereich nicht sprechen mag.

6.5.4.3 Erweiterung der sexuellen Handlungskompetenz

In Kapitel 6.4.2 wurde bereits einleitend auf ein Spannungsfeld verwiesen, das aus der notwendigen Konkretheit der Lernangebote für Menschen mit kognitiven Beeinträchtigungen resultiert. Dies soll an dieser Stelle differenzierter betrachtet werden.

Menschen brauchen für ihre Lernprozesse eigene Tätigkeitserfahrungen. Wissen kann nicht einfach in Handlungen übertragen werden.

Terfloth und Bauersfeld (2012) beschreiben folgende Maßgaben für den Unterricht mit Schüler/innen im Förderschwerpunkt geistige Entwicklung:

- »Im Unterricht müssen vielfältige Erfahrungsmöglichkeiten durch unterschiedliche Tätigkeitsformen und Handlungsmöglichkeiten angeboten werden.
- Die Handlungsaufgaben sollen in realen oder realitätsnahen Lebenssituationen erfolgen.
- Die Handlungen müssen auf die Bedürfnisse und Motive der Lernenden ausgerichtet sein.
- Ziel ist die weitestgehende Selbststeuerung durch die Schülerinnen und Schüler.« (ebd. 57)

Auch wenn sich Terfloth und Bauersfeld auf Kinder und Jugendliche beziehen, so ist festzustellen, dass die Ausführungen von Theunissen (2003) zu einer Konzeption der Erwachsenenbildung bei Menschen mit Lernschwierigkeiten ähnlich in der Argumentation sind (ebd. 65-78).

Für alle Menschen gilt, dass sie Erfahrungen brauchen, um zu lernen. Spätestens mit dem Jugendalter sind dafür immer weniger die konkreten Tätigkeiten notwendig. Lernprozesse können sprachlich vermittelt initiiert und Handlungen können gedanklich vorweg genommen werden. Doch auch hier gilt, dass konkrete Tätigkeiten zu einer Verfestigung des Wissens führen.

Folgendes Beispiel verdeutlicht die möglichen Konsequenzen für den Bereich der Sexualität:

> Ein Jugendlicher ohne Behinderung kann sich aus der Bedienungsanleitung eines Kondoms erschließen, wie er dieses sachgemäß nutzen kann. Dazu bedient er sich seines Vorwissens über den männlichen/weiblichen Körper und den Ablauf von

> Geschlechtsverkehr. Laut der Befragung der Bundeszentrale für gesundheitliche Aufklärung bei Jugendlichen haben diese das relevante Vorwissen aus sehr verschiedenen Quellen: Mutter/Vater, Lehrer/innen, beste/r Freund/in, Ärzte/innen, Medien (Zeitschriften, Broschüren/Internet) (bzga 2010). Ob er das Kondom in einer entsprechenden sexuellen Handlung auch sachgemäß einsetzen kann oder will, ist damit allerdings noch nicht gesichert. Es ist nur gesichert, dass aufgrund der eigenen Kompetenzen sowohl das notwendige Wissen zur Nutzung des Kondoms als auch die Beschaffung des Kondoms realisiert werden können, ohne dass Dritte hinzugezogen werden müssen. Der Jugendliche entscheidet selber über die Wahrung seiner Intimsphäre!

Menschen mit kognitiver Beeinträchtigung haben deutlich schlechtere Möglichkeiten, sich entsprechendes Vorwissen anzueignen, da sie häufig eine unzureichende Sexualaufklärung/-erziehung erleben, weniger Ansprechpartner/innen haben, ihnen oft Begriffe für die relevanten Fragen fehlen, sie weniger Möglichkeiten haben, sich selber durch die Nutzung schriftsprachbasierter Materialien zu informieren. Häufig können sie sich auf der einen Seite aufgrund eigener eingeschränkter Lesekompetenzen und auf der anderen Seite Bedienungsanleitungen in ›schwerer Sprache‹ die Nutzung des Kondoms nicht selber aneignen. Zum Teil ist auch dessen selbständige Beschaffung erschwert.

Ein vergleichbarer junger Mann mit geistiger Behinderung kann in diesem Fall nicht über die Wahrung seiner Intimsphäre entscheiden – er benötigt Unterstützung, es sei denn, er verzichtet auf Kondome.

Will er jedoch sein Wissen erweitern, um Kondome zu nutzen, so braucht es Begleiter/innen, die bereit sind, sich in leichter Sprache und ggf. mit unterstützendem Bildmaterial seinen Fragen zu stellen bzw. ihn an relevante Fragen heranzuführen und Antworten zu erläutern. Dazu gehört auch wiederholt zu üben, Kondome zu kaufen, diese auszupacken, ggf. an einem Holzpenis in der Nutzung zu erproben oder zu ermutigen, dies am eigenen Penis zu erproben (mit entsprechender vorheriger Selbststimulation). Beide Beteiligten können dieses Vorgehen als sehr schambesetzt und unangenehm erleben. Beide Beteiligten können das Gefühl haben, dass eigene Grenzen der Privatheit und Intimität überschritten werden.

Es handelt sich um ein Spannungsfeld in der Aneignung sexuellen Wissens und sexueller Handlungskompetenz, das unauflösbar, allenfalls minimierbar ist. Es potenziert sich bei noch intimeren Themen wie z. B. der Nutzung sexueller Hilfsmittel.

Um Mitarbeitende bei diesen Lernprozessen vor Vorwürfen sexueller Grenzverletzungen oder Übergriffen zu schützen, benötigt es eine hohe Transparenz und Abstimmung im Team, wenngleich dadurch die Intimität des Mannes oder der Frau nicht gewahrt werden kann. Gleichzeitig kann durch die so hergestellte Öffentlichkeit auch der Bewohner bzw. die Bewohnerin besser geschützt werden.

6.5.5 Maßnahmen im Bereich Können

6.5.5.1 Das Spannungsfeld Sicherheit vs. Freiheit

Für die Mitarbeitenden wurde das Spannungsfeld von Sicherheit und Freiheit als genuin (sexual-)pädagogisches Spannungsfeld ihrer Arbeit beschrieben.

Auch die Frauen und Männer mit Behinderung stehen in einem Spannungsfeld von Sicherheit und Freiheit bei der Nutzung und Mitgestaltung ihrer Ermöglichungsräume und ihrem Weg zu einer subjektiv befriedigenden Sexualität. Sie benötigen Sicherheit, um sich auf neue Erfahrungen einlassen zu können, und gleichzeitig die Freiheit, den individuell passenden Weg zu finden.

Häufig muss davon ausgegangen werden, dass es zunächst die Aktivität der Mitarbeitenden benötigt, um z. B. erlebte sexuelle Verhaltensweisen der Frauen und Männer als Bedarf an Veränderungs- oder Lernmöglichkeiten zu deuten (z. B. eine stark sexualisierte Sprache oder das Lächerlichmachen des Themas Liebe, Partnerschaft, Sexualität in der Wohngruppe). Der (potentielle) Bedarf an Ermöglichungsräumen muss erkannt und diese für die Bewohner/innen zur Verfügung gestellt werden. Dies kann für die Frauen und Männer bedeuten, die Sicherheit vertrauter Räume und Strukturen zu verlassen und sich auf eine (zumutbare) Unsicherheit der Freiheit einzulassen.

Sicherheit kann erlebt werden durch Zutrauen in sich selber sowie durch das Erleben offener, vertrauensvoller und zugewandter Begleitung. Dies kann den Boden bieten für individuelle sexuelle Entwicklung. Erlebnisse von Beziehungsabbrüchen, traumatische Erfahrungen oder Verlusterlebnisse von Menschen mit Behinderung sind für sie oft erschwerend im Erleben von Sicherheit und dem Aufbau von Vertrauen in eine Begleitung. Diese Erlebnisse sowie institutionalisierte Lebensgeschichten erschweren auch den Aufbau von Selbstvertrauen. So ist es oft schwerer und benötigt mehr Zeit, gemeinsam einen Boden der Sicherheit aufzubauen, von dem aus agiert und Freiräume positiv genutzt werden können.

Die Wände der Ermöglichungsräume sind auch hier die Grenzen, die dem gemeinsamen Handeln gesetzt scheinen oder sind. Die Weite oder Enge des Raumes wird individuell in der Begegnung zwischen Bewohner/in und Mitarbeitendem gestaltet und ist veränderbar. Dabei sind mögliche Grenzen vielfältig:

- Vermutete/erfahrene Grenzen in dem Menschen mit Behinderungserfahrungen
- Vermutete/erfahrene Grenzen in dem/der begleitenden Mitarbeitenden
- Vermutete/erfahrene Grenzen im Wohngruppenkontext (weitere Mitarbeitende/Mitbewohner/innen)
- Vermutete/erfahrene Grenzen durch Angehörige/gesetzliche Betreuer/innen
- Vermutete/erfahrene Grenzen durch den Einrichtungskontext
- Vermutete/erfahrene Grenzen durch allgemeine gesetzliche Vorgaben.

Der Ermöglichungsraum ist nach oben offen für die Individualität der Entwicklung, die Ausgestaltung des Raumes, dessen notwendige Enge oder Weite sind gemeinsam individuell anzupassen und zu gestalten.

6.5.5.2 Ermöglichungsräume nutzen und gestalten

Für Menschen, die viele Jahre ihres Lebens in Abhängigkeit und mit Fremdbestimmung erlebt haben, ist das Erkennen und Nutzen von Ermöglichungsräumen eher ungewohnt, fremd und vielleicht auch mit Angst besetzt.

Viele Menschen mit Behinderungserfahrungen erleben Sicherheit über gleichbleibende Strukturen und Abläufe. Beziehungen werden oft als instabil oder wechselnd erlebt. Z.B. wechseln Mitarbeitende in den Wohngruppen, Ablösungsprozesse von den Eltern oder anderen wichtigen Bezugspersonen werden immer wieder schlecht vorbereitet oder begleitet. Es fällt immer schwerer, sich auf Beziehungen, Vertrauen einzulassen und darin Sicherheit zu erleben.

Insofern kann es für die Frauen und Männer eine Herausforderung darstellen, ihnen zur Verfügung gestellte Erfahrungsräume positiv zu bewerten, zu nutzen und mit zu gestalten. Es ist ein durchaus jahrelanger Prozess, der Übung, Zeit und Zutrauen in sich und die anderen benötigen wird.

Die vorgestellten Maßnahmen im Bereich Reflexion und Wissen können den Bewohner/innen helfen, sich auf den Weg der individuellen sexuellen Entwicklung einzulassen, diesen mit zu gestalten und positive Erfahrungen zu machen.

7 Konzepte sexueller Selbstbestimmung in Organisationen

Bei der Erläuterung des sexualpädagogischen/-andragogischen Konzeptes ist deutlich geworden, dass sich eine gesamte Organisation auf den Weg machen muss, wenn sexuelle Selbstbestimmung, wie sie in den »Leitlinien gelingender sexueller Selbstbestimmung« (▶ Kap. 6.2.1) als Zielperspektive beschrieben ist, umfänglich realisiert werden soll. Das Gesamtkonzept »Sexuell selbstbestimmt leben« basiert in der Konkretisierung auf den Voraussetzungen der jeweiligen Institution und muss einrichtungsspezifisch ausdifferenziert und modifiziert werden.

Als Möglichkeit der geforderten konkreten Erfassung der Ausgangsbedingungen, auf deren Grundlage das Konzept umgesetzt werden soll, kann eine Organisationsanalyse durchgeführt werden. Die nachfolgenden diesbezüglichen Ausführungen wurden gemeinsam mit dem Kollegen Prof. Dr. Heinrich Greving verfasst.

Im Folgenden werden zunächst Grundlagen einer Organisationsanalyse erläutert, um dann ein Modell zu deren Umsetzung vorzustellen, das anschließend auf den Bereich der Behindertenhilfe mit dem Schwerpunkt der Umsetzung eines Konzeptes sexueller Selbstbestimmung konkretisiert wird.

7.1 Grundlagen zur Analyse von Organisationen

Zunächst muss festgehalten werden, dass es *die* Organisation und somit auch nicht *die* Organisationsanalyse gibt. Vielmehr ist eine Organisation ein äußerst »vielschichtiges Phänomen« (Gomez und Zimmermann 1999, 13). Eine eindimensionale bzw. monokausale Betrachtung von Organisationen ist somit nicht möglich bzw. verbietet sich von selbst. Vielmehr müssen die unterschiedlichen und zum Teil auseinander driftenden Perspektiven, die für eine Analyse in Betracht kommen, im Hinblick auf diese Untersuchung von Organisationen berücksichtigt werden. Dabei liegt die Herausforderung im Spannungsfeld von Erfassen der Komplexität verschiedener Perspektiven und gleichzeitig deren Reduktion, ohne dass es auf diesem Weg zu Vereinheitlichungen oder Simplifizierungen kommt.

Des Weiteren verweist schon die Unmenge an differenzierten und unterschiedlichen Betrachtungs- und Interpretationsweisen von Organisationen darauf, »…die Beobachterperspektive zu spezifizieren, bevor der Untersuchungsgegenstand und damit die Systemgrenzen festgelegt werden können« (Gomez und Zimmermann, 1999, 15). Die Person oder das Team (günstig ist hier der Einbezug externer Personen), welche eine Organisation analysieren wollen, muss sich vorab mit den eigenen grundlegenden und im wahrsten Sinne dieses Wortes be-gründenden Paradigmen und Leitideen auseinandersetzen bzw. diese bewusst wahrnehmen (vgl. Greving, 2000, 28-48).

7.1.1 Drei Stufen des Vorgehens

Blindenbacher (1997) schlägt in Bezug auf die strukturelle Durchführung einer Organisationsanalyse eine dreistufige Vorgehensweise vor. Diese umfasst die Wirksamkeitsanalyse, die Situationsanalyse sowie die Strukturprognose. Die drei Aspekte werden nachfolgend erläutert.

Mit der *Wirksamkeitsanalyse* erfolgt eine Überprüfung der Mittel, der Wege und Variablen, mit welchen eine Organisation immer wieder versucht, ihre angestrebten Ziele zu erreichen. Zu erreichende Ziele müssen somit im Vorfeld ihrer Umsetzung weitestgehend konkretisiert, am besten operationalisiert, d. h. überprüfbar dargelegt und erläutert werden. Durch die klare Formulierung der Ziele und deren Operationalisierung können dann die Entscheidungen über die einzuschlagenden Wege getroffen werden und so im Nachhinein im Rahmen der Wirksamkeitsanalyse der Erfolg der Umsetzung der Ziele und vor allem der beschrittenen Wege geprüft werden. Einflussnehmende Variablen können so erkannt und in ihrer Wirkrichtung und Wirkmächtigkeit analysiert werden.

Als besonders sinnvoll erscheint es, wenn die Ziele allen Organisationsmitgliedern – und dieses gilt in Dienstleistungsorganisationen vor allem auch für die Nutzer/innen, Klienten/innen und Kunden/innen dieser Organisationen – bekannt sind. Dieses ist in heil- und behindertenpädagogischen Organisationen sicherlich eine Herausforderung, da eine auch intellektuelle Durchdringung dieser Variablen und Aussagen häufig nicht in allen Punkten gegeben sein wird. Trotzdem ist durch die Übersetzung formulierter Ziele in ›Leichte Sprache‹ sowie eine entsprechende methodisch angemessen aufbereitete Diskussion eine Partizipation auch von Menschen mit kognitiven Beeinträchtigungen realisierbar.

In Bezug auf die Realisierung von Konzepten sexueller Selbstbestimmung müsste eine Organisation im Rahmen der Wirksamkeitsanalyse inhaltsbezogen schauen, wie mit diesem Themenbereich bisher verfahren wurde. Gab es bereits sexualpädagogische Ziele in der Organisation? Waren diese allen bekannt? Wir wurden diese versucht umzusetzen? Wie erfolgreich war der Prozess? Welche Einflussgrößen können im Nachhinein erkannt werden?

In der *Situationsanalyse* soll die Situation einer Organisation möglichst umfassend und umfänglich erläutert werden. Hierbei sind vor allem drei Dimensionen zu konturieren (vgl. Gomez und Zimmermann 1999, 22-27):

- die normative Dimension, welche sich die Frage nach dem Zweck einer Organisation, ihren eigentlichen Prinzipien, konkreten Programmen und verlauteten Werten stellt;
- die strategische Dimension, welche sich fragt, welche konkreten Ziele durch eine Organisation bzw. mit, aber auch in ihr verfolgt und angestrebt werden;

- die operative Dimension, welche die konkreten Maßnahmen zur Erreichung dieser Ziele definiert und beschreibt.

Zur Realisierung eines Konzeptes sexueller Selbstbestimmung braucht es hier eine Analyse der aktuellen sexualpädagogischen Situation der Einrichtung: Ist ein Konzept in diesem Bereich vorhanden? Welche Normen und Werte sind darin grundgelegt? Welche Ziele werden benannt? Welche strategischen und operativen Konsequenzen sind damit konkret verbunden?

Mit der *Strukturprognose* werden im Anschluss an die Situationsanalyse die hiermit vernetzten und korrespondierenden Organisationsstrukturen ermittelt. Es wird hierbei (nach Blindenbacher 1997) davon ausgegangen, dass die eigentliche und ursprüngliche Organisationssituation sowie die dazugehörende Struktur dieser Organisation weitestgehend übereinstimmen. Verändert sich somit also z. B. infolge der Situationsanalyse die Gewichtung der Aufgaben einer Organisation, so muss davon ausgegangen werden, dass auch die einzelnen Strukturen modifiziert und angepasst werden müssen. Dies wird durch die Strukturprognose erfasst.

So wird in der Wirksamkeitsanalyse der ›Blick zurück‹ auf die bisherigen Veränderungsprozesse der Organisation, deren Gelingensfaktoren und Auswirkungen gelegt, die Situationsanalyse legt den Fokus auf die jetzige Situation und anstehende Veränderungen. Die Strukturprognose nimmt die mit inhaltlichen und konzeptionellen Veränderungen verbundenen Änderungen der Strukturen der Organisation in den Blick.

Eine so verstandene Organisationsanalyse kann als zirkuläre Vorgehensweise begriffen und beschrieben werden. In den Momenten des Erkennens bestimmter Faktoren werden gleichzeitig Perspektiven der Modifikation aufscheinen und angestrebt. Durch die Analysearbeit ergeben sich also bereits Veränderungen in der Organisation, die entsprechende Auswirkungen auf den Analyseprozess haben.

Dieser an Blindenbacher (1997) orientierte Dreischritt der Organisationsanalyse, der vorrangig die Zirkularität des Vorgehens in den Blick nimmt, bedarf im Folgenden noch einer inhaltlichen Grundlage, anhand derer die verschiedenen Analyseinhalte klarer benannt werden können. Dazu werden im Folgenden Organisationsprofile differenziert erläutert. Es folgen weiterhin Hinweise zu Organisationsdynamiken und zur Organisationsmethodik. Als Grundlage dient das »St. Galler Managementkonzept«, so wie dieses von Gomez und Zimmermann (1999) beschrieben worden ist.

Dieses Modell geht davon aus, dass die drei genannten Bereiche differenziert erfasst werden müssen, um eine erfolgreiche und sinnhafte Analyse einer Organisation durchzuführen.

7.1.2 Organisationsprofile

In einem ersten Schritt muss das Profil einer Organisation beobachtet, erkannt und äußerst präzise dargestellt werden. Drei Fragen können hierbei handlungsleitend sein:

- »Welche Merkmale zeichnen die heutigen Organisationen aus ganzheitlicher Sicht aus?
- Welche Optionen zur Veränderung dieser Organisationen stehen zur Verfügung?
- Auf welche theoretischen Konzepte und Ansätze kann bei der Wahrnehmung dieser Optionen zurückgegriffen werden« (Gomez und Zimmermann 1999, 27/28)?

Um nun das Profil einer Organisation möglichst exakt erfassen und analysieren zu können, schlagen diese Autoren eine Darstellungsform mittels vier Quadranten vor. Diese Quadranten decken die nachfolgend benannten Spannungsfelder ab. Diese sind wiederum in sich in jeweils zwei weitere Spannungsfelder untergliedert:

- Technostruktur – Soziostruktur
- Paläste – Zelte
- Hierarchien – Netze
- Fremdorganisationen – Selbstorganisation.

»Jede der beiden Achsen des Quadranten ist charakterisiert durch zwei Pole. (...) Bei der Arbeit mit dem Organisationsprofil wird in einem ersten Schritt das Unternehmen in diesem Quadranten lokalisiert. Anschließend wird das angestrebte Organisationsprofil festgehalten, die Soll-Organisation« (Gomez und Zimmermann 1999, 28/29).

Das gesamte Modell dieser Strukturtypologie lässt sich (stark vereinfacht) wie folgt darstellen:

Eine Organisation befindet sich nach diesem Modell in den vier Dimensionen (Quadranten) bzw. deren Spannungsfeldern und Ausprägungen an bestimmten beschreibbaren Stellen (Ist-Zustand). Um diese nun zu konkretisieren sollen im Nachfolgenden einige Hinweise zu den einzelnen Dimensionen (Quadranten) wiedergegeben werden. Die Orientierung erfolgt hierbei eng angelehnt an den Vorschlägen von Gomez/Zimmermann. Anschließend wird anhand von exemplarischen Fragen eine Konkretisierung auf das Themenfeld der sexuellen Selbstbestimmung vorgenommen.

Im Hinblick auf die Dimensionierung *Technostruktur vs. Soziostruktur* kann zwischen Sachorientierung und Personenorientierung sowie zwischen Formalisierung und Symbolorientierung unterschieden werden.

Steht eher eine *Sachorientierung* im Vordergrund, so plant und handelt eine Organisation hierbei nach (zumeist und scheinbar) rein sachrationalen Aspekten. Dies können exemplarisch Folgende sein:

- Stellen werden auf die Logik der zu bewältigenden Aufgaben und nicht auf optimale Aufgliederung ausgerichtet.
- Stellen werden gemäß klar definierten Anforderungen besetzt.

»Ein Personalwechsel erfolgt zwischen vorgegebenen Stellen, deren Anforderungsprofil sich nicht verändert« (ebd. 38).

In Bezug auf die *Personenorientierung* geschieht eine Strukturierung nach sozio-emotionalen Aspekten, wie die folgenden Beispiele zeigen:

- »Die Organisation stellt möglichst viele Positionen bereit, bei denen eine individuelle Aufgabengestaltung möglich ist.

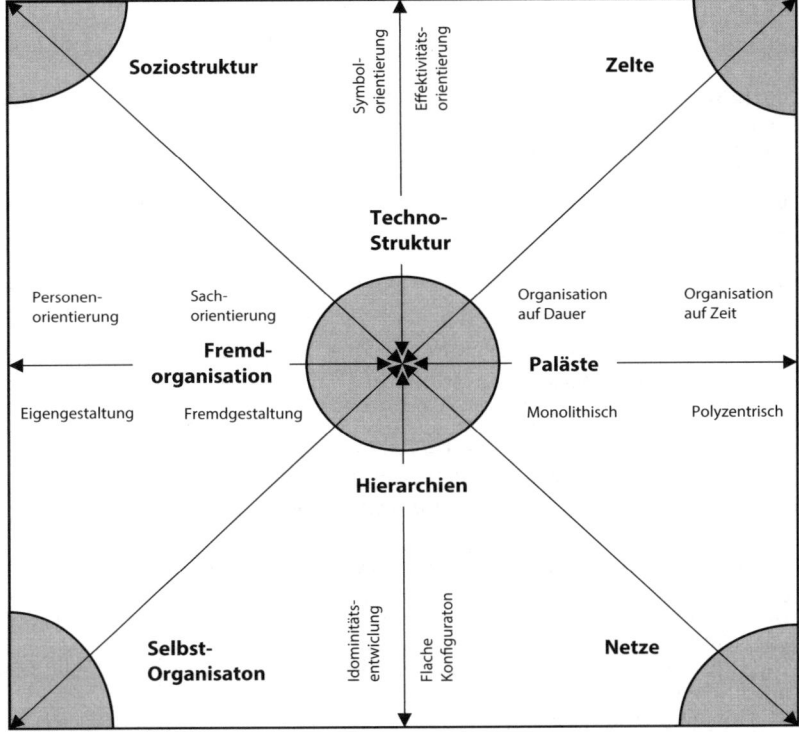

Abb. 49: Das St.-Galler-Modell (nach: Gomez und Zimmermann 1999, 135)

- Führungskräfte und Experten sind bereit und in der Lage, ihre Aufgabenbereiche den persönlichen Fähigkeiten anzupassen.
- Ein Personalwechsel führt zu einer Überprüfung des Aufgabenbereiches im Hinblick auf die Neubesetzung.
- Bestimmte Stellen in der Organisation sind wegen ihrer Inhaber geschaffen worden oder von ihnen abhängig.« (ebd. 38)

Neben dem Spannungsfeld zwischen Sach- und Personenorientierung ergibt sich ein weiteres zwischen Formalisierung und Symbolorientierung in diesem Quadranten.

Die Betrachtung des *Formalisierungsgrades* einer Organisation beschäftigt sich mit der schriftlichen Regelung von Aufgabenverteilungen, Kompetenzen und Arbeitsprozessen:

- »Alle aktuellen und potentiellen Aufgaben und Prozesse werden in Anweisungen und Richtlinien festgelegt (Organigramme, Stellenbeschreibungen, Handbücher etc.).
- Organisatorische Regelungen werden durch die Organisations- oder Planungsabteilungen entwickelt.
- Es herrscht eine Tendenz der schriftlichen Kommunikation ›auf dem Dienstweg‹, alle Entscheidungen werden zur späteren Kontrolle dokumentiert und archiviert« (ebd. 41).

Eine *Symbolorientierung* realisiert sich durch die Gestaltung von Handlungen, Sprache und Artefakten mit eher strukturellen Implikationen:

- »Arbeitsanweisungen sind durch gelebte Normen und Gewohnheiten auf ein Minimum reduziert.
- Strategien werden durch Kommunikation und flexible Gestaltung in die Struktur umgesetzt (…)
- Die Organisationsmitglieder verstehen sich als eine große Familie mit gemeinsamen Werten und Zielen.« (ebd. 41).

Im Hinblick auf die Dimensionierung *Paläste vs. Zelte* kann wiederum zwischen zwei Spannungsfeldern unterschieden und diese entsprechend analysiert werden: Zum einen wird zwischen Effizienzorientierung und Effektivitätsorientierung und zum anderen zwischen der Organisation auf Dauer und der Organisation auf Zeit unterschieden.

Eine Organisation, bei der die *Effizienzorientierung* im Vordergrund steht, strebt die Programmierung und Arbeitszerlegung durch strukturelle Umsetzung von Rationalisierung- und Kostensenkungspotentialen an:

- »Prozessvorgänge sind inhaltlich, formal-organisatorisch und zeitlich vor ihrem Beginn geregelt.
- Der Aufgabenerfüllungsprozess ist umfassend, systematisch und optimiert (…)
- Die Strukturen sind eher starr und klar abgrenzbar aufgebaut.
- Die Organisation neigt zur ›Nabelschau‹, die Umwelt ist meist statisch und leicht zu überblicken.
- die Organisationsmitglieder konzentrieren sich auf die ihnen gesetzten Ziele, die meist nach innen gerichtet sind (…)« (ebd. 61).

Steht eine *Effektivitätsorientierung* im Vordergrund, so will die Organisation eine zielgerichtete, flexible und auf den einzelnen ausgerichtete Strukturierung umsetzen und umfänglich erreichen:

- »Beim Beginn von Prozessen ist lediglich ein Bündel von Alternativen bekannt, Einzelaufgaben und ihre organisatorische Zuordnung ergeben sich aus dem Projektfortschritt.
- Der Prozess der Aufgabenerfüllung ist zufallsbestimmt (…)
- Intensive bereichsübergreifende Kommunikation findet statt.
- Kooperationen (…) werden zur Zielerreichung eingesetzt (…)« (ebd. 61).

Die *Organisation auf Dauer* versteht sich als existent ohne jegliche zeitliche Befristung:

- »Strukturen und Prozesse stellen auf absehbare Zeit ähnliche, sich kaum verändernde Anforderungen.
- Bei der Verabschiedung organisatorischer Regelungen gibt es keine Zeitbeschränkung, sie gelten ›auf ewig‹.
- Zuständigkeiten werden pauschal den dafür geeigneten und spezialisierten Organisationseinheiten zugeordnet (…)« (ebd. 65).

Im Gegensatz hierzu verfolgt eine *Organisation auf Zeit* eher zeitlich befristete Ziele und Aufgaben:

- »Strukturen und Prozesse unterliegen einem schnellen Wandel und müssen laufend überdacht und angepasst werden.
- Organisatorische Regelungen werden zeitlich befristet (...)
- Zuständigkeiten werden Mitarbeitern zur Erledigung eines zeitlich begrenzten Auftrages (...) zugewiesen« (ebd. 65).

Im Hinblick auf die Dimensionierung *Hierarchien vs. Netze* kann in Bezug auf die Spannungsfelder zwischen einer monolithischen und einer polyzentrischen Organisation sowie zwischen einer steilen oder einer flachen Konfiguration unterschieden werden.

In einer *monolithischen Organisationsform* ereignen sich intensive Zentralisation von Entscheidungs- und Machtprozessen an der höchstmöglichen Instanz:

- »Durch die starke Zentralisation ergibt sich der Bedarf nach einer ›starken Hand‹, es herrscht somit ein eher autoritärer Führungsstil, Kommunikation findet hauptsächlich vertikal statt.
- Wettbewerb und Redundanzen innerhalb des Systems werden als Verschwendung betrachtet.
- Die Strategie der Organisation wird von oben her entwickelt (...) (Top-Down-Ansatz)
- Es herrscht eine Tendenz zur Konzentration von Macht auf wenige Stellen, was zu einer gewissen Trägheit im Unternehmen führt« (ebd. 84).

Im Unterschied hierzu strebt eine *polyzentrische Organisation* eine Dezentralisation von Verantwortlichkeiten und Aufgaben auf der Ebene mit der höchsten Sachkompetenz an:

- »Es herrscht die Ansicht, dass viele relativ selbstbewusste Intrapreneure das Unternehmen als Ganzes tragen.
- Es herrscht ein kooperativer Führungsstil, zwischen den verantwortlichen Stellen findet eine rege Kommunikation statt (...)
- Die Organisationsstruktur wird verbunden, entwickelt und belebt (...) (Bottom-Up-Ansatz).
- Es herrscht eine Tendenz zur Delegation von Verantwortung und somit auch von Macht (...)« (ebd. 84).

Eine Organisation mit einer *steilen Konfiguration* strebt demgegenüber eine horizontale Strukturierung bei hoher Aufgabenteilung und Bildung vieler Einzelbereiche an. Es kommt hierbei zu einer

- »Bevorzugung von eindimensionalen Organisationsformen
- (...) im Vergleich zur Mitarbeiterzahl hohe(n) Anzahl von Hierarchiestufen (...)
- Die Kommunikation zwischen Teileinheiten verläuft auf dem Dienstweg, bürokratische Umgangsformen entstehen.
- Es herrscht eine Tendenz zur Spezialisierung (...)« (ebd. 85)

Im Unterschied hierzu verfolgt eine Organisation mit einer eher *flachen Konfiguration* das Ziel einer Strukturierung mit möglichst geringer Aufgabenteilung. Es kommt hierbei zu einer

- »Bevorzugung mehrdimensionaler Organisationsformen.
- Auch bei einer großen Unternehmung (gibt es) wenige Hierarchiestufen.

- Es gibt Personalunionen und Mehrfachverantwortlichkeiten.
- Es wird direkt miteinander kommuniziert, der Vorgesetzte wird nur bei besonderen Problemstellungen eingeschaltet.
- Der Allrounder ist gefragt, Job-Rotation und Job-Sharing werden gefördert (...)« (ebd. 85).

Im Hinblick auf die Dimensionierung *Fremdorganisation vs. Selbstorganisation* kann zwischen den Polen der Kontextuellen Anpassung und der Identitätsentwicklung sowie zwischen der Fremdgestaltung und der Eigengestaltung unterschieden werden.

Organisationen, welche zur *Kontextuellen Anpassung* neigen, bauen eine Außenwelt-gerichtete Struktur auf, welche das Ziel verfolgt, sich der Umwelt der Organisation möglichst weitestgehend anzupassen:

- »Die Struktur des Unternehmens wird laufend dem Markt und der Umwelt angepasst.
- Es herrscht großes Interesse an den Aktivitäten der Konkurrenz.
- Der technologische Fortschritt wird in der Organisationsgestaltung deutlich.
- Je nach Situation kann sich die organisatorische Struktur ändern und sich einem externen Einfluss anpassen.
- Organisationskulturelle Prinzipien und (...) Normen unterliegen einer ständigen Modifikation im Wandel der Zeit und Strategien (...)« (ebd. 115).

Im Unterschied hierzu verfolgt eine Organisation, welche eher an ihrer *Identitätsentwicklung* interessiert ist, die Ziele auf die Umwelt oder Umwelten der Organisation einzuwirken und diese gegebenenfalls zu variieren und umzuformen:

- »Die Struktur des Unternehmens richtet sich in erster Linie nach den eigenen Fähigkeiten und Nutzenpotentialen.
- Fokus ist die eigene Stärke, die Konkurrenz ist nicht oberster Maßstab für das eigene Verhalten.
- Die Organisationsentwicklung kann teilweise abwartend auf Umweltentwicklungen reagieren.
- Die grundlegende Struktur ändert sich sehr selten (...)
- Prinzipien und Normen gelten als unumstößlich und sind keiner Management-Mode unterworfen (...)« (ebd. 115).

Eine ähnliche Aufteilung lässt sich nun auch in Bezug auf die letzten beiden Pole bzw. Dimensionen beschreiben. Bei der *Fremdgestaltung* geht es der jeweiligen Organisation um eine Top-Down-Gestaltung ihrer Struktur. Hierbei haben die einzelnen Teilsysteme nur eine sehr geringe Möglichkeit autonom bzw. eigengesteuert tätig zu werden.

- »Mit Ausnahme der Spitzenorgane sind die Mitarbeiter in ein vorgegebenes Prozessschema eingefügt (...)
- Die einzelne Subsysteme der Organisation werden straff geführt.
- Die Organisationseinheiten sind in ihren Aufgabenbündelungen aufeinander abgestimmt.
- Ein System von Regelungen und Plänen soll die Aktivitäten optimieren und kontrollieren (...)« (ebd. 117).

Im Unterschied hierzu verfolgt eine Organisation, welche die *Eigengestaltung* ihrer Prozesse, Abläufe und Handlungen umsetzen möchte, eine Bottom-Up-Gestaltung, in welcher und durch welche noch der kleinsten organisatorischen Einheit eine möglichst hohe Autonomie zugewiesen wird bzw. zukommt:

- »Die Organisationsentwicklung wird partizipativ von den beteiligten Mitarbeitern getragen.
- Den einzelnen Subsystemen wird eine strukturelle Teilautonomie zugestanden.
- Die Organisationseinheiten sind in ihrer Aufgabenerledigung relativ unabhängig und könnten grundsätzlich allein lebensfähig sein.
- Regelungen finden sich hauptsächlich in Form allgemeiner Verhaltensanweisungen auf der Basis eines ›Common Sense‹ (…)« (ebd. 117).

7.1.3 Organisationsdynamik

Als ein weiterer Baustein in der hier dazustellenden Organisationsanalyse kann die Organisationsdynamik benannt werden. Hierbei handelt es sich um die Erfassung und Konturierung der »Lebensphasen« (ebd. 29) einer Organisation:

> »Vier solcher Phasen werden im verwendeten Modell unterschieden (…): Pionier-Unternehmen, Wachstums-Unternehmen, Reife-Unternehmen und Wende-Unternehmen. Je nach Lebensphase des Unternehmens sind andere Organisationsprofile notwendig. Deshalb ist zunächst zu bestimmen, in welcher Phase das Unternehmen sich befindet.« (Gomez und Zimmermann 1999, 29/30).

Es kann hierbei davon ausgegangen werden, dass gerade zu Beginn einer organisatorischen Entwicklung, also in der Pionier- und in der Wachstumsphase, die Organisation eine möglichst intensive Nutzung von personellen, finanziellen, aber auch strukturellen Ressourcen anstrebt bzw. diese nutzen muss, um dann als Reife-Unternehmen den von ihr angestrebten Markt gut zu bearbeiten und zu bedienen. Ein Wende-Unternehmen wird erst dann hieraus entstehen müssen, wenn sich in der Organisationsform Probleme im Hinblick auf Ressourcen oder Zielerreichungen darstellen. Konkret kann dies bedeuten, dass die Organisation nicht mehr dazu in der Lage ist, die angestrebten Ziele bzw. den angestrebten Markt umfänglich zufriedenzustellen bzw. aufgrund von pathologischen Strukturen in dieser Organisation (z. B. auf dem Hintergrund einer hohen Krankheits- oder Kündigungsphase) als Organisation nicht mehr existent sein kann und wird.

7.1.4 Organisationsmethodik

Bei der Erfassung der Organisationsmethodik wird schließlich versucht zu erläutern, wie Ergebnisse der vorangegangenen Analyseprozesse zur Lösung der organisationsspezifischen Probleme angewandt werden können bzw. könnten. Auch hierzu sollen noch einmal abschließend Gomez und Zimmermann zitiert werden (1999, 30):

> »Die Organisationsmethodik kann auf drei verschiedene Ziele ausgerichtet sein: Lenkung, Gestaltung und Entwicklung von Organisationen. Während bei der Lenkung lediglich Feinanpassungen der bestehenden Organisationsstruktur beabsichtigt sind, will die Ge-

staltung das Organisationsprofil als Ganzes verändern oder anpassen und der Entwicklung der Organisationsdynamik einen anderen Verlauf geben.«

Eine Analyse von Organisationen hätte sich somit dieser dreifachen Aufgabe zu stellen:

- einer Abbildung der Geschichte einer Organisation (gleich: Organisationsdynamik)
- der Konkretisierung derselben im aktuellen Vollzug organisatorischer Muster und Prozesse (gleich: Organisationsprofil)
- sowie einer möglichen Perspektivenerweiterung in Bezug auf die Zukunft dieser Organisation (gleich: Organisationsmethodik).

Die Durchführung dieses komplexen Prozesses ist auch für die Implementierung der vorgestellten Konzeption »Sexuell selbstbestimmt leben« eine sehr gewinnbringende und eigentlich unverzichtbare Grundlage. Gerade das Thema der sexuellen Selbstbestimmung verweist im Rahmen der dynamischen und methodischen Prozesse einer Organisation diese häufig auf Tabus bzw. bringt diese an erwartete und/oder phantasierte Grenzen. In einem nächsten Komplex werden nun mögliche Fragen formuliert, welche auf dem Weg einer ersten Einordnung einer heil- oder behindertenpädagogischen Organisation, nach den Maßgaben der oben genannten Dimensionen möglicher Organisationsprofile, auch und vor allem im Rahmen sexualpädagogischer Konzeptualisierungen gestellt werden können.

7.2 Exemplarische Konkretisierung der Organisationsanalyse

Die nun folgenden Fragen verstehen sich als eine erste Orientierungshilfe, um eine Organisation vor dem Hintergrund des Modells von Gomez und Zimmermann in ihrem Ist-Zustand wahrnehmen und beschreiben zu können. Die exemplarischen Fragen streben hierbei keine empirische Exaktheit oder Vollständigkeit an. Vielmehr können sie als Vorstufe einer Organisationsanalyse dienen, welche erste Hinweise auf mögliche Problemfelder, Prozesse und Bedingtheiten einer Organisation erlaubt, welche auf dem Feld der Behindertenhilfe im Hinblick auf die Implementierung von Konzepten zur Realisierung sexueller Selbstbestimmung tätig ist oder werden will.

Um diese Fragen auf eine konkrete Organisation umsetzen zu können, können die Antworten in die folgenden Kategorien eingeteilt werden: *nicht ausgeprägt – wenig ausgeprägt – stark ausgeprägt* bzw. *ja – unsicher – nein*. Die einzelnen Antworten werden dann addiert, so dass für die jeweilige Dimension ein ungefährer Wert festgestellt werden kann. Die vorgestellten Fragen können aber auch als Leitfaden für ein Interview dienen, in welchem konkrete weitere Themen und Strukturen abgefragt und analysiert werden können.

Es wird nachfolgend die in Kap. 7.1.2 vorgestellte Reihenfolge der Dimensionierungen und Spannungsfelder übernommen.

7.2.1 Dimensionierung: Technostruktur vs. Soziostruktur

Exemplarische Fragen zum Pol der Sachorientierung:

Stellenausschreibungen:

- Wie waren die Stellen, die zu besetzen waren, ausgeschrieben? Wurden hierbei sexualpädagogische Kompetenzen der Mitarbeiterinnen und Mitarbeiter ausdrücklich gewünscht?
- Wer hat diese Stellen ausgeschrieben und wie sind sie im Leitbild, in den Wertcodizes und den sexualpädagogischen Konzepten der Organisation eingebunden?
- Hat sich die Ausschreibung seit dem letzten Personalwechsel inhaltlich verändert? Wenn ja, wodurch wurde diese Veränderung vorgenommen und hat sie sich thematisch mit konzeptuellen Aussagen und Ausrichtungen wie z. B. sexualpädagogischer Konzepte beschäftigt?

Stellenprofile:

- Haben sich die Anforderungen an diese Stelle bzw. die Stellen in der Organisation verändert? Wenn ja, wie und wodurch ist dieses geschehen und sind hierbei bewusst Prozesse einer konzeptionellen Weiterentwicklung in dieser Organisation auch im Hinblick auf sexualpädagogische Konzepte vorgenommen worden?
- Wer definiert die konkreten Anforderungen an diese Stellen? Geschieht dieses im Rahmen von teamdynamischen Prozessen (also sozusagen bottom-up) oder wird diese Stellenbeschreibung durch die Leitung einer Organisation vorgenommen (also sozusagen top-down)? Inwieweit werden sexualpädagogische Kompetenzen bei den Stellenanforderungen berücksichtigt?

Bezug der Stellen zu Konzepten:

- Existiert zu den jeweiligen Stellen ein (eventuell überarbeitetes) sexualpädagogisches Konzept und ist dieses Konzept im Rahmen der Weiterentwicklung der Organisation evaluativ eingebunden?
- Seit wann existiert ein sexualpädagogisches Konzept? Bzw. gibt es eine Darstellung und möglicherweise Analyse der Historie dieser Konzepte, so dass die Entwicklung gerade auch sexualpädagogischer Inhalte im Verlauf der letzten Organisationsschritte (auch im Rahmen der unterschiedlichen Phasen der Organisationen, wie z. B. Pionier-, Wachstums- und Reifephase) ersichtlich werden kann?
- Sind bei der Konkretisierung und Umsetzung neuer sexualpädagogischer Konzepte möglicherweise Probleme aufgetaucht? Welche Probleme waren das konkret? Von wem waren und sind diese Probleme abhängig?

Inhaltliche Anforderungen an Mitarbeitende:

- Welche konkreten inhaltlichen Anforderungen werden an die sexualpädagogische Arbeit der Mitarbeitenden gestellt? Wie und durch wen werden die Umsetzung der sexualpädagogischen Arbeit bzw. die Anforderungen an diese jeweils überprüft?
- Welche äußeren Anforderungen werden an die Arbeit gestellt (Arbeitszeit, konzeptuelle Vorbereitung ...)? Wie sind die Anforderungen in den Bereichen Reflexion, Wissen, Können in Bezug auf die Realisierung sexueller Selbstbestimmung konkretisiert?
- Welche Berufsgruppen stehen für welchen Arbeitsbereich in der Einrichtung zur Verfügung? Sind diese Berufsgruppen für diese Arbeitsfelder auch jeweils aus- bzw. fortgebildet? Werden Sexualpädagogen/innen eingestellt? Besteht in der Einrichtung die Notwendigkeit, dass Mitarbeitende breit angelegte oder spezifische sexualpädagogische Kompetenzen erlernt und umgesetzt haben?

Personelle Ressourcen:

- Nach welchem Personalschlüssel werden in der Organisation Stellen berechnet und finanziert? Welche Finanzen stehen für welche Auf- und Ausgaben zur Verfügung? Welche Finanzen stehen für Aufgaben im Bereich sexueller Selbstbestimmung zur Verfügung? Werden je nach Arbeitsbereich (Beratung, Fortbildung, Gruppendienst etc.) unterschiedliche finanzielle und personelle Bedarfe berücksichtigt?
- Unter welchen Gesichtspunkten werden bestimmte Handlungen ausgeführt (so zum Beispiel die Funktionalität einer Handlung im Hinblick auf die Bedürfnisorientierung der Handelnden)? Werden bei der Umsetzung sexualpädagogischer Konzepte auch die Bedürfnisse der Mitarbeitenden sowie ihre Grenzen berücksichtigt? Wie wirken sich mögliche Grenzen gegebenenfalls auf die konkrete Umsetzung der Konzepte aus?
- Wie viele männliche und weibliche Mitarbeitende sind in der Organisation tätig? Ist diese Verteilung unter einer gendersensiblen Perspektive auf die Nutzer/innen dieser Organisation angemessen? Können die Nutzer/innen für bestimmte Tätigkeiten (z. B. Pflege) Mitarbeitende nach deren Geschlecht auswählen?

Qualität der Tätigkeiten:

- Wie schätzen die Mitarbeitenden die Erfüllung der Bedürfnisse der jeweiligen Nutzer/innen in Bezug auf die Realisierung deren individueller sexueller Selbstbestimmung ein? Orientiert sich die Erfüllung dieser Bedürfnisse an sexualpädagogischen Konzeptionen? Werden diese Konzeptionen konkret wahrgenommen und als hilfreich bewertet? Wenn ja, wie geschieht die konkrete Umsetzung im Arbeitsalltag?
- Wie schätzen die Mitarbeitenden ihre eigenen Bedürfnisse in Bezug auf die geforderte Begleitung zur Realisierung sexueller Selbstbestimmung ein? Werden sie

darin bestärkt, eigene Grenzen und auch Kompetenzen zu erkennen? Werden gemeinsam Alternativen oder Arbeitsteilungen erarbeitet?
- Wie und wodurch gestaltet sich die Einarbeitung bzw. die Einsteuerung neuer Mitarbeitender gerade im Bereich sexualpädagogischer Aufgaben? Wie werden diese im Rahmen der Organisationskultur auf diese vorbereitet?
- Wie häufig erfolgen Teamsitzungen und sind diese inhaltlich strukturiert? Werden sie dokumentiert und nachbereitet? Werden Themen sexueller Selbstbestimmung der Nutzer/innen und mögliche Grenzen oder Unterstützungsbedarfe der Mitarbeitenden hier verpflichtend aufgenommen?

Exemplarische Fragen zum Pol der Personenorientierung:

Stellenbesetzungen:

- Nach welchen persönlichen Gestaltungswünschen der konkreten, auch sexualpädagogischen Arbeit wird beim Vorstellungsgespräch gefragt? Werden potentielle Mitarbeitende schon beim Vorstellungsgespräch auf diesen Themenbereich hingewiesen?
- Nach welchen Überlegungen und Perspektiven gestaltet sich der Personalwechsel? Ist hierbei eine Orientierung an einem sexualpädagogischen Konzept zielführend?
- Wie und nach welchen Richtlinien wird eine Neubesetzung im Hinblick auf den tatsächlichen Handlungsbedarf, sowie die konzeptuelle Ausrichtung der Organisation geprüft? Stehen hierbei auch konzeptionelle Ideen zur Realisierung sexueller Selbstbestimmung im Mittelpunkt des Interesses?

Inhaltliche Gestaltung der Arbeit durch Mitarbeitende:

- Inwieweit lässt sich Eigeninitiative der Mitarbeitenden in das Team bzw. Organisationsgeschehen einbringen? Wie gestaltet sich dieses konkret im Bereich der Erweiterung der sexuellen Selbstbestimmung?
- Wie erleben die Mitarbeitenden das Arbeitsklima in der Gesamtorganisation bzw. in ihrem Teilbereich (der Gruppe, dem Team etc.)? Wie erleben Mitarbeitende die Bereitschaft in der Gesamtorganisation über das Thema der sexuellen Selbstbestimmung in den Austausch zu kommen? Können eigene Grenzen und Überforderungen aber auch eigene Ideen und Kompetenzen in dem Bereich eingebracht werden?
- Welche sexualpädagogischen Fortbildungen werden von den Mitarbeitenden wahrgenommen? Welche Fortbildungen werden von ihnen nicht (mehr) wahrgenommen? Welche Gründe mag es hierfür jeweils geben?
- Sind sexualpädagogische Fortbildungen auf aktuelle Themen der Organisation ausgerichtet, so dass auch konzeptuelle Fragen zeitnah bearbeitet, Konzepte zeitnah gegebenenfalls revidiert werden können?
- Wird von der Organisation für die Mitarbeitenden Einzel- und Teamsupervision angeboten? Wer übernimmt hierbei die Kosten für die Supervision?

Aufgabenverteilung in der Organisation:

- Wer übernimmt die Verantwortung für welche Aufgaben der Gesamtorganisation? Wer übernimmt welche Aufgaben im Rahmen einer sexualpädagogischen Konzeption?
- Wer übernimmt in der Teilorganisation (Gruppe, Team etc.) die Verantwortung für welche (sexualpädagogischen) Aufgaben? Wie wird mit der Verteilung von Aufgaben umgegangen, die eher »unbeliebt« sind?

Konzeptionen in der Organisation und deren Umsetzung:

- Gibt es eine Gesamtkonzeption, in welche die individuelle (sexualpädagogische) Aufgabengestaltung der einzelnen Mitarbeitenden integriert ist? Wie und wodurch ist diese Konzeption vom Leitbild der Organisation abhängig? Ergeben sich hier im Bereich der sexuellen Selbstbestimmung ggf. Widersprüche? Wie werden diese aufgelöst?
- Haben die Personen, welche in dieser Organisation arbeiten, heil- und behindertenpädagogisches Fachwissen? Haben die Mitarbeitenden Reflexionsfähigkeiten, Fachwissen und Können im Bereich der Realisierung sexueller Selbstbestimmung?
- Wie wirkt sich der gesamte Prozess der konzeptuellen Einbindung der Mitglieder auf die Prozesse der Teamentwicklung bzw. auf die einzelnen Teammitglieder aus? Welche Bedeutung haben diesbezüglich sexualpädagogische Themen?
- Wie intensiv erleben die Mitarbeitenden in den Teams das Vorhandensein folgender Strukturelemente in ihrer Organisation: Kontrolle, Macht und Motivation? Wie und wodurch wirken sich diese drei Strukturelemente konkret im Bereich der sexuellen Selbstbestimmung aus? Gibt es durch die Nutzer/innen dieser Organisation (vielleicht auch unbewusste) Rückmeldungen auf die Auswirkungen dieser Strukturelemente (vor allem in Bezug auf Macht und Motivation) im Lebensbereich sexuelle Selbstbestimmung?
- Wie und wodurch erleben Mitarbeitende in der Organisation Wertschätzung und werden motiviert (durch Fortbildung, Austausch mit anderen Organisationen (Arbeitskreise), Beratungsstellen …)? Wie werden Mitarbeitende ermutigt, Verantwortung für den Bereich der sexuellen Selbstbestimmung der Nutzer/innen zu übernehmen?

Exemplarische Fragen zum Pol der Formalisierung:

Konzepte in der Organisation:

- Liegt in der Organisation ein heil- und behindertenpädagogisches Konzept vor? Wie ist dieses Konzept entstanden und bezieht es sich auf aktuelle Ausprägungen methodologischer und konzeptueller Begründungen und Differenzierungen?
- Liegt in der Organisation ein sexualpädagogisches Konzept vor? Wie ist dieses entstanden? Wie ist dessen fachwissenschaftliche Qualität einzuschätzen? Wie ist dessen inhaltliche Verbindung zum heil- und behindertenpädagogischen Konzept?

- In welchen Abständen werden die Konzepte gegebenenfalls aktualisiert? Aus welchen Gründen kommt es zu einer Aktualisierung?
- Wie wird die Aktualisierung den Mitarbeitenden vermittelt bzw. werden sie in diesen Aktualisierungsprozess eingebunden?
- Wie und wodurch werden die Nutzer/innen dieser Organisation einbezogen? Welche Maßnahmen werden getroffen, um die Einbindung der Nutzer/innen auf Dauer zu ermöglichen und zu verbessern?
- Werden die Angehörigen der Nutzer/innen als indirekt Betroffene auch in diese Konzeptentwicklung einbezogen? Wie wird mit ihren Reaktionen gearbeitet – gerade wenn es sich um konzeptionelle Hinweise im Bereich von Tabuthematisierungen, wie z. B. Sexualität, handelt?

Arbeit im Team:

- Wie gestalten sich die Teamstrukturen der Organisation? Wie und mit wem finden Teamsitzungen jeweils statt? Wie und wodurch ergeben sich Leitungsprozesse in den Teams?
- Wie und wodurch erfolgt die Umsetzung von Beschlüssen und Zielen im Team im Bereich der sexuellen Selbstbestimmung? Durch wen erfolgt diese Umsetzung? Und durch wen erfolgt sie keinesfalls? Wer bestimmt hierbei wer welche sexualpädagogischen Aufgaben übernimmt? Werden mögliche Grenzen der Mitarbeitenden respektiert? Welche Mittel zu Dokumentation stehen konkret für die Umsetzung dieser Ziele zur Verfügung (mündlich, schriftlich etc.)?

Anfertigung von Dokumentationen:

- Wie realisieren sich in der Organisation weitere Formen der Dokumentation (Anamnese, Diagnostik, Pflegeplanung, Therapieplanung, Realisierung sexueller Selbstbestimmung etc.)? An welchen Punkten kommt es hierbei immer wieder zu Schwierigkeiten? Wodurch könnten diese Schwierigkeiten gegebenenfalls entstanden sein? Werden Intim- und Privatsphäre der Nutzer/innen bei den Dokumentationen geachtet? Wem sind Dokumentationen zugänglich?
- Inwieweit sind die Nutzer/innen dieser Organisation an der Dokumentation (wie aber auch an der partizipatorischen Forschung im Hinblick auf ihre Lebenswelte(n)) beteiligt? Wie und wodurch werden ihre Möglichkeiten zur Partizipation systematisch erweitert? Wie und wodurch werden ihre Fähigkeiten in den Bereichen Reflexion, Wissen, Können in Bezug auf das Thema sexuelle Selbstbestimmung erweitert?

Exemplarische Fragen zum Pol der Symbolorientierung:

Aufnahme von Erfahrungen/Kommunikation/Rollen:

- Inwieweit finden Erfahrungen Einzelner oder der Organisation als Ganzer aus dem Bereich der sexuellen Selbstbestimmung ihren Niederschlag in den diesbezüglichen Arbeitsanweisungen oder Richtlinien? Sind die Arbeitsanweisungen

bzw. Richtlinien gegebenenfalls durch schlechte Erfahrungen mit den Konzeptionen entstanden oder vor dem Hintergrund verdrängter konzeptueller Schwierigkeiten entwickelt worden?
- Wie wird die Kommunikation über das Thema der sexuellen Selbstbestimmung im Team aber auch der Gesamt- oder Teilorganisation von den Mitarbeitenden eingeschätzt?
- Wie werden die unterschiedlichen Rollen, welche in den Teams wiederzufinden sind, aber auch diejenigen welche die Gesamt- oder Teilorganisation prägen, von diesen Teams oder Teilorganisationen wahrgenommen? Welche Rollen sind dieses konkret und wie haben sich diese im Verlauf der Entwicklung der Organisation (auch in Bezug auf die Umsetzung von Konzepten) verändert?

Normen/Werte/Leitbilder:

- Welche expliziten, aber auch impliziten Normen, Werte und Ziele im Bereich der sexuellen Selbstbestimmung gibt es im Team bzw. der Gesamt- oder Teilorganisation? Nach welchen Leitbildern und organisationskulturellen Grundannahmen wurden und werden diese entwickelt? Welchen Stellenwert haben diese Leitbilder im Alltag konkret? Wodurch wird dieser Stellenwert deutlich? Werden Widersprüche zwischen expliziten und impliziten Normen und Werten erkannt und thematisiert? Gibt es im Verlauf dieser Entwicklungsprozesse Widersprüche? Sind diese Widersprüche evtl. auch von konzeptuellen Veränderungen abhängig? Wenn ja: von welchen konkret?

7.2.2 Dimensionierung: Paläste vs. Zelte

Exemplarische Fragen zum Pol der Organisation auf Dauer:

Entwicklung der Organisation:

- Passt sich die Organisationsgestalt den geänderten (Umwelt-)Gegebenheiten an? Wenn ja: wie?
- Wie lange existiert die Organisation bereits? Hat es entscheidende Wendepunkte in der Entwicklung der Einrichtung im Bereich der sexuellen Selbstbestimmung gegeben? Wenn ja, welche Wendepunkte waren das konkret und wie haben sich diese auf die aktuelle Situation der Organisation in diesem Themenbereich ausgewirkt?

Ziele und Konzepte in der Organisation:

- Welchen Stellenwert nehmen heil- und behindertenpädagogische Zielsetzungen und Konzeptualisierungen innerhalb der Gesamtorganisation ein? Wurden diese Zielsetzungen verändert?
- Welchen Stellenwert nehmen sexualpädagogische Zielsetzungen und Konzeptualisierungen innerhalb der Gesamtorganisation ein? Wurden diese Zielsetzungen verändert?

- Haben sich durch diese Veränderungen auch die Anforderungen an die Mitarbeitenden verändert? Wenn ja: wodurch?
- Wie starr ist das Konzept der Organisation? Welche Veränderungen sind in der sexualpädagogischen Konzeptualisierung dennoch möglich? Wovon sind diese konkret anhängig?
- Gibt es eine Abhängigkeit des aktuellen Konzeptes zur sexuellen Selbstbestimmung von der Historie der Organisation?

Regeln und Veränderungsprozesse:

- Wie und wodurch werden Regeln und Regulationssysteme in dieser Organisation evaluiert und überprüft? Behindern möglicherweise explizite oder implizite alte Regeln die konkrete Arbeit? Welche Regeln gelten auf Dauer für die inhaltliche und konzeptuelle Arbeit im Bereich der sexuellen Selbstbestimmung?
- Werden neue Regelungen überprüft und neue Anforderungen angepasst? Wenn ja: durch wen und wodurch?
- Gibt es die Option spontan auf Veränderungen im Bereich sexueller Selbstbestimmung einzugehen (z. B. Paarwohnen, Familiengründung der Nutzer/innen in der Organisation)? Wenn ja: wer darf (und/oder: muss) diese Option wahrnehmen, wer keinesfalls?
- Inwieweit dienen die bestehenden Strukturen und Prozesse im Bereich der sexuellen Selbstbestimmung der Orientierung aller Organisationsmitglieder (also auch der Nutzer/innen)?
- Inwieweit hemmen die bestehenden Strukturen und Prozesse im Bereich der sexuellen Selbstbestimmung die Flexibilität der Mitarbeitenden und die Arbeit als solche? Welche Möglichkeiten bestehen individuelle Wünsche und Bedarfe der Nutzer/innen im Bereich der sexuellen Selbstbestimmung aufzugreifen und zu realisieren?

Zuständigkeiten in der Organisation:

- Wer ist in der Organisation für welche sexualpädagogischen Aufgaben und Prozesse konkret zuständig? Besteht in der Organisation eher Zufriedenheit oder Unzufriedenheit in Bezug auf diese Zuständigkeiten? Wie und wodurch werden Nutzer/innen in die Prozesse der Verteilung der Zuständigkeiten einbezogen?
- Werden Zuständigkeiten in Bezug auf konkrete Arbeitsprozesse z. B. individueller Begleitung sexueller Selbstbestimmung der Nutzer/innen besprochen? Wenn ja: wie sind die Prozesse dieser Kommunikationsvorgänge konkret ausgeprägt und wie werden diese dokumentiert? Wird dabei die Intim- und Privatsphäre der Nutzer/innen beachtet? Welche Bedeutsamkeit haben hier individuelle sexuelle Biografien und damit verbundene Grenzen oder Kompetenzen in Bereichen sexualpädagogischer Arbeit?
- Identifizieren sich die Zuständigen mit ihrer Aufgabe im Bereich der sexuellen Selbstbestimmung? Wodurch wird diese Identifikation konkret deutlich?

Exemplarische Fragen zum Pol der Organisation auf Zeit:

Reflexion von Zielsetzungen:

- Sind die heil- und behindertenpädagogischen Zielsetzungen im Laufe der Zeit reflektiert und überarbeitet worden?
- Sind die sexualpädagogischen Zielsetzungen im Laufe der Zeit reflektiert und überarbeitet worden?

Umsetzung von Projekten:

- Gibt es kurzzeitige bzw. langfristige Projekte im Bereich der sexuellen Selbstbestimmung? Welche sind das konkret? Wie werden kurzfristige Projekte geplant und die Aufgaben hierbei verteilt? Durch wen geschieht diese Planung und Verteilung konkret? Werden Wünsche der Nutzer/innen dabei berücksichtigt?
- Wie beurteilen die Mitarbeitenden die an sie gestellten Aufgaben im Bereich der sexuellen Selbstbestimmung? Wie beurteilen die Mitarbeitenden die Veränderung in den jeweiligen Aufgaben?
- Werden die Nutzer/innen in diese Projekte mit einbezogen und partizipativ an den verschiedenen Prozessen beteiligt? Welche Maßnahmen werden getroffen, um die diesbezüglichen Kompetenzen der Nutzer/innen zu erweitern?

Regeln/Strukturen/Zuständigkeiten:

- Welche Regeln gelten auf Zeit für die inhaltliche Arbeit im Bereich der sexuellen Selbstbestimmung?
- Welche Strukturen werden als wandelbar erlebt? Welche Regeln werden als wandelbar erlebt? Welche Handlungsmuster oder Arbeitsweisen werden als wandelbar erlebt?
- Ist die Dauer von Zuständigkeiten für die Mitarbeitenden klar formuliert? Wodurch wird dieses konkret deutlich?

Exemplarische Fragen zum Pol der Effizienzorientierung

Arbeit im Team:

- Finden Teamsitzungen regelmäßig statt?
- Gibt es wiederkehrende Themen oder Schwerpunktthemen (z. B. Befindlichkeiten der Mitarbeitenden, organisatorische Themen, etc.) in den Teamsitzungen? Werden hierbei gegebenenfalls auch regelmäßig Themenbereiche der sexuellen Selbstbestimmung angesprochen? Wenn ja: durch wen geschieht dieses jeweils und wie wird dieses intimitätswahrend dokumentiert? Gibt es für die Mitarbeitenden die Möglichkeit, eigene Grenzen in Bezug auf das Thema der sexuellen Selbstbestimmung zu benennen?

- Wo und wie werden persönliche Anliegen der Mitarbeitenden im Bereich der sexuellen Selbstbestimmung besprochen? Werden Mitarbeitende ermutigt, ihre eigenen Grenzen bei der sexualpädagogischen Arbeit zu benennen? Werden Mitarbeitende ermutigt, die eigene sexuelle Biografie sowie leitende Normen und Werte zu reflektieren und sich darüber auszutauschen?

Aufgabenverteilung:

- Wie sinnvoll ist die Verteilung der alltäglichen Aufgaben im Bereich der sexuellen Selbstbestimmung in Bezug auf die Gesamtsituation der Organisation?
- Wie sinnvoll ist die Verteilung dieser alltäglichen Aufgaben in Bezug auf die Teilorganisation (Gruppe, Team, etc.)?
- Wie flexibel wird diese Aufgabenverteilung konkret gehandhabt? Wer führt diese Aufgabenverteilung durch? Inwieweit sind dabei auch die Wünsche und Bedarfe der Nutzer/innen von Interesse und relevant?
- Wie und wodurch realisiert die Gesamt- oder Teilorganisation unterschiedliche Formen der Öffentlichkeitsarbeit? Werden hierbei auch Themen besprochen, welche im Rahmen einer differenzierten konzeptuellen Darstellung der Organisation nach außen gelangen müssen?
- Wie und wodurch werden die Bedürfnisse der Nutzer/innen im Bereich der sexuellen Selbstbestimmung in allen Prozessen der Organisation berücksichtigt? Wie und wodurch werden die Nutzer/innen dazu ermutigt und befähigt?
- Ist flexibles Arbeiten in der Gesamtorganisation bzw. in der Teilorganisation möglich? Wie realisiert sich diese Flexibilität jeweils konkret? Sind hierbei und hierzu Prozessvorgänge konkret festgelegt? Durch wen wurden sie jeweils festgelegt? Sind diese modifizierbar? Wird an einem Aufgabenerfüllungsprozess festgehalten? Und wenn ja: warum?

Ziele der Organisation:

- Inwieweit sind gesetzte Ziele im Bereich der sexuellen Selbstbestimmung zu überprüfen und veränderbar (in der Gesamt- bzw. in der Teilorganisation)?
- Sind Organisationsvorgänge auf konkrete Ziele und die Durchführung dieser Ziele (der Gesamt- oder Teilorganisation) anwendbar?
- Sind die Ziele sexueller Selbstbestimmung allen Mitarbeitenden und Nutzer/innen bekannt? Sind diese Ziele konkret und für alle verständlich formuliert (zum Beispiel in den Leitideen, in den Konzepten, den Arbeitsanweisungen sowie dem Qualitätshandbuch der Organisation)?

Exemplarische Fragen zum Pol der Effektivitätsorientierung:

Arbeit im Team:

- Gibt es Gruppen- und Teamübergreifende Gespräche zum Thema sexueller Selbstbestimmung?

- Gibt es eine/n Gesprächsleiter/in, um Teamsitzungen zu lenken? Welche (sexualpädagogischen) Qualifikationen hat der/die Gesprächsleiter/in jeweils? Wie sinnvoll sind diese Qualifikationen in Bezug auf die konkrete Leitung der Gespräche?
- Werden bei der Zuteilung von Aufgaben Mitarbeitende bestimmt oder melden sich diese freiwillig? Welche Bedeutung haben dabei individuelle Grenzen oder Kompetenzen im Bereich sexueller Selbstbestimmung? Wie und wodurch werden diese erfasst?

Konzeptionelle Arbeit:

- Beinhaltet die Konzeption zur sexuellen Selbstbestimmung bzw. beinhalten die unterschiedlichen Konzeptionen der Organisation eine klare Richtung und eine deutliche Zielorientierung?
- Wer kontrolliert jeweils die Erreichung dieser Richtungen und Zielorientierung, also letztlich die konkrete Qualität der geleisteten Arbeit?

Kommunikation und Kooperation:

- Gibt es eine klare und eindeutige Kommunikationsstruktur und wird diese von allen Beteiligten eingehalten? Was geschieht, wenn diese nicht eingehalten wird?
- Wie beurteilen die Mitarbeitenden die Effektivität der Besprechungen zum Thema sexuelle Selbstbestimmung?
- Werden Fachleute und weitere Kooperationspartner (z. B. aus Beratungsstellen, Sexualpädagogen/innen) mit in die Arbeit zur sexuellen Selbstbestimmung der Gesamtorganisation einbezogen und wie wirkt sich dieses auf die Teilorganisationen aus? Werden hierbei vor allem Themen bearbeitet, die am Rande der Organisation stattfinden oder wird auch auf Themen eingegangen, welche das Zentrum, aber auch die Tabubereiche einer Organisation betreffen?

7.2.3 Dimensionierung: Hierarchien vs. Netze

Exemplarische Fragen zum Pol der Monolithischen Organisation:

Aufbau der Organisation:

- Wie und wodurch kann der hierarchische Aufbau der Organisation skizziert werden? Wie ist hierbei das Verhältnis zwischen Leitung, Team und Nutzer/innen zu beschreiben?
- Gibt es Arbeitsanweisungen? Wenn ja: von wem?
- Wer besitzt in der Organisation welche Machtpotentiale? Wer keinesfalls?
- Kann die Struktur in der Gesamt- oder Teilorganisation flexibel mit Veränderungen umgehen und wie gestaltet sich dieses gegebenenfalls konkret?

Inhaltliche Prozesse in der Organisation:

- Wer entscheidet in der Organisation über welche Inhalte und Prozesse im Bereich der sexuellen Selbstbestimmung?
- Gibt es fachliche und inhaltliche Kontroversen im Bereich der sexuellen Selbstbestimmung? Wodurch werden diese Kontroversen konkret wahrnehmbar?

Exemplarische Fragen zum Pol der Polyzentrischen Organisation:

Aufbau der Organisation:

- Gibt es einen hierarchischen Aufbau in den Teams, der Gesamt- oder Teilorganisation?
- Gibt es Konkurrenz- und Machtkämpfe innerhalb der Teams der Gesamt- oder Teilorganisation?
- Sind diese jeweils themenbezogen? Wie gestalten sich diese im Bereich der sexuellen Selbstbestimmung?
- Sind sexualpädagogische Aufgabengebiete konkret abgegrenzt und werden diese auch als abgegrenzt erlebt?

Inhaltliche Prozesse in der Organisation:

- Gehen Ideen der Mitarbeitenden im Bereich der sexuellen Selbstbestimmung in den Modifikationsprozess der Organisationsstrukturen ein?
- Gehen diesbezügliche Ideen der Nutzer/innen in den Modifikationsprozess der Organisation ein?
- Inwieweit können Mitarbeitende auf Entscheidungen der Gesamt- oder Teilorganisation im Bereich der sexuellen Selbstbestimmung Einfluss nehmen?
- Inwieweit können Nutzer/innen auf diesbezügliche Entscheidungen der Gesamt- oder Teilorganisation Einfluss nehmen?
- Findet zwischen der Leitung oder den verschiedenen Abteilungen oder Teams der Organisationen ein regelmäßiger Austausch über das Thema der sexuellen Selbstbestimmung statt? Wie gestaltet sich dieser Austausch konkret? Wird er dokumentiert? Wie werden die Ergebnisse dieser Dokumentation jeweils evaluiert?
- Gibt es sachliche und/oder persönliche Kontroversen in der Gesamt- oder Teilorganisation? Welche Themen umfassen diese Kontroversen? Welche Kontroversen gibt es im Bereich der sexuellen Selbstbestimmung? Wie werden diese Kontroversen jeweils in der Gesamt- oder Teilorganisation gelöst? Gibt es strukturelle oder inhaltliche Ähnlichkeiten zwischen diesen Kontroversen in der Gesamt- oder Teilorganisation bzw. auf den unterschiedlichen Ebenen der Organisation?

Exemplarische Fragen zum Pol der Steilen Konfiguration:

Hierachien in der Organisation:

- Wie viele Hierarchiestufen gibt es in der Gesamt- oder Teilorganisation?
- Wer trifft auf den jeweiligen Organisationsstufen Entscheidungen im Bereich der sexuellen Selbstbestimmung?
- Aus wie vielen Personen besteht jeweils die Leitung der Gesamt- oder Teilorganisation?

Organisation von Besprechungen:

- Sind offizielle Dienstwege für Besprechungen in der Gesamt- oder Teilorganisation vorgesehen?
- Bei wem werden Themen für die jeweiligen Teamsitzungen gesammelt?
- Bei Teamsitzungen ohne festgelegte Leitung: ist die Leitung über die Themen im Bereich der sexuellen Selbstbestimmung, über die gesprochen wird, in Kenntnis gesetzt?

Aufgabenverteilungen:

- Werden sexualpädagogische Aufgaben in viele kleine Teilbereiche gegliedert, wenn sie vergeben werden? Welche Teilbereiche sind dieses konkret?
- Sind Spezialisierungen der Organisation vorgesehen, auch im Hinblick auf neue konzeptionelle Vorgehensweisen einer Organisation? Welche Spezialisierungen werden im Bereich der sexuellen Selbstbestimmung gesehen?
- Gibt es bestimmte Aufgabenbereiche, welche nur von bestimmten Personen übernommen werden, bzw. übernommen werden können? Welche Aufgabenbereiche sind das konkret im Bereich der sexuellen Selbstbestimmung?

Exemplarische Fragen zum Pol der Flachen Konfiguration:

Hierachien in der Organisation:

- Gibt es einen offiziellen Leiter der Gesamt- oder Teilorganisation? Wie sind die Aufgaben- und Rollenverteilungen zwischen den Leitungspersonen konkret zu beschreiben?
- Wenn es zu Problemen kommt, wird hierfür die Leitung der Gesamt- oder Teilorganisation gefragt?
- Werden Probleme innerhalb des Teams, der Gesamt- oder Teilorganisation wahrgenommen und gegebenenfalls einer Lösung zugeführt?

Besprechungen:

- Besteht die Möglichkeit die Zusammenkünfte und Teamsitzungen flexibel zu organisieren?

- Wird ein kreatives Mitarbeiten von Mitarbeiterinnen und Mitarbeitern honoriert? Wodurch geschieht dieses konkret?

Aufgabenverteilungen:

- Ist die Zusammensetzung der Berufsgruppen in den Abteilungen und Teams jeweils heil- und behindertenpädagogisch sowie in Bezug auf die umzusetzenden Konzepte sinnvoll? Welche Bedeutung haben sexualpädagogische Qualifikationen in den Abteilungen oder Teams?
- Kann eine Mitarbeiterin oder ein Mitarbeiter gegebenenfalls auch sexualpädagogische Aufgaben übernehmen, für die sie/er nicht gut ausgebildet ist? Wie ereignet sich dies jeweils konkret (eher zufällig oder wird dieser Vorgang geplant)?
- Gibt es innerhalb des Teams Bezugsbetreuungen? In welchem inhaltlichen Rahmen findet gegebenenfalls Bezugsbetreuung statt und welche Rolle spielt hierbei die gesetzliche Betreuung im Team bzw. für die Nutzer/innen? Werden hierbei konkrete konzeptuelle Themen angesprochen und modifiziert? Übernimmt die betreuende Person hierbei auch Aufgaben im Bereich der Realisierung sexueller Selbstbestimmung?
- Wodurch werden neue Prozesse in der Organisation angestoßen und vorangebracht? Wodurch werden Prozesse im Bereich der sexuellen Selbstbestimmung initiiert und umgesetzt?

7.2.4 Dimensionierung: Fremdorganisation vs. Selbstorganisation

Exemplarische Fragen zum Pol der Kontextuellen Anpassung:

Konkurrenz und Kooperation mit anderen Organisationen:

- Wie groß ist der Konkurrenzdruck von außen?
- Welche Richtlinien spielen bei der Auswahl der Nutzer/innen eine Rolle? Sind diese gegebenenfalls (stark) marktorientiert?
- Wie flexibel reagiert die innere Struktur der Gesamt- oder Teilorganisation auf äußere Einflüsse und Notwendigkeiten bei der Realisierung sexueller Selbstbestimmung? Wie und wodurch sind diese äußeren Einflüsse gekennzeichnet (eventuell als Bedrohung, aber vielleicht auch als Kommunikationsmöglichkeiten, als Impulsgeber etc.)?
- Wie und wodurch gestaltet sich die Zusammenarbeit mit anderen, möglicherweise ähnlichen Organisationen? Werden hierbei auch konzeptionelle Themen und Fragen in Bezug auf sexuelle Selbstbestimmung thematisiert?
- Zu welchem Zweck gibt es diese Kooperationen?

Veränderung der Organisation:

- Aus welchen konkreten Gründen ändern sich die Organisationsstrukturen bzw. sollen sich diese ändern? Ist hierbei eine konzeptuelle Weiterentwicklung möglicherweise als relevante Grundlage wahrnehmbar? Welche Rolle spielt dabei die Realisierung sexueller Selbstbestimmung?
- Haben sich im Wandel der Zeit die Prinzipien und Normen der Organisation deutlich spürbar verändert? Wodurch geschah diese Änderung konkret? Wie und wodurch hat sich der Bereich der sexuellen Selbstbestimmung konkret verändert?
- Haben die aktuellen Bedürfnisse der Nutzer/innen im Bereich der Realisierung sexueller Selbstbestimmung Einfluss auf die Organisationsstrukturen der Einrichtung, in der sie begleitet werden? Wodurch wird dieses konkret deutlich?

Bedeutung von Technik:

- Wie ist die technische Qualität der Gesamt- oder Teilorganisation verfasst? Für wen sind die technischen Ausstattungsmöglichkeiten zugänglich? Auch für die Nutzer/innen? Können z. B. neue Medien genutzt werden, um sexuelle Selbstbestimmung zu realisieren (z. B. Nutzung einer internetbasierten Partner/innenvermittlung)?
- Wie wird die aktuelle Hilfsmittelversorgung für die Nutzer/innen der Organisation realisiert und weiter entwickelt? Wer ist hierfür zuständig? Nimmt diese Hilfsmittelversorgung auch Themen der sexuellen Selbstbestimmung auf?

Erwerb neuer Kenntnisse:

- Wer ist für die Vermittlung neuer Kenntnisse im Bereich der sexuellen Selbstbestimmung zuständig? Wie geschieht dieses (durch wissenschaftliche Prozesse, durch Technologien, durch Fort- und Weiterbildung …)?
- Welchen Stellenwert hat die Fort- bzw. Weiterbildung der Mitarbeitenden in der Gesamt- und Teilorganisation? Wie und wodurch kommen diese möglicherweise neuen Kenntnisse den Nutzer/innen zugute? Sind diese in die Entwicklung neuer Kenntnisse und Strukturen im Bereich sexueller Selbstbestimmung eingebunden? Wenn ja: wie geschieht dieses konkret?

Exemplarische Fragen zum Pol der Identitätsentwicklung:

Konkurrenz und Kooperation mit anderen Organisationen:

- Wird Druck bzw. Wettbewerb von außen nach innen weitergegeben? Wenn ja: wie und wodurch geschieht das konkret?
- Wie rasch passt sich die Organisationsstruktur an aktuelle Marktbedingungen an?

Veränderung der Organisation:

- Welche konkrete Stärken haben die Teil- oder Gesamtorganisation im Bereich der sexuellen Selbstbestimmung? Wofür werden diese Stärken konkret eingesetzt?
- Welche Kennzeichen der Organisation sind unabhängig von aktuellen, vielleicht auch wissenschaftlichen und konzeptionellen Trends? Wodurch entsteht eine Bewertung dieser Trends und wodurch eine gegebenenfalls Modifikation in der Abschätzung und Umsetzung dieser Trends? Wie werden aktuelle Entwicklungen im Bereich der sexuellen Selbstbestimmung bewertet?
- Werden eigene Stärken und Arbeitseinteilungen im Bereich der sexuellen Selbstbestimmung hinterfragt? Wodurch geschieht dieses konkret?
- Gibt es Tätigkeitsschwerpunkte der einzelnen Mitarbeitenden der Gesamt- oder Teilorganisation im Bereich der sexuellen Selbstbestimmung?
- Gibt es Standardisierungen der Prozesse in der Gesamt- oder Teilorganisation? Wenn nicht: Sind diese aufgrund der Nutzer/innen bzw. der Geschichte oder der konzeptionellen Strukturierung der Organisation nicht notwendig? Wodurch wird dieses jeweils konkret begründet?
- Gibt es eine/n Qualitätsbeauftragte/n in der Organisation, der oder die die Qualität im Bereich der sexuellen Selbstbestimmung prüft?

Arbeit der Mitarbeitenden:

- Gibt es Maßstäbe für das eigene Verhalten der Mitarbeitenden im Bereich der sexuellen Selbstbestimmung? Wo sind diese Maßstäbe grund- und niedergelegt? Wie stark wird an den Prinzipien und Normen dieser Maßstäbe festgehalten bzw. wann und mit welcher Begründung kann davon abgewichen werden? Gibt es hierbei einen Unterschied in der Gesamt- bzw. der Teilorganisation? Werden hierbei Themen bzw. konzeptuelle Bedingungen und Bedingtheiten von sexueller Selbstbestimmung außen vorgelassen oder geraten sie erst Recht in den Mittelpunkt des Interesses?
- Inwieweit stützt die Struktur der Organisation die konkrete alltägliche Arbeit dieser Organisation?

Exemplarische Fragen zum Pol der Fremdgestaltung:

Realisierung von Konzepten:

- Werden Konzepte top-down oder bottom-up umgesetzt? Welche Arbeitsprozesse werden konkret vorgegeben? Wie werden hierbei die Nutzer/innen einbezogen?
- Von wem geht die Initiative aus, wenn Konzepte im Bereich der sexuellen Selbstbestimmung verändert oder optimiert werden sollen? Inwieweit sind die Gestaltungsspielräume der Mitarbeitenden, aber auch der Nutzer/innen, aufeinander abgestimmt und wahrnehmbar? Inwieweit gibt der Träger Vorgaben

für die konkrete Arbeit der Organisationen in diesem Themenbereich vor? Ist er hierbei beeinflussend, einschränkend, unterstützend etc. tätig?

Strukturen der Organisation:

- Wie übersichtlich und/oder vernetzt ist die Gesamt- oder Teilorganisation?
- Gibt es Regeln und Pläne, die die konkreten Arbeitsformen in der Organisation in Bezug auf sexuelle Selbstbestimmung optimieren?
- Inwieweit ergänzen sich die Aufgaben der unterschiedlichen Organisationsbereiche im Bereich der sexuellen Selbstbestimmung?
- Gibt es möglicherweise Zeiten und Tätigkeiten (wie z. B. Supervision, Teamgespräche, Fort- und Weiterbildung etc.), die von der Organisationsleitung festgelegt sind? Gibt es spezielle Einrichtungs- und Themenfelder, welche ausschließlich für diese Organisation bereit stehen (wie das z. B. in Komplexeinrichtungen in Hinblick auf Freizeit- oder Einkaufsmöglichkeiten der Fall sein könnte)?

Exemplarische Fragen zum Pol der Eigengestaltung:

- Welche Möglichkeiten der Gestaltung in den unterschiedlichen Handlungs- und Lebensfeldern der Organisation haben die Mitarbeitenden zur Realisierung sexueller Selbstbestimmung? Wie gestaltet sich die Zusammenarbeit zwischen den einzelnen Subsystemen der Organisation konkret? Wie selbständig arbeiten diese Systeme?
- Welche Interpretationsfreiräume lassen Arbeitsanweisungen für die Subsysteme der Organisation? Sind die Mitarbeitenden, aber auch die Nutzer/innen an den Regelungen der Organisation im Bereich der sexuellen Selbstbestimmung beteiligt? Wie geschieht dieses konkret?
- Wie transparent sind die Entscheidungen im Bereich der sexuellen Selbstbestimmung, welche von den Mitarbeitenden der Gesamt- oder Teilorganisation vorgenommen werden?

Die vorgestellte Form der Konkretisierung des St. Galler Modells durch die entsprechenden Fragen soll vor allem dazu anregen, den eigenen Blick für Strukturmomente, Verfasstheiten und Entwicklungspotentiale der Organisationen zu schärfen. Dies ist im Hinblick auf die Implementierung und inhaltliche Modifizierung eines Konzeptes zur Realisierung sexueller Selbstbestimmung ein bedeutsamer Schritt. Auch dann, wenn dieses konkret geschehen ist, ist es nicht sicher, ob und wie diese jeweiligen Konzeptionen konkret umgesetzt werden. Dennoch besteht die Hoffnung, dass auf dem Hintergrund einer präzisierten Wahrnehmung der Organisationsstrukturen diese Prozesse reflektierter, bewusster und authentischer wahrgenommen werden können.

7.3 Grundlagen zur Analyse einer Organisationskultur

Neben der systematischen Analyse der verschiedenen Prozesse einer Organisation, wie sie im vorherigen Kapitel beschrieben wurde, ist es weiterhin möglich, die Kultur einer Organisation darzustellen und weiter zu entwickeln. Es wird sich zeigen, dass in Bezug auf sexualpädagogisches Handeln die Organisationskultur eine besondere Bedeutung hat. So sind die Entwicklung einer Organisationskultur und deren Tradierung in weiten Teilen durch unbewusste Annahmen und Prozesse der Akteure/innen einer Organisation bestimmt. Diese Beeinflussung des Handelns Einzelner oder von Gruppen durch unbewusste Prozesse findet sich vergleichbar im Bereich der Sexualität bzw. Sexualpädagogik. In beiden Bereichen, Organisationskultur und Sexualpädagogik, benötigt es individuelle und gemeinsame Reflexionsprozesse, um sich sowohl dem Sachinhalt als auch den damit verbundenen Handlungsprozessen zu nähern.

Allgemein ist unter ›Kultur‹ laut Duden Folgendes zu verstehen: Eine Kultur ist die »Gesamtheit der geistigen, künstlerischen, gestaltenden Leistungen einer Gemeinschaft als Ausdruck menschlicher Höherentwicklung« (Duden online 2015). Auf der Grundlage dieser Definition kann sich der Begriff der Gemeinschaft in diesem Fall auf die Organisation als Gemeinschaft beziehen. Organisationen bringen Leistungen hervor und sind bestrebt sich positiv und produktiv weiter zu entwickeln. Allerdings ist als Besonderheit für eine Organisationskultur zu benennen, dass die Organisation ihrerseits wiederum eingebettet ist in eine größere gesellschaftliche Kultur, die die Organisationskultur beeinflusst. Mitarbeitende der Organisation sind Mitglieder der gesellschaftlichen Kultur. Es besteht ein interdependentes Verhältnis. Dies ist gerade für den Lebensbereich der sexuellen Selbstbestimmung ein relevanter Aspekt, da sich in den letzten 50 Jahren gravierende gesamtgesellschaftliche Veränderungen inklusive der Modifikation gesetzlicher Grundlagen (z. B. im Bereich der Homosexualität) ergeben haben, die auch auf Organisationskulturen Einfluss hatten.

7.3.1 Kennzeichen einer Organisationskultur

Als grundlegend ist festzuhalten, dass Organisationen keine formalisierten Systeme und damit nicht in klaren Formen, Strukturen oder Gesetzmäßigkeiten beschreibbar sind. Informelle Kräfte einer Organisation, also sogenannte implizite Prozesse und Strukturen, sind in der Tat häufig wesentlich relevanter als die formelle Ebene einer Organisation (vgl. Schreyögg und Koch 2007, 331 ff). Die Handelnden einer Organisation prägen somit deren Gestalt, die Struktur, die Ablaufprozesse, die Aufbauprozesse sowie die Kommunikation. Die Akteure/innen prägen die Kultur und die kulturellen Phänomene einer Organisation. Durch welche Anlässe und auf welchen Wegen somit Konzepte entstehen, wie diese modifiziert werden, wie sie sich entwickeln, aber auch wieder aus dem Kontext und den Handlungsvollzügen einer Organisation ›verschwinden‹ wird durch die Handelnden begründet und ausgeprägt. Die Handelnden der Organisation können somit auch als die *Kulturschaffenden* einer Organisation bezeichnet werden.

Die Organisationskultur bezeichnet in Analogie zum allgemeinen Kulturbegriff die Wert- und Denkmuster sowie die Symbolsysteme einer Organisation, so wie diese auf dem Hintergrund menschlicher Handlungsprozesse im Kontext und der Geschichte der Organisation entstanden sind und weiterhin entstehen. Hieraus folgert, dass jede Organisation durch die in ihr handelnden Kulturschaffenden eine eigene Kulturgemeinschaft entwickelt. Sie generiert also unverwechselbare Vorstellungen und Orientierungsmuster, welche das Verhalten der Mitarbeitenden (in Dienstleistungsorganisationen), aber auch dasjenige der Klienten/innen, der Nutzer/innen und Kunden/innen nach innen und nach außen auf relativ nachhaltige Weise prägen.

Aus der nachfolgenden Beschreibung der verschiedenen Elemente einer Organisationskultur wird deutlich werden, dass die Organisationskultur zum einen großen Einfluss auf die Handelnden und Handlungen in einer Organisation hat. Zum anderen wird sich zeigen, dass sie nur schwer klar zu fassen und beschreibbar ist, da sie sich aus den Handlungen aller Akteure/innen zusammen bildet sowie geschichtlich gewachsen ist. Es handelt sich somit um ein sehr komplexes Phänomen.

Als grundlegende Elemente einer Organisationskultur lassen sich zunächst Folgende benennen (diese werden eher theorieübergreifend dargestellt, das bedeutet, dass in vielen organisationstheoretischen Kontexten diese gemeinsamen und grundlegenden Elemente organisationskultureller Geschehnisse wiederzufinden sein werden):

- Die gemeinsamen Orientierungen und Werte der Organisationskultur lassen bis zu einem gewissen Grade das Handeln der Mitarbeitenden als kohärent erscheinen bzw. lassen deren Handeln kohärent werden.
- Alle Organisationskulturen werden gelebt. Ihre Selbstreflexion ist die Ausnahme und wird häufig erst dann vorgenommen, wenn die Organisation an die Grenzen ihrer Belastbarkeit, ihrer Leistungsfähigkeit oder an den Rand einer pathologischen Organisationsstruktur gelangt (wie dieses z. B. bei intensiven Krankheits- oder Kündigungsraten der Fall sein kann).
- Die Elemente einer Organisationskultur sind, wie bei einem Eisberg, zum großen Teil unsichtbar. Im Rahmen dieses ›Eisbergmodells‹ kann beschrieben werden, dass nur wenige Prozent der organisationskulturellen Elemente wahrnehmbar, spürbar und somit einem direkten Zugriff anheimgestellt sind. Der Großteil der organisationskulturellen Elemente verbirgt sich unterhalb dieser Wahrnehmungsquelle, sozusagen im Unbewussten der Organisation.
- Organisationskulturen sind das Ergebnis historischer Lernprozesse. Diese werden entwickelt durch den Umgang mit den Problemen und Anforderungen der organisatorischen Umwelt sowie der organisationsinternen Koordination. Organisationen lassen sich demgemäß immer auch als lernende Wesenheiten verstehen lassen.
- Eine Organisationskultur ist somit das Ergebnis eines kollektiven Erfahrungsspeichers, in welchem die unterschiedlichsten Elemente, die unterschiedlichen

Positionen und Personen (in) der Geschichte aber auch der Gegenwart einer Organisation wiederzufinden sind (oder auch nicht).
- Die Kultur einer Organisation repräsentiert somit das Weltbild einer Organisation – dieses ist zum einen bewusst niedergelegt in einem Leitbild bzw. in den Qualitätsstandards einer Organisation, es ist zum anderen ebenso in den unbewussten Strukturen, Handlungsmomenten und Fundamenten einer Organisation wiederzufinden. Zwischen diesen beiden Anteilen kann es im Alltag zu Widersprüchen kommen.
- Eine Organisationskultur vermittelt somit Sinn und Orientierung, indem sie Muster für die Informationsfilterung sowie die Interpretation von Ereignissen und typischen Reaktionsweisen einer Organisation vorgibt und prägt.
- Somit wird deutlich, dass die Organisationsmitglieder sich ein offensichtliches Bild von ihren Aufgaben und ihren Tätigkeiten sowie den Abläufen der Organisation auf dem Hintergrund eines durch die Organisation gemeinsam verfügbaren Grundverständnisses verschaffen.
- Alle Organisationskulturen werden hierbei in einem Sozialisationsprozess vermittelt, welcher in einem hohen Maße unbewusst verläuft. Ähnlich wie im Rahmen der Sozialisation in der Familie prägt damit die Organisation die sozialen Geschehnisse und Handlungen der Mitglieder, also der Mitarbeitenden, sowie diejenigen ihrer Nutzer/innen.
- Dieser Sozialisationsprozess ist von den Kolleginnen und Kollegen gesteuert: In diesem so genannten »Einsteuerungsprozess« sorgen sie (zum Teil bewusst, in hohem Maße aber auch unbewusst) dafür, dass die neuen Kolleginnen und Kollegen sich den Strukturen und den Inhalten einer Organisation in hohem Maße anpassen. Der Umgang mit Tabus, der Umgang mit Offensichtlichkeiten, die Realisation von Konzeptionen, aber auch die Unmöglichkeit bestimmte Handlungen auch nur in Ansätzen zu denken oder denken zu dürfen, wird somit durch diesen Einsteuerungsprozess der Kolleginnen und Kollegen an die anderen und neuen Mitarbeitenden, sowie auch die Nutzer/innen weitergegeben.

Auf diesem Hintergrund ist deutlich wahrnehmbar, dass eine Organisationskultur nie statisch ist bzw. bleibt: Sie ist ständig in Bewegung, integriert neue Erfahrungen und neue Mitarbeitende, schließt andere aber auch aus und entwickelt sich permanent neu. Dieses geschieht jedoch immer in den schon bekannten und historisch grundgelegten und somit auch Sicherheit gebenden organisationskulturellen Bahnen.

7.3.2 Aufbau einer Organisationskultur

Der innere Aufbau einer Organisationskultur kann nun im Rahmen der Theorie nach Edgar Schein begründet werden (vgl. Schein 2006, 25 ff). Er nutzt dazu das Bild einer Avocado, die folgende drei von ihm benannte Ebenen verbindet:

- Organisationen begründen sich in Basisannahmen, welche häufig unsichtbar sind,

- sie entwickeln Normen und Standards, welche halbbewusst das Handeln in der Organisation prägen und wiedergeben,
- und sie definieren sich durch Symbole und Zeichen, welche nach außen hin sichtbar sind.

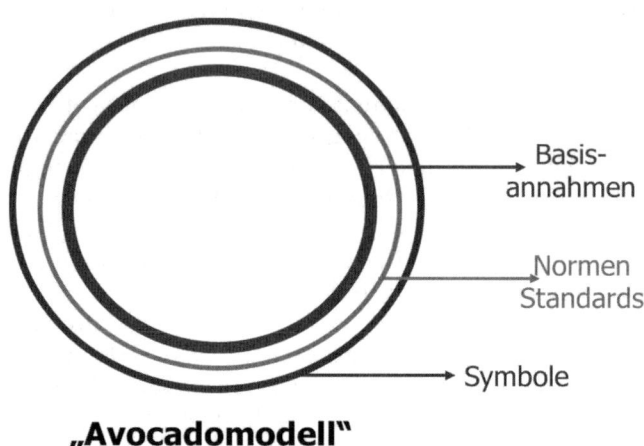

Abb. 50: »Avocadomodell« (n. Schein 2006, 27)

Wie bei einer Avocado sind somit die Basisannahmen der große Mittelpunkt und Kern einer Organisation. Sie machen die ›Schwere‹ und das fast Unveränderbare einer Organisationskultur aus.

Darüber bilden die Normen und Standards quasi die lebendige Seite einer Organisationskultur ab: Wie das Fruchtfleisch einer Avocado sind sie nutzbar, um das Leben dieser Organisation voranzubringen, zu modifizieren und die Aufgaben, die sich der Organisation stellen, zu realisieren.

Zum letzten bleibt noch die Schale der Avocado: Sie ist sichtbar, beschreibbar, dünn und verletzlich, definiert und schützt aber auch die Avocado nach außen: Genau dieses machen die Symbole und Zeichen einer Organisation. Sie befinden sich an der Oberfläche einer Organisation, kommunizieren aber die Inhalte, die Normen, Standards und Basisannahmen, soweit sie bewusst und benennbar sind, nach außen, in das Umfeld und die Umwelt der Organisation.

Diese drei Ebenen sollen nun im Hinblick auf die Implementierung eines Konzeptes zur Realisierung sexueller Selbstbestimmung weiter ausdifferenziert werden, um sie für die Analyse einer Organisationskultur erfassbar zu machen.

7.3.2.1 Basisannahmen

Zunächst sollen die Basisannahmen (im Bild: der Kern der Avocado) beschrieben werden. Im Rahmen dieser grundlegenden Orientierungs- und Vorstellungsmuster, welche sozusagen die Weltanschauung einer Organisation wiedergeben und prägen, können fünf Grundthemen beschrieben werden. Diese prägen die Wahrnehmung und das Handeln der Mitarbeitenden, aber auch der Nutzer/innen einer Organisation in hohem Maße. Die Grundthemen werden zunächst benannt und exemplarisch jeweils auf die Implementierung von Konzepten sexueller Selbstbestimmung konkretisiert.

Grundthema 1: Annahmen über die Umwelt (also über die Wettbewerber, die Kunden/innen, die Kommune, die Nachbarschaft einer Organisation etc.). Es stellt sich die Frage, wie diese Umwelt wahrgenommen wird. Ist sie bedrohlich? Ist sie herausfordernd und übermächtig? Oder ist sie vielleicht als Kommunikations- oder Handelspartner dieser Organisation nutzbar?

Konkretisierung: Trägt die Umwelt die Notwendigkeit eines Konzeptes sexueller Selbstbestimmung an die Organisation heran? Werden z. B. die diesbezüglichen Anforderungen der UN-Behindertenrechtskonvention als eine solche Notwendigkeit ausgelegt? Oder sieht die Organisation aus sich heraus diese Notwendigkeit der Weiterentwicklung in diesem Bereich? Bringt es der Organisation einen Wettbewerbsvorteil, wenn sie sich für sexuelle Selbstbestimmung der Nutzer/innen stark macht und dies offensiv in der Öffentlichkeitsarbeit präsentiert? Oder bringt es eher Nachteile? Wie wird dies von Nutzer/innen oder deren Angehörigen bewertet? Wie geht die Organisation mit diesbezüglich widersprüchlichen Anforderungen verschiedener Gruppen im Umfeld um? Welche Anteile eines sexualpädagogischen Konzeptes scheinen eher ›werbewirksam‹ und bei welchen Anteilen vermutet man Schwierigkeiten oder Nachteile?

Grundthema 2: Annahmen über Wahrheit und Zeit. Es geht hierbei um die Vorstellungen, wie Mitarbeitende bei Entscheidungen unter Unsicherheit in der Organisation verfahren und handeln sollen. Wann gelten zum Beispiel Vermutungen und Prognosen als falsch bzw. wann können sie als wahr und richtungsweisend angenommen werden? Wann ist man bereit, genau diese Prognose einer eigenen Entscheidung zugrunde zu legen? Welche Handlungen müssen unbedingt umgesetzt werden? Welche sind zeitintensiv? Bei welchen kann man sich noch Zeit lassen?

Konkretisierung: Im Rahmen sexualpädagogischer Konzeptualisierungen wird sich hierbei die Frage stellen, ob diese im Rahmen der Kultur einer Organisation wahr, d. h. echt und notwendig sind und ob die Zeit dafür gekommen ist, genau diese Konzeptualisierung genau jetzt zu realisieren. Nehmen die Mitarbeitenden die Realisierung sexueller Selbstbestimmung insgesamt als stimmig im Rahmen der Entwicklung der Organisation wahr? Oder bewerten sie dies eher als eine ›halbherzige‹, in sich noch nicht schlüssige Entscheidung der Organisation? Vermuten die Mitarbeitenden, dass es günstiger ist, sich mit entsprechenden Aktivitäten für die Nutzer/innen zunächst zurück zu halten? Oder haben sie den Eindruck, dass es gerne gesehen wird, wenn sie eigene Ideen entwickeln und diese offensiv versuchen umzusetzen?

Grundthema 3: Annahme über die Natur des Menschen: Hierbei stellt sich die grundlegende anthropologische Frage, wie diese Organisation den Menschen wahrnimmt. Was ist für die Akteure/innen ein Mensch? Wie ist der/die typische Mitarbeitende konturiert? Welches Menschenbild ist in dieser Organisation vorherrschend?

Konkretisierung: Wie nimmt die Organisation den Mensch mit seiner Sexualität und dessen Beeinflussung durch die jeweils individuelle sexuelle Biografie wahr?

Wird bei Menschen mit Behinderung deren Sexualität als behinderungsbedingt ›behindert‹ und nicht veränderbar bewertet? Werden sie als asexuelle Wesen gesehen? Oder gelten sie als rein ›triebgesteuert‹? Wenn dem so ist, wird die Organisation wenig Initiative zeigen, eine in sich stimmige, methodisch stringente sexualpädagogische Konzeption zu entwickeln und umzusetzen. Wenn jedoch Sexualität als eine jedem Menschen innewohnende Lebensenergie über die gesamte Lebensspanne gesehen wird und damit die Realisierung sexueller Selbstbestimmung als zu begleitender Teil menschlichen Lebens wahrgenommen wird, wird die Organisation versuchen, hierbei eine gute professionelle Begleitung zu leisten. Wird die Organisation weiterhin sowohl die Mitarbeitenden als auch die Nutzer/innen als (sexuelle) Menschen sehen, die jeweils ihren eigenen und wertvollen Teil zu einem sexualpädagogischen Konzept beitragen können und sollen, wird sie die Implementierung des Konzeptes als partizipativen Prozess gestalten. Werden Menschen mit Behinderung als Experten/innen ihrer Lebenssituation angesehen und anerkannt? Werden alle Menschen als durch ihre sexuelle Biografie geprägte und in ihrem sexualpädagogischen Handeln beeinflusste Akteure/innen wahrgenommen? Dann wird in einer Organisation sicherlich auch die Relevanz individueller und gemeinsamer Reflexionsprozesse sowie von Supervisionsangeboten gesehen werden.

Grundthema 4: Annahme über das menschliche Handeln. Hierbei werden konkrete Vorstellungen über Aktivitäten bzw. über die Arbeit des Menschen deutlich. Ist es zum Beispiel in dieser Organisation besonders relevant, aktiv zu sein und Dinge selbst und eigeninitiativ in die Hand zu nehmen? Oder ist es vielleicht relevanter, abzuwägen und abzuwarten? Wie wird in dieser Organisation ›Arbeit‹ definiert? Was ist Aktivität, was ist Passivität? Welcher Begriff und welches Erleben sind hierbei positiv, welche sind negativ konnotiert?

Konkretisierung: Werden sexualpädagogische Maßnahmen als professionelle Ausprägungen heil- und behindertenpädagogischer Handlungen angesehen und somit als Teil professionellen Tuns nicht nur integriert, sondern geradezu verlangt? Gibt es eine Beschreibung von Arbeitsanforderungen im Bereich der professionellen Begleitung der Realisierung sexueller Selbstbestimmung der Kunden/innen? Was wird daran als ›Arbeit‹ anerkannt und wert geschätzt? Oder wird sexualpädagogische Begleitung eher als das Hobby oder der »Spleen« bestimmter hochinnovativer Mitarbeitender bewertet, die ggf. eher störend als bereichernd sind? Wie viele zeitliche und inhaltliche Freiräume werden den Mitarbeitenden bewusst für die sexualpädagogische Begleitung der Nutzer/innen gewährt, um hier individuelle Wege zu beschreiben?

Grundthema 5: Annahme über die Natur sozialer Beziehungen: Hierbei geht es um Regeln über die grundsätzliche Vertraulichkeit und Vertrautheit von Menschen in Arbeitsbeziehungen. Es stellt sich somit die Frage, ob man anderen vertrauen kann oder ob man sich vor ihnen schützen muss. Die Organisationskultur definiert aber auch Annahmen über die Art und Weise, wie Beziehungen geordnet werden: Nach Alter? Nach Erfolg? Nach Geschlecht? Nach Herkunft? Nach Hierachieebene? Und nach vielem anderen mehr. Wie ist hierbei das Machtgefälle zwischen den Handelnden? Wie werden Emotionen in der Arbeit wahrgenommen und umgesetzt und sind diese am Arbeitsplatz überhaupt zulässig?

Konkretisierung: Wie werden Nähe und Distanz im Arbeitsalltag zwischen Mitarbeitenden und Nutzer/innen, aber auch zwischen den Nutzer/innen selbst bewertet? Gibt es dazu klare Aussagen? Wie werden die Privat- und Intimsphäre der Nutzer/innen benannt, bewertet und geschützt? Welche Rolle spielt dies im Arbeitsalltag und für die gesamte Organisation? Wie stark ist im Blick, dass auch die Intimsphäre der Mitarbeitenden geschützt werden muss? Wie deutlich wird gesehen, dass Mitarbeitende und Nutzer/innen immer auch als sexuelle Wesen, d. h. als Mann oder als Frau mit ihrer individuellen Lebensgeschichte interagieren? Wie wird dies bewertet? Wie verhält sich die Organisation dazu? Welche Bedeutung wird der sexuellen Orientierung der Akteure/innen beigemessen? Werden Nutzer/innen z. B. bewusst bei ihrem Coming-out als Schwule oder Lesben unterstützt und dazu ermuntert? Wie werden hierbei die Nutzer dieser Organisation insgesamt in ihrer Sexualität und dem Grundbedürfnis nach sozialen Beziehungen betrachtet? Wird versucht, Haltungen, Strukturen und Praktiken im Alltag zu schaffen, die homo- oder heterosexuelle Paarbeziehungen begünstigen? Wie wird die Einvernehmlichkeit sexueller Handlungen zwischen Nutzer/innen mit unterschiedlichen Schweregraden von Behinderungen bewertet? Wie wird mit sexuellen Bedarfen von Menschen mit schwerster Behinderung umgegangen? Welche Rolle spielen diese? Sind die Nutzer/innen eher Objekte sexualpädagogischer Handlungen? Oder können sie sich als Experten/innen ihrer Lebenssituation auch im Rahmen eines Machtgefälles in die Konzeptualisierungen sexualpädagogischer Maßnahmen einbringen?

7.3.2.2 Normen und Standards

Normen und Standards beschreiben die Maximen der Organisation (im Bild: das Fruchtfleisch der Avocado). Es handelt sich sowohl um ungeschriebene Verhaltensrichtlinien als auch um Ge- und Verbote, nach welchen sich die Organisationsmitglieder richten müssen. Sie finden sich z. B. in eher allgemeineren Formulierungen, die heißen könnten: »Zuviel Ehrgeiz schadet!«, »Respektiere die Reviere anderer!« Oder: »Gib keine Interna nach außen!« Auf den Bereich der sexuellen Selbstbestimmung von Menschen mit Behinderung bezogen könnten dies sein: »Sexualpädagogische Arbeit lohnt sich hier eh nicht!«, »Der Träger will das nicht!« oder »Das ist nicht unsere Aufgabe!«.

Es gibt somit in jeder Organisation ungeschriebene Verhaltensrichtlinien. Diese können sich z. B. auch darauf beziehen, wie mit veröffentlichten Richtlinien oder Handlungsgrundsätzen (den Zeichen und Symbolen) der Organisation umzugehen ist. Auch fachwissenschaftlich hochaktuelle und gut durchdachte Konzepte oder anerkannte positive Leitbilder führen in Schriftform noch lange nicht zu deren Realisierung in der Organisation, wenn dem ungeschriebene Verhaltensrichtlinien entgegenstehen.

Sollte es z. B. eine ausgewiesene und verschriftlichte sexualpädagogische Konzeption geben, so ist noch lange nicht klar, ob diese auch umgesetzt und gelebt wird. Vielleicht lauten ungeschriebene Verhaltensrichtlinien, die sich allgemein auf neue Konzeptionen beziehen: »Das ist alles nur bedrucktes Papier –

danach handeln musst du nicht unbedingt.« Oder »Es wurden schon viele Säue durchs Dorf getrieben! Erst einmal abwarten!« In Bezug auf die konkrete sexualpädagogische Arbeit mit den Klienten/innen kann es weitere Verhaltensrichtlinien geben: »Die Behinderten sind doch eh nur triebgesteuert – was soll der ganze Aufwand!« oder statt der unbewussten Ablehnung eigener Verantwortungsbereiche wird das Thema nach außen verlagert: »Wenn wir hier Sexualassistenz hätten, hätten wir das Problem gelöst! Dann wären die auch alle viel entspannter!« Oder: »Die Angehörigen würden das nie akzeptieren. Da kriegen wir noch mehr Stress hier.«

Normen und Standards entwickeln sich aus den eher unbewussten Grund- und Basisannahmen der Organisation. Sie führen nach ihrer (eher unbewussten) ›Etablierung‹, d. h. nachdem sie als relativ lebbar und für die Organisation nutzbar von den verschiedenen Akteuren/innen erfahren worden sind, ein mehr oder weniger bewusstes ›Eigenleben‹ und strukturieren die Handlungsmuster aller Organisationsmitglieder in hohem Maße.

7.3.2.3 Symbole und Zeichen

Zuletzt sind die Symbole und Zeichen zu nennen (im Bild: die Haut der Avocado): über diese werden die beiden anderen Ebenen kommuniziert. Die Inhalte der Basisannahmen sowie der Normen und Standards finden ihre nach außen sichtbare Form z. B. im Namen und Logo der Organisation, der Gestaltung der Homepage, der Flyer oder schriftlich niedergelegter Leitlinien, Leitbilder, Grundsätze, Orientierungshilfen etc. Sprache und Ausdifferenzierungen von Bezeichnungen (z. B. ob von Behinderten, Menschen mit Behinderung, Menschen mit Lernschwierigkeiten, Frauen und Männern mit Behinderung, Nutzer/innen, Klienten/innen etc. gesprochen bzw. geschrieben wird) sind hierbei ebenso relevant wie Geschichten und Rituale bzw. Legenden und Riten einer Organisation.

Wie also mit Menschenbildern verfahren wird, wie Nähe- und Distanz-Phänomene, wie Leiblichkeit, wie Geschlechtlichkeit oder wie Geschlechterrollen wahrgenommen werden, ist in der Art und Weise, wie die Menschen in der Organisation miteinander reden, wie sie Protokolle schreiben, wie sie Projekte entwickeln in hohem Maße ablesbar, verdeutlicht und deutbar.

Dieses geht hinein bis in die architektonische Gestaltung der Organisation: Können z. B. Frauen und Männer, die in der Einrichtung leben, ihren privaten Bereich und ihre Intimsphäre auch durch die baulichen Bedingungen gut schützen? Haben sie Einzelzimmer oder eigene Badezimmer? Wird dem eine Bedeutung beigemessen? Welche baulichen Möglichkeiten gibt es für Paarwohnen oder für Familien?

Ähnliches gilt für die Kleidung: Inwieweit werden Mitarbeitende in ihrer Rolle als Mitarbeitende oder vielleicht als Mann oder Frau auch durch die Kleidung erkennbar? Legt die Organisation z. B. Wert auf eine Berufskleidung, die beispielsweise im Bereich der Pflege eher den Eindruck von ›Geschlechtslosigkeit‹ der Mitarbeitenden vermitteln soll und dazu dient, Distanz zu schaffen? Wie ist dieses im Hinblick auf die Nutzerinnen und Nutzer wahrnehmbar? Wird darauf Wert gelegt, dass sie sich bewusst als Mann oder Frau kleiden, frisieren oder mit Accessoires schmücken? Werden sie dazu ermutigt und dabei unterstützt?

Symbole und Zeichen beziehen sich somit auf die von außen sichtbaren Aspekte, die sich auf viele verschiedene Bereiche der Organisation beziehen. Für die Realisierung sexueller Selbstbestimmung sind hier vor allem Themen des Umgangs mit Geschlechtlichkeit sowie Intimität, Scham und Privatheit von Interesse.

7.3.3 Effekte einer Organisationskultur

Organisationskulturen – wenn diese denn bewusst wahrgenommen und konkret gelebt werden – können somit sowohl positive als auch negative Effekte haben.

Zu den positiven Effekten gehören der Orientierungsgewinn aller Mitarbeitenden und Nutzer/innen sowie eine reibungslose Kommunikation zwischen diesen Personen. Es findet eine rasche Entscheidungsfindung aller Handelnden statt. Aufgaben werden zügig umgesetzt und dieser Verlauf muss nicht unbedingt intensiv kontrolliert werden, da die Motivation und der Teamgeist für eine relativ stabile und auf die Zukunft gerichtete Realisierung organisatorischer Inhalte sorgen.

Es können aber auch negative Effekte wahrgenommen werden, wie zum Beispiel die Tendenz zur Abschottung und zur Entwicklung geschlossener organisatorischer Systeme: Einige Teams, einige Außenwohngruppen, einige Unterabteilungen und Subsysteme von Organisationen meinen und scheinen bestimmte Werthaftigkeiten für sich ›gepachtet‹ zu haben. Sie blockieren neue Orientierungen, indem sie Hinweise einfach nicht wahrnehmen bzw. Barrieren zur Umsetzung aufbauen. Ganz in dem Sinne: Ungewohntes bringt Unsicherheit! Diese Fixierung auf traditionelle ›Erfolgsmuster‹ führt evtl. zu einer intensiv ausgeprägten kollektiven Vermeidungshaltung. Diese Form des Kulturdenkens zwingt alle Beteiligten zu Konformität und führt zu einem Mangel an Flexibilität – bei gleichzeitigem eventuellem Behaupten doch innovativ zu sein und voran gehen zu wollen.

Im Bereich der sexuellen Selbstbestimmung kann sich dies z. B. in einer nach außen getragenen Bereitschaft zeigen, mit den Klienten/innen offen über sexuelle Themen zu sprechen zu wollen oder für deren Übernachtungswünsche von Partner/innen offen zu sein. Nach innen, in der Wohngruppe, zeigen aber restriktive Übernachtungsregelungen und das Warten auf Fragen der Klienten/innen, ohne selbst aktiv zu werden, eher ein Vermeidungsverhalten (vgl. Fegert u. a. 2006).

Eine intensiv ausgeprägte Organisationskultur kann somit eine Organisation lebendig erhalten. Sie kann diese jedoch auch an den Rand pathogener und pathologischer Strukturen führen, wenn neue Ansätze blockiert bzw. gar nicht wahrgenommen werden wollen. Die Umsetzung innovativer Konzepte, wie zum Beispiel die Realisierung sexueller Selbstbestimmung, kann nun dazu führen, dass diese zwar von allen Mitgliedern positiv wahrgenommen und sozusagen ›abgenickt‹ werden und deren Relevanz auch deutlich benannt wird. Eine Umsetzung scheint jedoch aufgrund von fulminanten Verdichtungen organisationskultureller Phänomene kaum realisierbar zu sein. Sie ist nicht wirklich einmal authentisch gewollt.

Ein Konzept sexueller Selbstbestimmung, wie es in diesem Buch vorgestellt wurde, berührt alle Bereiche der Organisationskultur und vor allem braucht es Veränderungen bei allen Mitarbeitenden. Diese Veränderungsprozesse berühren nicht nur deren berufliche Identität, sondern auch deren Persönlichkeit: Basisannahmen über die Sexualität der Menschen (mit und ohne Behinderung) bewusst zu reflektieren, zwingt dazu, sich mit der eigenen Sexualität und sexuellen Biografie auseinander zu setzen. Sie benötigen die Bereitschaft, mit verschiedenen Menschen auf verschiedenen Niveaus über sexuelle Themen zu reden, d. h. eine gemeinsame Sprache zu finden – mit den anderen Mitarbeitenden und den Klienten/innen. Schamgefühle werden bewusst und es braucht Zeiten und Orte, diese zu reflektieren. Alle Akteure/innen müssen lernen, über dieses intime und personnahe Thema miteinander sachbezogen zu reden. Individuelle sexuelle Normen und Werte müssen erkannt, benannt und im Gespräch für den Arbeitsplatz bzw. für die Organisation ausgehandelt werden. Diese Auseinandersetzungsprozesse können zu der Erkenntnis führen (wenn sie denn zugelassen wird), dass Arbeitsabläufe, Pflegesituationen, Kommunikationsprozesse etc. auf einer Sachebene neu ausgehandelt werden müssen. Es ist ein komplexer Prozess für die gesamte Organisation, bei dem die Herausforderung in dem Finden und Beibehalten einer sachlichen Ebene liegt, die trotzdem die individuellen Betroffenheiten und Themen nicht ausblendet.

Sichtbare und nicht sichtbare, sowie unbewusste Anteile einer Organisationskultur wirken somit eng aufeinander und hängen voneinander ab (vgl. Greving et al. 2011, 154 ff). An der Oberfläche der Organisation sind z. B. die Sprache, die Struktur, die Mythen, die Riten, das Corporate Design als sichtbare Phänomene wahrnehmbar – die nicht sichtbaren Phänomene, also vor allem das Menschenbild, das Weltbild als Grundannahme einer Organisation sowie die Ziele und Interessen, die Einstellungen und vielfältigen Ausprägungen der Historie dieser Organisation sind nicht sicht- und erkennbar, prägen aber das Verhalten der Mitarbeitenden und Nutzer/innen im hohen Maße. Ob somit der Weg eines sexualpädagogischen Konzeptes wirklich bis in die nicht sichtbaren Phänomene und die Grundannahmen hineinreicht bzw. von diesen Grundannahmen als Strukturelement und Notwendigkeit hinauf in die sichtbaren Phänomene reicht, um dort als bewusstes Konzept und als interagierbares Handlungsmuster wahrnehmbar zu sein, ist noch längst nicht auf den ersten Blick bei einer Organisation eindeutig feststellbar.

7.3.4 Lernende Organisationen

Kulturelle Prozesse entstehen in Organisationen vor allem auf dem Hintergrund lernender Vollzüge, so dass sich alle Organisationen als ›lernende Organisationen‹ verstehen lassen (vgl. Scherf-Braune 2000, 9-42; Bodenmüller 2014, 28-177).

Lernprozesse ereignen sich vor allem in den Anpassungsprozessen der Organisation an ihre Umwelt. Diese können eine offensive Anpassung beinhalten, d. h. die Organisation entwickelt aus eigener Motivation heraus Veränderungen und Neuerungen. Sie können ebenso eine defensive Anpassung beinhalten, d. h. die Organisation reagiert nur auf die Anforderungen von außen. Sollten diese Anpassungsprozesse der Organisation an ihre Umwelt misslingen, kommt es zur

Fehlerkorrektur in den Handlungstheorien und Handlungsfolgen der Organisation. Das Lernen der Organisation bzw. das Lernen der Mitarbeitenden und Nutzer/innen zeigt sich durch eine Veränderung und Neuausrichtung von Handlungsfolgen, die als bewusst ablaufende und reflektierte Prozesse dann als organisatorisches Lernen bezeichnet werden können.

Durch diese Lernprozesse erhöhen alle Beteiligten die Fähigkeiten effektiv zu handeln, Informationen zu verarbeiten, Wissen in der Organisation zu schaffen und dieses Wissen zu gestalten. Individuen, Gruppen, Organisationen im Ganzen aber auch Netzwerke von Organisationen versuchen also in dem Prozess Veränderungsmuster zu erkennen, zu definieren und aufrecht zu halten, um als lernende Organisationen lebendig zu bleiben und sich zu entwickeln.

In Bezug auf die Entwicklung und Realisierung eines einrichtungsbezogenen Konzeptes sexueller Selbstbestimmung stellen sich hier z. B. folgende Fragen: Wird das Konzept überhaupt als Handlungsnotwendigkeit wahrgenommen? Dient es im Rahmen der gewünschten Effektivität organisatorischer Prozesse dazu, die Fähigkeiten, vor allem die pädagogischen Fähigkeiten der Mitarbeitenden zu erhöhen? Dient es aus der Perspektive der Organisation dazu, die Situation der Nutzer/innen zu verbessern?

Es stellt sich also zusammenfassend für die Organisation bei der Einführung des Konzeptes die Frage des Orientierungs- und Optimierungsgewinns ihrer Arbeit und des (marktorientierten) Angebotes. Die Umsetzung vor allem sexualpädagogischer Konzepte kann in dem geforderten Lernprozess nicht nur als Handlungsfolge verstanden werden, sondern muss vor allem als in die Tiefenstruktur der Organisation hineinreichender Prozess gesehen und immer wieder neu konturiert werden. Durch die Unschärfe des Begriffes der Sexualität bzw. der sexuellen Selbstbestimmung sowie der hohen Individualität gelingender Umsetzungsprozesse und durch einen nur diskursiv zu klärenden professionellen Auftrag liegt hier eine besondere Herausforderung für die Beteiligten.

Der Prozess des Organisationslernens führt im Idealfall langfristig zu Organisationswissen: Alle Mitarbeitenden und Nutzer/innen erfahren hierbei (in unterschiedlicher Komplexität) Kenntnisse über organisationsinterne Wirkungszusammenhänge sowie aber auch die Abhängigkeit dieser Zusammenhänge von organisationsexternen Einflüssen. Inwieweit somit die Notwendigkeit besteht, sexualpädagogische Maßnahmen zuzulassen und diese weiter zu differenzieren ist davon abhängig, ob sie in das Tiefenwissen einer Organisation hineingelangen und ob sie im Rahmen der Identität einer Organisation als eben nicht nur von außen kommend, sondern als prinzipiell notwendig im Rahmen dieser Organisation verstanden werden. Durch diese Lernprozesse, d. h. im Rahmen eines sich ausdifferenzierenden Organisationswissens, entwickelt jede Organisation neue und differenzierte Ziele. Sie erfährt interne und externe Bedingungen für Handlungen, welche wiederum die Basis für weitere Maßnahmen aller Organisationsmitglieder bilden. Auf dem Hintergrund des Lernens und der Anpassung eigener Erfahrungen sowie auf dem Hintergrund der notwendigen Reflexionsprozesse und der Anpassung neuen Wissens ereignet sich somit eine ständige Neu- und Weiterentwicklung der Organisation. Ob und wie dieses Wissen im Rahmen sexualpädagogischer Maßnahmen umgesetzt wird, hängt vor allem davon ab, ob die Basisannahmen einer Organisation die Realisierung dieses Wissens im Arbeitsalltag aller Beteiligten zulassen, fördern bzw. als in hohem Maße notwendig erachten.

Es ist somit feststellbar, dass das Lernen von Organisationen kein Selbstzweck ist, sondern der Funktionstüchtigkeit und der Entwicklung der Organisation als Ganzer dient. Dieses Lernen ist gleichzeitig an Individuen aber auch an das gesamte Kollektiv einer Organisation gebunden (vgl. Geißler 1994, 120-137). Dieses Lernen gründet hierbei sowohl auf rationalen als auch auf nicht rationalen Prozessen, so dass die vermutete Relevanz sexualpädagogischer Maßnahmen und Konzepte zwar behauptet, die konkrete Umsetzung jedoch – vielleicht durch Entschuldigungen, Verzögerungen und unbewusste Prozesse – nicht wahrgenommen, bzw. sogar negiert werden kann.

Vor diesem organisationskulturellen Hintergrund mit den beschriebenen Lernprozessen aller Akteure/innen in einer Organisation lassen sich die Ergebnisse der im ersten Teil des Buches vorgestellten Mitarbeitendenbefragung noch einmal aus dieser Perspektive neu bewerten bzw. hinterfragen. Es ist anzunehmen, dass die Mitarbeitenden der beteiligten Einrichtungen noch nicht genügend in ihrem Arbeitsalltag erfahren, dass das Ziel der Realisierung sexueller Selbstbestimmung in das Tiefenwissen, d. h. in den Basisannahmen der Organisationen verankert ist. Wahrscheinlich erleben sie hier Widersprüche – vielleicht zu dem Menschenbild der Organisation, den Annahmen über soziale Beziehungen etc. Bei den befragten Mitarbeitenden sind verschiedene Annahmen über die Sexualität von Menschen mit Behinderung vertreten. Behinderungsbedingte sowie strukturelle Gründe werden vorrangig als Hindernisse für das Leben sexueller Selbstbestimmung angesehen. Eine positive Konnotation von Sexualität hat sich noch nicht als Basisannahme durchgehend etablieren können. Die Befragten sehen durchaus Veränderungen der Organisationen, die vorab beschriebenen organisationalen Lernprozesse, als notwendig an. Sie übernehmen aber noch nicht die eigene Verantwortung für diese Veränderungsprozesse, sondern geben diese eher an die Bewohner/innen und die Gesamteinrichtung ab, wie sich aus den gewünschten Veränderungsprozessen in den Einrichtungen ablesen lässt.

Um Organisationswissen zu modifizieren, empfiehlt es sich Prozesse des Wissensmanagements in Organisationen zu implementieren bzw. die Aufgaben des Changemanagements als Steuerungsaufgabe wahrzunehmen (vgl. Schreyögg und Koch 2007, 154 ff). Bei diesen Prozessen kann z. B. die Veränderung gesetzter Ziele für die Organisation im Fokus stehen. Wichtiger erscheinen aber vor allem Veränderungen, die den Schwerpunkt auf die Überwindung von Widerständen gegen diese Wandlungsprozesse legen. Das bedeutet: Wenn Organisationen lernen wollen, muss vor allem mit der Überwindung dieser Widerstände gearbeitet werden. So kann minimiert oder vermieden werden, dass Prozesse blockiert werden und sich stattdessen alle Mitarbeitenden, aber auch alle Nutzer/innen dieser Organisation im Hinblick auf eine gesunde Organisation entwickeln wollen und können.

Die Widerstände entstehen vor allem auf individueller Ebene. Sie entstehen z. B. durch die Angst, die erworbene Sicherheit (in) einer Organisation verlieren zu können, sowie durch die Befürchtung, eine Verschlechterung im Rahmen eigener Handlungen, aber auch eigener Standards zu erleiden (z. B. durch die Furcht vor

Kompetenz-, aber auch Prestigeverlust usw.). Die Widerstände können aber auch organisatorisch bedingt sein. Widerstände entstehen dann vor dem Hintergrund des Wunsches nach Erhalt schon bekannter Regeln und Systeme sowie durch eine ausgeprägte und zum Teil auch unbewusste Machtstruktur. Eine solche tiefe Verankerung von Routinen und Strukturen kann dazu führen, dass auf der einen Seite das, was in der Organisation und durch sie gestaltet ist, als relevant erlebt wird und auf der anderen Seite alles, was von außen kommt, als nicht gut und nicht relevant bewertet wird. So können Hinweise von außen, dass die Organisation sich im Rahmen aktueller und innovativer sexualpädagogischer Konzepte entwickeln müsse, nicht greifen, weil die Notwendigkeit in der Organisation hierzu nicht gesehen wird. Ebenso können Tabuisierungen und Machtprozesse in den Organisationen die Mitarbeitenden davon abhalten, aktiv zu werden, da sie durch eine Umsetzung möglicher sexualpädagogischer Konzepte an ihre eigenen Grenzen, so z. B. die Grenzen ihrer Menschenbilder, aber auch ihrer fachlichen Kompetenzen gelangen werden. Eine Organisation mit diesbezüglichen ›Vermeidungsstrukturen‹ steigt aus sexualpädagogischen Lernprozessen aus und kennzeichnet sich durch strukturelle Trägheit.

Die strukturelle Trägheit einer Organisation muss infolgedessen überwunden werden. Die betroffene Organisation mobilisiert in hohem Maße Energie, um (in der eigenen Organisationslogik) effiziente Praktiken zu stabilisieren und sie gegen Veränderungen zu schützen. Trägheit ist nur dann positiv zu bewerten, wenn für alle Beteiligten erfolgreiche Praktiken sozusagen konserviert werden. Sie wirkt sich negativ aus, wenn die Verwandlungsprozesse und die Verwandlungsnotwendigkeiten einer Organisation (von außen aber auch von innen) so intensiv sind, dass diese Organisation sich auf jeden Fall wird ändern müssen, wenn sie nicht als pathologische Organisation enden will.

Um innovative Prozesse im Rahmen sexualpädagogischer Konzepte zu implementieren, müssen alle Akteure/innen am Veränderungsgeschehen beteiligt werden. Hierbei ist die Gruppe das wichtigste Medium im Wandlungsprozess: Wenn in einem Team die Notwendigkeit der Veränderung angekommen ist, ist die Chance hoch, dass die einzelnen Mitarbeitenden diese Veränderung auch mittragen. Veränderungen im Rahmen dieser Gruppenorientierung werden weniger als beängstigend wahrgenommen und können schneller vollzogen werden. Eine beständige Kooperation unter allen Beteiligten sowie das Verflüssigen alter Gewohnheiten, welche als veränderte neue Handlungsmuster dann im weiteren Verlauf stabilisiert werden, scheint hierbei notwendig. Veränderungsmaßnahmen sollten eine Verbindung von auf der einen Seite notwendigen Inhalten sexueller Selbstbestimmung beinhalten und müssen auf der anderen Seite an teamstrukturelle und organisationskulturelle Notwendigkeiten angebunden werden. So können Widerstände minimiert und Wandlungsprozesse, wenn auch nicht völlig bruch- und stressfrei, so doch im Bewusstsein der Schwierigkeiten, möglichst interaktiv und vielleicht sogar dialogisch umgesetzt werden.

Für diese Veränderungsprozesse sollen und müssen Organisationen beraten werden. Eine Implementierung sexualpädagogischer Konzepte ohne die Wahrnehmung der Tiefenströmungen einer Organisation, der Verbindungen zwischen Symbolen, Standards und Basisannahmen, der Wahrnehmung der Lernprozesse einer Organisation bzw. dem immer wieder neuen Betrachten der Beharrungsproblematiken einer Organisation würde kaum gelingen können. Organisationen bzw. Teilorganisationen, einzelne Gruppen und Teams müssen daher beraten werden, um die Prozesse konzeptueller Verwandlungen konstruktiv mit zu bedenken und zu gestalten. Vor allem die Beratung einzelner Mitarbeitender bzw. die Augenschein- und Inanspruchnahme ihrer Positionierungen ist hierbei relevant. Vor diesem Hintergrund wird an dieser Stelle auf ein Modell vorwiesen (und aus Platzgründen nicht mehr vorgestellt), welches von den Handlungen der betroffenen Organisationsmitglieder ausgeht. Dieses Modell einer »Interaktionalen Organisationsberatung« (vgl. Greving 2000, 195-236) kann nun dazu führen, die Verbindungsprozesse zwischen Einzelnen, Teilorganisationen und Gesamtorganisation, also zwischen Person, Team und Gesamtorganisation stärker zu fokussieren bzw. die Bindebögen zwischen diesen unterschiedlichen Akteuren/innen in einer Organisation auf dem Hintergrund ihrer wechselseitigen Handlungen wahrzunehmen. Gerade die Handlungen sind es ja, welche im Rahmen sexualpädagogischer Konzepte und Konzeptionen relevant sind – ansonsten bliebe alles nur in der Tat nur ›bedrucktes Papier‹.

8 Fazit

»Ihr müsst keine Angst haben, mit uns über Sexualität zu reden!« Mit diesem Satz endete die Einleitung.

Die Vorstellung und Diskussion der Ergebnisse der Mitarbeitendenbefragung, das Konzept »Sexuell Selbstbestimmt leben in Wohneinrichtungen« sowie die abschließenden Überlegungen zur Organisationsanalyse und -kultur zeigen, dass dies ein zentraler Satz ist.

Die von dem Bewohner vermutete Angst bei den Mitarbeitenden ist eine mögliche Erklärung für die oft noch sehr entwicklungsbedürfte Situation sexueller Selbstbestimmung in Wohneinrichtungen. Etliche weitere Vermutungen ließen sich anschließen und zum Teil durch die Befragung bestätigen: Große Herausforderungen der Mitarbeitenden im Arbeitsalltag durch die Vielfalt der Anforderungen, mangelhafte inhaltliche Vorbereitung auf den Themenbereich Sexualität durch die Ausbildungen, Scham, über Sexualität zu reden, oder mangelnde Übung, dies in angemessener und sachlicher Form zu tun, Vorurteile über die Sexualität und die sexuelle Entwicklung bei Menschen mit Behinderung, die behinderungsbedingten Erklärungsmodelle sexueller Verhaltensweisen, die vermutete Verantwortungsabgabe der Mitarbeitenden an die Bewohner/innen und die Einrichtung insgesamt usw.

Die genannten Aspekte zeigen, dass es unabdingbar ist, dass sich die gesamte Organisation auf den Weg machen muss, wenn sexuelle Selbstbestimmung umfassend realisiert werden soll. Wenn sich alle auf den Weg machen, kann verhindert werden, dass es ›Glückssache‹ für die Bewohner/innen ist, sexuell selbstbestimmt zu leben. Haben sie das ›Glück‹, dass sich der Bezugsbetreuer oder das Team für diesen Lebensbereich verantwortlich fühlt und ihr diesbezügliches Handeln reflektiert? Haben sie das ›Glück‹, dass die zuständigen Mitarbeitenden Sexualität positiv als Entwicklungsressource bewerten? Haben sie das ›Glück‹, dass diese innovativ, kreativ und angemessen versuchen, individuelle Wege sexueller Selbstbestimmung zu ermöglichen? Und das auch, wenn jemand schwerstbehindert ist?

Sexualpädagogik und -andragogik sollen keine ›Zwangsbeglückung‹ sein. Es gibt keine Pflicht für die Bewohner/innen, Sexualität nach einer bestimmten Vorstellung und in einem definierbaren Ausmaß zu leben. Wenn sie das aber wollen oder vermutet werden kann, dass dies gewünscht wird (und das muss zunächst bei allen Menschen vermutet werden), so darf es kein ›glücklicher Zufall‹ sein und von den einzelnen Mitarbeitenden und deren Kompetenzen abhängen, ob sexuelle Selbstbestimmung individuell realisiert werden kann. Jeder Mensch hat ein Recht darauf, seine Sexualität zu entwickeln und eine subjektiv befriedigende Sexualität auszubilden. D. h. nicht, dass man immer mit seinen subjektiven Möglichkeiten glücklich sein wird. Es gibt z. B. kein Recht auf gelingende und glückliche Partnerschaft oder lustvolle und befriedigende Genitalsexualität. Es gibt aber ein Recht auf die Möglichkeiten, potentielle Partner/innen kennen zu lernen und mit diesen gemeinsame Zeit zu verbringen sowie ein Recht auf Informationen und Beratung über z. B. genitale Sexualität.

Für diese Begleitprozesse der Bewohner/innen braucht es bei allen Beteiligten gemäß der eigenen Möglichkeiten Reflexion, Wissen und Können, wie es in dem Konzept »Sexuell selbstbestimmt leben« differenziert vorgestellt wurde.

Die Befragung hat allerdings auch gezeigt, dass an der Erhebung beteiligte Institutionen, die bereits fachlich gute Konzepte sexueller Selbstbestimmung besitzen, sich nicht deutlich von den anderen Institutionen in den Befragungsergebnissen unterscheiden. Diese Konzepte waren nicht allen Mitarbeitenden bekannt. Dies ist ein Ergebnis, das verwundert und doch vor dem Hintergrund der Ausführungen zur Organisationskultur verstehbar wird. Es scheint so zu sein, dass in diesen Institutionen die Inhalte ihrer Konzepte nicht in die Tiefenstruktur der Organisationskultur gelangt sind. Es scheinen die gewählten Wege der Kommunikation dieser Konzepte nicht alle Mitarbeitenden in ihrem Arbeitsalltag erreicht zu haben. Die Relevanz der Konzepte sowie deren Förderlichkeit für den Alltag scheinen nicht genug gegeben oder erkannt worden zu sein. Oder es scheint ›ungeschriebene Verhaltensrichtlinien‹ in der Organisation zu geben, die es verhindern, dass die Konzepte ihre Wirkkraft entfalten.

Nahm ich zu Beginn meiner Erhebung an, dass die Mitarbeitenden die zentrale Schaltstelle zur Realisierung sexueller Selbstbestimmung in den Wohneinrichtungen sind, und nahm ich an, dass es reichen würde, mehr über ihren Arbeitsalltag und ihre Veränderungswünsche zu wissen, um ein Konzept zu entwickeln, so muss ich diese Vorannahmen zum Teil revidieren.

Die Annahmen stimmen insofern, als dass die Befragungsergebnisse viele neue und vor allem differenzierte Erkenntnisse über die Herausforderungen des Alltags der Mitarbeitenden erbracht haben. Diese sind unverzichtbare Grundlagen des vorgelegten Konzeptes. Das Konzept zeigt deutlich auf, welche vielfältigen Möglichkeiten Mitarbeitende haben und nutzen sollten, um sexuelle Selbstbestimmung für und mit den Bewohner/innen zu realisieren. Die Mitarbeitenden sind zentral in der täglichen Arbeit mit den Männern und Frauen mit Behinderung. Sie haben den Einfluss und die Macht, den Alltag in der positiven Anerkennung sexueller Selbstbestimmung für die Bewohner/innen sexualfreundlich zu gestalten. Es wird auch deutlich an ihnen hängen, ob die Bewohner/innen ihre Mitbestimmungs- und Gestaltungsmöglichkeiten erkennen können und wahrnehmen werden.

Unzureichend waren meine Vorannahmen insofern, dass ich bisher die Macht der Organisation als solche zu wenig im Blick hatte. Mein Blick war sehr fachlich dominiert, ohne die Gesamtorganisation und deren Beweglichkeit oder Trägheit genügend zu berücksichtigen.

Aus dieser Erkenntnis ziehe ich zwei Konsequenzen: Zum einen werde ich noch einmal bestärkt in der hohen Chance und fachlichen Qualitätserhöhung, die in einem interdisziplinären Austausch liegen kann, wenn alle Beteiligten es schaffen, diesen sachangemessen zu gestalten. Dann führt dieser immer zu einem Mehrgewinn für alle Beteiligten und sollte bei allen Inhalten angestrebt werden.

Zum anderen heißt es für die Konzeptrealisierung: An zentraler Stelle steht die Entscheidung der Leitung der Organisation und des Trägers. Sie müssen den Veränderungsprozess der Einrichtung zu mehr sexueller Selbstbestimmung wollen (und nicht nur als Lippenbekenntnis) und demgemäß auch mit entsprechenden Ressourcen ausstatten. Sie brauchen die Reflexion über ihre Organisation (am besten mit Beratung von außen), die Generierung des Wissens, wie ihre Organisation ›tickt‹, um dann mit dem entsprechenden Können die geeigneten Maßnahmen zur Konzeptrealisierung einzusetzen. Als Ziel der ausgewählten Maßnahmen gilt, alle Mitarbeitenden und Bewohner/innen in einem partizipativen Veränderungsprozess mitzunehmen.

Dies ist dann wieder die gemeinsame Verantwortung aller Beteiligten, da jeder Einzelne Teil der Organisation ist und deren Weg mitbestimmen kann.

Im Austausch mit der Praxis über das Thema der sexuellen Selbstbestimmung höre ich von Mitarbeitenden oft den Satz »Ach wenn doch nur die Leitung dieses oder jenes täte/wollen/unterstützen/forcieren würde.«

Ja, der Satz ist nachvollziehbar und hat seine Berechtigung, wenn die Organisationsleitung zu unklar bleibt, den Veränderungsprozess nur halbherzig unterstützt und keine Gesamtveränderung der Organisation und deren Kultur will und forciert. Dann muss die Kritik an diese Stelle gehen und von dort Aktivität kommen.

Nein, der Satz stimmt nicht, wenn die Trägheit des/der einzelnen Mitarbeitenden oder des Teams, die Angst vor der Auseinandersetzung mit dem Thema Sexualität, mangelnde Kommunikationsfähigkeit, überholte Vorurteile, das Sichern der bisherigen Arbeitssituation oder andere Gründe die Veränderungen von Seiten der Mitarbeitenden behindern. Dann müssen die Mitarbeitenden in die Selbstkritik gehen und aktiv werden.

Jeder reflektiere und prüfe schließlich für sich den eigenen Standpunkt, die möglichen Widerstände gegen Veränderungen, die möglichen Ansatzpunkte für Bewegung und daraus folgende Aktivitäten im Arbeitsalltag.

9 Literaturverzeichnis

Achilles, I. (2013): Störfaktor Sexualität. Selbstbestimmung im Spannungsfeld zwischen Betroffenen, Eltern und Pädagogen. In: Clausen, J.; Herrath, F. (Hrsg.): Sexualität leben ohne Behinderung. Das Menschenrecht auf sexuelle Selbstbestimmung. Stuttgart: Kohlhammer, 111-123

Ackermann, K.E.; Burtscher, R.; Ditschek, E.J.; Schlummer, W. (Hrsg.) (2012): Inklusive Erwachsenenbildung. Kooperation zwischen Einrichtungen der Erwachsenenbildung und der Behindertenhilfe. Berlin: Eigenverlag GEB

AMYNA (2009) (Hrsg.): Sexualisierte Gewalt verhindern – Selbstbestimmung ermöglichen. Schutz und Vorbeugung für Mädchen und Jungen mit unterschiedlichen Behinderungen. München: Eigenverlag

Betschart, M. (2009): Der Weg hin zu einem wirksamen Konzept. In: Pro familia Singen e.V. (Hrsg): Liebe haben. Sexualität und geistige Behinderung. Singen: Eigenverlag, 34-37

Blindenbacher, R.J. (1997): Organisationsstrukturen sozialer Einrichtungen. Bern/Stuttgart/Wien: Paul Haupt Verlag

Boban, I.; Hinz, A. (2003): Index für Inklusion. Lernen und Teilhabe in einer Schule der Vielfalt ermöglichen. Halle-Wittenberg

Bohn, C. (2015): Macht und Scham in der Pflege. Beschämende Situationen erkennen und sensibel damit umgehen. München/Basel: Ernst Reinhardt Verlag

Bodenmüller, H. (2014): Wie lernen Organisationen. Theorie und Praxis. Hamburg: disserta Verlag

Bosch, E. (2004): Sexualität und Beziehungen bei Menschen mit einer geistigen Behinderung. Tübingen: dgvt-Verlag

Bundesministerium für Gesundheit (BMG) (Hrsg) (1998): Leben im Heim. Angebotsstrukturen und Chancen selbständiger Lebensführung in Wohneinrichtungen der Behindertenhilfe. Baden-Baden: Nomos

Bundesministerium für Familie, Senioren, Frauen und Jugend (BMFSFJ) (Hrsg.) (2012): Lebenssituation und Belastungen von Frauen mit Beeinträchtigungen und Behinderungen in Deutschland. Kurzfassung. Meckenheim

Bundesverband für körper- und mehrfachbehinderte Menschen e.V. (Hrsg.) (2012): Fritz und Frieda. »Gefühligkeiten.« Liebe, Sex & Partnerschaft. Düsseldorf: Eigenverlag

Bundesvereinigung Lebenshilfe e.V. (Hrsg.) (1995): Sexualpädagogische Materialien für die Arbeit mit geistigbehinderten Menschen. Weinheim/Basel: Beltz

Bundeszentrale für gesundheitliche Aufklärung (BzgA)(2010): Jugendsexualität. Repräsentative Wiederholungsbefragung von 14- bis 17-jährigen und ihren Eltern 2010. Köln: Eigenverlag

Burchardt, E. (1999): Sexualpädagogik und Persönlichkeitslernen. In: Bundeszentrale für gesundheitliche Aufklärung (Hrsg.): Sexualpädagogik zwischen Persönlichkeitslernen und Arbeitsfeldorientierung. Köln: Eigenverlag

Burchardt, E. (2000): Persönlichkeitslernen. In: Sielert, U.; Valtl, K. (Hrsg.): Sexualpädagogik lehren. Didaktische Grundlagen und Materialien für die Aus- und Fortbildung. Weinheim: Beltz-Verlag, 189-232

Cartias Behindertenhilfe und Psychiatrie e.V. (Hrsg.) (2011): CBP-Spezial: Lokaler Teilhabekreis. Am Leben der Gemeinde teilhaben. Freiburg: Heft 2, Mai 2011

CBP (2012): Leitlinien zum Umgang mit und zur Prävention von sexueller Gewalt. In: neue caritas 5, I-XX

Clausen, J.; Herrath, F. (Hrsg.) (2013): Sexualität leben ohne Behinderung. Das Menschenrecht auf sexuelle Selbstbestimmung. Stuttgart: Kohlhammer
Damm, C. (1999): Privatsphäre und Individualität – besondere Aspekte des Wohnens. In: Weinwurm-Krause, E.-M. (1999): Autonomie im Heim: Auswirkungen des Heimalltags auf die Selbstverwirklichung von Menschen mit Behinderung. Heidelberg: Schindele, 243-289
Diekmann, A. (2002): Empirische Sozialforschung. Grundlagen, Methoden, Anwendungen. Reinbek bei Hamburg: Rowohlt
Dobslaw, G. (Hrsg.) (2010): Sexualität bei Menschen mit geistiger Behinderung. Dokumentation der Arbeitstagung der DGSGB am 5.3.2010 in Kassel. Berlin: Eigenverlag der DGSGB
Döring, N. (2013): Medien und Sexualität. In: Enzyklopädie Wissenschaft online. Weinheim/Basel: Beltz-Verlag
Duden-online: Kultur. URL: http://www.duden.de/rechtschreibung/Kultur (Download vom 30.06.15)
Enders, U. (2012): Grenzen achten. Schutz vor sexuellem Missbrauch in Institutionen. Ein Handbuch für die Praxis. Köln: Kiepenheuer&Witsch
Fabian, A.S. (1996): Arbeitszufriedenheit bei Betreuern geistig behinderter Menschen. München/Wien: Profil Verlag
Fegert, J.M.; Jeschke, K.; Thomas, H.; Lehmkuhl, U. (2006): Sexuelle Selbstbestimmung und sexuelle Gewalt. Ein Modellprojekt in Wohneinrichtungen für junge Menschen mit geistiger Behinderung. Weinheim: Juventa
Fischer, E. (2008): Bildung im Förderschwerpunkt geistige Entwicklung. Bad Heilbrunn: Klinkhardt
Friske, A. (1995): Als Frau geistig behindert sein. Ansätze zu frauenorientiertem heilpädagogischen Handeln. München: Ernst Reinhard Verlag
Geißler, H. (1994): Grundlagen des Organisationslernens. Weinheim: Beltz-Verlag
Gellert, M.; Nowak, C. (2010, 4.Auflage): Teamarbeit – Teamentwicklung – Teamberatung. Ein Praxisbuch für die Arbeit in und mit Teams. Meezen: Limmer-Verlag
Göpner, K. (2011): Zugang für alle! – Beratung und Unterstützung für gewaltbetroffene Frauen und Mädchen mit Behinderung. In: Frauenhauskoordinierung e.V. (Hg.): Newsletter 2, 7-8
Goffman, E. (1973): Asyle. Über die soziale Situation psychiatrischer Patienten und anderer Insassen. Frankfurt a.M.: suhrkamp
Gomez, P./Zimmermann, T. (1999[4]): Unternehmensorganisation. Profile, Dynamik, Methodik. Das St. Galler Management-Konzept. Frankfurt a. M./New York: Campus
Greving, H. (2000): Heilpädagogische Organisationen. Eine Grundlegung; Freiburg: Lambertus
Greving, H./Lücker, Chr./Niehoff, D./Schäper, S./Schöttler, L./Woltering, M. (2011): Organisation und Verwaltung. Köln: Bildungsverlags EINS
Gröschke, D. (2008): Heilpädagogisches Handeln. Eine Pragmatik der Heilpädagogik. Bad Heilbrunn: Klinkhardt
Hennies, I; Sasse, M. (2004): Liebe, Partnerschaft, Ehe und Kinderwunsch bei Menschen mit geistiger Behinderung. In: Wüllenweber, E.: Soziale Probleme von Menschen mit geistiger Behinderung. Fremdbestimmung, Benachteiligung, Ausgrenzung und soziale Abwertung. Stuttgart: Kohlhammer, 65-77
Hermes, G. (2001): Die Methode des Peer Counseling in der praktischen Arbeit mit behinderten Frauen. In: Hermes, G.; Faber, B. (Hrsg.): Mit Stock, Tick und Prothese. Das Grundlagenbuch zur Beratung behinderter Frauen. Kassel: bifos-Verlag, 28-29
Herrath, F. (2013): Menschenrecht trifft Lebenswirklichkeit: Was behindert Sexualität? In: Clausen, J.; Herrath, F. (Hrsg.): Sexualität leben ohne Behinderung. Das Menschenrecht auf sexuelle Selbstbestimmung. Stuttgart: Kohlhammer, 19-34
Hopf, A. (2002): Sexualerziehung. Unterrichtsprinzip in allen Fächern. Neuwied: Luchterhand
Hornung, R.; Buddeberg, C.; Bucher, T. (Hrsg.)(2004): Sexualität im Wandel. Zürich: vdf Hochschulverlag

Hüner, S. (2012): Selbstbestimmung behinderter Frauen im Spannungsfeld von Behinderung, Geschlecht und Gewalterfahrung. In: Teilhabe, 51.Jg., Heft 3, 104-108
Jantzen, W. (1999): Rehistorisierung. Zu Theorie und Praxis verstehender Diagnostik bei geistig behinderten Menschen. In: Behinderte in Familie, Schule und Gesellschaft, 22.Jg., Heft 6, 31-40
Jennessen, S. (2014): QuinK – Qualitätsindex für Kinder- und Jugendhospizarbeit. In: Bundes-Hospiz-Anzeiger Jg. 12, Heft 1, 13-23
Jennessen, S.; Hurth, S. (2015): Der Qualitätsindex für Kinder- und Jugendhospizarbeit. Hospiz-Verlag: Gütersloh
Jeschke, K.; Wille, N.; Fegert, J. (2006): Die Sicht des Fachpersonals auf sexuelle Gewalt. In: Fegert, J.M.; Jeschke, K.; Thomas, H.; Lehmkuhl, U. (2006): Sexuelle Selbstbestimmung und sexuelle Gewalt. Ein Modellprojekt in Wohneinrichtungen für junge Menschen mit geistiger Behinderung. Weinheim: Juventa, 315-425
Jeschke, K.; Wille, N.; Fegert, M.J. (2006): Die Sicht des Fachpersonals auf sexuelle Selbstbestimmung. In: Fegert, J.M.; Jeschke, K.; Thomas, H.; Lehmkuhl, U. (2006): Sexuelle Selbstbestimmung und sexuelle Gewalt. Ein Modellprojekt in Wohneinrichtungen für junge Menschen mit geistiger Behinderung. Weinheim: Juventa, 227-294
Jeschke, K.; Lehmkuhl, U. (2006): Exkurs: Die Sicht des Fachpersonals auf Homosexualität. In: Fegert, J.M.; Jeschke, K.; Thomas, H.; Lehmkuhl, U. (2006): Sexuelle Selbstbestimmung und sexuelle Gewalt. Ein Modellprojekt in Wohneinrichtungen für junge Menschen mit geistiger Behinderung. Weinheim: Juventa, 295-313
Jeschonnek, G. (2013): Welche sexualitätsbezogene Assistenz unterstützt? In: Clausen, J.; Herrath, F. (Hrsg.) (2013): Sexualität leben ohne Behinderung. Das Menschenrecht auf sexuelle Selbstbestimmung. Stuttgart: Kohlhammer, 222-238
Kluge, N. (2008): Der Mensch – ein Sexualwesen von Anfang an. In: Schmidt, R.-B.; Sielert, U. (Hrsg.): Handbuch der Sexualpädagogik und sexuellen Bildung. Weinheim: Beltz, 71-79
Knorr, S.; Blume, U. (2011): Sexualität – Auch ich habe ein Recht darauf. In: Maier-Michalitsch, N.; Grunick, G. (Hrsg.): Leben pur – Liebe, Nähe, Sexualität. Düsseldorf: verlag selbstbestimmtes leben, 172-178
Krenner, M. (2003): Sexualbegleitung bei Menschen mit geistiger Behinderung. Marburg: Tectum Verlag
Küppers, D. (2009): Sexualität ermöglichen – sexualisierte Gewalt verhindern. In: AMYNA (Hrsg.): Sexualisierte Gewalt verhindern – Selbstbestimmung ermöglichen. Schutz und Vorbeugung für Mädchen und Jungen mit unterschiedlichen Behinderungen. München: Eigenverlag, 41-60
Leue-Käding, S. (2004): Sexualität und Partnerschaft bei Jugendlichen mit einer geistigen Behinderung: Probleme und Möglichkeiten einer Enttabuisierung. Heidelberg: Edition S
Lemler, K. (2010): Über die Liebe in meinem Kopf. In: Fischer, J.; Ott, A.; Fischer, F. (Hrsg.): Mehr vom Leben. Frauen und Männer mit Behinderung erzählen. Bonn: BALANCE-Verlag
Limita, Fachstelle zur Prävention sexueller Ausbeutung (Hrsg.) (2011): Achtsam im Umgang, konsequent im Handeln. Institutionelle Prävention sexueller Ausbeutung. Zürich: Götz AG
Lindmeier, C. (2004): Biografiearbeit mit geistig behinderten Menschen. Ein Praxisbuch für Einzel- und Gruppenarbeit. Weinheim/München: Juventa
Maier-Michalitsch, N.; Grunick, G. (Hrsg.) (2011): Leben pur – Liebe, Nähe, Sexualität bei Menschen mit schweren und mehrfachen Behinderungen. Düsseldorf: verlag selbstbestimmtes leben
Mattke, U. (2004): Das Selbstverständliche ist nicht selbstverständlich. Frage- und Problemstellungen zur Sexualität geistig behinderter Menschen. In: Wüllenweber, E.: Soziale Probleme von Menschen mit geistiger Behinderung. Fremdbestimmung, Benachteiligung, Ausgrenzung und soziale Abwertung. Stuttgart: Kohlhammer, 46-64
Mattke, U. (2005): »Unsere Kinder brauchen das nicht!« Die Behinderung der Sexualität von Menschen mit Behinderungen. In: Fachbereichstag Heilpädagogik (Hrsg.): Jahrbuch Heilpädagogik 2005. Ein Blick zurück nach vorn. Berlin: BHP-Verlag, 29-56
Mattke, U. (2012): Sexuelle Gewalt in (heil-)pädagogischen Beziehungen. Analysen, Forschungsergebnisse, Prävention. In: Teilhabe, 51.Jg., Heft 3, 109-115

Mattke, U. (2015): Sexuell traumatisierte Menschen mit geistiger Behinderung. Forschung – Prävention – Hilfen. Stuttgart: Kohlhammer
Mensch zuerst – Netzwerk People First Deutschland e.V. (Hrsg.) (2008): Das neue Wörterbuch für Leichte Sprache. Kassel: Netzwerk People First Deutschland e.V.
Meyer, A. (2008): Kann man mit einer Behinderung wirklich glücklich sein? In: Glasow, N.v. (Hrsg.): NoBody's Perfect. München: Sandmann Verlag
Ortland, B. (2005): Sexualerziehung an der Schule für Körperbehinderte aus der Sicht der Lehrerinnen und Lehrer. Wissenschaftliche Grundlagen, empirische Ergebnisse, pädagogische Konsequenzen. Bad Heilbrunn: Klinkhardt
Ortland, B. (2006): Die eigene Behinderung im Fokus. Theoretische Fundierungen und Wege der inhaltlichen Auseinandersetzung. Bad Heilbrunn: Klinkhardt
Ortland, B. (2007): Pflegeabhängigkeit und Sexualität. In: Faßbender, K.-J.; Schlüter, M. (Hrsg.): Pflegeabhängigkeit und Körperbehinderung. Theoretische Fundierungen und praktische Erfahrungen. Bad Heilbrunn: Klinkhardt, 177-196
Ortland, B. (2008): Behinderung und Sexualität. Grundlagen einer behinderungsspezifischen Sexualpädagogik. Stuttgart: Kohlhammer
Ortland, B. (2009): Behinderung als Thema in der Sexualerziehung. Unterrichtsbausteine und –materialien. Buxtehude: Persen-Verlag
Ortland, B. (2011): Verliebt, versorgt, vergessen – Sexualfeindliche Lebenswelten als Hemmnis sexueller Entwicklung und Anlass sexualpädagogischen Handelns. In: Maier-Michalitsch, N.; Grunick, G. (Hrsg.): Leben pur – Liebe, Nähe, Sexualität bei Menschen mit schweren und mehrfachen Behinderungen. Düsseldorf: verlag selbstbestimmtes leben, 12-33
Ortland, B. (2012): Problemfeld oder Bereicherung? Partnerschaft leben und Sexualität gestalten in einer Wohneinrichtung. In: Teilhabe, 51.Jg., Heft 3, 116-120
Ortland, B. (2012a): Die Schulen für die Schülerinnen stark machen! Prävention sexueller Gewalt (nicht nur) an Förderschulen. In: Zeitschrift für Heilpädagogik Jg. 63, Heft 3, 114-119
Ortland, B. (2013): Realisierung sexueller Selbstbestimmung für Erwachsene mit geistiger Behinderung – unverzichtbarer Teil gelingenden heilpädagogischen Handelns. In: Greving, H.; Schäper, S.(Hrsg.): Konzepte und Methoden der Heilpädagogik. Stuttgart: Kohlhammer, 141-165
Ortland, B. (2015): Sexuelle Vielfalt als Herausforderung - aktuelle Ergebnisse der Befragung von Mitarbeitenden in Wohneinrichtungen der Eingliederungshilfe. In: Teilhabe Jg.54, Heft 1, 10-17
Ortland, B. (2015a): Sexualität bei Menschen mit Behinderung – immer noch ein Tabuthema? In: Mattke, U. (Hrsg.): Sexuell traumatisierte Menschen mit geistiger Behinderung. Forschung – Prävention – Hilfen. Stuttgart: Kohlhammer, 13-28
Pinner, F. (2011): Am Leben der Gemeinde teilhaben – Lokaler Teilhabekreis. CBP Spezial 2. Freiburg i.Br.
Rauchfleisch, U. (2011[4]): Schwule Lesben Bisexuelle. Lebensweisen – Vorurteile – Einsichten. Göttingen: Vandenhoek & Ruprecht
Römisch, K. (2011): Entwicklung weiblicher Lebensentwürfe unter Bedingungen geistiger Behinderung. Bad Heilbrunn: Klinkhardt
Rüstow, N. (2012): Dilemma oder Chance. Die Bedeutung der Leichten Sprache für erwachsenenpädagogische Angebote für Menschen mit Lernschwierigkeiten. In: Ackermann, K.E.; Burtscher, R.; Ditschek, E.J.; Schlummer, W. (Hrsg.): Inklusive Erwachsenenbildung. Kooperation zwischen Einrichtungen der Erwachsenenbildung und der Behindertenhilfe. Berlin: Eigenverlag GEB, 163-174
Sandfort, L. (2007): Hautnah. Neue Wege der Sexualität behinderter Menschen. Neu-Ulm: AG SPAK-Bücher
Sandfort, L. (2012): Das Recht auf Liebeskummer. Emanzipatorische Sexualberatung für Behinderte. Neu-Ulm: AG SPAK-Bücher
Schein, E. (2006[2]): Organisationskultur. Bergisch Gladbach: EHP
Scherf-Braune, S. (2000): Organisationales Lernen: Ein systemtheoretisches Modell und seine Umsetzung. Heidelberg: Springer

Schlüter, M. (2012): Achtung und Bewahrung von Körperscham und Sexualität in pflegerischen Situationen bei alten, kranken und körpergeschädigten Menschen. In Zeitschrift für Heilpädagogik Jg.63, Heft 4, 142-147

Schlummer, W. (2012): Erwachsenenbildung – Empowerment – Inklusion. Konkurrierende oder verbindende Impulse in einer sich verändernden Gesellschaft. In: Ackermann, K.E.; Burtscher, R.; Ditschek, E.J.; Schlummer, W. (Hrsg.): Inklusive Erwachsenenbildung. Kooperation zwischen Einrichtungen der Erwachsenenbildung und der Behindertenhilfe. Berlin: Eigenverlag GEB, 79-98

Schmidt, G.; Matthiesen, S.; Dekker, A.; Starke, K. (2006): Spätmoderne Beziehungswelten. Report über Partnerschaft und Sexualität in drei Generationen. Wiesbaden: Verlag für Sozialwissenschaften.

Schnabl, S. (1973): Intimverhalten, Sexualstörungen, Persönlichkeit. Berlin: VEB Deutscher Verlag der Wissenschaften

Schubert, H. (2013): Netzwerkmanagement in der Sozialen Arbeit. In: Fischer, J.; Kosellek, T. (Hrsg.): Netzwerke und Soziale Arbeit. Weinheim: Juventa, 267-286

Schreyögg, G./Koch, J. (2007): Grundlagen des Managements. Wiesbaden: Gabler Verlag

Seifert, M. (2006): Pädagogik im Bereich des Wohnens. In: Wüllenweber, E.; Theunissen, G; Mühl, H. (Hrsg.): Pädagogik bei geistigen Behinderungen. Ein Handbuch für Studium und Praxis. Stuttgart: Kohlhammer, 376-393

Soyhan, Z. (2012): Ungebrochen – mein abenteuerliches Leben mit der Glasknochenkrankheit. Bielefeld: Patmos

Specht, R. (2008): Sexualität und Behinderung. In: Schmidt, R.-B.; Sielert, U. (Hrsg.): Handbuch Sexualpädagogik und sexuelle Bildung. Weinheim: Juventa, 295-308

Specht, R. (2013): Professionelle Sexualitätbegleitung von Menschen mit Behinderung. In: Clausen, J.; Herrath, F. (Hrsg.): Sexualität leben ohne Behinderung. Das Menschenrecht auf sexuelle Selbstbestimmung. Stuttgart: Kohlhammer, 165-183

Stelzer, H.-J. (2011): Mut zum Ich – Der sprechende Kopf. Biografische Schlaglichter eines rettungslosen Optimisten. Berlin: Pro Business GmbH

Stöppler, R.; Albeke, K. (2006): Geistig behindert, ein Thema für geistig Behinderte? – Perspektiven und Probleme der unterrichtlichen Auseinandersetzung. In: Ortland, B. (Hrsg.): Die eigene Behinderung im Fokus. Theoretische Fundierungen und Wege der inhaltlichen Auseinandersetzung. Bad Heilbrunn: Klinkhardt, 54-67

Stöppler, R. (2008): Selbstbestimmte Sexualität bei Menschen mit geistiger Behinderung. In: Nußbeck, S; Biermann, A; Adam, H (Hg.): Sonderpädagogik der geistigen Entwicklung. Hogrefe. Göttingen, 562-577

Suska, K.; Bohle, C. (2011): Bedeutung und Wirkung geschlechtsspezifischer Gruppenarbeit mit Frauen und Männern mit Behinderung am Beispiel des Projekts »Frauen sind anders – Männer auch«. Evaluation der lokalen Frauen-und Männergruppen. Unveröffentlichter Forschungsbericht, Katholische Hochschule NRW, Abteilung Münster

Terfloth,K.; Bauersfeld, S. (2012): Schüler mit geistiger Behinderung unterrichten. Ernst Reinhard Verlag: München/Basel

Theunissen, G. (2003): Erwachsenenbildung und Behinderung – Impulse für die Arbeit mit Menschen, die als lern- oder geistig behindert gelten. Bad Heilbrunn: Klinkhardt

Thomas, H.; Kretschmann, J.; Lehmkuhl, U. (2006): Die Sicht der Bewohnerinnen und Bewohner zu sexueller Selbstbestimmung und sexualisierter Gewalt. In: Fegert, J.M.; Jeschke, K.; Thomas, H.; Lehmkuhl, U. (2006): Sexuelle Selbstbestimmung und sexuelle Gewalt. Ein Modellprojekt in Wohneinrichtungen für junge Menschen mit geistiger Behinderung. Weinheim: Juventa, 69-226

Tschan, W. (2012): Sexualisierte Gewalt. Praxishandbuch zur Prävention von sexuellen Grenzverletzungen bei Menschen mit Behinderungen. Bern: Huber

Unterstaller, A. (2009): Wie lässt sich sexuelle Gewalt verhindern? Prävention auf allen Ebenen. In: AMYNA (Hrsg.): Sexualisierte Gewalt verhindern. Selbstbestimmung ermöglichen. Schutz und Vorbeugung für Mädchen und Jungen mit unterschiedlichen Behinderungen. München: Eigenverlag, 85-100

Van Kahn, P.; Doose, S. (2004, 3.Auflage): Zukunftsweisend. Peer Counseling & Persönliche Zukunftsplanung. Kassel: bifos

Vernaldi, M. (2004): Zwischen sexueller Integration und Sonderbehandlung. In: Walter, J. (Hrsg.): Sexualbegleitung und Sexualassistenz bei Menschen mit Behinderungen. Heildelberg: Schindele, 49-58
Vetter, B. (2007): Sexualität: Störungen, Abweichungen, Transsexualität. Stuttgart: Schattauer
Wacker, E. (1999): Liebe im Heim? Möglichkeiten und Grenzen der Partnerbeziehungen in einer organisierten Umwelt. In: Geistige Behinderung 38 Jg., Heft 3, 238-250
Walter, J. (1980): Zur Sexualität Geistigbehinderter. Die Einstellung der Mitarbeiter als Bedingungsrahmen zur Unterdrückung oder Normalisierung in Behinderteneinrichtungen. Rheinstetten: Schindele
Walter, J. (2004): Sexualbegleitung und Sexualassistenz bei Menschen mit Behinderung. Heidelberg: Winter
Walter, J. (2005, 6.Auflage): Sexualität und geistige Behinderung. Heidelberg: Universitätsverlag Winter
Weid-Goldschmidt, B. (2013): Zielgruppen Unterstützter Kommunikation. Fähigkeiten einschätzen – Unterstützung gestalten. Karlsruhe. Von Loeper Literaturverlag
Weinwurm-Krause, E.-M. (1999): Autonomie im Heim: Auswirkungen des Heimalltags auf die Selbstverwirklichung von Menschen mit Behinderung. Heidelberg: Schindele
Wiedemann, H.-G. (1995): Homosexuell. Das Buch für homosexuell Liebende, ihre Angehörigen, ihre Gegner. Stuttgart: Kreuz-Verlag
Wüllenweber, E. (2008): Die Mitarbeiter sind Träger der neuen Grundausrichtung. In: neue caritas Jg. 109, Heft 19, 14-16
Zemp, A. /Pircher, E. (1996): Weil alles weh tut mit Gewalt. Sexuelle Ausbeutung von Mädchen und Frauen mit Behinderung. Schriftenreihe der Frauenministerin Band 10
Zemp, A., Pircher, E., Schoibl, H. (1997): »Sexualisierte Gewalt im behinderten Alltag«- Jungen und Männer mit Behinderung als Opfer und Täter. Projektbericht der Bundesministerin für Frauenangelegenheiten und Verbraucherschutz. Wien
Zemp, A. (2002): Sexualisierte Gewalt gegen Menschen mit Behinderung in Institutionen. In: Praxis der Kinderpsychologie und Kinderpsychiatrie. Jg. 51, Heft 8, 610-625
Zemp, A. (2011): Prävention von sexueller Gewalt bei Menschen mit Behinderung. In: Maier-Michalitsch, N.; Grunick, G. (Hrsg.): Leben pur – Liebe, Nähe, Sexualität bei Menschen mit schweren und mehrfachen Behinderungen. Düsseldorf: verlag selbstbestimmtes leben, 163-171
Zinsmeister, J. (2013): Rechtsfragen der Sexualität, Partnerschaft und Familienplanung. In: Clausen, J.; Herrath, F. (Hrsg.): Sexualität leben ohne Behinderung. Das Menschenrecht auf sexuelle Selbstbestimmung. Stuttgart: Kohlhammer, 47-71
ZPE (Zentrum für Planung und Evaluation Sozialer Dienste der Universität Siegen) (2008): Selbständiges Wohnen behinderter Menschen. Individuelle Hilfen aus einer Hand. Abschlussbericht. Siegen.

Anhang

Fortbildungsmodule

Themenbereich »Meine Haltung im Umgang mit Menschen mit Behinderungen und deren Recht auf sexuelle Selbstbestimmung«

Zielgruppe: Mitarbeitende auf allen Hierachieebenen

Ziele Die Mitarbeitenden haben die Möglichkeit,	Exemplarische Fortbildungsideen
I. ihr Handeln leitende Werte, Normen und Prinzipien und ihre eigene Haltung zu erkennen und zu reflektieren (und in einen gemeinsamen Austausch darüber zu gelangen)	• »Was hat das denn mit mir zu tun?« – Reflexion der eigenen sexuellen Biografie als Ausgangspunkt der Realisierung sexueller Selbstbestimmung • »Was hat das denn mit mir zu tun?« – Reflexion des eigenen Verständnisses von Behinderung und der eigenen Haltung im Umgang mit erwachsenen Menschen mit Behinderungen und deren Sexualität
II. ihre unterschiedlichen Rollen als Privatperson und professionell Handelnde wahrzunehmen und die damit verbundenen unterschiedlichen Anforderungen zu erkennen und in ihrem Handeln zu berücksichtigen sowie Werte und Normen des beruflichen Umfeldes zu erkennen und sich damit auseinanderzusetzen	• »Was leitet mich?« – Welche Prinzipien und Normen sind mir wichtig und leiten mein Handeln? Welche Prinzipien und Werte sind durch das berufliche Umfeld gegeben? • Was macht einen professionellen Umgang mit sexueller Selbstbestimmung aus? (Leitlinien als Grundlage) • »Sexuelle Vielfalt und Verschiedenartigkeit« – wie gehe ich professionell damit um?
III. sich mit der Rolle als professionell Tätige und der damit verbundenen eigenen Macht auseinanderzusetzen	• Mächtig oder ohnmächtig? – Wie gehe ich mit meiner Macht um? Chancen und Gefahren
IV. Einflüsse ihrer Haltung auf ihr tägliches Handeln in der Einrichtung zu erkennen, sich darüber auszutauschen und es als förderlich/hinderlich zu bewerten sowie zu erkennen, dass das eigenen Handeln normativ wirkt bezüglich der Akzeptanz sexueller Verhaltensweisen in Wohngruppen	• »Verhalten setzt Normen, kein Handeln setzt auch Normen« – was bedeutet das »Handeln« und auch das »Nicht-Handeln« von Mitarbeitenden für die Akzeptanz sexueller Verhaltensweisen im Wohngruppenalltag?

Themenbereich »Meine Haltung im Umgang mit Menschen mit Behinderungen und deren Recht auf sexuelle Selbstbestimmung«

V. Grenzachtung als leitendes Prinzip im Umgang miteinander zu erkennen und Umsetzungserfordernisse im Alltag zu reflektieren	• Meine eigenen Grenzen und die meines Gegenübers – wie können wir diese erkennen und im Umgang miteinander achten? Stimmen Grenzen überein? Können wir die Grenzen der anderen mittragen und was bedeutet das für die Wahrnehmung unserer Aufgaben und das Miteinander im Team bzw. in der Wohngruppe
VI. Prinzipien einer, die sexuelle Selbstbestimmung förderlichen Haltung kennen zu lernen, diese zu reflektieren und Realisierungsmöglichkeiten im Alltag zu diskutieren sowie sich mit Begrenzungen sexueller Selbstbestimmung auseinanderzusetzen	• »Sexuelle Selbstbestimmung – was soll das denn sein?« – Grundpfeiler einer, die sexuelle Selbstbestimmung förderlichen Kultur in einer Einrichtung, der Wohngruppe und im konkreten Kontakt, • Wodurch gibt es Begrenzungen sexueller Selbstbestimmung?

Themenbereich »Mitarbeiter/innen und Bewohner/innen der Wohngruppe im Umgang miteinander«

Zielgruppe: Mitarbeitende vor allem aus dem Wohngruppendienst

Ziele	Exemplarische Fortbildungsideen
Die Mitarbeitenden haben sowohl individuell als auch im Team die Möglichkeit,	
I. zu erkennen und zu benennen, welche sexuellen Verhaltensweisen sie in ihrer Arbeit in der Wohngruppe erleben, wie sie diese bewerten und wie sie mit diesen umgehen	• »Ich möchte das Verhalten von Bewohner/innen, das ich im Alltag erlebe, verstehen!« – Sexualität/sexuelle Selbstbestimmung als förderliche Entwicklungsressource von Menschen mit Behinderung (Blick auf Erlebnisse im Alltag mit den Bewohner/innen, Möglichkeiten, subjektive Sinnhaftigkeit von Verhaltensweisen zu erkennen)
II. zu erkennen, dass in der individuellen Begleitung sexueller Selbstbestimmung der Bewohner/innen eine entwicklungsförderliche Ressource liegen kann	
III. sich der subjektive Bedeutung von Verhaltensweisen anzunähern, individuelle Bedarfe bei der sexuellen Selbstbestimmung zu erkennen und bei der Begleitung der Bewohner/innen zu berücksichtigen	• »Kann ich da was ändern?« – Analyse sexueller Verhaltensweisen, deren vermuteter subjektiver Sinnhaftigkeit sowie möglicher Handlungsoptionen im Team anhand von Fallbeispielen • »Alle sind verschieden« – Was braucht die einzelne Bewohnerin/der einzelne Bewohner um ihre/seine Sexualität selbstbestimmt zu leben? Welche Unterstützung brauchen Paare?

Themenbereich »Mitarbeiter/innen und Bewohner/innen der Wohngruppe im Umgang miteinander«

	• »Ist das notwendig?« Beratungsbedarfe der Bewohner/innen erkennen und angemessene Angebote machen
IV. methodische Möglichkeiten zur Thematisierung exemplarischer Fälle kennenzulernen und anzuwenden	• »Wie können wir vorgehen?« – Kennenlernen methodischer Möglichkeiten zur Fallbesprechung
V. sich mit der Herausforderung von Nähe und Distanz im Wohngruppenalltag auseinanderzusetzen, die Bedeutung von Intim-/Privatsphäre zu erkennen und deren Wahrung im Alltag zu sichern	• »Nähe und Distanz« – Wie viel Körperlichkeit soll/darf/muss ich zulassen und einbringen, weil körperliche Beziehungen zum Leben gehören? Wo sind Grenzen (bei Mitarbeitenden und Bewohner/innen) und warum? • Worauf müssen wir in unserer Wohngruppe achten, um die Intim-und Privatsphären aller (Mitarbeitende und Bewohner/innen) gegenseitig zu wahren?
VI. zu reflektieren, welche Anforderungen sich aus der Wahrung der Intim-/Privatsphäre an die Planung und Dokumentation der Begleitung der Bewohner/innen ergeben	• »Sexualität in der Hilfeplanung?« – Wie können wir mit dem Thema Sexualität in der Hilfeplanung und der damit verbundenen Umsetzung umgehen? Was müssen wir beachten, um die Intim- und Privatsphäre der Bewohner/innen zu sichern? Wie gehen wir mit dem Spannungsfeld von Privatsphäre und Transparenz um?
VII. Anforderungen an die Alltags- und Prozessbegleitung durch sexuelle Selbstbestimmung zu reflektieren sowie sich mit der Bedeutung von Genderaspekten in der Pflege und Begleitung auseinanderzusetzen und Umsetzungsmöglichkeiten zu entwickeln	• »Müssen alle alles können?« (Wie) können persönliche Kompetenzen und organisatorische Prozesse in Einklang gebracht werden? Reflexion des erforderlichen Zusammenspiels von Vertrauen, Wahlmöglichkeiten der Bezugsperson und Zuständigkeit von Mitarbeitenden • »Wenige Männer, viele Frauen!« – Wie lassen sich Pflege und Begleitung gendersensibel organisieren? Wie können Wünsche der Bewohner/innen berücksichtigt und schamhafte Situationen vermieden werden?
VIII. zu erkennen, dass bei Menschen mit schweren Behinderungen und stark eingeschränkter Kommunikation eine Einschätzung des subjektiven Erlebens durch andere Personen nie eindeutig möglich ist. (Dies betrifft zum Beispiel auch die Einschätzung über eine Einvernehmlichkeit mit sexuellen Handlungen.)	• »Kann man das erkennen?« Können wir einschätzen, wie schwer behinderte Menschen mit eingeschränkten kommunikativen Fähigkeiten sexuelle Verhaltensweisen durch andere empfinden? Was können, müssen oder dürfen wir da machen?

Themenbereich »Mitarbeiter/innen und Bewohner/innen der Wohngruppe im Umgang miteinander«

IX.	zu erkennen, dass sexuelle Selbstbestimmung präventiv zum Schutz vor sexueller Gewalt beitragen kann	• »Sexuelle Selbstbestimmung und sexuelle Gewalt« – Was hat das miteinander zu tun? Hat das eine Bedeutung für meine Arbeit?
X.	Kompetenzen für Gespräche mit Bewohner/innen über Sexualität aufzubauen und zu reflektieren, wie mit persönlichen und vertraulichen Informationen im Team und in der Wohngruppe umgegangen wird	• »Darf ich das weitersagen?« Wie spreche ich mit Bewohner/innen über Sexualität und wie gehe ich mit den mir anvertrauten, persönlichen und vertraulichen Informationen um?
XI.	ihren Auftrag als professionell Tätige in der Behindertenhilfe bezüglich sexueller Selbstbestimmung zu konkretisieren und dabei Aufgaben und Grenzen zu erkennen	• »professioneller Auftrag?« Was soll ich sein? Was bin ich alles? Was will ich sein? Begleiter/in, Pfleger/in, (Sexual-) Assistent/in? Was ist mein Auftrag und wo sind Grenzen?

Themenbereich »Sexualität und sexuelle Selbstbestimmung als Fortbildungsthemen für Menschen mit Behinderungen«

Zielgruppe: Mitarbeitende auf allen Hierarchieebenen

Ziele
Die Mitarbeitenden haben die Möglichkeit,

Exemplarische Fortbildungsideen

I.	Fortbildungsbedarfe der Bewohner/innen allgemein und speziell in ihrem Arbeitsbereich durch Reflexion und Austausch zu erkennen; sowie Fortbildungsbedarfe der Bewohner/innen durch verschiedene Methoden zu erfassen/abzufragen	• »Was brauchen die Bewohner/innen? Was könnte ich machen?« – Wohngruppenbezogene Möglichkeiten kennen lernen, Interessen/Bedarfe der Bewohner/innen zu erfassen und individuelle Angebote für Bewohner/innen zu planen (z. B. durch gemeinsame Themenabende, individuelle Abfragen, Beobachtungen etc.) • »So könnte ein Anfang sein« – niederschwellige Möglichkeiten, um mit Bewohner/innen in den Austausch über sexuelle Themen zu kommen (z. B. gemeinsame Filmabende etc.)
II.	Methodisch-didaktische Kompetenzen im Bereich Bewohner/innenfortbildung zu erwerben und diese als begleitenden und langfristigen Prozess zu verstehen sowie Grundlagenwissen im Bereich Sexualität zu erwerben/ aufzufrischen	• »Wie gelingen Fortbildungen?« Was müssen wir bei der Planung und Durchführung von Fortbildungen für Menschen mit Behinderungen zu Themen sexueller Selbstbestimmung beachten? Welches Wissen brauche ich dafür?

Themenbereich »Sexualität und sexuelle Selbstbestimmung als Fortbildungsthemen für Menschen mit Behinderungen«

III. die vorhandenen Materialien für Fortbildungen für Bewohner/innen kennen zu lernen und für die eigene Wohngruppe zu nutzen bzw. zu modifizieren sowie Fortbildungen für Bewohner/innen exemplarisch zu planen, zu erproben und zu reflektieren

- Welches Material gibt es für Menschen mit geistiger Behinderung und wofür ist es geeignet?
- Wir möchten eine Fortbildung zum Thema … machen. Gibt es hierzu Fortbildungsmaterial und wie plane ich damit eine Fortbildung für die Bewohner/innen meiner Wohngruppe / Wohneinrichtung?

Themenbereiche der Fortbildungen für die Männer und Frauen mit Behinderung:

Mein Körper
- Sexuelle Entwicklung in verschiedenen Altersphasen
- Körper von Frauen/ Körper von Männern
- Körperbild/Selbstbild
- Körperpflege/Körperhygiene
- Gestaltung von Pflege
- Sexuell übertragbare Krankheiten (STI/HIV)
- Besuch beim Frauenarzt
- Sexualität und Fruchtbarkeit/Information über Fortpflanzung, Schwangerschaft, Verhütung
- Ungewollte Schwangerschaft
- Sterilisation

Gefühle, Sex, Liebe und Partnerschaft
- Gefühle: Wunsch nach Zärtlichkeit, Berührungen, Sex
- Selbstbefriedigung
- Geschlechtsverkehr
- Intim- und Privatsphäre
- Gute und schlechte Gefühle/angenehme und unangenehme Gefühle/Grenzen
- Sexuelle Vielfalt
- Behinderung und homo-, trans-oder bisexuell – doppelte Behinderung?
- Kommunikation über Sexualität?

Beziehungen und Partnerschaft
- Partnersuche: Möglichkeiten, jemanden kennen zu lernen
- Partnerschaft: Beziehungsgestaltung, Umgang mit Problemen, Aufrechterhaltung von Beziehungen, Beenden von Beziehungen
- Unterschiedliche Lebensstile und Lebensentwürfe
- Veränderung familiärer Beziehungen und Rollen

Themenbereich »Sexualität und sexuelle Selbstbestimmung als Fortbildungsthemen für Menschen mit Behinderungen«

Kinderwunsch und Elternschaft
- Recht auf einen Kinderwunsch/Recht auf Fortpflanzung
- Auseinandersetzung mit dem Kinderwunsch und der Elternrolle
- Elternschaft: Geburt und die erste Zeit mit einem Kind
- Hilfe und Unterstützung für Eltern und Kind
- Wenn Unterstützung nicht ausreicht: Trennung vom Kind: Erfordernisse, Hilfe bei der Verarbeitung, Besuchsregelungen
- Pränataldiagnostik

Grenzüberschreitungen/sexuelle Gewalt
- Angenehme/unangenehme Berührungen
- Erlaubte/nicht erlaubte Berührungen/Grenzüberschreitungen
- Möglichkeiten der Abwehr und Hilfsmöglichkeiten
- Interventionswege/Hilfen in der Einrichtung und außerhalb
- Bewohner/innen in ihren Grenzen stärken, Schamgefühl und Intimsphäre stärken

Sexualität und Partnerschaft im Wohnheim
- Wie ist das möglich?
- Probleme mit Mitbewohner/innen Wie gehen wir damit um?
- Probleme mit Mitarbeiter/innen; was können wie/kann ich tun?
- Privat- und Intimsphäre
- Achtung von Grenzen

Rechte:
- Welche Rechte haben wir?
- Was können wir tun, wenn unsere Rechte nicht anerkannt werden?
- An wen können wir uns wenden?

Themenbereich »Im Austausch miteinander – Mitarbeiter/innen, Bewohner/innen, Angehörige, gesetzliche Betreuer/innen«

Zielgruppe: Mitarbeitende vor allem im Wohngruppendienst

Ziele Die Mitarbeitenden haben die Möglichkeit,	Exemplarische Fortbildungsideen
I. das mögliche Spannungsfeld zwischen den drei beteiligten Personengruppen zu erkennen und zu reflektieren II. sich selbst in diesem Spannungsfeld mit eigenen Werten, Normen, Wünschen und Zielen zu reflektieren und zu verorten III. sich den Status der Bewohner/innen (erwachsene Menschen) und deren Recht auf sexuelle Selbstbestimmung bewusst zu machen und anzuerkennen	• »Zwischen allen Stühlen!« – Spannungsfelder in der Kooperation mit Angehörigen/gesetzlichen Betreuer/innen und dem Team erkennen und reflektieren in der subjektiven Belastung und unter Anerkennung des Rechtes der Bewohner/innen auf sexuelle Selbstbestimmung
IV. Methoden der Perspektivübernahme der anderen Beteiligten kennen zu lernen und daraus für sich Erkenntnisse zu ziehen	• »Wir sollten mal miteinander reden« Möglichkeiten der Perspektivübernahme und förderlichen Gesprächsführung mit Angehörigen/gesetzl. Betreuer/innen kennen lernen und erproben • »Wie führe ich Gespräche mit gesetzlichen Betreuer/innen/Angehörigen?« Strukturierung eines Gesprächs, Gesprächstechniken und Umgang mit Gesprächsblockaden/Ängsten und Sorgen von Angehörigen
V. Anforderungen an das eigene professionelle Handeln zu erkennen und Umsetzungsideen zu entwickeln, um in einen gemeinsamen Erkennens- und Bearbeitungsprozess mit den Beteiligten zu kommen	• »Wer hat hier eigentlich welche Aufgabe und Rolle?« Wie gestalte ich den Trialog zwischen mir als Mitarbeiter/in, den Angehörigen/gesetzlichen Betreuer/innen und den Bewohner/innen unter Anerkennung ihres Rechtes auf Selbstbestimmung • »Rechtliche Grundlagen«: Wer ist für was zuständig? Welche Aufgaben und Pflichten haben gesetzliche Betreuer/innen, Angehörige und Mitarbeitende?

Themenbereich »Wir, Mitarbeitende und Bewohner/innen, als Teil der Kultur und Arbeit in der Gesamteinrichtung«	
Zielgruppe: Bewohner/innen und Mitarbeitende auf allen Hierarchieebenen, günstig sind Wohngruppenteams/Gruppen, die zusammen arbeiten	
Ziele Die Mitarbeitenden haben die Möglichkeit,	Exemplarische Fortbildungsideen
I. die Bedingungen im eigenen Arbeitsfeld bezogen auf Anforderungen, Spannungen und Widersprüche zu erkennen und den eigenen Umgang damit reflektieren	• »Wonach kann ich mich richten?« Mitarbeitende im Spannungsfeld unterschiedlicher Anforderungen: sexuelle Selbstbestimmung der Bewohner/innen, moralisch-ethische Vorstellungen der Einrichtungsträger, der Angehörigen und gesetzlichen Betreuer etc. • »Mitarbeitende im Spannungsfeld von Autonomie und Schutzbedürfnis«: Wie viel Schutz ist erforderlich und wie viel Selbstbestimmung ist möglich – wo liegt meine Verantwortung und wonach kann ich mich richten? (Unter Einbezug rechtlicher Bestimmungen)
II. die Kultur ihrer Einrichtung aus ihrer Perspektive zu erfassen und mit Vorgaben, Strukturen und Prozessen der eigenen Einrichtung abzugleichen	• »Sexuelle Selbstbestimmung und Qualitätsmanagement«. Welche Prozesse und Strukturen sind erforderlich, um sexuelle Selbstbestimmung zu sichern?
III. zu erkennen, dass alle Mitarbeitenden auf allen Hierarchieebenen sowie die Bewohner/innen gemeinsam die Kultur der Einrichtung prägen und gestalten IV. durch die Auseinandersetzung mit den Leitlinien gelingender sexueller Selbstbestimmung die Kultur der Einrichtung weiterzuentwickeln V. eigene Gestaltungsmöglichkeiten im eigenen Arbeitsbereich zu erkennen und Ideen/Wünsche der Weiterentwicklung zu entwerfen	• Fortbildungen für Mitarbeitende zu den Leitlinien, in denen diese inhaltlich erarbeitet, diskutiert, auf die eigene Arbeitssituation bezogen werden und dabei eigene Wünsche, Ziele und Handlungsideen entwickelt werden • Fortbildungen für Bewohner/innen zu den Leitlinien, in denen diese inhaltlich erarbeitet, diskutiert, auf die eigene Wohn- und Lebenssituation bezogen werden und dabei eigene Wünsche, Ziele und Handlungsideen entwickelt werden
VI. zu erkennen, dass die Realisierung sexueller Selbstbestimmung gemeinsame Entwicklungsprozesse aller Beteiligten einer Einrichtung und den Aufbau von Kompetenzen erfordert, um Entwicklungsprozesse partizipativ mit allen Beteiligten zu gestalten	• Gemeinsame Fortbildungen für Mitarbeitende und Bewohner/innen einer Wohngruppe (auch übertragbar auf Wohnbereiche, Einrichtungen) zu den Leitlinien, in denen diese inhaltlich erarbeitet und diskutiert werden und Umsetzungsmöglichkeiten im jeweils konkreten Wohnumfeld gemeinsam entwickelt werden

Themenbereich »Wir, Mitarbeitende und Bewohner/innen, als Teil der Kultur und Arbeit in der Gesamteinrichtung«	
	• Gemeinsame mehrteilige Fortbildung für Mitarbeitende und Bewohner/innen einer Wohngruppe mit Charakter einer Prozessbegleitung • Gestaltung von Entwicklungsprozessen in Wohngruppen durch die gemeinsame Entwicklung von Gruppenregeln und eines Verhaltenskodex unter Berücksichtigung struktureller Bedingungen
VII. Praxisprojekte kennen zu lernen und deren Eignung für die eigene Einrichtung zu prüfen	• Zum Beispiel: Frauenbeauftragte in Einrichtungen/ Männer-und Frauengruppen

Barbara Ortland

Behinderung und Sexualität

Grundlagen einer behinderungsspezifischen Sexualpädagogik

2008. 164 Seiten. Kart.
€ 24,-
ISBN 978-3-17-020373-0

auch als EBOOK

Mit der Forderung nach mehr Selbstbestimmung, Autonomie und Teilhabe für Menschen mit Behinderung hat das Thema „Sexualität und Behinderung" besondere Aktualität gewonnen. Das Buch beschäftigt sich zunächst mit Erkenntnissen zur sexuellen Entwicklung von Kindern und Jugendlichen und zeigt potentielle Entwicklungserschwernisse bei Menschen mit Behinderung auf. Daran schließen sich ausführliche Überlegungen zu einer notwendigerweise behinderungsspezifischen Sexualerziehung an, die neben den individuellen Lebensbedingungen die restriktiven gesellschaftlichen, schulischen und familiären Bedingungen als Entwicklungs-"Behinderungen? mit einbezieht. Vor allem Lehrer/innen, Erzieher/innen, aber auch Eltern finden in diesem Buch sehr konkrete Ratschläge für sexualerzieherisches Handeln in der Praxis.

Dr. Barbara Ortland ist Professorin an der Katholischen Hochschule Nordrhein-Westfalen in Münster.

Leseproben und weitere Informationen unter www.kohlhammer.de

W. Kohlhammer GmbH
70549 Stuttgart
vertrieb@kohlhammer.de

Jens Clausen/Frank Herrath (Hrsg.)

Sexualität leben ohne Behinderung

Das Menschenrecht auf sexuelle Selbstbestimmung

2012. 308 Seiten. Kart.
€ 34,90
ISBN 978-3-17-021906-9

Vor dem Hintergrund der UN-Behindertenrechtskonvention erlebt die Fachdiskussion um Sexualität und Behinderung eine neue Qualität: Nach den grundsätzlichen Debatten um sexualpädagogische Aufklärung und Begleitung, um Partnerschaft und Kinderwunsch ist heute zu klären, ob die repressiven Einstellungen und Konzepte auf diesem Gebiet wirklich der Vergangenheit angehören, ob Barrieren, Fremdbestimmungen und direktive Einflussnahmen abgebaut wurden und ob neue Formen der Alltags- und Beziehungsgestaltung nun in der Behindertenhilfe angekommen sind. Das Buch lässt Menschen mit Beeinträchtigungen selbst zu Wort kommen und versammelt namhafte Autorinnen und Autoren, die aus unterschiedlichen Blickwinkeln prüfen, wie es um die Realisierung von Inklusion und selbstbestimmter Sexualität tatsächlich bestellt ist.

Prof. Dr. Jens Clausen ist Erziehungswissenschaftler und Professor für Heilpädagogik/Inclusive Education an der Katholischen Hochschule Freiburg mit dem Schwerpunkt Teilhabe – Assistenz – Bildung. **Dr. Frank Herrath** ist Gründer des Instituts für Sexualpädagogik in Dortmund und Mitarbeiter der Evangelischen Stiftung Volmarstein im Bereich Bildung und Personalentwicklung.

Leseproben und weitere Informationen unter www.kohlhammer.de

W. Kohlhammer GmbH
70549 Stuttgart
vertrieb@kohlhammer.de

Ilse Achilles

Betagte Eltern – behinderte Kinder

Die Zukunft rechtzeitig gestalten

2016. 112 Seiten. Kart.
€ 19,–
ISBN 978-3-17-029394-6

Eltern behinderter Kinder sind mit vielen, sich im Laufe des Lebens verändernden Herausforderungen konfrontiert, für die sie Lösungen finden müssen. Das gilt besonders, wenn die Eltern betagt und die Kinder mit Behinderung erwachsen geworden sind. Das Buch wirft einen Blick auf die schwierige Balance zwischen der lebenslangen Fürsorglichkeit der Eltern und dem Streben des erwachsenen Kindes nach Selbstbestimmung. Dem Wunsch der Eltern, ihr Kind auch im Alter gut versorgt zu wissen, nämlich dann, wenn sie nicht mehr sind, stehen knappe Wohnheimplätze, Personalmangel und Sparzwänge entgegen. Was können Angehörige behinderter Menschen, aber auch Fachkräfte tun, um die Situation zu entschärfen? Eingegangen wird in diesem Buch u.a. auf die immer wieder auftauchenden Schuldgefühle der Eltern, auf die schwierigen Beziehungskonstellationen innerhalb der Familie, aber auch um die Probleme in der Zusammenarbeit zwischen Eltern und Fachkräften. Es zeichnet ein realistisches Bild der Herausforderungen und Lösungsansätze für Eltern, Fachpersonal und Sozialpolitiker.

Ilse Achilles ist Buchautorin und Journalistin. Sie ist Vorsitzende des Angehörigenbeirats der Lebenshilfe München.

Leseproben und weitere Informationen unter www.kohlhammer.de

W. Kohlhammer GmbH
70549 Stuttgart
vertrieb@kohlhammer.de